beck'sche reihe

bsr

C.H.Beck Geschichte Europas – die zehnbändige Reihe vereint herausragende Vertreter der deutschen Geschichtswissenschaft, die auf dem neuesten Stand der Forschung eine zugängliche und zeitgemäße europäische Geschichte vorlegen. Ihr Blickwinkel ist europäisch, nicht nationalstaatlich. Sie konzentrieren sich auf zentrale Entwicklungen, die ein ganzes Zeitalter prägten, und vermitteln zugleich das wichtigste Wissen über den behandelten Zeitraum. So wird deutlich, was «Europa» in den unterschiedlichen Epochen seiner langen Geschichte ausmachte und was für Vorstellungen jeweils mit dem Begriff verbunden wurden.

Seit dem 7. Jahrhundert dehnt sich die Christianisierung immer weiter über die noch heidnischen Gebiete Europas aus, während es nach dem Tod Karls des Großen 814 und dem Zerfall des Frankenreiches zu den großen Reichsbildungen kommt. In der westlichen Reichshälfte entsteht seither das spätere Frankreich, in der Osthälfte bildet sich das Ostfrankenreich heraus. Wikinger fallen ein, im Süden bedrängt die islamische Expansion die Iberische Halbinsel. Klöster und Orden erleben eine Blütezeit. Die Kreuzzüge, das Rittertum, der Machtkampf zwischen Kaiser und Papst, neue Königreiche wie England, Norwegen, Dänemark, Polen, Ungarn und Böhmen prägen die nachfolgenden Jahrhunderte, an deren Ende die Konturen Europas bereits deutlich Gestalt angenommen haben. Rudolf Schieffer, einer der renommiertesten deutschen Mediävisten, schildert diese ereignisreichen, dramatischen Jahrhunderte in einer klar formulierenden Sprache und mit bestechender Kennerschaft.

Rudolf Schieffer war bis zu seiner Emeritierung Professor für Mittelalterliche Geschichte an der Ludwig-Maximilians-Universität München und von 1994 bis 2012 Präsident der Monumenta Germaniae Historica. Bei C.H.Beck ist von ihm in der Reihe «Wissen» erschienen: Gregor VII. Kirchenreform und Investiturstreit (2010).

Rudolf Schieffer

Christianisierung und Reichsbildungen

Europa 700–1200

C.H.BECK GESCHICHTE EUROPAS

Mit 10 Abbildungen und 4 Karten (© Peter Palm, Berlin) im Text

Originalausgabe / © Verlag C.H.Beck oHG, München 2013 / Satz, Druck u. Bindung: Druckerei C.H.Beck, Nördlingen / Umschlagentwurf: malsyteufel, willich / Umschlagabbildung: Kaiser Otto III., Huldigungsbild, Buchmalerei, Reichenau, Ende 10. Jh., Bayr. Staatsbibliothek Cod. lat. 4453 © akg-images, Berlin / Gedruckt auf säurefreiem, alterungsbeständigem Papier (hergestellt aus chlorfrei gebleichtem Zellstoff) / Printed in Germany / ISBN 978 3 406 65375 9 / *www.beck.de*

Inhalt

Vorwort

Europa in seiner staatlichen Vielfalt wurzelt in der ersten Hälfte des Mittelalters. In den fünf Jahrhunderten zwischen 700 und 1200 erlebte der Kontinent einen tiefgreifenden Wandel, bei dem fortschreitende Christianisierung, die Ausbreitung der Schriftkultur und die Formierung immer weiterer Königreiche Hand in Hand gingen. Zwar wurde Europa niemals in vollem Umfang christlich, da es stets auch eine zahlenmäßig kleine jüdische Diaspora gab und sich der Islam im 8. Jh. in Spanien, später zeitweilig auch in Sizilien und mancherorts in Unteritalien durchsetzte. Doch für den bei weitem größeren Teil wurde damals die christliche Kirche zur prägenden Kraft. Sie verbreitete sich in römisch-katholischer und in griechisch-orthodoxer Gestalt, zwischen denen sich bis gegen 1000 eine dauerhafte räumliche Abgrenzung einstellte. Anders als im östlichen Imperium, wo der byzantinische Kaiser lange am Anspruch auf Oberherrschaft über alle Gläubigen festhielt, entschied sich im Westen seit dem Zerbrechen des karolingischen Großreichs im 9. Jh., daß der geistlich-kulturellen Einheit der lateinischen Christenheit trotz des Kaisertums kein umfassend wirksamer politischer Rahmen entsprach. Maßgeblich wurde vielmehr ein von den Karolingern vorgegebenes Muster von sakral legitimierter Monarchie, das geeignet war, von den für die Taufe gewonnenen Anführern heidnischer Völker übernommen zu werden und ihnen einen anerkannten Platz in der wachsenden christlichen Staatenwelt zu sichern. Der Zentralisierung von geistlicher Autorität im römischen Papsttum stand im Hochmittelalter eine Pluralisierung der weltlichen Mächte gegenüber, die fortan für den historischen Weg Europas charakteristisch geblieben ist.

Eben diese Entwicklungslinie bildet den Leitgedanken des vorliegenden Buches, das dazu beitragen möchte, die geschichtlich begründete Problematik heutiger europäischer Integration besser zu verstehen.

Bonn, im Mai 2013 Rudolf Schieffer

I) Europa um 700

Europa, einer der drei Erdteile im geographischen Weltbild der Antike, war um 700 weit entfernt von jeder Gemeinsamkeit, die einen spezifischen Unterschied zur übrigen Welt bedeutet hätte, und konnte daher auch von niemandem als eigenständige Größe wahrgenommen werden. Tiefgreifende politische und kulturelle Veränderungen, die in modernen Augen als der Übergang vom Altertum zum Mittelalter erscheinen, hatten seit etwa 400 die herkömmliche Zweiteilung in das universale, nicht auf Europa beschränkte Römerreich und eine amorphe Welt von Barbaren jenseits seiner Grenzen mehr und mehr zum Verschwinden gebracht und stattdessen ein neues Gefüge entstehen lassen, das von kleineren Einheiten, geringerer Stabilität und vorerst wachsender wechselseitiger Distanz geprägt war. Nach religiösen und sprachlichen Merkmalen lassen sich fünf Kulturzonen unterscheiden.

Lateinische Barbarenreiche

Im Westen und Süden des Kontinents war der große Umbruch längst abgeschlossen, der in deutscher Fachterminologie als die «Völkerwanderung» schlechthin bezeichnet wird, also das Auftreten herrschaftsbildender Gruppen barbarischer Herkunft und durchweg germanischer Sprache, die auf dem Boden des Imperium Romanum ihren Machtanspruch durchsetzten. Zwischen 400 und 600 waren zunächst von den Ostgermanen (Westgoten, Sueben, Vandalen, Burgundern, Ostgoten, Langobarden), dann auch den Westgermanen (Franken, Angelsachsen) die entscheidenden Impulse ausgegangen, die das Reich der römischen Kaiser mit Ausdehnung rund um das Mittelmeer zerbrechen und an seine Stelle ein Nebeneinander von Hoheitsgebieten verschiedener Könige und Völker treten ließen. In diesen nach dem «gentilen Prinzip» gebildeten Reichen übte jeweils eine zahlenmäßig kleine Führungsschicht, die sich als zugewanderter Abstammungsverband begriff, Herrschaft über die seit der Römerzeit ansässige Bevölkerungsmehrheit aus, deren Steuerkraft und administrative Kompetenz noch lange unentbehrlich blieben. Gemeinsame Basis der politischen Ordnung waren die lateinische Sprache, kodifiziertes Recht und das Christentum, das die Ostgermanen allerdings anfangs in der heterodoxen Form des Arianismus praktizierten. Regelmäßig ergaben sich erhebliche Integrationsprobleme, und wie die einzelnen Reiche damit umgingen, hat nicht wenig über ihr historisches Schicksal entschieden. Überall früher oder später gescheitert ist das dualistische Konzept betonter Abgrenzung, das die politischen, rechtlichen und auch religiösen Unterschiede zu verstetigen suchte, damit aber eine innere Schwäche bewirkte, die dazu führte, daß man feindlicher Bedrohung von außen nicht gewachsen war und entweder dem Zugriff stärkerer Germanenreiche erlag (wie die Burgunder und die Westgoten in Gallien den Franken, die Sueben den Westgoten in Spanien) oder aber zur Zeit Kaiser Justinians († 565) der oströmischen Rückeroberung anheimfiel (wie das Vandalenreich in Afrika und das Ostgotenreich in Italien). Festeren Bestand hatten diejenigen Reiche, die den konfessionellen Zwiespalt mit einer arianischen Sonderkirche entweder von vornherein nicht kannten oder rechtzeitig zugunsten eines gemeinsamen Katholizismus überwunden haben. Das galt um 700 für alle drei auf dem europäischen Kontinent verbliebenen Reiche aus der Völkerwanderungszeit: die Herrschaft der im 7. Jh. weitgehend romanisierten Westgoten in Spanien, das Merowingerreich in Gallien mit einem fränkisch dominierten Norden und einem romanisch gebliebenen Süden sowie in Italien die Herrschaft der nur langsam assimilierten Langobarden, die sich indes nie auf der gesamten Apenninenhalbinsel gegen die Byzantiner Geltung verschaffen konnten. Daneben bestand auf dem Boden des einst römischen Britannien, jedoch mit deutlich schwächerem antiken Substrat eine Mehrzahl angelsächsischer Kleinreiche, die das Christentum nicht von der Vorbevölkerung übernommen, sondern von außen empfangen hatten.

Griechisches Römerreich

Der Durchbruch des «gentilen Prinzips» infolge der germanischen Völkerwanderung betraf indes nur die westliche Hälfte des seit 395 dauerhaft geteilten Imperiums, während sich im Osten mit dem Zentrum Konstantinopel (Byzanz) der römische Kaiserstaat, wenn auch unter schweren Einbußen auf dem Balkan, zu behaupten wußte. Vollends seit dem Erlöschen des westlichen Kaisertums (476) nahm man am Bosporus die alleinige Kontinuität zu dem antiken Universalreich in Anspruch, das unter dem umfassenden Namen der Romer nach wie vor eine Vielzahl von Völkern in sich vereinte und seit Konstantin († 337), dem Gründer des «Neuen Rom» an der Schnittstelle von Europa und Asien, auch den politischen Rahmen der Christenheit abgab. Die Kaiser, zumeist aus dem Militär hervorgegangen und angewiesen auf die Loyalität der Truppen, bezogen ihre Führungsrolle auf die weltlichen ebenso wie die geistlichen Dinge und verwandten daher in den theologischen Auseinandersetzungen der griechisch-orientalischen Kirche viel Energie auf das letztlich vergebliche Bemühen, in ihrem Reich (und darüber hinaus) die Einheit des christlichen Glaubens zu erzwingen. Das beeinträchtigte auch ihr Verhältnis zum lateinischen Westen, wo eine solche Kirchenhoheit des Kaisers auf erhebliche Vorbehalte stieß und im 6., 7. und 8. Jh. jahrzehntelange Konflikte heraufbeschwor, die der Autorität des römischen Kaisers auch politisch schadeten. Die militärische Rückgewinnung Italiens und Nordafrikas unter Justinian war trotz aller Anstrengungen nur von begrenztem Wert, weil schon ab 568 große Teile Italiens (jedoch nicht Rom) an die Langobarden verlorengingen und die verbleibenden Außenposten, organisiert als Exarchate von Ravenna und Karthago, angesichts stärkerer Bedrohungen des Imperiums an anderen Fronten sich selbst überlassen werden mußten. Schwer zu schaffen machte auf dem Balkan die Aggressivität des aus den Tiefen der asiatischen Steppe vorgedrungenen Nomadenvolks der Awaren, zumal sich die Nachfolger Justinians gleichzeitig im Osten in einen zermürbenden Krieg mit dem persischen Sassanidenreich verstrickt hatten. Den Höhepunkt der doppelten Bedrohung bildete ein konzentrischer

Angriff von Awaren und Persern auf Konstantinopel im Sommer 626, der von Kaiser Herakleios († 641) mit knapper Not gemeistert und durch eine Gegenoffensive bis nach Persien und Mesopotamien beantwortet wurde. Der Triumph am Euphrat währte nur kurz, denn ab 633/34 brach über den gesamten Orient der Sturm der arabischen Völkerwanderung herein, der den byzantinischen Kaisern auf Anhieb Palästina, Syrien und Ägypten entriß und während der Jahre 674 bis 678 in fünfmaligem Angriff der arabischen Flotte auf Konstantinopel gipfelte. Zwar konnte sich die Kaiserstadt auch diesmal behaupten, aber in Nordafrika gab es bald danach schon kein Halten mehr: Mit dem Fall von Karthago (698) befand sich die gesamte Süd- und Ostküste des Mittelmeeres in der Hand der Muslime, und das Imperium der Römer, in dem sich mittlerweile Griechisch als Amtssprache vollkommen durchgesetzt hatte, war reduziert auf den überwiegenden Teil Kleinasiens, Thrakien, Griechenland und verschiedene Gebiete Italiens samt seinen Inseln. Der unablässige Druck der äußeren Feinde erforderte ständige Abwehrbereitschaft, was nicht ohne gravierende Folgen für das innere Staatsgefüge blieb. Die traditionelle Provinzverwaltung wurde durch regionale Militärgouverneure verdrängt, und neben die Gewinnung bezahlter Söldner trat zunehmend die Rekrutierung der Landbevölkerung.

Arabische Expansion

Tatsächlich waren Entstehung und Ausbreitung des Islam der weltgeschichtlich folgenreichste Vorgang des 7. Jhs., der im Vorderen Orient nachholte, was der lateinische Westen schon im 5./6. Jh. erlebt hatte: die Umwälzung vom Altertum zum Mittelalter. Freilich in ganz anderer Weise, denn der Anstoß ging hier von einem einzigen Manne aus, von Mohammed dem Propheten († 632), der die Stämme Arabiens im Zeichen einer neuen religiösen Idee, der unbedingten Hingabe an den Willen Allahs, des einzigen Gottes, einte und dabei das Konzept des «heiligen Krieges» gegen alle Widersacher entwickelt hatte. Im Unterschied zur germanischen Völkerwanderung zielte die arabische, die sogleich nach seinem Tode in Gang kam, nicht auf Landnahme und bäuerliche Ansiedlung ethnisch verstandener Gruppierungen ab, auch nicht eigentlich auf die gewaltsame Ausbreitung der islamischen Religion, die zumindest anfangs als Vorrecht der Bewohner Arabiens betrachtet wurde, sondern auf die Unterwerfung von immer mehr «Ungläubigen», denen Steuern und Dienste abgenötigt wurden. Soweit sie Christen oder Juden waren, stand ihnen prinzipieller Schutz zu, was ihre Hinwendung zum Islam natürlich nicht ausschließen sollte, doch war anders als im lateinischen Westen an eine kulturelle Assimilierung der Eroberer an die Vorbevölkerung von vornherein nicht zu denken. Begünstigt durch die Erschöpfung des byzantinischen wie des persischen Reiches infolge der vorherigen Kriege, gelang es den Erben des Propheten, binnen weniger Jahre (634–642) die Kernländer des Orients, zugleich die Wiege des Christentums, unter ihre Herrschaft zu bringen und einen Gottesstaat zu etablieren, an dessen Spitze ein Kalif als «Fürst der Gläubigen» stand. Er war nicht im Besitz der monarchischen Vollgewalt römisch-byzantinischer Kaiser, da ihm die Befugnis zur Gesetzgebung wie zur Rechtsauslegung abging und sich auch die Heerführer, jedenfalls zur Zeit der stürmischen Expansion, nur bedingt seinem Befehl beugten. Dennoch war der Leitgedanke der umfassenden Gemeinschaft aller Gläubigen so mächtig, daß trotz bald auftretender innerer Divergenzen die Separierung verschiedener islamischer Reiche oder Völker (wie in der christlichen Welt) ausgeschlossen blieb. Nach einer Phase blutiger Auseinandersetzungen um das Kalifat, an deren Ende das politische Zentrum nach Damaskus verlegt wurde, kam es seit etwa 670 unter der Dynastie der Omaijaden zu einer zweiten Welle der Expansion, die sich, wenn auch vergeblich, unmittelbar gegen Konstantinopel richtete, aber in Nordafrika bis zum Atlantik vordrang. Die Grenze nach Europa wurde überschritten, als 711 ein Heer von islamisierten Berbern aus dem heutigen Marokko unter Führung von Tarik Ibn Sijad die Meerenge überwand, um sich in Thronstreitigkeiten unter den spanischen Westgoten hineinziehen zu lassen und bald deren Reich ein jähes Ende zu bereiten, indem sie die gesamte Iberische Halbinsel bis auf den äußersten

Norden (Asturien, Baskenland) okkupierten. Die Muslime verteilten sich auf feste Stützpunkte in allen Landesteilen und machten Córdoba zu ihrer Hauptstadt, wo fortan ein vom Kalifen in Damaskus legitimierter Statthalter residierte.

Frühes Slawentum

Neben dem arabischen Weltreich, das die Byzantiner um weite und wertvolle Gebiete im Osten und Süden brachte, waren es auf dem Balkan andere Kräfte, die das Imperium von Norden her einengten. Nach dem Verschwinden germanischer Verbände, die dort im 5./6. Jh. vorherrschend gewesen waren, brachte das Vordringen der erwähnten Awaren aus Innerasien bis vor Konstantinopel vielerlei eher bodenständige, bäuerlich lebende Gruppierungen nördlich der unteren Donau in Bewegung, die sich seit etwa 550 in byzantinischen Quellen als «Slawen» apostrophiert finden. Dabei handelt es sich ähnlich wie bei dem 600 Jahre älteren römischen Germanenbegriff um eine sprachlich bedingte Pauschalbezeichnung, deren räumliche Erstreckung im Laufe der weiteren historischen Entwicklung immer größere Dimensionen annahm. Das lag nicht so sehr an beständiger physischer Ausbreitung von einer «Urheimat» aus (im Sinne einer slawischen «Völkerwanderung») als an wechselseitiger Angleichung von zuvor sprachlich und kulturell heterogenen Gemeinschaften, die sich unter awarischer Dominanz zu regionalen Siedlungsverbänden formierten. Soweit sie Überfälle auf das Reichsgebiet südlich der Donau unternahmen und sich dort dauerhaft festsetzten, fiel byzantinischen Beobachtern auf, daß sie ohne monarchische Spitze waren und angeblich alles gemeinsam regelten. Tatsächlich brachten es fehlende Christianisierung (und damit fehlender Zugang zur Schriftkultur) sowie die weiter fortgeschrittene Ruinierung spätrömischer Strukturen auf dem Balkan mit sich, daß die eindringenden Slawen anders als die Germanen im Westen des Imperiums jahrhundertelang ohne höher entwickelte Formen von politischer Organisation geblieben sind. Eine bloß scheinbare Ausnahme stellt «der erste slawische Staat» des fränkischen Fernhändlers Samo dar, der sich wohl bald nach 626 an die

Spitze eines gegen die Awaren gerichteten erfolgreichen Slawenaufstands stellte und für etwa 35 Jahre ein Reich mit vermutlichem Zentrum in Böhmen geschaffen haben soll, das einem fränkischen Angriff trotzte, aber nach Samos Tod rasch zerfallen ist. Um 700 wird im Bereich der Slawen allein die Herrschaftsbildung der Bulgaren faßbar, eines Turkvolks, das im Laufe des 7. Jhs. von der unteren Wolga entlang der Schwarzmeerküste ins Gebiet der Donaumündung eingedrungen war und sich siegreich zwischen die Awaren und das byzantinische Reich schob. Nach einer Niederlage war der Kaiser gezwungen, in einem Vertrag von 681 die eigenständige Hoheit der Bulgaren unter ihrem Anführer (Khan) Asparuch ohne Christianisierung anzuerkennen. Im antiken Moesien bildeten sie eine dünne Herrenschicht, die sich in der Folgezeit (anders als die Awaren) dem zahlenmäßig überwiegenden Slawentum kulturell und sprachlich anpaßte.

Nördliche und westliche Peripherie

Während die Awaren, Slawen und Bulgaren immerhin eine gewisse Beachtung in zeitgenössischen Schriftquellen aus der christlichen Welt fanden, lag der gesamte Norden Europas um 700 noch im Halbdunkel der Vorgeschichte. Vom Dasein der Menschen, die nach philologischen Merkmalen baltischer, finno-ugrischer oder nordgermanischer Sprache waren, zeugen lediglich Bodenfunde, die über Siedlung, Grabsitten und materielle Kultur, ferner über Verkehrswege, Schiffahrt und Warenaustausch lückenhaften Aufschluß gewähren und gelegentlich auch Unterschiede zwischen Arm und Reich, aber nichts von einer politischen Formation erkennen lassen. Einen Sonderfall scheinen allein die Dänen zu bilden, deren Volksname (sogar mit einem vereinzelten König) bei lateinischen wie griechischen Geschichtsschreibern bereits um die Mitte des 6. Jhs., dann jedoch erst wieder nach 700 auftaucht.

Von den urtümlichen Zuständen in den Ländern rund um die Ostsee und entlang den östlichen Küsten der Nordsee zu unterscheiden ist das frühmittelalterliche Erscheinungsbild der keltischen Völker. Deren Sprachen waren noch während der Antike in weiten Teilen West-, Mittel- und Südeuropas verbreitet gewesen, wurden aber im Zuge der Expansion römischer Herrschaft vom Lateinischen überlagert und blieben allein auf den beiden großen Inseln Nordwesteuropas lebendig. Da Britannien bald nach dem Abzug der Römer im Süden und in der Mitte durch germanisch sprechende Angelsachsen vom Kontinent in Beschlag genommen wurde, war das Keltentum fortan ganz auf die Peripherie Europas abgedrängt. Dazu gehörten der äußerste Westen Britanniens (Wales, Cornwall) und die festländische Bretagne als Rückzugsräume von keltischen Briten, vor allem aber Irland, dessen Bevölkerung, als *Scotti* bezeichnet, auch auf den Norden Britanniens ausgriff und dort allmählich Schottland entstehen ließ. Irland war am Rande der lateinischen Welt das einzige Gebiet, wo schon in spätantiker Zeit das Christentum außerhalb des Imperium Romanum Fuß gefaßt hatte und daher die Voraussetzungen für eine spezifische Schriftkultur heranreifen konnten. Sie erstreckte sich längst vor 700 nicht bloß auf das Lateinische, sondern auch auf die Volkssprache und hat eine stattliche Anzahl einheimischer Quellen hervorgebracht, die den Eindruck einer bäuerlichen Gesellschaft mit Vorliebe für die Viehzucht und geringerer Neigung zum Handel über See vermitteln. Das völlige Fehlen von Städten und römischen Verwaltungseinheiten begünstigte eine extreme politische Zersplitterung, die im 7./8. Jh. im Nebeneinander von über 100 «Königen», in Wahrheit kaum mehr als Oberhäuptern von Sippenverbänden, zum Ausdruck kam. Ständig gab es Rivalitäten unter ihnen, und erst mit der Zeit verfestigten sich gewisse Rangunterschiede, doch blieb die Grüne Insel stets von einer politischen Einigung weit entfernt. Die eigentümliche Sozialstruktur prägte auch die Ordnung des kirchlichen Lebens, in dem große Klöster mit Rückhalt an mächtigen Familien gegenüber Bischofssitzen mit räumlich abgegrenzten Sprengeln dominierten.

Bevölkerung und Siedlung

Angesichts der massiven Unterschiede in der historischen Entwicklung, die sich gerade auch im Quellenangebot niederschlagen, fallen generelle Aussagen über Europa um 700 schwer. Wieviele Menschen damals den Kontinent bewohnten, läßt sich schon deshalb auch nicht annähernd in Zahlen fassen, weil die spärlichen archäologischen oder literarischen Anhaltspunkte, die es für derartige Schätzungen gibt, stets nur für begrenzte Räume Gültigkeit haben und sich keinesfalls zu einem Gesamtbild zusammenreimen. Eher möglich sind tendenzielle Feststellungen. So gilt wie im Altertum auch im gesamten Mittelalter, daß der Süden und der Westen Europas, wohin die Herrschaft der Römer gereicht hatte, dichter besiedelt waren als die Länder des Nordens und des Ostens. Von der Anzahl der Beteiligten an den germanischen Wanderungen, die kaum jemals 100 000 Personen überschritten hat (und meist weit darunter lag), darf man sich keine übertriebenen Vorstellungen machen, und vollends ins Reich der Legende gehört die Vorstellung von einer frühen Überbevölkerung in Skandinavien, die zum Wegziehen von dort genötigt hätte. Andererseits gibt es deutliche Indizien für einen verbreiteten Bevölkerungsrückgang innerhalb des Imperiums schon seit dem 3. Jh., was eine wichtige Voraussetzung für das vermehrte Einströmen von Barbaren war. Nach 400 sorgten dann Kriege, Plünderungen und Seuchen – im griechischen Osten weniger als im lateinischen Westen – für weitere Verluste, die sich an der Schrumpfung oder gar Aufgabe vieler Siedlungen ablesen lassen. Erst im 8. Jh. mehren sich zumindest in Mitteleuropa die Anzeichen für beginnenden Landesausbau und neue Wohnplätze, doch blieben auch noch zur Karolingerzeit minder günstig gelegene Gebiete (Moor- und Heideflächen, Mittel- und Hochgebirge), die erst das nachfolgende Mittelalter urbar gemacht hat, so gut wie menschenleer.

Besonders abträglich war der Wandel der Zeiten für die im Römerreich hochentwickelte Lebensform der Stadt, die schwerste Einbußen erlitt, wobei wiederum erhebliche regionale Unterschiede zu beachten sind. Während auf dem gesamten Balkan, im nördlichen

Vorfeld der Alpen sowie in Britannien von einem völligen Verfall und damit einer Angleichung an die städtelose Welt der Barbaren gesprochen werden muß, haben in Italien, Gallien und Spanien ummauerte Civitates vielfach fortbestanden, jedoch mit deutlich reduzierter Einwohnerzahl und allerhand Beeinträchtigungen im Gebäudebestand, die umso gravierender ausfielen, je weiter man vom Mittelmeer entfernt war. Die wirksamste Überlebensgarantie war eine fortwährende Mittelpunktsfunktion als Sitz eines Bischofs oder eines weltlichen Machthabers. Insgesamt ist unverkennbar, daß der Übergang vom Altertum zum Mittelalter mit einer Umkehr der sozialen Gewichtung von Stadt und Land verbunden war. Auf Kosten von urbanem Handel und Gewerbe wuchs die elementare Bedeutung von agrarischem Grundbesitz, der nicht mehr von der Stadt aus, sondern an Ort und Stelle genutzt wurde.

Wirtschaftliche Grundlagen

Die Versorgung mit Nahrungsmitteln durch Ackerbau und Viehzucht sowie mit lebensnotwendigen Rohstoffen wie Flachs, Salz, Holz und Metallen erforderte in ganz Europa die Arbeitskraft der allermeisten Menschen und blieb doch im Ergebnis stets unsicher, weil es an technischen Hilfsmitteln zur Steigerung der Erträge und zur Abwehr natürlicher Gefahren mangelte. Mißernten und dadurch bedingte Hungersnöte waren eine ständige Bedrohung, schon weil ein unzureichendes Transportwesen keinen effektiven Ausgleich mit besser versorgten Gebieten erlaubte. Eher als kleine Einzelbauern waren den ökonomischen Risiken größere Betriebseinheiten gewachsen, die in Händen des Königtums, des Adels oder kirchlicher Institutionen lagen und einer wachsenden Anzahl von abhängigen Arbeitskräften (in abgestuften Rechtsstellungen) Schutz und bescheidenes Auskommen boten. Nicht allein im Besitz von Land, sondern erst in der Verfügungsgewalt über Menschen, die für dessen produktive Nutzung einzusetzen waren, lag die Basis für Reichtum und sozialen Vorrang. Sie schloß über die reine Feldbestellung hinaus auch verarbeitende Tätigkeiten ein und ließ eine Produktionsweise vorherrschend werden, die auf

Selbstversorgung, Naturalwirtschaft und Tauschhandel ausgerichtet war. Sehr im Unterschied zum byzantinischen und zum arabischen Herrschaftsgebiet erlebte der lateinische Westen einen erheblichen Rückgang des Geldverkehrs, dem auch das allmähliche Erlöschen des römischen Steuersystems entsprach.

Gleichwohl ist der (schon seit der Spätantike schrumpfende) Fernhandel im Mittelmeerraum zu keinem Zeitpunkt völlig zum Erliegen gekommen, auch nicht unter dem Einfluß der arabischen Expansion. Fränkischen Quellen der Merowingerzeit zufolge waren es pauschal als «Syrer» bezeichnete Kaufleute aus dem Osten, die für die Zufuhr orientalischer Luxuswaren (Gewürze, Seidenstoffe, Edelmetall, Papyrus) sorgten und nicht bloß in den Seehäfen, sondern entlang den schiffbaren Flüssen auch im Landesinnern auftauchten. Hier kreuzten sich ihre Wege mit dem Binnen- und Nahhandel, der nicht überall verfügbare Gebrauchsgüter wie Wein, Öl, Salz oder Getreide verbreitete. Von wachsender Bedeutung war der Warenaustausch mit England, Skandinavien und Osteuropa, für den Friesen und Angelsachsen eine größere Rolle spielten als die Franken selbst. An küstennahen Umschlagplätzen, die sich von Quentovic in der Pikardie über Haithabu an der jütländischen Ostsee bis Truso unweit der Weichselmündung aufreihten, wurden Wein, Keramik, Waffen und sogar Mühlsteine geliefert, um gegen Pelze, Fisch, Wachs und Honig eingehandelt zu werden. Als wichtigstes Exportgut des Ostens betrachtet die neuere Forschung unfreie Menschen, die als Sklaven in den byzantinischen und den islamischen Machtbereich verkauft wurden.

Ansätze von politischer Ordnung

Entgegen der romantischen Vorstellung noch des 19. Jhs. von einem Urzustand der allgemeinen Gleichheit zeugen archäologische Befunde aus Gräbern ebenso wie Rechtsquellen und manche chronikalischen Berichte von erheblichen sozialen Unterschieden nicht bloß in der spätrömischen und byzantinischen Gesellschaft, sondern von vornherein auch unter den Barbaren, die nach und nach mit dem Imperium in Berührung kamen. Überall findet sich eine

Führungsschicht, die sich durch Verfügungsgewalt über Land und Leute von der Masse der übrigen Menschen abhob. Ihr Umfang und ihre Zusammensetzung waren durchaus variabel. Beträchtliche Umschichtungen hatte gewiß die Zeit der Wanderungen und der Etablierung von Herrschaft auf Reichsboden bewirkt, was ja vielfältige Chancen zur militärischen Bewährung und zum Erwerb von Reichtümern mit sich brachte, auf die Dauer aber auch den Weg zu einer Verschmelzung von romanischen und barbarischen Eliten eröffnete. Soweit der Vorrang erblich wurde und sich nicht zuletzt auf das Ansehen ruhmreicher Vorfahren gründete, können wir von Adel sprechen, der indes kaum als homogene Gruppe in Erscheinung trat, sondern in sich mannigfache Abstufungen und Rivalitäten aufwies.

Seine höchste Stufe war das Königtum, dessen Inhaber stets aus dem Adel hervorgingen und im Banne römischer, bald auch christlicher Leitbilder zu einer übergeordneten Stellung, meist mit dynastischem Zukunftsanspruch, zu gelangen vermochten. Das verschaffte ihnen die Mittel, um steuernd in das Gefüge der Führungsschicht einzugreifen, indem sie Aufstiege und Abstiege beförderten, doch blieben sie jederzeit auf die Loyalität des Adels insgesamt angewiesen. Er allein war imstande, dank seinen regionalen Machtpositionen die königliche Autorität in der Fläche zur Geltung gelangen zu lassen und im Bedarfsfall ein schlagkräftiges bewaffnetes Aufgebot zu gewährleisten. Wo es Königen nicht gelang, das Einvernehmen mit dem überwiegenden Teil ihrer «Großen» zu wahren und Unzufriedene auszugrenzen, liefen sie Gefahr, politisch an den Rand gedrängt oder gar von Anführern übermächtig gewordener Adelsgruppen gestürzt zu werden.

Königtum und Adel waren nicht bloß die bestimmenden Faktoren der politischen Entwicklung, sondern kommen wegen ihrer herausgehobenen Stellung und ihres weiteren Horizonts auch vornehmlich als Träger des ethnischen Bewußtseins in Betracht, das die verschiedenen nachantiken Reiche prägte. Hatte die Zeit der Auseinandersetzungen mit dem westlichen Imperium im 5. Jh. noch einen «supragentilen» Militäradel ohne exklusive Bindung an ein bestimmtes Volk gekannt, so verfestigte sich seit dem 6. Jh. zusammen mit den einzelnen Reichen die Bereitschaft zur Identifizierung mit den überkommenen oder ad hoc erzeugten Überlieferungen von einer allen gemeinsamen Benennung, Herkunft und Geschichte zur Unterscheidung von anderen Völkern. Das so entstandene «Nationalgefühl» war stark genug, um notfalls auch nach einem Untergang des Königtums von der verbleibenden Führungsschicht weiter tradiert werden zu können, wie sich am Beispiel der Burgunder und später der Langobarden zeigt.

Christentum und Kirche

Das Christentum war ein Erbe der Antike, das seine Wurzeln ebenso wie das ältere Judentum und der jüngere Islam im Orient hatte. In Europa war dieser Glaube, begünstigt durch die Konstantinische Wende, seit dem 4. Jh. im gesamten Imperium Romanum verbreitet und zu einem unterscheidenden Merkmal gegenüber der heidnischen Barbarenwelt jenseits der Reichsgrenzen geworden. Organisatorisch handelte es sich um einen Verbund bischöflicher Kirchen, gegliedert nach den Provinzen des Imperiums und gewohnt, in theologischen Auseinandersetzungen vom Kaiser und den von ihm beherrschten Konzilien maßgebende Weisung zu empfangen. Diese spätrömische Reichskirche in griechisch-lateinischer Doppelsprachigkeit erlebte einen letzten Höhepunkt mit dem Konzil von Chalkedon (451), auf dem eine Mehrheit östlicher Bischöfe die (dem Kaiser genehme) Lehrmeinung des Bischofs von Rom zur allgemeinen Richtschnur erhob.

Fortan trennten sich die Wege. Während sich im Osten unter fortwährender Dominanz der Kaiser in Konstantinopel die orthodox-byzantinische Reichskirche formierte, erlebte die lateinische Kirche infolge der Auflösung des Weströmischen Reiches unter dem Druck der Barbaren empfindliche Einbußen und eine generelle Lockerung ihres Zusammenhalts. Weithin untergegangen ist das spätantike Christentum in den Donauländern, im Alpenvorland und im nördlichen Gallien sowie in Britannien. In den verbleibenden Gebieten bildeten sich gemäß den Grenzen der neu entstandenen Reiche gesonderte Landeskirchen mit Bezug zum jeweiligen Königtum und eigener Synodaltradition, zu denen die Bischöfe von Rom, seit Mitte des 6. Jhs. unter byzantinischer Herrschaft stehend, nur noch sporadischen Kontakt hatten.

Missionserfolge unter den Barbaren stellten sich schon seit dem 5. Jh. im keltischen Irland (außerhalb des Imperiums) ein, unter den Angelsachsen in Britannien seit 590 dank einer singulären Initiative Papst Gregors des Großen († 604) und bald in Konkurrenz zu irischen Glaubensboten, auf dem Kontinent an den Rändern des Frankenreiches durch einheimische Kräfte, die bis zum frühen 7. Jh. die Bischofssitze am Rhein wiederherstellten und dann auch weiter zu den Alemannen und Bajuwaren vordrangen. Doch wogen diese Zu- bzw. Rückgewinne vorerst leicht, gemessen an den schweren Verlusten, die im 7. Jh. die militärische Ausbreitung des Islams der Christenheit zufügte. Nach dem Orient und ganz Nordafrika erfaßte sie 711 auch den größten Teil der Iberischen Halbinsel, wo das Christentum zwar nicht völlig unterging, aber doch für lange Zeit in die Defensive geriet. Erst durch die arabische Expansion ist Europa zum räumlichen Schwerpunkt der christlichen Welt geworden, die neben dem geschrumpften Reich von Byzanz als Länder mit lateinisch-christlicher Prägung vorerst allein das fränkische Gallien und das langobardische Italien (mit Rom) sowie die Inseln Britannien und Irland umfaßte.

Kultur und Bildung

Auch Kultur und Bildung folgten dem allgemeinen Duktus der Entwicklung zwischen Altertum und Mittelalter. Die geistige Welt der vordringenden Barbaren war von religiösen Vorstellungen, historischen Überlieferungen und rechtlichen Normen bestimmt, die allein mündlich weitergegeben wurden, somit keine dauerhaft feststehende Gestalt hatten und für uns höchstens indirekt erschließbar sind. Dagegen fußte die Schriftkultur der Griechen und Römer auf schulmäßig erworbenen Kenntnissen und Fertigkeiten, die auch in der Spätantike noch vielerorts öffentlich gelehrt wurden. Diese Schulen bestanden zumindest in Konstantinopel und anderen Zentren des oströmischen Reiches weiter und prägten ein starkes Traditionsbewußtsein der byzantinischen Gesellschaft. Sie gingen auch im Westen nicht sogleich mit dem Kaisertum unter, verloren aber in den Barbarenreichen mit der Zeit ihre herkömmliche Funktion, auf politische und literarische Tätigkeiten vorzubereiten. So kann man ein allmähliches Erlöschen der antiken Schule beobachten, das in Britannien und Afrika früher und nachhaltiger vonstatten ging als in Spanien, Gallien und Italien, aber auch dort im 7. Jh. zum Abschluß gekommen ist.

Um 700 bestimmte im Westen längst die kirchliche Schule das Bild, die aus dem praktischen Bedürfnis erwachsen war, dem Nachwuchs in den Klöstern und dann dem allgemeinen Klerus das erforderliche Rüstzeug zum ordnungsgemäßen Vollzug des Gottesdienstes, zum Verständnis der christlichen Glaubensinhalte und zu deren Vermittlung an die illiteraten Laien zu verschaffen. Als eine Buchreligion war das Christentum (ebenso wie Judentum und Islam) stets auf zumindest elementare Lesefähigkeit seiner Diener angewiesen und wurde so zur entscheidenden Triebfeder für die Ausbreitung der Schriftkultur unter den barbarischen Völkern, die sich dem neuen Glauben zuwandten. Da der kühne Versuch des Gotenbischofs Wulfila († 383), die Bibel in seiner Muttersprache zu verschriftlichen, auf die heterodoxe Sonderkirche der Arianer beschränkt blieb, bedeutete die Übernahme christlicher Riten und Lehren regelmäßig die Hinwendung zur lateinischen Sprache, die über das geistliche Schrifttum hinaus potentiell auch den Zugang zum geistigen Erbe der Antike erschloß.

Nirgends wurde das vom Mönchtum getragene kirchliche Schulwesen so früh fruchtbar wie im peripheren Irland und, davon ausgehend, in England. Unberührt von den Veränderungen des gesprochenen Lateins in Gallien, Italien und Spanien haben irische Lehrmeister des 7. Jhs. in ihrer keltischen Umgebung erstmals wieder die an klassischen Mustern orientierte lateinische Grammatik zum Selbstzweck erhoben und damit Maßstäbe gesetzt, die sich bald auch das Bildungswesen der angelsächsischen Kirche zueigen machte. So kam es, daß nach dem Untergang des spanischen Westgotenreiches, das noch im 7. Jh. eine literarische Blüte erlebt hatte, die führenden Autoren des frühen 8. Jhs. im alten England anzutreffen sind: Aldhelm von Malmesbury († 709), der Dichter kunstvoller Verse über geistliche Themen, und Beda der Ehrwürdige († 735), als gelehrter Autor gleichermaßen bedeutend in der Bibelauslegung, der Kalenderrechnung und der Geschichte seines Volkes.

II) Das karolingische Europa 700 bis 900

Die Geschichte Europas im 8. und 9. Jh. wird wesentlich bestimmt von der Dominanz des Frankenreiches, das sich unter der neuen Dynastie der Karolinger vom antiken Gallien aus Germanien, die rechtsrheinische Mitte des Kontinents, sowie den gesamten Alpenraum und große Teile Italiens aneignete und damit zur eindeutigen Vormacht der lateinisch-christlichen Welt aufstieg. Seine Ausstrahlung erstreckte sich über die ausgedehnten eigenen Grenzen hinweg nicht allein auf die angelsächsischen und irischen Glaubensbrüder jenseits des Meeres und auf den christlich gebliebenen Nordrand der Iberischen Halbinsel, sondern berührte auch die heidnischen Völker Skandinaviens und des Ostens. Ihren allseits sichtbaren Höhepunkt fand diese Entwicklung mit der Erneuerung des westlichen Kaisertums im Jahre 800 durch Karl den Großen und Papst Leo III. in Rom, was zugleich das Verhältnis zur Traditionsmacht der oströmischen Kaiser in Konstantinopel tiefgreifend verändern mußte. Vorangegangen war im 8. Jh. die militärisch erzwungene Abgrenzung zum maurischen Spanien, während umgekehrt schon bald im 9. Jh. als Sarazenen bezeichnete muslimische Kräfte auf den großen Mittelmeerinseln Fuß zu fassen vermochten.

1. Der Aufstieg der Karolinger und die Expansion des Frankenreiches

Voraussetzungen

Daß dem Frankenreich die Führungsrolle im Okzident zufallen würde, war um 700 noch kaum abzusehen. Das von König Chlodwig I. († 511) und seinen Söhnen bis zur Mitte des 6. Jhs. begründete Reich mit Schwerpunkt in der *Francia* zwischen Loire und Rhein, das seither viele Völker vom Mittelmeer und vom Ärmelkanal bis nach Thüringen und in die Ostalpen hinein umfaßte, schien den Zenit seiner Entwicklung hinter sich zu haben. Durch wiederholte Reichsteilungen, glücklose Könige aus dem Geschlecht der Merowinger und beständige Kämpfe rivalisierender Adelsgruppen in den einzelnen Teilreichen hatte der innere Zusammenhalt schwer gelitten. Während sich an den Rändern im Süden und Osten weitgehend autonome Sonderherrschaften der Herzöge von Aquitanien, Elsaß, Alemannien, Thüringen/Mainfranken und Bayern bildeten, gerieten im fränkischen Kernraum die späten Merowinger des 7. Jhs. zunehmend unter die Kuratel ihrer Hausmeier, die eigentlich die leitenden Verwalter am Hofe waren. Im wechselvollen Ringen der führenden Familien um diese Spitzenposition verschaffte sich durch einen 687 bei Tertry an der Somme errungenen Sieg Pippin der Mittlere († 714), der Urgroßvater Karls des Großen, auf Dauer die Oberhand. Er war als Enkel des Bischofs Arnulf von Metz († um 640) und des Hausmeiers Pippin des Älteren († 640) der Repräsentant des selbstbewußten Adels in Austrien, dem östlichen Teil der *Francia*, und besaß fortan auch im westlichen Neustrien den bestimmenden Einfluß. Als alleiniger Hausmeier, der die Merowinger als legitimierenden Rückhalt Könige bleiben ließ, vermochte er eine allmähliche Konsolidierung der Machtverhältnisse zwischen Loire und Rhein anzubahnen, wobei er früh schon durch Beteiligung der Söhne Drogo († 708) und Grimoald († 714) das Ziel einer erblichen Familienherrschaft zu erkennen gab.

Dennoch muß bezweifelt werden, ob das Frankenreich in seiner damaligen Verfassung einem plötzlichen massiven Angriff von außen standgehalten hätte, wie er 711 das in seiner Führungsschicht ebenfalls zerstrittene Westgotenreich in Spanien mit fatalen Konsequenzen getroffen hat. Die islamische Okkupation des südlichen Nachbarreiches weckte bei den Franken keine spontanen Abwehrkräfte und wurde allenfalls zu einer Herausforderung für den aquitanischen Herzog Eudo († 735), als die Muslime die Pyrenäen zu überwinden begannen und ab 720 auch die westgotischen Vorposten im Süden Galliens (Narbonne, Carcassonne, Nîmes) besetzten. Langfristig gesehen war indes der Umsturz in Spanien dazu angetan, im geschrumpften christlichen Teil des Kontinents das relative Gewicht der Franken erheblich zu steigern. Neben ihnen gab es auf dem europäischen Festland allein noch das Langobardenreich, das jedoch an weiterem Vordringen in Italien durch das Beharrungsvermögen der oströmisch-kaiserlichen Gebiete (von Venedig und Ravenna über Rom und Neapel bis nach Apulien und Kalabrien) gehindert war. Dem *regnum Francorum* dagegen boten sich nördlich der Alpen allerhand Spielräume zur Entfaltung, sobald seine Energien von einer erstarkten Zentralgewalt gebündelt wurden.

Pippin der Mittlere und Karl Martell

So wenig wie seine Vorfahren sich durch spezifischen politischen Weitblick die führende Rolle in Austrien verschafft hatten, ist Pippin dem Mittleren nach dem Gewinn der Suprematie auch in Neustrien mehr an Zielen zu unterstellen als für sich und seine Nachkommen die errungene Vorherrschaft in der gesamten *Francia*, zumal die faktische Verfügung über die Königswürde und den exklusiven Zugang zu ihrem Inhaber, dauerhaft gegen alle Rivalen zu sichern. Dazu war es erforderlich, weiträumig auf Freunde und Verwandte unter den Großen bedacht zu sein, die ihren Vorteil darin sahen, das Regiment des Hausmeiers zu stützen, gleichzeitig aber auch die Konfrontation nicht zu scheuen mit jenen Machthabern von durchweg älterem Adel, die sich jenseits der *Francia* als «Herzöge» eigenständige Herrschaftsbereiche geschaffen hatten. In diesem Sinne hat bereits Pippin der Mittlere sich nicht mit der Festigung seiner Vormacht zwischen Rhein und Loire begnügt, sondern von 709 bis 712 auch mehrere Feldzüge nach Alemannien unternommen und früher schon seit etwa 690 viel Eifer auf die Unterwerfung der seetüchtigen Friesen verwandt, die bis dahin nicht dem Frankenreich angehört hatten. Die Entwicklung wurde durch Pippins Tod Ende 714 jäh unterbrochen, weil ihm nicht die für eine dynastische Ordnung entscheidende glatte Übergabe der Macht an die nächste Generation gelang: Seine beiden genannten Söhne hatten ihn nicht überlebt und teils unmündige, teils illegitime Enkel hinterlassen, die von der Witwe Plektrud († nach 717) gegen die Erbansprüche von Karl (Martell), einem Sohn Pippins aus einer anderen Ehe, aufgeboten wurden. Der Familienzwist spaltete den austrischen Anhang und rief alsbald von Neustrien her Kräfte auf den Plan, die ihrerseits unter Berufung auf bestimmte Merowinger Pippins Geschlecht ganz von der Macht verdrängen wollten. In einem mehrjährigen blutigen Ringen bezwang Karl bis 719 alle Widersacher und wurde zum neuen Gebieter (*princeps*) der Franken; von ihm leitet sich die gesamte weitere Dynastie ab, die wir daher als Karolinger bezeichnen.

Im Besitz der Macht, wiederum mit dem Titel eines Hausmeiers (bei wechselnden Merowingern), zeigte sich Karl Martell von vornherein gesonnen, seine Autorität über die *Francia* hinaus bis an die äußeren Reichsgrenzen des 6. Jhs. zur Geltung zu bringen. Damit trug er den Erfahrungen aus den eben abgeschlossenen Kämpfen Rechnung, in die Friesen, Sachsen und Aquitanier gegen ihn und seine Austrier eingegriffen hatten. Offenkundig war zudem geworden, daß die auf Distanz zu den Hausmeiern bedachten rechtsrheinischen Herzöge leicht versucht waren, sich mit innerfränkischen Widersachern der Karolinger zu verbünden oder ihnen zumindest Rückhalt und Zuflucht zu gewähren. So unternahm Karl schon 718 eine Strafexpedition bis zur Weser, die sächsische Überfälle vergelten sollte und bis 738 noch weitere Vorstöße, freilich ohne feste Eroberungsabsicht, nach sich zog. In Friesland nutzte er das Machtvakuum nach dem Tod des Herzogs Radbod (719), um die von seinem Vater begonnene Unterwerfung zu vollenden, zunächst im Bereich der Rheinmündungen, 733/34 auch in den nördlichen Küstengegenden. Während die näheren Umstände ungewiß bleiben, unter denen nach 717 der mainfränkisch-thüringische Dukat um Würzburg und nach 742 das elsässische Herzogtum erloschen sind, liegt klar zutage, daß der Hausmeier bis nach Bayern ausgegriffen hat, wo mit den Agilolfingern bereits seit dem 6. Jh. ein Geschlecht mit weitreichenden dynastischen Verbindungen vorherrschte. Daß Karl dorthin 725 und nochmals 728 Feldzüge anführte, die Sturz und Tod des Herzogs Grimoald bewirkten und ihm selber in Gestalt von dessen Verwandter Swanahild eine zweite Gattin «einbrachten», läßt erkennen, wie sehr es ihm um Gleichrangigkeit mit den altadligen Agilolfingern und um deren Einbindung in das Herrschaftsgefüge des eigenen Hauses zu tun war. Jedenfalls scheint Karl seine Hand im Spiel gehabt zu haben, als 736 die bayerische Herzogswürde an Odilo († 748), einen Agilolfinger mit alemannischen Wurzeln, fiel. In Alemannien selbst ging der Hausmeier noch einen Schritt weiter, indem er nach einem Sieg über Herzog Lantfrid (730) dessen überlebenden Bruder Theudebald nicht als Nachfolger anerkannte und den Dukat als erledigt behandelte.

Die Abwehr der «Sarazenen»

Auch südlich der Loire hätte Karl Martell nach dem Sieg im innerfränkischen Machtkampf Anlaß zum Einschreiten gehabt, denn Herzog Eudo von Aquitanien war auf seiten seiner neustrischen Gegner gewesen. Er zog es jedoch vor, 720 ein Stillhalteabkommen zu schließen, das Eudo freie Hand zum Vorgehen gegen die aus Spanien andrängenden Muslime (in fränkischen Quellen Sarazenen oder Ismaeliten) gab. Nach einem Abwehrsieg vor Toulouse (721) suchte sich Eudo durch eine Allianz mit einem den Pyrenäen benachbarten Berberfürsten abzusichern, der im Gegensatz zu den in Córdoba residierenden arabischen Statthaltern des Kalifen stand. Doch er verkalkulierte sich: Sein Verbündeter unterlag dem Gouverneur Abdarrahman al-Ghafiki, der daraufhin 732 gleich nach Aquitanien weiterzog und Eudo an der Garonne eine schwere Niederlage beibrachte. Damit schlug die Stunde Karl Martells, der über die Loire hinweg herbeieilte, während die Muslime erst Bordeaux, dann Poitiers plünderten und bedrohlich der Grabkirche des hl. Martin in Tours entgegenstrebten. Bevor sie dorthin gelangten, kam es im Oktober 732 zum offenen Kampf, den der zeitgenössische fränkische Chronist voller Empörung über «das ungläubige Volk der Sarazenen» so beschreibt: «Gegen sie stellte der *princeps* Karl kühn sein Heer auf und fiel als Anführer über sie her. Mit Christi Beistand zerstörte er ihre Zelte und eilte in den Kampf, um ein großes Gemetzel anzurichten. Er tötete ihren König Abdirama, vernichtete ihn, bezwang ihr Heer, kämpfte und siegte. So triumphierte er als Sieger über die Feinde»[1].

Die Stilisierung zu einem Kampf der Christen gegen die Ungläubigen kann nicht darüber hinwegtäuschen, daß es erst der Zusammenbruch der aquitanischen Herzogsgewalt gewesen ist, der den Hausmeier dazu trieb, seine Überlegenheit ebenso wie östlich des Rheins nun südlich der Loire, also überall im Merowingerreich, fühlbar zu machen. Dieses vorrangige Ziel behielt er auch in den folgenden Jahren fest im Auge, als sich die Auseinandersetzungen mehr auf das südliche Burgund und den Rhôneraum verlagerten, wo Karl die Vertreibung der eingedrungenen Mauren regelmäßig als Hebel benutzte, um lokale Machthaber zu verdrängen und durch zuverlässige Anhänger aus seinem persönlichen Umfeld zu ersetzen: «Er gab das Gebiet jenes Reiches (Burgund) seinen bewährtesten Getreuen, Männern, die tatkräftig genug waren, um aufständischen und ungläubigen Völkern zu widerstehen»[2], beschreibt der schon zitierte Chronist diese 733 einsetzende Politik, die Karl in mehrfachen Vorstößen bis nach Lyon, nach Arles und nach Marseille gelangen ließ. Die Gegner einer Vereinnahmung durch den fränkischen Norden paktierten vielerorts offen mit den Sarazenen, was Karl 737 dazu brachte, die von diesen okkupierte Stadt Avignon zu erstürmen und am Flüßchen Berre unweit von Narbonne gegen ein aus Spanien herangerücktes Heer eine weitere Feldschlacht zu schlagen, bei der er die Oberhand behielt. Von da an flauten die Kämpfe ab, zumal 738 in der Provence auch der von Karl zu Hilfe gerufene Langobardenkönig Liutprand († 744) auf den Plan trat und die Muslime in die Flucht schlug. Ihnen verblieb der septimanische Küstenstreifen um Narbonne, den erst Karls Sohn Pippin 759 einnahm.

Die Konfrontation mit dem maurischen Spanien, die nicht auf die berühmt gewordene Schlacht von Tours beschränkt war und im Kontext der innerfränkischen Machtpolitik Karl Martells zu sehen ist, hat darüber entschieden, daß im Westen Europas der Islam in seiner staatlichen Erscheinungsform letztlich nicht über die Iberische Halbinsel hinausgelangte, nachdem seine Stoßkraft im Osten bereits 717/18 vor den Mauern von Konstantinopel vorerst gebrochen worden war. Allerdings ist fraglich, ob die Herrscher in Córdoba überhaupt dauerhafte Eroberungen im Frankenreich – und nicht bloß Beutezüge («Razzien» nach einer arabischen Vokabel) – im Sinn hatten; jedenfalls hätten sie dieses Ziel mit weit weniger Entschlossenheit betrieben als noch die vorangegangene Generation die Unterwerfung Spaniens. Hunderttausende von Getöteten in der «Araberschlacht» waren erst die übersteigerte Wahrnehmung späterer Jahrhunderte, die eine immer länger werdende Geschichte des christlich-muslimischen Gegeneinanders vor Augen hatten, und entsprechen nicht dem gedämpften Echo der Zeitgenossen, für die der Islam noch ein neues und schwer einschätzbares Phänomen war. Daß es gar die *Europenses* gewesen seien, die zwischen Tours und Poitiers den Söhnen des Propheten genau hundert Jahre nach dessen Tod Einhalt geboten, ist die singuläre Ausdrucksweise einer bis 754 reichenden christlichen Chronik aus Toledo[3], die gerade nicht ein fränkisches Selbstverständnis widerspiegelt, sondern eher die Vorstellung, unter islamischer Dominanz sei Spanien kein Teil Europas.

Der Dynastiewechsel von 751

Karl Martell, der seit 737 ohne einen Merowinger im Hintergrund regiert hatte, starb am 15. oder 22. Oktober 741, fand sein Grab als erster Karolinger in der alten Königsabtei Saint-Denis vor Paris und hinterließ aus zwei Ehen drei Söhne, unter denen sich die beiden älteren, Karlmann und Pippin der Jüngere, rasch gegen ihren Stiefbruder Grifo durchsetzten. Sie teilten sich das Reich, führten beide den Titel Hausmeier und setzten gemeinsam die Politik der forcierten Zentralisierung fort, die gegen die (bereits geschwächten) Machthaber an der Peripherie gerichtet war. Anscheinend um ihnen gegenüber wirksamer auftrumpfen zu können, setzten die beiden Hausmeier Anfang 743 noch einmal einen merowingischen König namens Childerich III. ein, was von den erzählenden Quellen verschwiegen wird, aber urkundlich bezeugt ist. Gewissermaßen in seinem Namen schritten Karlmann und Pippin im selben Jahr gegen Herzog Odilo von Bayern ein, der sich durch Heirat mit ihrer Schwester Hiltrud und den gemeinsamen Sohn Tassilo III. (* 741) unerwünscht in die Familie hineingedrängt hatte und am Lech besiegt wurde. Während Odilo sein Herzogtum (wohl mit Einbußen) behalten durfte, war Hunoald, der Sohn und Nachfolger Eudos von Aquitanien, 745 nach einer Niederlage an der Loire gezwungen, sich in ein Kloster zurückzuziehen und den Dukat seinem Sohn Waifar zu überlassen. 746 schließlich beseitigte Karlmann durch die blutige Niederschlagung eines Aufstands endgültig das alemannische Herzogtum, das zuletzt Theudebald beansprucht hatte.

Bereits im folgenden Jahr ging die Doppelherrschaft der Brüder zu Ende, weil Karlmann «aus brennendem Verlangen nach frommer Hingabe»[4], wie versichert wird, der Herrschaft zugunsten seines kleinen Sohnes Drogo entsagte und in Rom ein geistliches Leben begann. Pippin schob das Erbrecht des Neffen bald beiseite, spätestens als ihm am 2. April 748 ein erster eigener Sohn geboren wurde: Karl, der spätere Kaiser, der zusammen mit dem 751 zur Welt gekommenen Bruder Karlmann die Zukunft der Dynastie sicherte. Als alleiniges Familienoberhaupt und einziger Hausmeier, der 749 seine Überlegenheit nochmals in Bayern, diesmal gegen den dorthin entwichenen Halbbruder Grifo, demonstrierte und seiner (inzwischen verwitweten) Schwester Hiltrud die Vormundschaft über den heranwachsenden Tassilo überließ, konnte Pippin daran denken, seine beherrschende Stellung in aller Form durch die Übernahme der Königswürde zum Ausdruck zu bringen. Gegen die Verdrängung nicht bloß des aktuellen Childerich, sondern des gesamten auf Chlodwig und den sagenhaften Stammvater Merowech zurückgehenden Geschlechts sträubte sich unter den Franken ein offenbar tief verwurzelter Legitimismus, dessen Gewicht wenigstens indirekt noch an dem Eifer abzulesen ist, mit dem die auf Rechtfertigung des «Staatsstreichs» bedachten Quellen die totale

Machtlosigkeit der letzten Merowinger ausmalen und bis zur Karikatur steigern. Um allen Einwänden zuvorzukommen, suchte Pippin aktiven Beistand von außen und entsandte 750/51 Boten an Papst Zacharias in Rom. Nach zeitgenössischem Zeugnis steht fest, daß er eine seinen Plänen günstige Rechtsauskunft erhielt[5], doch ist kaum wahrscheinlich, daß sie die 40 Jahre später von den Reichsannalen wiedergegebene abstrahierende Zuspitzung aufwies, wonach «es besser sei, der hieße König, welcher die Macht habe, als der, welcher ohne königliche Macht sei; damit die Ordnung nicht gestört werde, befahl der Papst kraft seiner apostolischen Vollgewalt, Pippin zum König zu machen»[6]. Rechtsgültig wurde der Dynastiewechsel erst dadurch, daß Pippin wohl im November 751 in Soissons durch eine «Wahl aller Franken», die in akklamatorischer Huldigung der Großen und förmlicher Thronsetzung bestand, das Königtum annahm, während Childerich III. sich das lange Haupthaar scheren lassen und samt seinem Sohn den Weg ins Kloster Saint-Bertin antreten mußte. Als neuartiges Element ist eine aktive Beteiligung von fränkischen Bischöfen an dem Erhebungsakt überliefert, doch steht dahin, ob sie eine Salbung mit geweihtem Öl (nach Vorbildern im Alten Testament) vornahmen oder lediglich ihren Segen erteilten.

Die Anfänge der Italienpolitik und des Kirchenstaates

Der Aufstieg zum Königtum mit päpstlicher Unterstützung verwickelte Pippin rascher, als er erwartet haben mag, in die politischen Gegensätze Italiens, wo die römischen Bischöfe, nominell Untertanen des byzantinischen Kaisers, aber mit diesem wegen des Streits um die Zulässigkeit der Bilderverehrung zutiefst entzweit, wachsendem Druck von seiten der Langobarden ausgesetzt waren. Deren König Aistulf hatte soeben Ravenna, das Zentrum des kaiserlichen Exarchats in Italien, eingenommen und ging dazu über, von Stephan II., dem Nachfolger des Zacharias, ultimativ Tribute zu verlangen. Dagegen richtete dieser 753 einen dringenden Hilferuf an Pippin und erschien Anfang 754 sogar selbst als erster Papst nördlich der Alpen, um ein bewaffnetes Einschreiten gegen Aistulf zu erbitten. Da ein Teil der fränkischen Großen dem Bruch mit den Langobarden abgeneigt war, mußte der König alle Kraft aufbieten, um zu Ostern in Quierzy den Beschluß zum Eingreifen in Italien herbeizuführen, was dem Papst ausdrücklich zu einem Bereich eigener Herrschaft auf Kosten der Langobarden verhelfen sollte. Bevor man aufbrach, festigte Stephan II. Pippins dynastische Stellung, indem er ihm samt seinen beiden Söhnen in Saint-Denis eine Königsweihe durch Salbung spendete und den Franken angeblich unter Banndrohung gebot, niemals mehr einen König aus einem anderen Geschlecht zu erheben.

Der Feldzug selbst ging im Herbst zügig vonstatten und nötigte den in seiner Hauptstadt Pavia eingeschlossenen Langobardenkönig alsbald zum Einlenken. Er willigte in einen Friedensvertrag ein, worin er die fränkische Oberhoheit anerkannte und eine Herausgabe seiner jüngsten Eroberungen in Italien versprach. Als Pippin jedoch abgezogen und Papst Stephan nach Rom heimgekehrt war, gedachte sich Aistulf nicht länger an seine Zusagen zu halten und rückte im Winter 755/56 erneut gegen die Ewige Stadt. Noch einmal eilte Pippin 756 auf Verlangen des Papstes zu Hilfe und erzwang durch abermalige Belagerung von Pavia einen verschärften Vertrag, der Aistulf auch zur Auslieferung eines Drittels seines Königsschatzes und zu jährlichem Tribut verpflichtete, vor allem jedoch die Rückgabe des eroberten Exarchats von Ravenna unter die Kontrolle der Franken stellte. Nutznießer der Abtretungen wurde nicht der Kaiser in Byzanz, dessen Abgesandte vergeblich darum baten, sondern der Papst, der sich damit die Grundlagen seiner *res publica Romanorum* sichern, d. h. ein für seine Unabhängigkeit ausschlaggebendes Herrschaftsgebiet in Mittelitalien schaffen konnte, wenn auch wohl bei weitem nicht im vollen Umfang der «Pippinischen Schenkung» von Quierzy.

Pippins zweimaliges Eingreifen südlich der Alpen, das den Langobarden seine militärische Überlegenheit vor Augen führte und ihn erstmals in direkte Berührung mit dem oströmischen Kaisertum brachte, hat entscheidend zur Abkehr Italiens und zumal Roms vom fremd gewordenen griechischen Osten beigetragen und seine Hinwendung zum mehr und mehr fränkisch dominierten Okzident befördert, worin dem Bischof von Rom als oberstem Hirten der lateinischen Kirche eine singuläre Stellung zukam. Der erste karolingische König hat sich diesen Okzident noch nicht als fränkisches Großreich oder gar als westliches Imperium vorgestellt und war damit zufrieden, die Langobarden gedemütigt und dem Papst Genugtuung verschafft zu haben. Danach stellte er sich die Aufgabe, das Herzogtum Aquitanien, wonach schon sein Vater Karl Martell gegriffen hatte, planmäßig niederzuringen. Seit 760 wird von nahezu jährlichen Feldzügen südlich der Loire mit dem Ziel berichtet, die Machtbasis des *dux* Waifar zu zerstören. 762 fiel Bourges, 766 war die Garonne erreicht, und 768 nahm das Ringen ein wenig rühmliches Ende, als der letzte aquitanische Herzog einem Mordanschlag aus der eigenen Umgebung zum Opfer fiel, woran schon Zeitgenossen Pippin die Schuld gaben. Ihn selbst traf auf dem Rückweg im Juni 768 die tödliche Krankheit, der er am 24. September in Paris erlegen ist.

Karl der Große I: Auftakt und Langobarden

Wiederum trat zunächst eine Herrschaftskrise ein, denn gemäß Pippins letztem Willen ging die Macht zu gleichen Teilen auf seine bereits zu Königen gesalbten Söhne über, die nicht gut miteinander auskamen. Karlmann versagte sich 769 dem älteren Bruder bei der Bekämpfung eines letzten Aufstands in Aquitanien, den Karl schließlich allein niederschlug. Ausgleichsbemühungen der gemeinsamen Mutter Bertrada führten 770 zu einer vom Papst scharf mißbilligten Annäherung an die Langobarden, sichtbar gemacht durch eine rasche Heirat Karls mit einer Tochter des Königs Desiderius, und als Folge dieses Schwenks 771 zu einem Umsturz in Rom, wo die frankenfreundlichen Kräfte in schwere Bedrängnis gerieten. Bevor sich die neue Konstellation festigen konnte, starb allerdings Karlmann am 4. Dezember 771 nach kurzer Krankheit, was Karl sogleich entschlossen für sich nutzte. Sowenig wie einst sein Vater respektierte er das Erbrecht der unmündigen Neffen, mit denen Karlmanns Witwe Gerberga zu den Langobarden enteilte, während Karl die Ehe mit der von dort stammenden Königstochter (unbekannten Namens) löste und als neue Gattin Hildegard aus vornehmer fränkisch-alemannischer Familie wählte. Für die Zukunft, die zu einer Alleinherrschaft von 42 Jahren werden sollte, nahm er sich gewiß vor, den ruhmreichen Vorfahren nachzueifern oder sie gar noch an Machtentfaltung nach innen und außen zu übertreffen, und die Abrechnung mit den Langobarden wird er dabei als vorrangig betrachtet haben, aber es ist doch kaum anzunehmen, daß er darüber hinaus ein durchdachtes Programm zur politischen Einigung des Okzidents, gar mit der Konsequenz einer Erneuerung des römischen Kaisertums, im Sinn gehabt hätte. Der Verlauf der folgenden Jahrzehnte gibt vielmehr zu erkennen, daß er sich zwar früh entschlossen hat, die merowingischen Reichsgrenzen hinter sich zu lassen, im einzelnen aber ganz unterschiedliche und kaum voraussehbare Chancen zu ergreifen verstand.

Der Feldzug gegen die Langobarden, angebahnt durch einen Hilferuf des neuen Papstes Hadrian I. († 795), der wieder ganz auf die Franken setzte, folgte 773/74 dem Muster von Pippins Vorstößen nach Italien, zielte also abermals auf die Königsstadt Pavia, wo Desiderius eingeschlossen wurde, während sich in Verona Karls Schwägerin Gerberga mit ihren Kindern ergeben mußte. Anders als sein Vater 20 Jahre zuvor verließ Karl jedoch zeitweilig das Belagerungsheer, um zu Ostern 774 als erster Frankenherrscher in Rom aufzutreten und am Petrusgrab feierlich den Bund mit dem Papst zu erneuern. Als Pavia dann wenige Wochen später fiel, vermied er jeden Friedensvertrag, verwies Desiderius in ein fränkisches Kloster, bemächtigte sich des Königsschatzes und übernahm selbst ohne förmlichen Wahlakt die langobardische Herrscherwürde. Vom 5. Juni datiert seine erste Urkunde mit dem Titel eines «Königs der Franken und Langobarden», was bald darauf um das dritte Element eines «Patricius der Römer» erweitert wurde und fortan Karls gesteigerte Machtstellung beiderseits der Alpen zum Ausdruck brachte. Der rasch errungene Erfolg war von Dauer, denn das Langobardenreich war seit über 200 Jahren eine Monarchie und daher durch Gefangennahme des Königs und Erstürmung seiner

Hauptstadt wirksam zu vereinnahmen. Die einzige stärkere Regung von Widerstand, die Karl 776 in Friaul durch nochmaliges persönliches Erscheinen schnell erstickte, soll bezeichnenderweise bezweckt haben, mit Adelchis, dem nach Byzanz entkommenen Sohn des Desiderius, das Königtum zu restaurieren. Außerhalb von Karls Reichweite blieb vorerst im Süden das Herzogtum Benevent, unter Arichis II., dem Schwiegersohn des Desiderius. Ihn zwang Karl erst 787 durch einen Vorstoß bis Capua zur Unterwerfung und zu Gebietsabtretungen an den Papst, doch verblieb Benevent auch danach in allenfalls lockerer Abhängigkeit.

Karl der Große II: Sachsen und Spanien

Völlig anders waren die Voraussetzungen in Sachsen, wo es an einer umfassenden politischen Organisation mangelte und eine Fülle von regionalen Kleingruppen unter rivalisierenden Anführern das Feld beherrschte. Da eine sie alle bindende Entscheidung kaum herbeizuführen und noch schwerer durchzusetzen war, kam es nach den Worten Einhards, des Biographen Karls des Großen, in über 30 Jahren zu «dem langwierigsten, grausamsten und anstrengendsten Krieg des Frankenvolkes»[7], in dessen Verlauf der weite Raum zwischen Niederrhein und Elbe wohl überhaupt erst zu einer erfahrbaren Gesamtheit wurde. Karl war es, der von den seit langem üblichen Strafexpeditionen zu bewußter Eroberung überging, indem er 775 angeblich beschloß, «das treulose und wortbrüchige Volk der Sachsen solange mit Krieg zu überziehen, bis sie entweder besiegt und zum Christentum bekehrt oder völlig ausgelöscht wären»[8]. 777 glaubte er nach beträchtlichen Anfangserfolgen in Westfalen bereits am Ziel zu sein und hielt in Paderborn erstmals eine Reichsversammlung auf sächsischem Boden. Doch regte sich alsbald auf Initiative Widukinds, eines Adligen, verbreiteter Widerstand, der sich auch gegen die eigene Führungsschicht richtete, soweit sie mit den Franken paktierte. Daraus erwuchs ein zäher, immer weitere Landstriche heimsuchender Kleinkrieg, der von Karl als Aufstand gegen seine bereits etablierte Herrschaft empfunden und beiderseits mit großer Erbitterung geführt wurde. Auf Rückschläge wie ein verlorenes Gefecht im Weserbergland mit prominenten Gefallenen aus seiner engsten Umgebung reagierte der König 782 mit drakonischen Strafen («Blutbad» von Verden) und einschüchternden Gesetzen. Der Höhepunkt war überschritten, als der Frankenkönig 784/85 auch den Winter im Sachsenland verbrachte und anschließend bis zur Unterelbe vorrückte, woraufhin sich Widukind, der zeitweilig zu den Dänen geflohen war, geschlagen gab und in der Pfalz Attigny die Taufe empfing. Nach einigen Jahren trügerischer Ruhe flammte seit 792 neue Unruhe in Sachsen auf und veranlaßte Karl von 794 bis 799 zu jährlichen Heereszügen dorthin, bei denen er nun auch über die Elbe hinweg das heutige Holstein erreichte. Erst 804 erloschen die Kämpfe nach einem letzten Auftritt Karls jenseits der Elbe, und Einhard konnte behaupten, er habe Sachsen und Franken «zu einem Volk verbunden»[9].

Von deutlicher Improvisation zeugt der in den Sachsenkrieg eingeschobene Feldzug, den Karl im Sommer 778 ins muslimische Spanien unternahm, nachdem ihn Gegner des Emirs von Córdoba um Waffenhilfe gegen ihren Oberherrn ersucht hatten. Der Frankenkönig versprach sich davon wohl Landgewinn südlich der Pyrenäen, doch lief sich das Unternehmen vor Zaragoza fest und mußte abgebrochen werden. Da man sich auf dem Rückweg obendrein die christlichen Basken (Waskonen) zum Feind machte, überfielen diese im Gebirge die fränkische Nachhut und töteten mit vielen anderen auch Karls Paladin Hruodland, den Helden des späteren Rolandslieds vom vermeintlichen Heidenkampf. Erst Jahre später, nachdem es 793 noch einmal zu einem muslimischen Vorstoß bis Narbonne und Carcassonne gekommen war, brachten regionale Kräfte in Aquitanien, darunter auch Flüchtlinge aus dem maurischen Spanien, eine neue Offensive in Gang, die das spätere Katalonien betraf und 801 in der Einnahme Barcelonas durch Ludwig den Frommen, damals Unterkönig von Aquitanien, gipfelte. Da weiterreichende Ziele wie eine Grenze am Ebro verfehlt wurden, blieb es dauerhaft nur bei einem (bald als Spanische Mark bezeichneten) Außenposten fränkischer Macht im südlichen Vorfeld der Pyrenäen.

Karl der Große III: Bayern und Awaren

Daß Karl seine Hand auch nach Bayern ausstreckte, wo seit 748 sein Vetter Tassilo III. Herzog war, lag an sich auf der Linie seiner Vorgänger, die Zug um Zug die peripheren Dukate des Merowingerreiches beseitigt hatten, ließ in diesem Falle aber erstaunlich lange auf sich warten. Wie es scheint, ist erst nachträglich die skandalöse Geschichte konstruiert worden, wonach Tassilo sich bereits 757 durch einen Vasalleneid König Pippin (samt seinen Söhnen) verpflichtet, dann aber durch Fahnenflucht («harisliz») in Aquitanien 763 die Treue gebrochen habe. Tatsächlich verstand es der Bayernherzog – ein Agilolfinger mit karolingischer Mutter, der seit etwa 765 mit einer Tochter des Langobardenkönigs Desiderius vermählt war –, jahrzehntelang eine recht unabhängige Position zu behaupten, die auch darin zum Ausdruck kam, daß er 772 die Taufe seines Sohnes Theodo durch den Papst erreichte. Eine persönliche Begegnung Tassilos mit Karl kam erst 781 in Worms und wohl auf Vermittlung Hadrians I. zustande, doch entzog sich ihm der Papst, als 787 die Konfrontation von Karl eröffnet wurde, der mittlerweile in Sachsen das Ärgste überstanden und gerade erst auch Arichis von Benevent zum Untertan gemacht hatte. Fränkische Heere marschierten von drei Seiten gegen Bayern auf und machten jeden Widerstand sinnlos, zumal sich rasch zeigte, daß Karl längst große Teile des Adels und der hohen Geistlichkeit im Lande auf seine Seite gezogen hatte. Tassilo ergab sich kampflos auf dem Lechfeld (bei Augsburg) und leistete einen klar bezeugten Vasalleneid, der ihn nach Karls Verlangen zum Erscheinen auf dessen Hoftag in Ingelheim im Juni 788 verpflichtete. Dort wurde ihm der Prozeß gemacht, bei dem «getreue Bayern» ihn der Treulosigkeit bezichtigten[10] und ein Gericht aus Franken, Bayern, Langobarden und Sachsen wegen der (angeblichen) Fahnenflucht 25 Jahre zuvor das Todesurteil fällte, bevor Karl den Vetter und seine ganze Familie zu dauernder Klosterhaft «begnadigte». Noch im Herbst 788 nahm der König die agilolfingische Hauptresidenz Regensburg in Besitz und übertrug seinem Schwager Gerold die Verwaltung des bayerischen Stammesgebietes, das als rechtliche und kirchliche Einheit erhalten blieb.

Von Bayern richtete sich binnen kurzem schon der begehrliche Blick auf ein weiteres Angriffsziel: das Reich der Awaren jenseits der Enns mit Schwerpunkt in der Donau-Theiß-Ebene. Das im 6. Jh. von Osten dorthin vorgedrungene Reitervolk hatte im Lauf der Zeit viel von seiner Schlagkraft eingebüßt, galt aber immer noch, erkennbar am häufigen Gebrauch des Hunnennamens in den fränkischen Quellen, als furchterregend, weshalb sich Karl erst nach einiger Vorbereitung, wozu vielleicht auch die Planung des unvollendet gebliebenen Kanalbaus zwischen Main und Donau gehört hat, in Bewegung setzte. 791 rückte er von Regensburg donauabwärts bis zur Raab vor, während sein Sohn Pippin von Italien her hinzustieß, doch ging der Zug offenbar ins Leere, weil der Feind auswich und eine Pferdeseuche wie auch die fortgeschrittene Jahreszeit den Abbruch erzwangen. Karl blieb noch das ganze Jahr 792 über in Regensburg und plante anscheinend einen zweiten Vorstoß nach Südosten, wandte sich dann aber doch lieber den erneut rebellischen Sachsen zu und überließ das Schicksal der Awaren dem Markgrafen Erich von Friaul, der erstmals 795 mit slawischer Unterstützung in das Zentrum des Reiches, den mit Schätzen angefüllten «Ring» nahe der Theiß, vordrang. Er bahnte damit den Weg für König Pippin von Italien, der 796 in derselben Gegend die Unterwerfung des awarischen Oberherrschers (Kagan) und seiner Großen entgegennahm und mit der reichsten Beute heimkehrte, die den Franken je in einem Krieg zugefallen war, wie Einhard stolz anmerkt[11]. Die materielle Bereicherung spielte am Ende, wenn nicht von vornherein, eine stärkere Rolle als der Gebietszuwachs, denn die Franken begnügten sich mit je einer bald nach 800 erkennbaren bayerischen und friulanischen Grenzmark, während die geschwächten Awaren weiter östlich allmählich ihren slawischen Umwohnern anheimfielen und nach 822 vollends aus den zeitgenössischen Quellen verschwinden.

Ende der Expansion

Mit der Ruinierung des Awarenreiches war der expansive Elan erschöpft, der das ganze 8. Jh. hindurch die Politik der Karolinger beherrscht hatte. Nicht als ob fortan die militärische Kraft nicht mehr zu weiteren Eroberungen ausgereicht oder ein übermächtiger Feind sich in den Weg gestellt hätte, es fehlte an lohnenden Zielen, die die fränkischen Großen zu weiterem Vordringen hätten verlocken können. Schon Karls einziger Feldzug gegen die Slawen jenseits der Elbe 789 war nicht auf dauernde Unterwerfung und Christianisierung, sondern auf Einschüchterung und Ausplünderung ausgerichtet, und nicht anders verhielt sich der Kaisersohn Karl der Jüngere 805/06 bei seinen Vorstößen nach Böhmen, die das Land verwüsteten und anscheinend Tribute einbrachten, aber keinen politischen Umsturz bezweckten. Fränkische Verbündete waren die mit den Sachsen verfeindeten slawischen Abodriten an der südlichen Ostseeküste, die seit 795 mehrfach in die Kämpfe an der Unterelbe eingriffen. Sie blieben ebenso außerhalb des Reiches wie die Dänen, mit deren Königen es zu keiner ernsthaften Konfrontation kam und 811 die Grenze an der Eider fixiert wurde. Kennzeichnend für die Jahre nach 800 war die Anlage fränkischer Grenzbefestigungen im Norden ebenso wie an der mittleren Elbe.

2. Die Ausbreitung des Christentums und die fränkische Reichskirche

Das Auftreten der Angelsachsen

In innerem Zusammenhang mit der Expansion der neuen karolingischen Zentralgewalt über den Rhein hinweg erlebte das 8. Jh. die Durchsetzung von Christentum und Kirche in Mitteleuropa, wozu die Initiative zunächst nicht von den fränkischen Machthabern selbst ausging. Vielmehr waren es Geistliche aus England, meist Mönche, die nach dem Abschluß der Christianisierung ihrer insularen Heimat auf den Kontinent kamen, um als Missionare unter den sprachverwandten Heiden im nördlichen und östlichen Vorfeld des

Europa um 800
KGR. DER PICTEN
Nordsee
Edinburg
REICHE DER ANGELSACHSEN
Irland
Dublin
York
Limerick
Chester
REICHE DER BRITEN
Cork
Leicester
London
Utrecht
Bremen
Minden
Hamburg
Münster
Eresburg
Gent
Köln
Rhein
Arras
Lüttich
Mainz
Fulda
Worms
Atlantischer Ozean
Brest
Bretagne
Rouen
Neustrien
Reims
Paris
Rennes
Orléans
Troyes
Metz
Speyer
Tours
Loire
Straßburg
Poitiers
Nevers
Konstanz
FRÄNKISCHES REICH
Chur
Aquitanien
Lyon
Genf
Santiago de Compostela
Bordeaux
Vienne
Mailand
Cahors
Rhône
Po
Kgr. Italien
Toulouse
Avignon
Arles
Porto
Burgos
Span. Mark
Tudela
Ebro
Narbonne
Marseille
Zaragoza
Barcelona
Korsika
Tajo
Lissabon
Toledo
Tarragona
EMIRAT VON CORDOBA DER OMAJJADEN
Valencia
Sardinien
Sevilla
Córdoba
Balearen
Cagliari
Cartagena
Málaga
Mittelmeer
Tanger
Ceuta
Oran
Algier
Tunis
Fez
Reich der Rostemiden
Herrschaft der Aghlabiden
Reich der Idrisiden
Gabes
KALIFAT DER ABBASSIDEN
0
300
600 km

Sigtuna
Nowgorod
Wolga
Oka
Ostsee
Dnjepr
Truso
Bug
Weichsel
CHASAREN-REICH
Donez
Don
Kiew
Dnjepr
Oder
Tana
Dnjestr
Mähren
Theiß
Drau
Save
Cherson
BULGARISCHES REICH
Belgrad
Schwarzes Meer
Donau
Pliska
Sinope
Trapezunt
Nisch
Amastris
Philippopel
Ragusa
Cattaro
Skopje
Adrianopel
Adria
Konstantinopel
Durazzo
Ankyra
Nikaia
Kaisareia
Melitene
Bari
Saloniki
Tarent
BYZANTINISCHES REICH
Otranto
Amorion
Larissa
Ägäis
Pergamon
Anazarbos
Ikonion
Theben
Smyrna
Ephesos
Aleppo
Athen
Korinth
Milet
Antiochia
Reggio
Ionisches Meer
Syrakus
Zypern
Tripolis
Damaskus
Kreta
Saida
Haifa
Mittelmeer
Jaffa
Jerusalem
Askalon
Barka
Alexandria
Barka
Babylon, (Kairo)
Fustat
KALIFAT DER ABBASSIDEN

Frankenreiches tätig zu werden. Sie wirkten völlig unabhängig von den angelsächsischen Königen, denen politische Ambitionen auf dem Festland fernlagen, suchten aber früh schon den Schutz und die Unterstützung der karolingischen Hausmeier, denn schmerzliche Erfahrungen lehrten sie, daß fremde Glaubensboten, die auf sich allein gestellt in die Lebenswelt heidnischer Stammesgesellschaften eindrangen, um für die Taufe zu werben, kaum etwas ausrichteten, solange es nicht spürbar der Gott der überlegenen Franken war, den sie predigten. Religion war in vormoderner Zeit keine Privatsache des Einzelnen, sondern eine soziale Praxis, die über den gemeinschaftlichen Kult hinaus Weltsicht und Selbstverständnis eines jeden ethnischen Verbandes prägte. Eine Abwendung von den angestammten eigenen Göttern zugunsten eines universalen Gottes, der von Fremden vermittelt wurde, war daher ein ungemein tiefer Einschnitt und nur im kollektiven Rahmen denkbar, wobei der Anstoß regelmäßig von den führenden Leuten auszugehen hatte. Sie entschieden durch ihr Verhalten darüber, ob man auf der überkommenen Gruppenidentität beharrte oder aber den Anschluß an das immer mächtigere Reich der Franken suchte, für dessen christliche Herrscher es nach den Begriffen der Zeit ausgeschlossen war, ungetaufte, den Normen der Kirche nicht verpflichtete Untertanen zu haben.

Pippin der Mittlere wird daher gern 690 dem mit einigen Gefährten aus Nordengland gekommenen Mönch Willibrord († 739) die erbetene Erlaubnis zur Mission unter den Friesen erteilt haben, mit deren Unterwerfung der Hausmeier soeben begonnen hatte. Neben dieser politischen Rückendeckung wurde stilbildend für das Auftreten der Angelsachsen, daß sich Willibrord zugleich um einen Missionsauftrag des Papstes bemühte, der ihm 692 in Rom zuteil wurde. Bereits 695 empfing er dort die Weihe zum Erzbischof der Friesen (mit Sitz in Utrecht), während die Verbreitung des neuen Glaubens an der Rheinmündung und weiter nordwärts tatsächlich noch viele Jahrzehnte erfordern sollte. Die Romverbundenheit und der Drang nach fester kirchlicher Organisation unterschied die Angelsachsen von den noch früher auf dem Kontinent aufgetauchten

Iren (Schotten), deren Ideal nicht so sehr die Heidenbekehrung wie ein Klosterleben unter den verschärften Bedingungen der Heimatlosigkeit gewesen ist. Beiden Richtungen gemeinsam war, daß sie Bücher, Schreibkunst und Gelehrsamkeit mitbrachten und überall, wohin sie gelangten, lateinischer Schriftkultur den Boden bereiteten.

Den Höhepunkt ihrer Wirksamkeit erreichte die angelsächsische Mission durch Willibrords um eine Generation jüngeren Landsmann Winfrid, der seit seinem ersten Besuch am Petrusgrab 719 den römischen Namen Bonifatius führte. Nach anfänglichem Wirken an der Seite Willibrords in Friesland wandte er sich 721 den nur oberflächlich christianisierten, zunehmend fränkisch durchsetzten Landschaften Hessens und Thüringens zu und stützte sich dabei sowohl auf eine 722 in Rom empfangene Bischofsweihe als auch auf einen Schutzbrief des Hausmeiers Karl Martell, der den Fremdling allen «Bischöfen, Herzögen, Grafen, Untergrafen, Verwaltern, Beauftragten und Sendboten» empfahl[12]. So geschah es denn auch im Schatten einer fränkischen Befestigung, der Büraburg bei Fritzlar, daß Bonifatius 723/24 ostentativ eine als Stätte des Donarkultes bekannte Eiche bei Geismar fällte, vor «einer großen Menge von Heiden, die den Feind ihrer Götter innerlich lebhaft verwünschte»[13], hier aber die Haltlosigkeit ihres bisherigen Glaubens erkennen sollte. Mehr noch als die elementare Mission lag Bonifatius freilich die Schaffung klösterlicher Mittelpunkte am Herzen, wofür er geistliche Helfer und Helferinnen aus der englischen Heimat herbeiholte, und nicht minder die Ausbreitung eines geordneten kirchlichen Lebens nach römisch-angelsächsischem Muster, was ihn zu manchen peniblen Rückfragen bei den Päpsten veranlaßte. Trotz einer römischen Vollmacht von 732, die ihn zum Erzbischof mit der Befugnis zur Weihe weiterer Bischöfe machte, gelang Bonifatius in den rechtsrheinischen Gebieten fränkischer Siedlung jahrelang nicht die Errichtung einer regulären kirchlichen Hierarchie mit festen Bischofssitzen, doch bekam er nach einer dritten Romreise, bei der er zum «Legaten für Germanien» erhoben worden war, 739 in Bayern bei Herzog Odilo Gelegenheit, die Sprengel von

Regensburg, Freising, Salzburg sowie Passau abzugrenzen und ihnen erste Diözesanbischöfe zuzuordnen. Aus Hessen, Thüringen und Mainfranken konnte er dann 742 dem Papst von der Gründung neuer Bischofssitze in Büraburg, Erfurt und Würzburg berichten, Orten ohne alle antiken Wurzeln, die angelsächsischen Geistlichen anvertraut wurden. Nach dem frühen Tod der ersten Oberhirten gingen Büraburg und Erfurt bald im wachsenden Bistum Mainz auf, das Bonifatius 746/47 selbst übernahm, nachdem sich Pläne für eine umfassende Kirchenprovinz mit Köln als Metropole zerschlagen hatten. Im Alter bevorzugte er in seinem rechtsrheinischen Tätigkeitsfeld das Kloster Fulda, das er 744 mit Unterstützung des Hausmeiers Karlmann «inmitten der Völker unserer Predigt»[14] zugleich als seine Grablege gegründet hatte, doch starb er schließlich gar als Märtyrer bei einem Raubüberfall in Friesland, wohin er sich 754 noch einmal als Missionar gewagt hatte.

Karolingische Kirchenreform

Das Bemühen des Bonifatius und seiner angelsächsischen Gefährten, der entstehenden Kirche rechts des Rheins eine Gestalt gemäß der kanonischen Überlieferung zu geben, wie man sie in England einst aus Rom empfangen hatte, konnte nicht ohne Rückwirkung auf die fränkische Kirche insgesamt bleiben, die sich im Zuge der Reichsteilungen und Adelskämpfe unter den Merowingern weit von diesen Grundsätzen entfernt hatte. Bonifatius jedenfalls versicherte 742 in einem Brief an den Papst, nach Auskunft älterer Leute habe es bei den Franken seit etwa 80 Jahren keine bischöfliche Synode und keinen Erzbischof (Metropoliten) mehr gegeben[15]. Um das zu ändern, betrieb er fortan als «Erzbischof und Gesandter des hl. Petrus» die regelmäßige Einberufung solcher Versammlungen, beginnend mit dem an unbekanntem Ort tagenden «Concilium Germanicum» (nur sechs Mitbischöfe aus seinem Umfeld), bald aber schon mit einer wachsenden Zahl von Beteiligten, deren Beschlüsse von den beiden regierenden Hausmeiern als Verordnungen (Kapitularien) verkündet wurden. Diese Synoden bildeten den Auftakt einer generationenlangen Neugestaltung des frän-

Abb. 1: Bonifatius spendet die Taufe und erleidet den Märtyrertod (Miniatur, um 975)

kischen Kirchenwesens, bei der schon in der Königszeit Pippins einheimische Kräfte wie Erzbischof Chrodegang von Metz († 766) die Führung übernahmen, bevor dann Karl der Große durch weitere Synoden sowie davon unabhängige Anordnungen (wie die Admonitio generalis von 789) das Werk fortsetzte. Ihren Gipfel erreichte die Entwicklung nach 814 in den ersten Jahren Ludwigs des Frommen.

Die Ziele der karolingischen Kirchenreform, die nachhaltig das Erscheinungsbild der mittelalterlichen Kirche prägen sollte, betrafen die Rückkehr zu geschlossenen bischöflichen Amtssprengeln (gegen Kloster- und Wanderbischöfe) und zur antiken Metropolitanverfassung (mit der Unterscheidung von Erzbischöfen und ihnen zugeordneten Suffraganbischöfen, auch in Regionen ohne römische Vergangenheit), die periodische Abhaltung von Synoden, die Restitution entfremdeten Kirchenguts (was zum Teil durch Einführung des Zehnten abgegolten wurde), eine Vereinheitlichung der Liturgie sowie allgemein die Lebensführung der Geistlichen, denen der Wirtshausbesuch, die Jagd und jeglicher Waffengebrauch ebenso verboten wurde wie das Zusammenleben mit Frauen. An die Laien richteten sich Vorschriften gegen Verwandtenehen und

Ehescheidung, zur Sonntagsheiligung und Einhaltung der Fastengebote, zur Zehntleistung und gegen vielfältige Formen heidnischen Aberglaubens. Wachsender Nachdruck wurde auf die Unterscheidung von Mönchskonventen, die überall der Benediktregel folgen sollten, und Klerikergemeinschaften an größeren Kirchen gelegt, für die unter der zukunftsträchtigen Bezeichnung «Kanoniker» 816 in Aachen eine eigene Regel beschlossen wurde. Analoge Normierungen gab es auch für weibliche Kommunitäten.

Einen wesentlichen Impuls empfing diese Reform aus dem theokratischen Herrschaftsverständnis der spätestens seit 754 gesalbten, von geistlichen Beratern umgebenen und mit dem Papsttum politisch verbündeten Karolinger, die in der Sorge um die gedeihliche Entwicklung der fränkischen Kirche einen verpflichtenden göttlichen Auftrag sahen. Ihre Dominanz, die sich unter Karl als dem «von Gott gekrönten großen und friedenstiftenden Kaiser»[16] zu einer Art Staatskirchentum steigerte, kam in der Initiative zu Synoden und Kapitularien, bei Bischofserhebungen, in der wirtschaftlichen und militärischen Nutzung von Kirchengut, gelegentlich sogar im Urteil über theologische Streitfragen zum Ausdruck und ließ dem päpstlichen Jurisdiktionsanspruch faktisch keinen Raum. Gleichwohl war als Erbe der Angelsachsen die Verehrung für den hl. Petrus und die römische Kirche groß, was in vielen Reformfragen die Tendenz förderte, tatsächliche oder vermeintliche römische Muster für das gesamte Frankenreich verbindlich zu machen und Entgegenstehendes zu verwerfen. Der egalisierende Effekt bestand eher in einem großräumigen Ausgleich zwischen den verschiedenen Teilen des Okzidents als in einer allgemeinen Ausrichtung auf die Praxis in Rom, wo umgekehrt zentrale Anliegen der karolingischen Kirchenreform seit Papst Eugen II. (824–827) Eingang fanden.

Fränkische Reichsmission

Die fortschreitende Verschmelzung von Reich und Kirche brachte es mit sich, daß für Karl den Großen die dauerhafte Unterwerfung eines heidnischen Volkes und dessen Gewinnung für das Christentum einander bedingten. Zu spüren bekamen das die Sachsen, deren

Missionierung den angelsächsischen Glaubensboten solange verwehrt geblieben war, wie nicht die fränkische Staatsgewalt sichtbar ihr Tun unterstützte. Karl machte 772 gleich auf seinem ersten Feldzug dorthin die Zerstörung der Irminsul, einer auf dem Weg an die Weser gelegenen heidnischen Kultstätte, zum Fanal, und die fränkischen Quellen gingen dazu über, das Maß seiner Erfolge in Sachsen nach der Vielzahl der Taufen zu bemessen, von denen zu berichten war. Die Verbreitung des christlichen Glaubens wurde zur gemeinschaftlichen Aufgabe der fränkischen Reichskirche proklamiert und anfangs der Leitung des Abtes Sturmi von Fulda unterstellt, der 779 starb. 780 erfolgte inmitten des von Widukind angeführten Aufstands die Einteilung des Sachsenlandes in Missionsbezirke, die verschiedenen fränkischen Bistümern und Klöstern zugewiesen wurden. Die erbitterten Widerstände, die die militärisch erzwungene Abkehr von überlieferten Kultpraktiken und Lebensformen bei den Betroffenen weckte, beleuchtet indirekt die wohl 782 von Karl verfügte Capitulatio de partibus Saxoniae, ein strenges Sondergesetz, das nicht nur die Zerstörung von Kirchen und die Tötung von Geistlichen, sondern auch die provokante Mißachtung der christlichen Fastenzeit oder die heidnische Feuerbestattung ebenso wie das Verbrennen von vermeintlichen Hexen und sonstige Menschenopfer mit der Todesstrafe bedrohte und in letzter Konsequenz auf einen allgemeinen Zwang zum Empfang der Taufe hinauslief, die ihrerseits die Pflicht zur Leistung des Kirchenzehnten nach sich zog[17]. Als expliziter Versuch, die Christianisierung mit offener Androhung von Gewalt zu erreichen, hat die Capitulatio jedenfalls im Frühmittelalter nicht ihresgleichen, auch wenn die Quellen nicht gestatten, die tatsächliche Anwendung ihrer Bestimmungen nachzuprüfen. Kein Zweifel besteht jedoch, daß die Etablierung eines zumindest rudimentären kirchlichen Lebens in Sachsen ganz vom Verlauf der blutigen Auseinandersetzungen abhing, in denen die Franken nicht ohne manche Rückschläge mit der Zeit die Oberhand gewannen. Erst nach Widukinds Taufe kam es 787 zunächst in Bremen zur Einrichtung eines festen Bischofssitzes, der indes 789 nach dem Tode des ersten Inhabers, des Angelsachsen Willehad, bald wieder erlosch. 799 erlebte Paderborn die Weihe einer Kirche von besonderer Größe, doch scheint eine reguläre Diözesanverfassung mit abgegrenzten Sprengeln erst nach dem Ende aller Kämpfe eingeführt worden zu sein, denn ziemlich gleichzeitig um 805 finden sich die ersten gesicherten Zeugnisse für Bischöfe in Mimigernaford/Münster, in Osnabrück, in Minden und auch wieder in Bremen, die alle der Kölner Kirchenprovinz zugeschlagen wurden, ferner in Paderborn, neben dem sich als weitere Mainzer Suffragane nach 814 auch noch die Bischofssitze Hildesheim, Halberstadt und Verden verfestigten. In die Jahre um 800 reichen auch die frühesten Klostergründungen in Sachsen zurück, die alle im Westen lagen (Werden/Ruhr, Herford, 815/22 Corvey), und bald danach schon setzten die Überführungen von Reliquien gallischer und römischer Heiliger ein, die das christliche Neuland mit einer Vielzahl älterer Kirchen verknüpften.

Die Erfahrungen der Sachsenmission waren noch ganz lebendig, als 795/96 die Niederringung des Awarenreiches den Franken ziemlich unvermittelt ein weiteres Heidenland anheimgab, das der kirchlichen Integration bedurfte. Wir wissen von einer Synode im Feldlager König Pippins an der Donau, bei der die versammelte Geistlichkeit 796 über die anzuwendende Taufpraxis beraten hat. Man wollte es besser machen als in Sachsen und vor allem nicht weiter die Taufe gleich an den Anfang des Bekehrungsprozesses stellen, wozu maßgeblich Alkuin, der gelehrte Freund und Berater Karls des Großen aus England, beigetragen haben wird, der aus dem fernen Tours brieflich mahnte: «Der Glaube, sagt der hl. Augustinus, ist eine Sache der Freiwilligkeit, nicht des Zwangs ... Wenn man das sanfte Joch Christi dem störrischen Sachsenvolk mit ebenso viel Beharrlichkeit predigen würde, wie man die Zehnten eintreibt und strenge Bußen für geringste Vergehen gegen das Gebot fordert, würden sie wohl das Sakrament der Taufe nicht verabscheuen. Sollen doch endlich die Lehrer des Glaubens von den Beispielen der Apostel lernen und Prediger sein, nicht Plünderer!»[18] Wieviel von diesen Postulaten Wirklichkeit geworden ist, nachdem sich die Kirchen von Salzburg und Aquileja das Missionsgebiet entlang der Drau aufgeteilt hatten, ist nicht im einzelnen zu erkennen. Schwächer als bei den Sachsen war die Widerstandskraft der bezwungenen Awaren (und Slawen), aber auch der Vorwärtsdrang der Franken, die am Wiener Wald innehielten und sich jenseits davon vorerst mit getauften Klientelfürsten begnügten; ein gesondertes Bistum wurde nicht eingerichtet. Daß an den effektiven Grenzen der karolingischen Macht zugleich die Reichweite der christlichen Botschaft enden sollte, Mission also kein von Karls Expansionspolitik losgelöster Selbstzweck war, hatte sich ohnehin schon bei den sporadischen Vorstößen gegen die Slawen jenseits von Elbe und Saale sowie in Böhmen gezeigt, die ohne kirchenorganisatorische Konsequenzen blieben.

Erstes Ausgreifen nach Skandinavien

Erst seit Ludwig dem Frommen, Karls Sohn, der keine offensive Außenpolitik mehr betrieb, wurde es (wieder) vorstellbar, das Christentum jenseits der fränkischen Reichsgrenzen auszubreiten, ohne damit das Ziel einer militärischen Unterwerfung zu verbinden. Dabei zeigte sich auf Anhieb der enge Zusammenhang zwischen dem Glaubenswechsel und der Etablierung monarchischer Herrschaft, der in den folgenden Jahrhunderten immer wieder zutagetreten sollte.

Zu den Dänen, die Widukind und anderen sächsischen Anführern Zuflucht gewährt hatten und später unter einem König namens Gotfrid über die mit den Franken verbündeten (gleichfalls heidnischen) Abodriten an der Ostsee hergefallen waren, bestand zu Karls Zeiten ein gespanntes Verhältnis. 810 veranlaßten sie den alten Kaiser gar zu einem letzten Feldzug, den er an der Aller nur deswegen abbrach, weil er von Gotfrids Ermordung erfuhr. Der Neffe und Nachfolger Hemming, der 811 Frieden auf der Basis des Status quo an der Eider schloß, starb bereits 812, was in Jütland und auf den Inseln jahrelange Kämpfe unter meist eng miteinander verwandten Prätendenten nach sich zog. In dieser Phase der Instabilität versprach man sich in Kaiser Ludwigs Umgebung Erfolg von einem missionarischen Eingreifen in Dänemark. Erzbischof Ebo von Reims wurde 822 nach Rom entsandt und empfing den päpstlichen Auftrag zur Predigt des Evangeliums bei den Völkern des Nordens. Den Sommer 823 über wirkte er im Schutz der fränkischen Grenzfestung Itzehoe bei den von dort aus erreichbaren Dänen, kehrte dann aber nach Reims zurück und überließ das weitere Vorgehen dem aus der Abtei Corbie an der Somme stammenden Mönch Ansgar, der damit seine Lebensaufgabe fand. Er schloß sich einem der Rivalen um die dänische Königswürde an, Harald Klak, der schon zweimal im internen Machtkampf den kürzeren gezogen hatte und dringend auf fränkische Unterstützung angewiesen war. Dafür fand er sich bereit, den Glauben der Franken anzunehmen, da – wie Ansgars Biograph versichert – «das christliche Volk ihm und den Seinen umso bereitwilliger zu Hilfe komme, wenn beide denselben Gott verehrten»[19]. Die Taufe fand 826 in Mainz mit größter Feierlichkeit statt, wobei Kaiser Ludwig, die Kaiserin und der Junior-Kaiser Lothar als Paten für Harald, dessen Gattin und deren Sohn fungierten. Offenbar sollte eine geistliche Oberhoheit über ein neu entstehendes christliches Königreich außerhalb des fränkischen Imperiums begründet werden, was jedoch rasch gescheitert ist, da Harald sich in seiner Heimat auch diesmal politisch nicht durchzusetzen vermochte und der Kaiser zu wirksamer Rükkendeckung nicht willens und imstande war. Schon 827 fand sich Harald wieder auf fränkischem Reichsgebiet ein und mit ihm Ansgar, der sein missionarisches Bemühen vorerst auf den Raum südlich der Eider beschränken mußte.

Neue Aussichten eröffnete 829 die Gesandtschaft eines Königs der «Sveonen» (Schweden), der Beziehungen zum fränkischen Kaiser aufnehmen wollte und um die Entsendung von Glaubensboten bat, weil es «viele in seinem Volke gebe, die den Kult der christlichen Religion anzunehmen wünschten»[20]. Ausgesandt wurde erneut Ansgar, der am zentralen Handelsplatz Birka am Mälarsee bereits getaufte Kaufleute und Sklaven antraf. Auch wenn der König Björn selbst den Glaubenswechsel nicht vollzog, duldete er doch anscheinend die Predigt Ansgars und seiner Gefährten, die während 18 Monaten neben anderen den «Präfekten» von Birka für die

Taufe und den Bau einer ersten Kirche gewinnen konnten. Bei seiner Rückkehr ließ sich Ansgar 831 in Hamburg nieder, während die Verantwortung für die begonnene Schwedenmission von Ebo seinem Verwandten Gauzbert übertragen wurde, der dazu die Bischofsweihe empfing. Ansgar war in der Folgezeit mit dem kirchlichen Aufbau in der näheren Umgebung beschäftigt, fand aber bis 845 keinen Zugang mehr zum dänischen Machtbereich, wo König Horich I., ein Sohn Gotfrids, seine Herrschaft zu festigen verstand. Auf ihn führen fränkische Quellen den verheerenden Angriff zurück, bei dem 845 eine feindliche Flotte Hamburg plünderte, während im selben Jahr ein blutiger Aufstand in Birka auch den Zusammenbruch der dortigen Mission bewirkte. Ansgar mußte Hamburg aufgeben und sich als Bischof in Bremen niederlassen, Gauzbert flüchtete sich auf den Sitz in Osnabrück. Andererseits berichtet nicht nur die Vita Ansgars von einer deutlich entspannten Situation in der Zeit danach, die ihm erlaubte, von Bremen aus am Hof Horichs zu verkehren und mit dessen Erlaubnis eine Kirche in Schleswig nahe dem zentralen Handelsplatz Haithabu, später auch weiter nördlich in Ripen/Ribe zu errichten[21]. Selbst nach Birka konnte er 852/54 noch einmal vordringen. Daß sich nach Horichs Tod, der 854 im Machtkampf mit seinen Neffen umkam, die Lage für Ansgar wieder verschlechterte, bevor auch er 865 in Bremen starb, zeigt noch einmal, wie sehr der Missionserfolg von der Gewinnung und der Durchsetzungskraft der Machthaber abhing. Da Ansgar nach dem Scheitern des Harald Klak keinen der Könige des Nordens zur Taufe hat bewegen können, trug sein lebenslanger Eifer keine wirklich dauerhaften Früchte, und die Christianisierung des europäischen Nordens hatte im 10. Jh. noch einmal von vorn zu beginnen.

Frühe Slawenmission

Auch bei den Völkern slawischer Sprache zeigt sich der enge Zusammenhang des Glaubenswechsels mit der Formierung ethnischer Identitäten und den politischen Ambitionen benachbarter christlicher Großmächte.

Am frühesten ist dies bei der Gruppe der Karantanen am Südrand der Ostalpen (heute Kärnten, Steiermark, Slowenien) zu beobachten, die sich vor der Mitte des 8. Jhs. unter einem eigenen Fürsten (*dux*) der Herrschaft der Awaren entzogen und dafür unter die Hoheit der bayerischen Herzöge gerieten. Das bedeutete die Öffnung für die von Salzburg ausgehende Mission, die mit der Taufe der als Geiseln nach Bayern verbrachten Fürstensöhne einsetzte und erst nach der Niederschlagung eines Aufstands (772) durch Herzog Tassilo III. zum Durchbruch kam. Die Entstehung eines gesonderten Bistums wußte die Salzburger Kirche zu verhindern, und 828 mußten auch die karantanischen Fürsten bayerischen Grafen weichen.

Weniger deutlich ist die Entwicklung in Böhmen, das 805/06 von fränkischen Truppen unter Karls gleichnamigem Sohn heimgesucht, aber nicht eigentlich ins Reich einbezogen worden war. Eine vereinzelte Nachricht besagt, daß 845 vierzehn böhmische Große (*duces*) beim ostfränkischen König Ludwig in Regensburg zur Taufe erschienen sind, was in seiner Tragweite schwer abzuschätzen ist. Soweit sich das Christentum damals unter den späteren Tschechen ausgebreitet hat, blieb es ohne eigenen Bischof in Abhängigkeit von der Regensburger Kirche, geriet aber bald schon in den Sog der östlich benachbarten Mährer, bei denen die Konzentration der politischen Macht zügiger vorangeschritten war.

Nach dem Untergang des Awarenreiches hatte sich nämlich nördlich der mittleren Donau eine großräumige Herrschaft der (822 erstmals in den Quellen auftauchenden) *Marvani* etabliert, die ebenfalls Einzugsgebiet der bayerischen Mission, diesmal aus Salzburg und Passau, wurde. Nach einem militärischen Eingreifen Ludwigs von Ostfranken (846) übernahm der getaufte Fürst Rastislaw das Regiment und betrieb alsbald die kirchliche Verselbständigung seines Landes. Er wandte sich an den Kaiser in Konstantinopel mit der Bitte um einen «Bischof und Lehrer»[22], woraufhin 863 die gelehrten Brüder Konstantinos und Methodios aus Thessaloniki erschienen, die keinen Bischofsrang hatten, aber dank ihrer Sprachkenntnis eine slawische Liturgie auf der Basis eines eigens geschaffenen (glagolitischen) Alphabets anzubieten wußten. Darüber kam es mit der lateinischen Geistlichkeit zum Konflikt, in den sich auch von Bayern aus König Ludwig gewaltsam einmischte. Schließlich sahen sich die Brüder veranlaßt, ihr Heil in Rom zu suchen, wo Konstantinos 869 verstarb, kurz nachdem er unter dem Namen Kyrillos Mönch geworden war. Methodios erreichte bei Papst Hadrian II. die Billigung der slawischen Liturgie und seine Weihe zum Erzbischof von Pannonien bzw. Mähren (unter Rückgriff auf den im 6. Jh. aufgegebenen Metropolitansitz Sirmium im heutigen Serbien), fand aber bei seiner Rückkehr nach Mähren eine veränderte Lage vor, da Rastislaw von seinem Neffen Swatopluk gestürzt worden war, der zunächst mit den Franken paktierte. Methodios wurde an diese ausgeliefert und Ende 870 von einer Regensburger Synode zu Klosterhaft verurteilt, die er vielleicht in Ellwangen oder auf der Reichenau verbüßte. 873 erwirkte Papst Johannes VIII. seine Freilassung und Rückkehr nach Mähren, allerdings unter Verzicht auf die slawische Liturgie. Swatopluk († 894) suchte in der Folgezeit die Eigenständigkeit der mährischen Kirche, die seit der Taufe des böhmischen Fürsten Bořivoj an seinem Hof (zwischen 872 und 885) auch dessen Machtbereich einschloß, durch unmittelbaren Kontakt mit Rom zu sichern, wobei er sich zunehmend auf den dorthin zur Weihe entsandten, aus Alemannien stammenden Bischof Wiching mit Sitz in Neutra/Nitra (heute Slowakei) stützte. Johannes VIII. lobte den Fürsten 880 dafür, daß er, «andere Herrscher dieser Welt mißachtend, den hl. Apostelfürsten Petrus und seinen Stellvertreter zum Patron, Helfer und Beschützer in allem haben» wolle[23], deutete also erstmals die künftige Rolle des Papsttums als Stütze der Unabhängigkeit neuer christlicher Reiche an. Methodios blieb im Lande, hauptsächlich beschäftigt mit weiteren Übersetzungen in die von ihm geschaffene slawische Schriftsprache. Nach seinem Tod (885) scheint sogar aus Rom ein neuer Erzbischof samt weiteren Bischöfen nach Mähren entsandt worden zu sein, worüber sich jedenfalls bayerische Bischöfe im Jahre 900 beim Papst beschwerten. Doch bereitete zur selben Zeit der Ansturm der Ungarn diesem ersten Ansatz zu einer slawischen «Nationalkirche» ohnehin ein jähes Ende.

Parallel dazu vollzog sich eine vergleichbare Entwicklung, wenn auch gewissermaßen unter umgekehrten Vorzeichen, bei den Bulgaren, die ihr Reich an der unteren Donau schon im 7. Jh. begründet hatten und in traditioneller Feindschaft zum byzantinischen Kaiserstaat lebten. Ihr Khan Boris I. (852–889) suchte 863 eine Annäherung an das ferne Ostfrankenreich und winkte dabei mit der Bereitschaft zur Taufe, eben in dem Augenblick, als Rastislaw von Mähren in Konstantinopel um Missionare nachsuchte. Und wie König Ludwig militärisch reagierte, um seinen Einfluß in Mähren zu sichern, rückte auch Kaiser Michael III. im selben Jahr siegreich ins nahe Bulgarien vor und nötigte Boris, seine Taufe von griechischen Priestern zu empfangen und dabei Michael, den Namen des Kaisers, als den eigenen anzunehmen. Allerdings war der Bulgaren-Khan nicht gesonnen, sich der byzantinischen Reichskirche unterzuordnen, und schickte daher 866 eine Gesandtschaft zu Papst Nikolaus I. nach Rom, der gerade mit dem Patriarchen Photios von Konstantinopel in heftigem Streit lag. Der Bitte um Anweisungen für die christliche Lebensführung entsprach der Papst mit einem ausführlichen, in 106 Sinnabschnitte gegliederten Lehrschreiben, das eine spürbar gegen die griechische Kirche gerichtete Tendenz aufwies, aber den Wunsch nach einem eigenen Patriarchen für Bulgarien ausweichend beantwortete[24]. Mit dem Ziel, das Land für die römische Kirche zu gewinnen, wurde eine hochrangige Gegengesandtschaft zu Boris abgeordnet, doch kam es zu keiner Einigung über die Person des erbetenen Erzbischofs. Daraufhin wandte sich der Khan doch wieder Konstantinopel zu, wo sich nach der Ermordung des Kaisers Michael und dem Sturz des Patriarchen Photios (867) ein konziliant erer Kurs durchsetzte und die Bereitschaft bestand, den Bulgaren innerhalb der griechischen Gesamtkirche Sonderrechte einzuräumen. So fiel 870 am Rande des VIII. Ökumenischen Konzils in Konstantinopel die grundsätzliche Entscheidung für ein orthodoxes Christentum der Bulgaren und für einen eigenen, vom Patriarchen geweihten Erzbischof, der sich in Pliska niederließ, dem Herrschaftszentrum des Khans. Unter Boris' jüngerem Sohn Symeon (893–927), der die Konfrontation mit Byzanz erneuerte, wurde die griechische Liturgie durch die slawische nach dem Muster von Konstantinos/Kyrillos und Methodios abgelöst und 918 der jetzt in Preslav, der neuen Hauptstadt, residierende Erzbischof der Bulgaren zum Patriarchen proklamiert, was Byzanz 927 anerkennen mußte.

3. Das karolingische Großreich: Impulse für die Zukunft

In seiner Ausdehnung von der Unterelbe bis zum Tiber und vom Ebro bis zum Plattensee umfaßte das Reich Karls des Großen und seiner Nachfolger fast die gesamte lateinische Christenheit des europäischen Festlands (mit Ausnahme allein Nordspaniens und Unteritaliens). Es unterstand seit 751 und bis 840 fast ununterbrochen einem obersten Herrscher und löste sich auch danach nur zögernd auf, so daß langfristig günstige Bedingungen für eine großräumige Integration und den Ausgleich regionaler Entwicklungsunterschiede gegeben waren. Auch wenn das allenfalls teilweise bewußte Politik der Karolinger war, hinterließen sie auf den verschiedensten Lebensgebieten vereinheitlichte Regelungen und Institutionen, die den weiteren historischen Weg nicht nur West- und Mitteleuropas, sondern des ganzen Kontinents bestimmt haben.

Ein Reich aus vielen Völkern

Weit mehr noch als unter den Merowingern stellte das Reich der Karolinger einen multiethnischen Verband dar. Es wurde nach wie vor als *regnum Francorum* bezeichnet und empfunden, doch fränkisch im vollen Sinne war allein der Kernraum zwischen Loire und Rhein, die *Francia*, und nur allmählich drang der Frankenname im 9. Jh. auch ostwärts in die Mainlande vor. Die von der karolingischen Zentralgewalt nach und nach vereinnahmten Völker (*gentes*) bestanden daneben, wenn auch ohne monarchische Spitze, weiter und traten durch gesonderte Heeresaufgebote, durch eigene Rechtsüberlieferung wie auch als räumliche Gliederungen (*regna*) bei Reichsteilungen sichtbar in Erscheinung. Während einzig das

Langobardenreich mit dem *regnum Francorum* in Personalunion verbunden war (seit 774), galten Burgunder und aquitanische Romanen, Alemannen und Bayern, Friesen, Sachsen und Thüringer untereinander als gleichrangig. Ihre Verschmelzung zu einem einzigen Reichsvolk lag außerhalb des Vorstellbaren, vielmehr blieben ihre normativen Gepflogenheiten nach dem Prinzip der Personalität des Rechts – neben der fränkischen Lex Salica (aus dem 6. Jh.) und der Lex Ribuaria (aus dem 7. Jh.) – in Kraft und wurden ebenso wie diese unter Pippin dem Jüngeren und Karl dem Großen neu formuliert und ergänzt, teils überhaupt erstmals lateinisch kodifiziert. Dazu gab 802/03 das gesteigerte Sendungsbewußtsein des neuen Kaisers den Anstoß, aber auch das Bedürfnis nach korrigierenden Eingriffen zur Angleichung an fränkische Muster. Einhard, der es miterlebt hat, hielt fest, Karl habe die Rechte aller *nationes* unter seiner Herrschaft, soweit sie noch nicht schriftlich vorlagen, feststellen und aufzeichnen lassen[25].

Wie die handschriftliche Verbreitung zeigt, dürfte dabei nicht zuletzt bezweckt worden sein, die Rechte auch außerhalb des Siedlungsgebiets der jeweiligen Völker, zumal in Italien, vorweisbar zu machen, doch ist andererseits gebührend zu beachten, daß gerade für die aufgezeichnete Lex Salica konkrete Zeugnisse ihrer Verwendung im Rechtsleben fehlen. Karls betonte Pflege der einzelnen Volksrechte (Leges) mag daher mehr auf Wahrung des hergebrachten ethnischen Gefüges bedacht gewesen sein als auf bewußte Rechtspolitik, die man eher in allgemeinen Verordnungen (Kapitularien, ohne gentilen Bezug) sowie in Beschlüssen bischöflicher Synoden zu gestalten suchte. Forderungen einer geistlichen Elite um Erzbischof Agobard von Lyon († 840), die zur Zeit Ludwigs des Frommen darauf hinwirkte, «die Vielfalt der Volksrechte» im Geiste des Christentums zu überwinden, weil vor Gott kein Unterschied sei zwischen «Aquitaniern und Langobarden, Burgundern und Alemannen», und stattdessen zu einer allen gemeinsamen *Lex Francorum* gelangen wollte[26], stießen politisch ins Leere, offenbar weil sie der vorwiegenden Erfahrung von Unterschiedlichkeit zuwiderliefen. Ein eher gangbarer Weg der Integration, den Karl früh schon einschlug, lag darin, nicht nur Gefolgsleute aus dem eigenen fränkischen Herkunftsmilieu, sondern auch aus den Führungsschichten der übrigen Völker an der Ausübung der Herrschaft zu beteiligen und deren Verschwägerung mit dem fränkischen Adel zu begünstigen. Karl selbst gab ein Beispiel, indem er nacheinander Ehen mit einer Langobardin, einer Alemannin, einer Fränkin schloß und sich später auch noch mit einer Sächsin verband. Jedenfalls formierte sich binnen weniger Jahrzehnte eine Anzahl hochmögender Familien, die im Dienste der Karolinger zu Ämtern, Besitz und Verwandtschaft in mehreren, mitunter weit auseinanderliegenden Regionen gelangt war und von der Forschung als Reichsaristokratie bezeichnet worden ist; aus ihr gingen gegen Ende des 9. Jhs. diejenigen Machthaber hervor, die die Karolinger im Königtum ablösten.

Zur Vielfalt der Völker gehörten seit jeher auch sprachliche Unterschiede, wenngleich davon das Gemeinschaftsbewußtsein nicht entscheidend bestimmt wurde. Immerhin taucht 813 ein erster Beleg für die begriffliche Differenzierung von romanischer und germanischer Volkssprache (*rustica Romana lingua aut Theotisca*) im Gegenüber zur Kirchen- und Schriftsprache Latein auf[27]. 842 wurde beim Bündnis der beiden karolingischen Brüder Ludwig der Deutsche und Karl der Kahle in Straßburg Wert darauf gelegt, die Eide öffentlich in der Sprache des jeweils anderen Heeres zu deklamieren: von Ludwig also auf altfranzösisch, von Karl auf althochdeutsch[28]. Der Terminus *theodiscus* scheint in den Anfangsjahren Karls des Großen, vielleicht im Zusammenhang der Kontakte zum Papst, geschaffen worden zu sein, um mit einem lateinischen Wort die alltäglich gesprochene Sprache bezeichnen zu können. Das von germanisch *theoda* abgeleitete Lehnwort bedeutete eigentlich «volkhaft», war noch ohne politischen Gehalt und insofern 786 auch auf das Angelsächsische anwendbar, ist aber bei insgesamt spärlicher Verwendung im 9. Jh. vorwiegend als Äquivalent für «fränkisch» gebraucht worden, ebenso wie seine um 830 aufgekommene gelehrte Abwandlung zu *teutonicus*. Da beidem wohl die exakte volkssprachige Entsprechung fehlte, darf die Breitenwirkung dieser von jedem Einzelvolk abstrahierenden Begriffsbildung nicht überschätzt werden. Eine bedachtsame Förderung der Volkssprachen, namentlich des Fränkischen, ist Karl dem Großen mit Hinblick auf Einhards Bericht über seine Sorge um alte «barbarische» Lieder und um einheimische Monats- und Windnamen[29] immer wieder zugeschrieben worden, bleibt jedoch in ihrer Intensität und Wirkung zumindest undeutlich. Jedenfalls hatte die philologisch zu erschließende Verfestigung der romanisch-germanischen Sprachgrenze in der Karolingerzeit keine erkennbare Bedeutung für die politische Geographie des Reiches. Beiderseits dieser Linie kann von in sich geschlossenen Sprachräumen, in denen jeder jeden verstanden hätte, ohnehin nicht die Rede sein.

Die Regierung des Großreiches

Den Zusammenhalt des Riesenreiches zu gewährleisten, oblag zuallererst dem Königtum, das von 751 bis 887 im exklusiven Besitz der männlichen Nachkommen Karl Martells war. Ihr geblütsrechtlicher Herrschaftsanspruch schloß nicht aus, daß bei Erbteilungen und Regierungsantritten eine akklamatorische Zustimmung der Großen herbeigeführt wurde, was im späteren 9. Jh. angesichts der familiären Entwicklung der Karolinger auch wieder einen gewissen Spielraum zu bewußter Auswahl mit sich brachte. Soweit sich die geistliche Salbung durchsetzte, wurde sie als sichtbarer Ausdruck göttlicher Begnadung des Königs begriffen und wirkte sich auf seine zeremonielle Selbstdarstellung aus; sie gewährte eine sakrale Legitimation, förderte mit der Zeit aber auch die Vorstellung vom Königtum als einem von Gott verliehenen und durch Männer der Kirche vermittelten Amt. In diesem Sinne hat die Karolingerzeit manches theoretische Schrifttum hervorgebracht, das Rolle und Aufgaben des Königs nach biblischen, patristischen und klassisch-antiken Mustern ethisch zu fundieren suchte. In der Praxis hingen die Befugnisse des Herrschers, die in der umfassenden Banngewalt des militärischen Anführers wurzelten und nirgends positiv oder negativ umschrieben waren, wesentlich von seiner persönlichen Autorität und von seinem Geschick ab, die adlige Führungsschicht hinter sich zu einen.

Abb. 2: Pfalzkapelle Karls des Großen (Oktogon) in Aachen

Rebellionen, die sich nie gegen die Monarchie, sondern stets gegen die Bevorzugung anderer Adelskreise durch den Herrscher richteten, blieben nicht einmal unter Karl dem Großen aus und wurden im 9. Jh. bei wachsender Rivalität zwischen den Karolingern zu einer permanenten Gefahr, die anzeigt, daß die maßgebliche Beteiligung an den politischen Entscheidungen von der Aristokratie als erzwingbares subjektives Recht angesehen wurde.

Forum und Instrument der Beherrschung des ausgedehnten Reiches war der königliche Hof, dessen Gestalt zur Zeit Karls rückblickend 882 von Erzbischof Hinkmar von Reims beschrieben worden ist[30] und prägend auf das gesamte Mittelalter gewirkt hat. Seinen Kern bildeten die Königin und die übrige Familie, deren Hauswesen – nach dem Wegfall des Hausmeiers – von den Inhabern der vier alten Hofämter getragen wurde: Kämmerer, Seneschalk/Truchseß, Mundschenk und Stallgraf/Marschall. Sie überließen jedoch die elementare Versorgung des Hofes nachgeordneten Beauftragten und waren selbst als enge Vertraute des Königs mit der Verwaltung seiner Güter und Einkünfte, mit militärischen und diplomatischen Aufgaben sowie mit allgemeiner politischer Beratung befaßt. Von den Merowingern übernommen war auch das Amt des Pfalzgrafen, der den König in seiner gerichtlichen Tätigkeit unterstützte und zunehmend vertrat, während die Neuordnung des geistlichen Hofdienstes in Gestalt der Hofkapelle unter einem obersten Kapellan auf Pippin zurückgeht. Er hatte einen Verband der in seinem Umkreis lebenden und ihm persönlich ergebenen Kleriker formiert, denen die Obhut der siegverheißenden Reliquien und der Vollzug des herrscherlichen Gottesdienstes übertragen waren. Daneben fiel ihnen an Stelle der merowingischen *referendarii* aus dem Laienstand der gesamte Schriftverkehr zu, so daß sich innerhalb der Hofkapelle eine auf Urkunden und Briefe spezialisierte Gruppe von «Notaren» bildete, die unter der Leitung eines «(obersten) Kanzlers» für die Formulierung der politischen Entschlüsse zuständig wurde. An deren Vorbereitung waren zudem nach freiem Ermessen des Königs weltliche und geistliche Große beteiligt, die sich in wechselnder Anzahl am Hof aufhielten und bei Bedarf auch auf förmlicheren Hoftagen ihren Rat erteilten. Von Zeit zu Zeit wurde darüber hinaus auch das Forum der aus der Heeresversammlung hervorgegangenen, gleichfalls aristokratischen Reichsversammlung gesucht, die den Rahmen für die größeren Entscheidungen abgab.

Ihren programmatischen Ausdruck fand die am Hof beratene Politik in den schon erwähnten Kapitularien, die in katalogartiger Anlage ein breites Spektrum von generellen Normen über administrative Anweisungen bis hin zu religiöser Belehrung umfassen. In besonderen Fällen wie Karls Admonitio generalis von 789[31] oder Ludwigs Admonitio ad omnes regni ordines von 825[32] nehmen die Texte den Charakter umfassender Reformkonzepte an. Der Anspruch auf reichsweite (oder sonstwie räumlich abgegrenzte) Geltung hebt die Kapitularien grundsätzlich von den Leges der einzelnen Völker ab, als deren Ergänzung sie zumindest teilweise betrachtet wurden. Ihre Rechtsbasis war die allgemeine Regierungsgewalt des Königs, der jedoch nicht selten auf Reichsversammlungen und öfter wohl noch informell einen Konsens der Großen herbeiführte, wovon die Durchsetzbarkeit wesentlich abhing. Der Effektivität sollte auch die schriftliche Fixierung dienen, die neben der mündlichen Verkündung wachsendes Eigengewicht und gelegentlich sogar die Priorität gewann, was von einem im Frühmittelalter bemerkenswerten Zutrauen in die Möglichkeit zeugt, das Verhalten einer ganz überwiegend oralen Gesellschaft mittels geschriebener Verfügungen zu steuern. Die Verbreitung der zunächst einzeln in Umlauf gekommenen Texte mündete in private Sammlungen, unter denen die des Abtes Ansegis von Saint-Wandrille, 827 abgeschlossen, schnell die höchste Autorität erlangte[33]. Das Bestreben, dem erklärten Willen der Zentrale möglichst überall Respekt zu verschaffen, ist auch daran zu erkennen, daß ein Teil der Kapitularien ausdrücklich an Königsboten gerichtet war, die vom Hof ausgesandt wurden, um in einem bestimmten Bezirk, ihrem *missaticum*, Verwaltung und Rechtspflege zu überwachen, Treueide einzufordern und gegen Fehlentwicklungen einzuschreiten. Die Wirkung bleibt freilich ungewiß, denn, um ernstgenommen zu werden, mußten diese *missi* (Laien wie Kleriker) derselben adligen Führungsschicht entnommen sein wie die hauptsächlich zu Kontrollierenden und konnten allenfalls ein gewisses Gegengewicht zu den regionalen Machthabern schaffen, die es im Laufe des 9. Jhs. verstanden, die Missatgewalt als zusätzlich legitimierenden Rechtstitel an sich zu ziehen. Trotz aller Hemmnisse in der Praxis ist jedoch der zentrale Gestaltungswille Karls und Ludwigs auf Jahrhunderte einzigartig geblieben.

Was unter den gegebenen Bedingungen an Reformen nicht nur im kirchlichen, sondern auch im weltlichen Bereich angepackt wurde, war vielfältig und von dauerhafter Wirkung. Musterbeispiel ist das Geldwesen, das durch eine Zersplitterung der Münzprägung seit langem in völlige Konfusion geraten war; hier gelang es, die königliche Prärogative zurückzugewinnen und den weiten Radius der Herrschaft zu nutzen, um einheitlich seit 793/94 einen Silberdenar von 1,7 g durchzusetzen, der zur Basis einer haltbaren Währungsordnung (mit dem Solidus/Schilling zu 12 Denaren und dem Pfund zu 20 Solidi als höheren Rechnungseinheiten) geworden ist. Politisch noch bedeutsamer war die Umgestaltung des fränkischen Heeres, das in der traditionellen Form eines Aufgebots aller waffenfähigen Freien den Gegebenheiten des Großreiches nicht mehr angemessen war. Karl reduzierte daher nach 800 die allgemeine Heerfolgepflicht, indem er sie nach Besitzgröße staffelte und sich im übrigen mit einer Art Landwehr für den Notfall begnügte, und verließ sich stattdessen für den entscheidenden Reiterkampf zunehmend auf die gerüsteten Gefolgsleute der Großen, die dadurch weiter an Gewicht gewannen. Auch im Gerichtswesen wurden Mißstände auf veraltete Gepflogenheiten zurückgeführt und dadurch überwunden, daß man die Zahl der allgemein verpflichtenden Verhandlungstermine auf drei im Jahr beschränkte, dafür aber die Urteilsfinder nicht mehr von Fall zu Fall bestellte, sondern zu ständigen Schöffen überging, die auch sonst aus gegebenem Anlaß tätig werden konnten. Dazu kamen als weitere Neuerung die sogenannten Rügezeugen, die eidlich verpflichtet waren, Missetaten auch dann vor Gericht zu bringen, wenn die Geschädigten dies nicht tun konnten oder wollten, was offenbar der Eindämmung bewaffneter Selbsthilfe dienen sollte.

Regionale Machthaber

Nicht nur um seinem Willen überall Geltung zu verschaffen, sondern auch um die im ganzen Reich verteilten Ressourcen verfügbar zu halten, war das Königtum auf loyale Beauftragte in den einzelnen Regionen angewiesen. Von den Merowingern übernahmen die Karolinger die Institution der Grafschaft, die sie weit über das angestammte Gallien hinaus, meist anknüpfend an vorgefundene politische Einteilungen wie auch naturräumliche Gegebenheiten, in den hinzugewonnenen Gebieten rechts des Rheins und südlich der Alpen ausbreiteten, ohne aber jemals zu einem völlig lückenlosen Netz mit linearen Grenzen zu gelangen. Die Grafen (*comites*) wurden als Sachwalter des Königs in allen Belangen, zuständig zumal für die Friedenswahrung, den Königsschutz, die Abgabenerhebung und das Heeresaufgebot, betrachtet und gingen als Teilhaber der öffentlichen Gewalt selbstverständlich aus dem adligen Herrenstand hervor, der auf diese Weise in seinem sozialen Vorrang anerkannt und zugleich in die übergreifende monarchische Ordnung einbezogen werden sollte. Je nach den landschaftlichen Kräfteverhältnissen beruhte die gräfliche Macht bald mehr auf eingebrachtem Eigenbesitz, bald stärker auf übertragenen Königsgütern, bot in jedem Falle aber den Keim für dynastische Erbansprüche zu Lasten einer freien, «amtsrechtlichen» Verfügung des Königs, die selbst Karl der Große und sein Sohn eher selten durchsetzten. Sie waren es, die die Gerichtsbarkeit des Grafen mit seinen nunmehr ständigen Beisitzern, den Schöffen, zu einer Erscheinungsform ihrer königlichen Autorität ausgestalteten. Vertreten und unterstützt wurden die Grafen von weiteren Amtsträgern, deren Bezeichnung als *centenarius* (von *centena*, Hundertschaft) auf eine ursprünglich eher personale als räumliche Zuständigkeit hindeutet; auch sie traten vornehmlich in der ambulanten Rechtspflege hervor.

In ihren Grundzügen wird die Grafschaftsverfassung vor allem normativ durch Kapitularien faßbar, hatte sich in der Praxis aber flexibel den historisch bedingten Unterschieden der Reichsteile anzupassen und wurde zudem überlagert durch die individuelle Privilegierung nicht weniger Personen und Institutionen. Namentlich große Kirchen samt ihrem Besitz und den damit verbundenen abhängigen Leuten ließen sich den karolingischen Königsschutz zusammen mit der Immunität verbriefen, die sie der Amtsgewalt des Grafen und des Centenars entzog. Darin lag indes nur vordergründig eine Durchbrechung der herrschenden Ordnung, denn die rechtliche Ausnahmestellung erforderte für die gerichtliche Vertretung des Bischofs oder Abtes nach außen wie auch für die interne Rechtsprechung einen laikalen Vogt (*advocatus*), der seine Funktion zwar nur im Auftrag versah, aber doch einen Rechtstitel zu eigenständiger Machtausübung in die Hand bekam und daher, sofern er nicht ohnehin dem Adel entnommen war, rasch unter die Großen der Gegend aufrückte. In weniger formeller Weise dürfte grafenähnliche Autorität aber auch von sonstigen mächtigen Grundherren für ihren Besitz- und Einflußbereich beansprucht und durchgesetzt worden sein, ohne daß es dazu einer königlichen Legitimation bedurfte. Das Selbstbewußtsein dieser politisch unentbehrlichen Schicht setzte nicht bloß jedem Amtsgedanken von vornherein Grenzen, sondern nötigte den Karolingern schon seit Ludwig dem Frommen Zugeständnisse ab, durch die auch mehrere Grafschaften einer Familie zufallen und sich überdies mit Vogteien und missatischen Befugnissen zu neuen, faktisch erblichen Regionalgewalten verbinden konnten.

Oberhalb der Grafenebene haben die Karolinger bis 788 alle aus der Merowingerzeit stammenden Dukate («Herzogtümer») beseitigt und fortan ein Jahrhundert lang keine derartigen Mittelgewalten zugelassen. Allenfalls in fernen Randzonen ihres Reiches wie der Bretagne, Waskonien, Benevent oder Kärnten (und analog im Kirchenstaat der römischen Bischöfe) waren Karl der Große und Ludwig der Fromme bereit, die mehr oder minder autonome Hoheit einheimischer Fürsten anzuerkennen. Neue Großeinheiten, die sie selbst im Zuge ihrer Familienpolitik durch die gesonderten Königsherrschaften ihrer Söhne in Aquitanien und Italien, nach 814 auch in Bayern schufen, suchten sie ihrer obersten Aufsicht nicht entgleiten zu lassen. Davon zu unterscheiden sind Grafen, die in Grenznähe mit besonders ausgedehnten Sprengeln und gesteigerten militärischen Befugnissen ausgestattet waren, um potentielle äußere Feinde in Schach zu halten. Für sie kam im Laufe des 9. Jhs. die Bezeichnung *marchio* («Markgraf») auf, die im einzelnen unterschiedliche Rechtsstellungen subsumiert. Man findet sie nördlich der Unterelbe, gegenüber den Bretonen und an der Grenze zum islamischen Spanien, im Osten gegenüber den Elbslawen (Sorben), an der mittleren Donau sowie in Friaul. Ihre machtvolle Sonderstellung sollte einigen von ihnen im Wettstreit der Großen am Ende der Karolingerzeit den entscheidenden Vorteil verschaffen.

Materielle Voraussetzungen

Die Könige ebenso wie die gesamte weltliche und geistliche Führungsschicht lebten von den Erträgen bäuerlicher Arbeit, deren vorwiegende Organisationsform zur Karolingerzeit (und darüber hinaus) mit dem modernen Begriff Grundherrschaft bezeichnet wird. Dabei handelt es sich um arbeitsteilig aufgebaute Großbetriebe, die nach älteren Wurzeln und Vorformen im 8. Jh. zwischen Seine und Rhein zu ihrer klassischen Gestalt fanden, offenbar weil sie für die erforderliche Steigerung agrarischer Produktivität den günstigsten Rahmen boten. Ihr Siegeszug ist als Nivellierung herkömmlicher Unterschiede in sozialer, rechtlicher und regionaler Hinsicht sowie als räumliche Ausdehnung über die *Francia* hinaus zu verstehen. Das Grundmuster, das sich daraus ergab, beruhte auf einem engen Wechselverhältnis von Herrenhof (*villa* oder *curtis dominica*) samt unmittelbar bewirtschaftetem «Salland» (*terra indominicata*) und den einzelnen Bauernstellen (Hufen), die gegen die Verpflichtung zu Naturalabgaben und Arbeitsleistungen nach Leiherecht ausgegeben waren. Die Rechtsformen der Leihe und demgemäß Art und Umfang der verlangten Dienste waren durchaus unterschiedlich, aber jeweils darauf ausgerichtet, einerseits Versorgung und Arbeitskraft am «Fronhof» auch zu Zeiten des Spitzenbedarfs während der Feldbestellung und der Ernte zu gewährleisten, andererseits den «hörigen» Bauern einen gewissen Lebensunterhalt zu sichern. Das dafür dauerhaft und faktisch erblich überlassene Land des Grundherrn konnte je nach Nutzungsart verschiedene Felder, Weiden und Gerechtsame umfassen, die insgesamt die Überschüsse zur Entrichtung der Abgaben ermöglichen sollten. Weit über die ökonomische Abhängigkeit hinaus waren die schollengebundenen Arbeitskräfte dem umfassenden Machtwort ihres Grundherrn unterworfen.

Parallel zur Expansion des Frankenreiches ist ein starkes Anwachsen der Grundherrschaften in Händen des Königtums, großer Adelsfamilien und kirchlicher Institutionen zu beobachten. Sie übertrugen ihre Fronhöfe einem Verwalter (*villicus*, «Meier»), der seine Aufgabe im Rahmen eines weiträumigen Domanialverbandes erfüllte (Villikationssystem). Dabei bezog sich das Wirtschaften nicht allein auf die eigentliche Agrarproduktion, sondern auch auf das Transportwesen und alle notwendigen handwerklichen Tätigkeiten (von Müllern, Bäckern, Gerbern, Schmieden, Töpfern u. ä.), in speziellen Arbeitshäusern für Frauen auch auf die Textilherstellung und -verarbeitung, so daß ein weithin autarker Organismus entstand, der für den eigenen Bedarf kaum auf Handel angewiesen war, wohl aber selber einen Markt beliefern konnte. Die gewachsenen Größenordnungen erforderten schon zur Zeit Karls des Großen schriftliche Unterlagen der Betriebsführung, die uns im Falle ihrer Überlieferung wertvollen Einblick in Verteilung und Erträge der Arbeit gestatten. Am besten bekannt sind die königlichen *fisci*, die in zahlreichen Urkunden als Schauplätze und Objekte herrscherlicher Entscheidungen begegnen und in ihrer Verwaltung und Bewirtschaftung generellen Anweisungen unterlagen; hervorzuheben ist das wohl gegen 800 verkündete Capitulare de villis mit genauen Regelungen über Ausstattung, Ablieferungen und Rechnungsführung der Domänen[34], was indes als normative Reaktion auf Mißstände und kaum als Modell der Wirklichkeit aufzufassen ist. Das umfangreiche Königsgut kam nicht allein dem Lebensunterhalt des Hofes, sondern auch seinen umherreisenden Beauftragten und der Stärke des Heeres zugute und stellte obendrein ein wertvolles Kapital zur verpflichtenden Begünstigung von Amtsträgern, Vasallen und hoher Geistlichkeit dar. Die weite räumliche

Streuung der Erträge erlaubte und erforderte im allgemeinen einen ambulanten Regierungsstil, bei dem Pfalzen, zunächst unbefestigte Repräsentationsbauten mit angeschlossenem Wirtschaftshof, bevorzugt als temporäre Residenzen aufgesucht, aber auch florierende kirchliche Einrichtungen als Gastgeber auf Zeit in Anspruch genommen wurden. Die weitgehende Konzentration des Herrschaftsalltags auf die Pfalz Aachen in den letzten 20 Jahren Karls und den ersten Ludwigs des Frommen stellt durchaus eine Ausnahme dar, die durch das Ende der Expansionspolitik bedingt war und den Höhepunkt in der Effektivität zentraler Versorgung anzeigt.

Außer den Zufuhren aus den Fiskalgütern standen dem Königtum Einkünfte in nicht näher bezifferbarem Umfang aus Zöllen und Münzprägung, Gerichtsgefällen und Bannbußen sowie individuelle Abgaben zinspflichtiger Leute und gewohnheitsrechtliche «Geschenke» von Lehnsträgern und Kirchen zu, die in gemünztem oder ungemünztem Edelmetall entrichtet wurden. Besonders Zölle scheinen von einiger Bedeutung gewesen zu sein; als Verkehrszölle dienten sie, wenigstens dem Anspruch nach, dem Unterhalt von Wegen, Brücken und Häfen, während Marktzölle, die aus dem Güteraustausch selbst erwuchsen, als Entgelt für Veranstaltung und Schutz des Marktes betrachtet wurden und im Verlauf des 9. Jhs. eine königliche Aufsicht über den Warenumschlag anbahnten. Zahlreiche Zollbefreiungen durch Verordnungen und Urkunden der Herrscher suchten den Transport von Eigenbedarf gegenüber dem Handelsverkehr zu begünstigen und kamen zumal Kirchen und Klöstern zugute, die dank gesteigerter Ertragslage imstande waren, auch karitativ in ihrem Umfeld zu wirken. An Münzfunden ist abzulesen, wie sehr die Weite des Karlsreiches den Austausch von Gütern begünstigte, der zunehmend auch den Raum östlich des Rheins und nördlich der Donau einschloß und bis nach England und Skandinavien ausgriff. Daß der Fernhandel durchaus im Blickfeld der Herrscher lag, zeigt zum einen Karls Anweisung im Diedenhofener Kapitular vor 805, an grenznahen Kontrollpunkten die Ausfuhr von Waffen in den slawischen Osten zu unterbinden[35], zum anderen die Praxis Ludwigs des Frommen, bestimmte Kaufleute mit einer kaiserlichen Schutzurkunde und weiteren Vorrechten auszustatten, die neben der Belieferung des Hofes und anderen Auftragsgeschäften auch auf eigene Rechnung hochwertige Güter aus entfernteren Gegenden zu beschaffen hatten[36]. In denselben Kontext gehören Schutzverleihungen an jüdische Händler, die sich unter der Herrschaft der Karolinger von Italien und Südgallien aus allmählich nordwärts ausbreiteten und bis zum Ende des 9. Jhs. auch im linksrheinischen Ostfrankenreich Fuß faßten.

Erneuerung von Bildung und Wissenschaft

Besonders nachhaltig und weiträumig gewirkt haben die auf König Pippin und auf Karl den Großen zurückgehenden Bemühungen, den Verfall von Bildung und Wissenschaft zu beheben, der im Frankenreich vor allem durch die Begegnung mit gelehrten Iren und Angelsachsen bewußt geworden war. Es ging dabei nicht um eine «Renaissance» der römischen Antike, sondern in engem Zusammenhang mit der allgemeinen Kirchenreform darum, in Gottesdienst und Glaubenslehre Fehler und Wildwuchs zu überwinden, wozu es vermehrten Unterrichts, verbesserter Texte und überregionalen Austauschs bedurfte. «Da man in den heiligen Schriften Redefiguren, Bilder und ähnliches (*schemata, tropi et cetera*) eingestreut findet, ist es niemandem zweifelhaft, daß ein jeder Leser sie umso rascher im geistlichen Sinne begreift, je früher er in literarischer Bildung (*in litterarum magisterio*) völlig unterwiesen worden ist», ließ Karl um 789 in einer Verordnung verlauten, worin Klöstern und Stiftskirchen die Pflege der *litterae* zur Aufgabe gemacht wurde[37]. Das impulsgebende Zentrum war der Königshof, wo Karl seit etwa 780 auswärtige Gelehrte von Rang um sich scharte, nämlich Langobarden wie Paulinus, den späteren Patriarchen von Aquileja († 802), und Paulus Diaconus aus Montecassino († um 799), Angelsachsen mit Alkuin aus York († 804) an der Spitze, Iren um Dungal († nach 830) sowie den gebürtigen Westgoten Theodulf, später Bischof von Orléans († 821). Sie bildeten nicht nur einen von Karl geschätzten literarischen Zirkel, sondern widmeten sich in seinem Auftrag auch dem Betrieb der Hofschule, dem Aufbau einer Bibliothek sowie der Abfassung von Gutachten, Lehrbüchern und Mustertexten, einschließlich einer Revision der lateinischen Bibel. Ihr Interesse erstreckte sich im Rahmen der «Sieben freien Künste» auch auf naturwissenschaftliche Disziplinen wie die Astronomie und die damit verbundene Komputistik mit langfristigen Auswirkungen auf das Kalenderwesen. Damit zogen sie begabte Schüler aus dem ganzen Reich an, so daß bald schon Franken wie Angilbert († 814), Einhard († 840) oder Modoin († 840/43) in ihren Kreis aufrückten, um mit der Zeit die Führung zu übernehmen.

Der Lerneifer der Hofschule fand Nachahmung in den großen Klöstern und an zentralen Kirchen bei der Ausbildung des geistlichen Nachwuchses. Dabei war elementar anzusetzen, beim Lesen und Schreiben – wie es sich Karl selber nach Einhards Anekdote noch im Alter zur Aufgabe machte[38] –, und bei der Beherrschung der lateinischen Sprache, die sich bis zum 8. Jh. regional verschieden entwickelt hatte und daher mittlerweile im Sinne einer klassizistischen Reinigung zu vereinheitlichen war. Einen Prozeß des großräumigen Ausgleichs beobachtet man auch bei den Bücherbeständen, denn der anfängliche Mangel an Codices machte schon um der Schulen willen nichts dringlicher als beharrliches Abschreiben, das sich nicht auf die am eigenen Ort verfügbaren Textvorräte beschränken konnte. Dem kam der weite Rahmen des Karlsreiches ebenso entgegen wie die Ausbreitung eines neuen vereinfachten Schrifttyps, der karolingischen Minuskel, die während der Jahrzehnte Karls des Großen von Schreibschulen der westlichen Francia aus ihren Siegeszug antrat und zur Grundlage aller seitherigen Entwicklung der lateinischen Schrift geworden ist. In solchen Lettern sind nicht zuletzt die wenigen kostbaren Zeugnisse niedergeschrieben, die erkennen lassen, daß Karls Belebung der Schriftkultur über die Geistlichkeit hinaus auch das christliche Bekenntnis der lateinunkundigen Laienwelt zu prägen suchte und sich daher ansatzweise sogar auf die noch unschriftliche Volkssprache übertrug: das altsächsische Taufgelöbnis, das althochdeutsche Vaterunser oder die ersten Versuche der Bibelübersetzung, die noch der Zeit Karls angehören.

Unter seinem Sohn Ludwig, in dessen Umgebung nur noch einzelne Iren bezeugt sind, nahm die zentrale Bedeutung der Hofschule insgesamt ab zugunsten der Ausstrahlung von inzwischen aufgeblühten klösterlichen Bildungsstätten, aus denen Tours, Corbie, Fulda, Ferrières, St. Gallen oder Reichenau hervorragten. Postulate der Bildungserneuerung spielten in Ludwigs Kapitularien keine mit Karl vergleichbare Rolle, weshalb sich in einem Synodaltext von 829 sogar die ausdrückliche Mahnung findet, in der Sorge um die *scholae publicae* nicht nachzulassen, weil aus ihnen großer Gewinn für die Kirche ebenso wie für den Kaiser selbst erwachse[39]. Dessenungeachtet ist klar zu erkennen, daß die von Karl und seinen Hofgelehrten angestoßene Entwicklung zu einem höheren kulturellen Niveau, die ihrer Natur nach Zeit zum Reifen brauchte, nach 814 weiter an Dynamik gewonnen hat. Dafür spricht die gesteigerte Produktion von Schriftstücken in zunehmend «besserem» Latein durch Ludwigs Hof selber, aber auch der allgemeine Zuwachs an tätigen Scriptorien und daraus hervorgegangenen Handschriften, die in Tausenden noch heute erhaltenen Exemplaren von geduldigem Eifer in der Aneignung von Theologie, Dichtung und profanem Wissen zeugen. Aus diesem Fundus erwuchs eine beachtliche Zahl literarischer Werke von meist kompilatorischem Zuschnitt, die den Nerv der Zeit trafen, indem sie es sich zur Aufgabe machten, den überkommenen Wissensstoff zu bündeln und didaktisch aufzubereiten. Ihren Höhepunkt erreichte die karolingische Kulturblüte bald nach der Mitte des 9. Jhs. in Westfranken mehr noch als in Ostfranken, wo damals indes die ersten größeren Werke in deutscher Sprache entstanden (Hildebrandslied, Heliand, Otfrids Evangeliendichtung). Erst die wachsende Beeinträchtigung des kirchlichen Lebens und der politischen Ordnung durch die Normannen- und die Ungarneinfälle setzten der Entwicklung um die Wende zum 10. Jh. ein Ende, doch war bis dahin soviel an schriftlicher Überlieferung aufgehäuft worden, daß alle nachfolgenden Jahrhunderte davon zehren konnten.

4. Zwei Kaiser in der Christenheit

Byzanz und der Westen im 8. Jh.

Die oströmischen Kaiser am Bosporus (mit dem griechischen Titel Basileus) betrachteten sich zu Recht als die einzig verbliebenen Nachfolger der antiken Caesaren und vermißten das westliche Imperium nicht, das 476 sein Ende gefunden hatte. Jenseits der aktuellen Reichsgrenzen galten ihnen alle Herrscher, ob getauft oder nicht, als Barbaren, die allenfalls auf Zeit geduldet wurden, aber eigentlich gehalten waren, sich der kaiserlichen Majestät unterzuordnen. Deren Machtanspruch erstreckte sich theoretisch auf das gesamte Römerreich der Antike und zudem auf die seit der Konstantinischen Wende entstandene Reichskirche, die den Kaiser zur zentralen Instanz der Christenheit hatte werden lassen. Deshalb war es wichtig, daß sein langer Arm über Konstantinopel und die griechische Kirche hinaus auch in den lateinischen Westen reichte, wo seit dem 6. Jh. die historische Reichshauptstadt Rom sowie Ravenna, die letzte Kaiserresidenz des Okzidents, zusammen mit weiteren Teilen Italiens unter byzantinischer Hoheit standen. Noch 710 erschien auf kaiserliche Einladung Papst Konstantin I. (708–715) als letzter römischer Bischof vor dem 20. Jh. in Konstantinopel und Nikomedia.

Die historisch begründete Selbsteinschätzung der Kaiser und die realen Machtverhältnisse klafften indes weit auseinander. Nach den dramatischen Verlusten, die das Imperium im 7. Jh. auf dem Balkan (durch Awaren, Slawen und Bulgaren) und im Orient (durch die Araber) hatte hinnehmen müssen, holte das Kalifenreich zu einer weiteren Angriffswelle aus, die nach der Eroberung Karthagos (698) und des gesamten lateinischen Nordafrika bald abermals auf Konstantinopel abzielte und die Byzantiner in einer Phase schwerer innerer Turbulenzen traf. Zwischen 711 und 717 wurde viermal nacheinander der regierende Basileus gestürzt, bis sich Leon III. (717–741) durchsetzte, ein aus Nordsyrien stammender erfahrener General, der die «isaurische» Kaiserdynastie begründete. Ihm gelang es 717/18 mit bulgarischer Unterstützung, einer zwölfmonatigen Land- und Seeblockade der Kaiserstadt durch die Araber zu trotzen und die Armee des Kalifen Omar II. (717–720), die sich schon auf der westlichen Seite des Bosporus festgesetzt hatte, zum Rückzug zu nötigen. Der Abwehrerfolg übertrifft in seiner Bedeutung für den Osten Europas gewiß den Sieg, den der fränkische Hausmeier Karl Martell 732 im Westen über die «Sarazenen» errang, befreite Byzanz aber keineswegs von der fortwährenden Bedrohung durch die militärisch überlegenen Muslime. Kleinasien als das Kernland des Reiches mit allen Mitteln zu behaupten, wurde langfristig zum beherrschenden Ziel der kaiserlichen Politik, die entsprechend weniger Eifer für die Präsenz in Italien aufbrachte.

Die immer wieder von den Langobarden bedrängten, dem kaiserlichen Exarchen in Ravenna unterstellten Gebiete, die von der Lagune im Norden über Ravenna, Perugia, Rom und Neapel bis nach Apulien und Sizilien reichten, waren militärisch schon seit langem sich selbst überlassen und zeigten offen separatistische Neigungen. Bald nachdem Leon III. eine dort während der Belagerung von Konstantinopel ausgebrochene Rebellion überwunden hatte, weckte er neuen Unmut durch drastische Sondersteuern, die zur Behebung der Kriegsschäden im Osten erhoben wurden. Als sich Papst Gregor II. (715–731) dem verbreiteten Protest anschloß, reagierte der Kaiser scharf; er beschlagnahmte nicht nur die ausgedehnten Besitzungen der römischen Kirche in Unteritalien und Sizilien, sondern entzog überdies dem Papst zugunsten des Patriarchen von Konstantinopel die Jurisdiktion über die dortigen Kirchen wie auch weite Bereiche des Balkans. Die Spannungen verschärften sich noch, als Leon seit 730 gegen die in der Ostkirche besonders intensive Verehrung der heiligen Bilder vorging, den widerstrebenden Patriarchen absetzte und die Vernichtung der Ikonen anordnete. Im lateinischen Westen und zumal in Rom stieß das auf völliges Unverständnis und weckte ungute Erinnerungen an die Selbstherrlichkeit, mit der schon seit Jahrhunderten die östlichen Kaiser kirchliche Streitfragen autoritativ zu entscheiden gesucht hatten.

Der neue Papst Gregor III. (731–741) kündigte auf einer römischen Synode jedem «Verächter oder Zerstörer» der heiligen Bilder[40], implizit also auch dem Kaiser, die Kirchengemeinschaft auf. Der Basileus, «wütend gegen den Papst wegen des Abfalls von Rom und Italien»[41], antwortete mit der Aussendung einer Flotte, die jedoch im Winter 732/33 in einem Seesturm unterging, und mußte es hinnehmen, daß der Langobardenkönig Liutprand (712–744) die Mißstimmung in den kaiserlichen Gebieten zu neuen Eroberungen ausnutzte und dabei 732 auch Ravenna erstürmte. Zwar konnte der nach Venedig geflohene Exarch binnen Jahresfrist seine Residenz vom Meer aus zurückgewinnen, doch blieb er fortan in der Defensive, während Liutprand seine Macht, auch gegenüber den südlichen langobardischen Herzogtümern Spoleto und Benevent, weiter ausbaute. Als er 743 erneut vor Ravenna stand, bedurfte es des persönlichen Erscheinens von Papst Zacharias (741–752), um ihn in die Schranken zu weisen. Die Eindämmung der langobardischen Expansion war für die auf politische Eigenständigkeit bedachten römischen Bischöfe inzwischen dringlicher als die Selbstbehauptung gegenüber dem kaiserlichen Exarchen und bewog bereits Gregor III. 739 zu einem ersten Hilferuf an die Franken, der jedoch unerwidert blieb. Nach einer Ruhepause von einigen Jahren kehrte König Aistulf (749–756) zum aggressiven Kurs Liutprands zurück und beendete 751 die Existenz des Exarchats, indem er Ravenna samt Umgebung endgültig einnahm. Sein bedrohliches Auftreten gegenüber dem Papst führte auf Ersuchen Stephans II. (752–757) zur bewaffneten Intervention König Pippins in Italien, während im selben Jahr 754 Kaiser Konstantin V. (741–775) den Graben zum Westen weiter vertiefte, indem er auf einer Reichssynode jede Ikonenverehrung für häretisch, also unvereinbar mit dem rechten christlichen Glauben, erklären ließ.

Unter diesen Umständen fiel es den siegreichen Franken leicht, die den Langobarden abgerungenen jüngsten Eroberungen (Ravenna und Umgebung) 754/56 nicht an den Vorbesitzer, den im Glauben entzweiten Kaiser in Byzanz, zurückzugeben, sondern – wie zuvor versprochen – dem Papst in Rom zukommen zu lassen, der damit seinen Kirchenstaat, die *res publica Romanorum*, fundierte. Doch dauerte es eine ganze Weile, bis sich die Vorstellung durchsetzte, daß Rom aus dem Römischen Reich ausscheiden könne. Zwar hatte schon Zacharias kein Antrittsschreiben mehr nach Konstantinopel gesandt, aber auch unter Stephan II. wurden in Rom noch Münzen mit dem Bild des Kaisers geprägt, und die Datierung päpstlicher Schriftstücke nach dem regierenden Basileus wurde erst unter Hadrian I. (772–795) aufgegeben. Gleichzeitig taucht 778 erstmals in einem Papstschreiben der Hinweis auf den großen Kaiser Konstantin auf, der der römischen Kirche «die Gewalt über diese westlichen (*Hesperiae*) Lande geschenkt» habe[42], womit die Konstantinische Schenkung gemeint sein dürfte, die als ausformulierte Fälschung erst seit dem 9. Jh. überliefert ist, aber offenbar zur historischen Legitimation der neuartigen päpstlichen Unabhängigkeit nach dem Umbruch von 754/56 gedacht war. Sie wollte den realen Zustand erklären, daß die Päpste ohne übergeordneten Kaiser waren, dessen Macht im Westen auf Sizilien und den äußersten Süden der Apenninenhalbinsel sowie auf eine eher nominelle Hoheit über Venetien und Istrien, Neapel und weitere kampanische Küstenstädte geschrumpft war.

Der Weg zum Kaisertum des Westens

Die Kaiserkrönung des Frankenkönigs Karl, der seit 774 auch König der Langobarden war und sich «Patricius der Römer» nannte, wäre nicht denkbar geworden ohne die Abkehr Roms und Italiens vom östlichen Imperium, die sich lange angebahnt und im Laufe des 8. Jhs. vollzogen hatte. Zugleich erscheint das Geschehen am Weihnachtstag 800 als Kulminationspunkt des schier unaufhaltsamen Aufstiegs, den die Karolinger bis dahin genommen hatten. Gleichwohl sollte man sich hüten, in der Rückschau auf dem Weg zu dem neuen Kaisertum allzu viel Voraussicht und Bedachtsamkeit zu unterstellen. Daß aus den Jahren vor 800 keine hinreichend deutlichen Zeugnisse für eine solche Zielsetzung vorliegen, ist so erstaunlich nicht. Karl war mit Stolz König der Franken, des mächtigsten aller Völker, weit überlegen den Römern, gar den Griechen, von denen seit langem keine militärischen Glanztaten zu vernehmen waren. Bedurfte er, der sich zum Herrn über viele Völker gemacht hatte, darüber hinaus einer Kaiserwürde, die seit Jahrhunderten fernab in Konstantinopel weitergegeben wurde und immer wieder wie noch jüngst in die Hände von Widersachern des rechten Glaubens geraten war? Und in welcher Form hätte eine Wiederbelebung des längst erloschenen weströmischen Kaisertums – gleich ob im Einvernehmen oder im Widerstreit mit Byzanz – erfolgen sollen, da es doch weit und breit kein römisches Reichsheer gab, um einen Kaiser auszurufen?

Karl, der natürlich wußte, daß es zu Zeiten seines Vaters Pippin in Italien eine erste Konfrontation mit Ostrom um die verweigerte Rückgabe des Exarchats gegeben hatte, daß später eine Gesandtschaft von dort vergebens seine Schwester Gisela als Braut für den Kaisersohn Leon (IV., 775–780) erbeten hatte und 767 in Gentilly (bei Paris) ein Streitgespräch mit griechischen Theologen über den Bilderkult geführt worden war, ist selber erst relativ spät mit Byzanz in Berührung gekommen. 781 empfing er bei seinem zweiten Rombesuch Abgesandte der Kaiserin Eirene († 803), die nach dem frühen Tod ihres Gatten Leon IV. die Regentschaft für den minderjährigen Kaiser Konstantin VI. (780–797) führte und wohl zur allseitigen Absicherung ihres nicht unumstrittenen Regiments ein Bündnis anbot. Karl willigte in die Verlobung seiner im Kindesalter stehenden Tochter Rotrud mit dem jungen Kaiser ein, doch als sechs Jahre später beim nächsten Italienzug die Übergabe des Mädchens (das man inzwischen Griechisch hatte lernen lassen) anstand, kam sie nicht zustande, weil Eirene Karls bewaffnetes Vordringen nach Unteritalien übelnahm und Karl darüber verstimmt war, daß die Kaiserin das «ökumenische», also die ganze Christenheit betreffende Konzil in Nikaia, auf dem 787 die Verehrung der Bilder restituiert wurde, zwar mit Beteiligung zweier päpstlicher Legaten, aber ohne jeden fränkischen Bischof abgehalten hatte.

Seither war Karl im Verhältnis zu Byzanz bestrebt, vor allem theologisch aufzutrumpfen. Als ihm nach Jahren die Akten des von Papst Hadrian gebilligten Konzils in einer von diesem vermittelten, recht mangelhaften lateinischen Übersetzung zugingen, beauftragte er seine Hofgelehrten mit einer Stellungnahme, den sogenannten Libri Carolini, worin nicht nur das in Nikaia angewandte Verfahren gerügt, sondern auch inhaltlich die dort getroffenen Beschlüsse ebenso wie die vorangegangenen Bilderverbote zurückgewiesen wurden. Das war eigentlich widersinnig, gab sich aber als autoritative Äußerung Karls, der in der Überschrift figuriert als der «Frankenkönig, der Gallien, Germanien, Italien und die angrenzenden Provinzen regiert»[43]. Von einem den gesamten christlichen Okzident umfassenden Anspruch zeugte erst recht die große Synode, die Karl zum Juni 794 nach Frankfurt einberief, wo außer zwei Legaten des Papstes Bischöfe aus allen Teilen des Frankenreiches und offenbar auch aus Spanien (Asturien) sowie aus England erschienen. Ganz in der Manier der östlichen Kaiser verkündete der König, geschmückt mit dem zusätzlichen Titel «Sohn und Schützer der heiligen Kirche Gottes»[44], als Ergebnis die Verdammung der «frevlerischen Häresie» des Adoptianismus (einer aus Spanien stammenden theologischen Lehrmeinung) und behandelte «die Frage über die neue Griechensynode» mit ihrem (vermeintlichen) Gebot einer «Anbetung» der Bilder[45], bevor er in seinem Kapitular eine lange Reihe kirchlicher Reformbeschlüsse bekanntgab.

Bei dieser funktionalen Parallelität mit dem Basileus hätte es womöglich bleiben können, wenn nicht alsbald unvorhersehbare Umstände eingetreten wären, die die Entwicklung weiter zuspitzten. 797 wurde am Bosporus Konstantin VI. durch eine Palastrevolte gestürzt und geblendet, woraufhin seine Mutter Eirene gegen alle Tradition eine Regierung im eigenen Namen begann. Sie ging sogleich diplomatisch in die Offensive und schickte Boten nach Aachen, die 798 den Reichsannalen zufolge «Frieden» anboten[46], gemäß einer allzu lapidaren Notiz aus Köln sogar eine (wie auch immer geartete) Teilhabe am Kaisertum[47]. Gleichzeitig knüpfte Karl im Rücken der Oströmer einen Gesandtenaustausch mit dem Kalifen Harun-al-Raschid im fernen Bagdad an. 799 schließlich wurde in Rom der von mächtigen Gegnern angefeindete und kaum über alle Vorwürfe erhabene Papst Leo III. (795–816)

Opfer eines Überfalls, bei dem durch seine Blendung und Verstümmelung eine Amtsenthebung angebahnt werden sollte. Das Attentat schlug jedoch fehl, so daß der Papst, allenfalls geringfügig verletzt, nach einiger Zeit von fränkischen Königsboten in Sicherheit gebracht werden konnte. Unter dem Eindruck der ersten Nachrichten, die auf eine vollendete Blendung hindeuteten, gab der gelehrte Alkuin in einem Brief an Karl diese Einschätzung der Weltlage: Von den drei höchsten Personen auf Erden, nämlich dem Papst, dem Kaiser und dem Frankenkönig, seien die beiden ersten roher Gewalttat anheimgefallen, so daß nun allein auf Karl «das gesamte Heil der Kirche Christi» ruhe; er sei der «Rächer der Verbrechen, Lenker der Verirrten, Trost der Trauernden und Rückhalt der Guten»[48].

Karl der Große und Leo III.

Karl beschloß, an dem angefochtenen Papst festzuhalten und ihn zu empfangen, freilich nicht in Aachen, sondern in Paderborn, wo er sich als Bezwinger des sächsischen Heidentums präsentieren konnte. Es ist gut vorstellbar, aber nirgends ausdrücklich bezeugt, daß bei dieser Begegnung etwa im September 799 der Gedanke eines durch den Papst vermittelten Kaisertums Gestalt gewonnen hat, das sich anders als in der Antike oder in Byzanz eng mit dem Schutz der römischen Kirche verband. Vorerst wurde Leo III. mit allen Ehren an den Tiber zurückgeleitet, wo hochrangige Beauftragte Karls dafür sorgten, daß die Attentäter festgenommen und ins Frankenreich verbracht wurden. Der König selbst ließ sich ein ganzes Jahr Zeit, bis er Ende November 800 in Rom eintraf, wo er nicht mehr wie bei früheren Besuchen als Patricius, sondern eindeutig nach kaiserlicher Art empfangen wurde. Vier Wochen lang leitete er in St. Peter eine Synode, die sich mit den Anklagen gegen den Papst befassen sollte und am 23. Dezember damit endete, daß Leo, formal freiwillig, einen Eid über seine völlige Unschuld ablegte. Der damit rehabilitierte Papst und die ganze Versammlung sollen sogleich gemäß den Lorscher Annalen befunden haben, «daß man Karl, den König der Franken, Kaiser nennen müsse», weil diese Würde, das *nomen imperatoris*, von den Griechen gewichen sei und er die Stadt Rom sowie die übrigen Kaiserresidenzen des Westens innehabe. «Ihrem Ansinnen wollte sich König Karl nicht versagen, sondern in aller Bescheidenheit vor Gott und auf Bitten der Priester und des ganzen christlichen Volkes nahm er am Geburtsfest des Herrn den Kaisernamen mit der Weihe durch den Papst Leo an»[49]. Vom sichtbaren Geschehen am Weihnachtstag in der Peterskirche wird im römischen Papstbuch und in den fränkischen Reichsannalen übereinstimmend berichtet, daß Leo dem König während der Meßfeier eine kostbare Krone aufsetzte und das versammelte Volk der Römer sodann Hochrufe auf «Karl, den Augustus, den von Gott gekrönten, großen und friedenstiftenden Kaiser», ausbrachte[50]. Daneben ist festgehalten, daß Leo dem neuen Kaiser durch Kniefall huldigte und den Sohn Karl den Jüngeren zum König salbte.

Der ganze Ablauf der Feier zeugt von sorgfältiger Vorbereitung, weshalb die von Einhard überlieferte und in der Forschung viel erörterte Äußerung Karls, «er würde an diesem Tage, obwohl es ein bedeutendes Fest war, die Kirche nicht betreten haben, wenn er des Papstes Plan hätte vorauswissen können»[51], schwerlich in dem Sinne zu verstehen ist, Karl sei mit der hohen Würde an sich überrumpelt worden, sondern eher angenommen werden muß, daß sich die Zeremonie nicht so abspielte, wie er sie sich gewünscht hätte. Gestört haben mag ihn die hervorgehobene Rolle «der Römer», denn sie ließ Spannungen mit dem Römerreich des Ostens erwarten und drohte den führenden Rang des Frankenvolkes zu mindern. Eben darum sind die fränkischen Quellen bemüht, den Eindruck zu vermitteln, daß Karl bloß noch den Titel für eine Machtfülle bekommen habe, die er längst aus eigener Kraft innehatte. Allerdings war das Kaisertum seiner Tradition nach römisch und zugleich universal, also auf kein einzelnes anderes Volk bezogen, so daß sein Verhältnis zum hergebrachten «gentilen» Königtum der Franken allerhand Kopfzerbrechen bereitete; ein Ergebnis war der komplizierte, seit Mai 801 bezeugte erste Kaisertitel in Karls Urkunden, der die Akklamation der Krönungsfeier erweiterte um die Elemente «das römische Reich regierend und zugleich durch Gottes Erbarmen König der Franken und Langobarden»[52]. Ohne solche Klärungen abzuwarten, scheint Leo III. im Weihnachtsgottesdienst die Gunst der Stunde genutzt und die vollendete Tatsache eines durch ihn als Papst sakral konstituierten Kaisertums geschaffen zu haben, auch und gerade um Karl die höchstrichterliche Gewalt zur Aburteilung der städtischen Opponenten zuzuspielen. Jedenfalls bestand Karls erste Amtshandlung darin, Anfang Januar 801 die Rädelsführer des Anschlags auf Leo nach antikem Kaiserrecht des Todes schuldig zu sprechen, bevor ihnen der Papst zur Begnadigung durch Verbannung verhalf.

Ein Gegenkaisertum, ohne jede Legitimation aus Konstantinopel verliehen durch den Bischof von Rom, war gewiß nicht, was Eirene bei den vorangegangenen diplomatischen Kontakten angestrebt hatte, sondern mußte am Bosporus als eine barbarische Anmaßung erscheinen. Um die Reichweite von Karls Ambitionen zu ergründen, schickte die Kaiserin eine Gesandtschaft nach Aachen, die 802 mit der Entsendung fränkischer und päpstlicher Boten nach Byzanz beantwortet wurde. Sie haben wohl kaum, wie ein griechischer Chronist zu wissen meint, das Angebot gemacht, durch eine Heirat zwischen Karl und Eirene alle Probleme aus der Welt zu schaffen[53], wohl aber auf Respektierung von Karls Kaisertitel, gewissermaßen einer Teilung des Kaisertums, bestanden und daran auch festgehalten, als Eirene Ende 802 durch einen weiteren Umsturz entmachtet wurde und der neue Herrscher Nikephoros I. (802–811) die vermeintliche Vakanz auf dem römischen Kaiserthron beendete. Auch mit seinen Gesandten, die im Sommer 803 bei Karl eintrafen, gelang keine Verständigung, was zum einstweiligen Abbruch der Kontakte führte. Sie wurden erst 810 wieder aufgenommen, nachdem die beiden Reiche zuvor einen bewaffneten Konflikt im nördlichen Adriaraum ohne klaren Sieger ausgetragen hatten. Unter dem wachsenden Druck der Bulgaren, gegen die Kaiser Nikephoros 811 im Kampf fiel, war man in Konstantinopel bereit zu einer generellen Bereinigung des Verhältnisses zum Westen. Im Auftrag des Kaisers Michael I. (811–813) honorierten seine

Gesandten 812 in Aachen den fränkischen Verzicht auf Venetien mit der Akklamation Karls als *basileus/imperator*[54]. Die Anerkennung betraf allerdings nur die Gleichheit im Kaisertum, nicht im Römertum, denn seither verschwand, offenbar vereinbarungsgemäß, jeder römische Bezug aus Karls Kaisertitel (wie auch dem aller späteren Karolinger), während man am Bosporus bald den offiziellen Gebrauch des zuvor nur literarischen Titels «Kaiser der Römer» aufnahm.

Kaisertum und Papsttum nach 800

Karls Distanz zur Art seiner Kaisererhebung, wie sie Einhard zu erkennen gibt, ist auch daran abzulesen, wie er mit der neuen Würde umging. In seinen dreizehn Kaiserjahren ist er nicht mehr nach Rom gekommen, vielmehr empfing er Papst Leo im Winter 804/05 in Reims, Quierzy und Aachen. Als er 806 in der Divisio regnorum gemäß hergebrachter fränkischer Thronfolgepraxis die künftigen Reichsteile seiner drei erbberechtigten Söhne Karl, Pippin und Ludwig festlegte (eine Entscheidung, die sich schon lange vor 800 abgezeichnet hatte), verlor er kein Wort über das Kaisertum, das seinem Wesen nach unteilbar war[55]. Erst 813, nachdem zwei der Söhne verstorben waren, machte er ohne jede Beteiligung der Römer oder des Papstes den überlebenden Ludwig (den Frommen, 814–840) zum (Mit-)Kaiser, indem er ihn eine goldene Krone vom Altar der Aachener Pfalzkapelle nehmen und sich aufsetzen ließ. Das entsprach weit mehr als die römische Zeremonie von 800 dem byzantinischen Muster, das man vielleicht erst durch die Verhandlungen mit den Griechen näher kennengelernt hatte, und zeigt jedenfalls, daß Karl am Ende seiner Tage das vom römischen Petrusgrab herrührende Kaisertum des Westens zur autonomen Verfügungsmasse des karolingischen Familienoberhaupts rechnete. Nicht anders dachte sein Nachfolger Ludwig, als er schon bald nach dem Herrschaftsantritt mit der Ordinatio imperii von 817 eine Regelung der dynastischen Zukunft traf, die die Universalität des Kaisertums mit der Teilbarkeit des fränkischen Königtums zu versöhnen suchte[56]. Sie bestand darin, daß er seinem ältesten Sohn

Lothar I. sogleich durch Krönung aus eigener Hand, also wiederum in Aachen und ohne geistliche Vermittlung, das Kaisertum verlieh und ihm den Löwenanteil des Reiches zusprach, während den jüngeren Brüdern auch über den Tod des Vaters hinaus nicht mehr als eine nachrangige Position in Aussicht gestellt wurde.

Allerdings wußten die Päpste zu verhindern, daß ihnen die Verbindung zum Kaisertum vollends entglitt. Als Leos Nachfolger Stephan IV. (816–817) sich 816 bei Ludwig dem Frommen in Reims vorstellte, legte er Wert darauf, den Kaiser und seine Gattin zu salben und mit einer eigens mitgebrachten, angeblichen Krone Konstantins zu krönen, was zwar keine rechtliche Bedeutung hatte, aber geeignet war, an den römischen Ursprung des Kaisertums zu erinnern. Lothar I., der Junior-Kaiser seit 817, der 822 eine gesonderte Herrschaft in Italien antrat, ließ sich gleich zu Ostern 823 von Papst Paschalis I. (817–824) nach Rom einladen und durch eine feierliche Salbung und Krönung in St. Peter in seiner Anwartschaft auf das Haupterbe des Vaters bestätigen, womit erstmals seit 800 das Kaisertum wieder an seinen Ausgangspunkt zurückkehrte. Zehn Jahre später war es dann Gregor IV. (827–844), der inmitten des Aufstands der Söhne gegen Kaiser Ludwig «zur Wiederherstellung von Frieden und Eintracht»[57] die Alpen überquerte, aber kein Einvernehmen über die künftige Herrschaftsordnung zu vermitteln vermochte. Ohne Einfluß blieb er darauf, daß Kaiser Lothar, der Verlierer im blutigen Kampf der Erben nach Ludwigs Tod (840), seit dem Teilungsvertrag von Verdun (843) bloß noch über das mittlere Drittel des Karlsreiches, immerhin mit Aachen und Rom, gebot. Lothar selbst überließ die Regierung Italiens seinem ältesten Sohn Ludwig II. und sicherte ihm dafür den Rückhalt des Papstes, indem er ihn 844 in Rom durch Sergius II. (844–847) zum «König der Langobarden» salben und krönen ließ[58] und 850 Papst Leo IV. (847–855) auch zu einer Kaiserkrönung veranlaßte, die nun wieder konstitutive Wirkung besaß. Ludwig II. (850–875) hat nach dem Tod des Vaters (855) zwei Jahrzehnte lang ausschließlich das südliche Teilreich regiert und ist nördlich der Alpen, wo er keine bestimmende Rolle spielte, wiederholt als «Kaiser Italiens» aufgefaßt worden[59].

Daß er ohne einen männlichen Erben starb, wertete das Papsttum als Kaisermacher weiter auf, denn um die Nachfolge konkurrierten der westfränkische König Karl der Kahle und der älteste ostfränkische Königssohn Karlmann, denen es vornehmlich um die Hoheit über das Teilreich Italien ging. Karl, der die Gunst Papst Johannes' VIII. (872–882) fand und an Weihnachten 875, genau 75 Jahre nach dem Großvater, in St. Peter die Kaiserkrone empfing, scheiterte schnell mit dem Bestreben, sich zum wirklichen Oberherrn aller Teile des Frankenreiches zu machen, und starb 877 auf dem Rückweg von seinem zweiten Italienzug. Danach trat eine mehrjährige Vakanz ein, weil sich kein Karolinger bereitfand, nach Rom zu kommen und dem Papst Schutz gegen Sarazenen, innerrömische Gegner und mittelitalische Magnaten zu versprechen. Erst Anfang 881 gab Karl III., der jüngere der beiden ostfränkischen Könige, dem Werben Johannes' VIII. nach und ließ sich in Rom zum Kaiser krönen. Er ist in der Folgezeit noch viermal für Wochen oder Monate nach Italien gekommen (aber nicht mehr nach Rom), traf auch zweimal mit dem Papst zusammen, erreichte jedoch kaum etwas für die Stabilisierung des Landes, zumal ihm bis Ende 884 infolge rascher Todesfälle in beiden Linien des Karolingerhauses Zug um Zug die Herrschaft über das Gesamtreich zufiel. Mißerfolge bei der Abwehr der Normannen und zunehmende Krankheit schwächten seine Autorität so sehr, daß er im November 887 von den Großen des Ostfrankenreiches gestürzt wurde und bald darauf starb.

Im auseinanderbrechenden Karlsreich reduzierte sich das Kaisertum auf den Ausweis der Vorherrschaft in Italien. Dabei setzte sich fürs erste Herzog Wido II. von Spoleto durch, der in Opposition zu Karl III. und den Päpsten gestanden hatte, nun aber im Februar 889 in Pavia seine Wahl zum König Italiens durch weltliche und geistliche Große erreichen konnte und dank verbreiteter Anerkennung, die er fand, den widerstrebenden Papst Stephan V. (885–891) durch einen Romzug im Februar 891 dazu brachte, ihm als erstem Nicht-Karolinger eine Kaiserkrone aufzusetzen. Auch seinen Sohn Lambert machte der nächste Papst Formosus (891–896) 892 in Ravenna zum Kaiser, hielt aber gleichzeitig Ausschau, durch wen er sich des gar zu nahe bei Rom ansässigen «Tyrannen Wido»[60] wieder entledigen könnte. Seine Hoffnung setzte der Papst auf den ostfränkischen Karolinger Arnolf, der sich nach Widos Tod (894) den Weg nach Rom freikämpfte und im Februar 896 ungeachtet des geflohenen Lambert von Formosus zum (Gegen-)Kaiser erhoben wurde. Zu seinem energischen Einschreiten gegen das widonische Spoleto kam es allerdings nicht, weil Arnolf bald schwer erkrankte und eilends nach Bayern heimkehrte. Dort ist er Ende 899 in Regensburg verstorben, nachdem bereits 898 der junge Kaiser Lambert auf der Jagd tödlich verunglückt war. In das Vakuum stieß König Ludwig von Niederburgund (Provence), ein Enkel Kaiser Ludwigs II., der sich im Oktober 900 in Pavia als neuer König Italiens präsentierte und seinen Ehrgeiz durch ein (vielleicht über den Papst vermitteltes) Heiratsbündnis mit Byzanz unterstrich, denn er ehelichte 900/02 Anna, eine illegitime Tochter des dortigen Kaisers Leon VI., die ihm einen Sohn mit dem bemerkenswerten Namen Karl Konstantin schenkte. Die Kaiserkrönung, die Ludwig im Februar 901 von Papst Benedikt IV. (900–903) erlangte, brachte ihm kein Glück, mußte er doch bereits Mitte 902 vor der Übermacht Berengars von Friaul aus Italien weichen, der sich schon 888 ebenfalls zum König hatte ausrufen lassen und genau wie er ein Karolinger in weiblicher Linie war. Als Ludwig entgegen einem eidlichen Versprechen 905 nochmals in Italien erschien und bis Verona vordrang, fiel er in die Hände seines Gegners, der ihn durch Blendung regierungsunfähig machte und in die Provence zurückschickte. Dort hat Ludwig der Blinde bis zu seinem Tod 928 am Kaisertitel festgehalten, sich aber nicht mehr erkennbar zur Geltung gebracht. Gegen den siegreichen Berengar bestanden in Rom schon um des lebenden Kaisers Ludwig willen jahrelang spürbare Vorbehalte, weshalb er erst Ende 915 durch den aus Ravenna gekommenen und ihm von dorther verbundenen Papst Johannes X. (914–928) zur imperialen Würde gelangt ist. Als zehnter Nachfolger Karls des Großen fand Berengar indes über Norditalien hinaus kaum Beachtung, und mit seiner Ermordung 924 in Verona ging die Ära des karolingischen Kaisertums definitiv zu Ende. Der Basileus in Konstantinopel war wieder konkurrenzlos, denn in Rom legte man unter dem Regiment des Stadtherrn Alberich († 954) keinen Wert auf weitere auswärtige Herrscher als Kaiser.

Das Nebeneinander der beiden Imperien im 9. Jh.

Bald nach dem Ausgleich in der Kaiserfrage, der 812 in Aachen verkündet und danach auch vertraglich bekräftigt worden war, trat eine neue Entfremdung zwischen der Ost- und der Westkirche dadurch ein, daß Kaiser Leon V. (813–820) angesichts mehrerer militärischer Niederlagen den Bilderstreit wieder entfachte und seit 815 mit harten Strafen gegen die Verehrer der Ikonen einschritt, von denen einige in Rom Zuflucht fanden. Das veranlaßte den nächsten Kaiser Michael II. (820–829), den Begründer der amorischen Dynastie, in einem überlieferten Schreiben an Ludwig den Frommen (mit der Anrede: «Bruder Ludwig, dem ruhmreichen König der Franken und Langobarden, der auch deren Kaiser genannt wird»[61]) 824 um theologische Vermittlung beim Papst zu bitten, die jedoch fruchtlos blieb. Ebenso vergebens waren Hilferufe des Kaisers Theophilos (829–842), der 838/39 und nochmals 842 bei Ludwig dem Frommen, dann bei Lothar I. um bewaffnete Unterstützung gegen die Araber nachsuchte. Aber auch nachdem die Regentschaft für den minderjährigen Michael III. (842–867) gleich 843 die endgültige Rückkehr zur Bilderverehrung proklamiert hatte, wurden die Beziehungen zum fränkischen Westen nicht enger. Neue Spannungen erwuchsen daraus, daß der 847 von der Kaiserinmutter eingesetzte Patriarch Ignatios nach deren Sturz 858 durch Photios ersetzt wurde, einen gelehrten Laien, der alle Weihestufen eilends nachholen mußte. Beschwerden dagegen gelangten nach Rom, wo sich Papst Nikolaus I. (858–867) die Chance nicht entgehen ließ, seine Primatsgewalt auch im Osten geltend zu machen. Er versagte 863 Photios die Anerkennung, der seinerseits 867 den Papst auf einer Synode absetzen und mit dem Kirchenbann belegen ließ und zur Durchsetzung dieser Sentenz Kaiser Ludwig II. in Italien einschalten wollte. Bevor es so weit kam, wurde Michael III. am

23./24. September 867 von seinem Mit-Kaiser Basileios I. (867–886) ermordet, was zur Folge hatte, daß Ignatios wieder an die Stelle des Photios trat. Auf dem VIII. Ökumenischen Konzil 869/70 in Konstantinopel konnte die wiedergewonnene Eintracht mit dem Westen gefeiert werden, doch hatte es später Papst Johannes VIII. hinzunehmen, daß nach dem Tode des Ignatios (877) Photios auf den Patriarchenstuhl zurückkehrte und ein weiteres Konzil am Bosporus 879/80 die gewandelte Situation bekräftigte.

In die Jahre des kirchlichen Einvernehmens nach dem Putsch Basileos' I. fällt auch ein militärisches Zusammengehen der beiden Kaiserreiche in Unteritalien, gerichtet gegen die immer weiter vorgedrungenen Araber, die ein Emirat mit Zentrum Bari etabliert hatten. Gemäß einem 869 geschlossenen Bündnis, das auch eine spätere Verheiratung von Ludwigs II. Tochter Irmingard mit dem östlichen Kaisersohn Konstantin vorsah, drangen die Franken zu Lande, die Byzantiner von See her gegen das befestigte Bari vor, das schließlich Anfang Februar 871 erstürmt wurde. Doch sogleich brach unter den Siegern Streit aus über Rangfragen und die Kaiserwürde. Wie dem empörten Schreiben Ludwigs zu entnehmen ist[62], bestritt ihm der Basileus den Kaisertitel, der allein den Herrschern in Konstantinopel gebühre und schon von Karl dem Großen zu Unrecht beansprucht worden sei; da Ludwig nicht einmal das gesamte Frankenreich regiere, könne er sich nicht «Kaiser der Franken» nennen, geschweige denn «Kaiser der Römer». Demgegenüber insistierte Ludwig auf dem Ursprung seiner Würde in Rom, wo er die päpstliche Salbung empfangen habe; die Franken besäßen die Herrschaft über das Römerreich wegen ihrer Rechtgläubigkeit, wohingegen die Griechen sie verloren hätten wegen ihrer Irrlehren und weil sie nicht nur die Stadt Rom, sondern auch das römische Volk und sogar die lateinische Sprache aufgegeben hätten. Der Disput, der deutlich macht, wie weit sich das karolingische Verständnis des Kaisertums inzwischen dem päpstlichen angenähert hatte, fand keine Fortsetzung, weil Ludwigs Selbstbewußtsein sehr rasch gedämpft wurde durch eine einmonatige Gefangenschaft bei Herzog Adelchis von Benevent, der ihn nur gegen das eidliche Versprechen freiließ, nie mehr in seinen Gefilden zu erscheinen. Ludwig suchte seine Autorität wiederzugewinnen durch eine neue Kaiserkrönung, die ihm Papst Hadrian II. (867–872) in der Pfingstwoche 872 in Rom zusammen mit der Lösung von dem erzwungenen Eid gewährte, ist aber tatsächlich nicht mehr in den Süden Italiens vorgestoßen. Bari fiel binnen kurzem wieder dem östlichen Kaiserreich zu.

5. Jenseits der Kaiserreiche

Aachen und Konstantinopel waren zu Beginn des 9. Jhs. die Zentren, von denen aus der größte Teil der christlichen Welt, aber bei weitem nicht ganz Europa regiert wurde. Abgesehen vom islamisch dominierten Spanien, dessen Herrscher in Córdoba residierte, begannen sich im Umfeld der beiden Kaiserreiche ein lateinisch-katholischer und ein griechisch-orthodoxer Kulturkreis zu formieren, die bis gegen 1000 brauchten, um ihre dauerhafte Größenordnung zu finden.

Das karolingische Umfeld I: Unteritalien und Nordspanien

An seinen südlichen Rändern grenzte das fränkische Großreich an christliche Kleinstaaten, die sich über den Untergang des Langobarden- bzw. des Westgotenreiches hinweggerettet hatten und zugleich Pufferzonen zu den Machtbereichen der Byzantiner und der Araber bildeten. Im Süden Italiens waren es die Herzöge von Benevent, die sich nach 774 den Titel «Fürst des langobardischen Volkes» beilegten und die Gesetzgebung der früheren Könige fortführten. Sie verstanden es, den fränkischen Anspruch auf Oberhoheit ins Leere laufen zu lassen, befanden sich aber ihrerseits im Widerstreit mit den nominell byzantinischen Seestädten Neapel, Amalfi und Sorrent, die sich, bedacht auf ihre Autonomie und Handelsinteressen, einer Vereinnahmung zu entziehen wußten. Die wachsende Herausforderung durch sarazenische Überfälle sowie (seit den 840er Jahren) die Abspaltung der Fürstentümer Salerno und

Capua taten ein übriges, um einer Suprematie von Benevent entgegenzuwirken. Nach dem Scheitern Kaiser Ludwigs II. (871) traten die Byzantiner verstärkt auf den Plan, und eroberten von Bari aus fast die gesamte Südküste mit weitem Hinterland, das sie als Thema «Langobardia» organisierten. 891 konnten sie vorübergehend sogar die Stadt Benevent einnehmen, doch gelang ihnen ebenso wenig wie zuvor den Karolingern eine Zusammenfassung Unteritaliens unter ihrer Herrschaft. Es blieb bei einem labilen Gleichgewicht kleinräumiger einheimischer Kräfte, für die Byzanz als Rückhalt bei der Sarazenenabwehr unentbehrlich war. Während das langobardische Bewußtsein allmählich schwand, breitete sich das Griechentum in sprachlicher und kirchlicher Hinsicht weiter aus; beides zusammen stand einer monarchischen Reichsbildung auf gentiler Grundlage wie in anderen Teilen Europas im Wege.

Ein deutlich verschiedenes Profil zeigen die christlichen Rückzugsgebiete im äußersten Norden der Iberischen Halbinsel, die sich nach 711 der arabischen Eroberung des Westgotenreiches hatten entziehen können. Gemäß der glorifizierenden Überlieferung aus späterer Zeit war es der gotische Adlige Pelagius, der bei Covadonga (722?) einen ersten Abwehrerfolg gegen «ein riesiges Heer aus ganz Spanien» errang[63]. Dadurch sicherte er den Bestand eines kleinen Reiches, das getragen war von dem seit der Römerzeit bekannten Bergvolk der Asturer sowie geflüchteten Goten und sich durch sein Christentum von der Umgegend abhob. Alfons I. (739–757), der Schwiegersohn des Pelagius, vertrieb als König die Muslime auch aus Galicien und Kantabrien, nahm vermehrt christliche Zuwanderer aus dem Süden auf und begann die Anlage eines entvölkerten Grenzstreifens, der Schutz vor arabischen Angriffen bieten sollte. Unter Alfons II. (791–842), der seinen Geburtsort Oviedo zur Hauptstadt erhob, wird ein bewußter Anspruch auf die gotische Tradition erkennbar: Der König grenzte Asturien kirchlich (im Streit um die Lehre des Adoptianismus) von der alten Metropole Toledo ab, die unter islamischer Kontrolle stand, knüpfte Beziehungen zu Karl dem Großen an und förderte den Kult des Apostels Jakobus, dessen Grab eben damals im galicischen Amaia (später Compostela) «entdeckt» und bald zum Kristallisationspunkt christlichen Selbstbehauptungswillens wurde. In wechselvollen Kämpfen gelang den Nachfolgern, zumal Alfons III. (866–910), eine weitere Expansion südwärts bis zum Fluß Duero, was zur Verlegung der Hauptstadt nach León führte und aus dem asturischen das leonesische Königreich werden ließ.

Stärker im Bannkreis der Franken standen der Pyrenäenraum und sein südliches Vorfeld, wo sich vor 800 um Pamplona ein christliches Kleinreich der Basken (später Navarra genannt) und eine gesonderte Grafschaft Aragón formierten. Beide beteiligten sich nicht an der Eindämmung der Araber, waren aber ebenso sehr auf ihre Eigenständigkeit gegenüber den Karolingern bedacht. Weiter östlich dagegen drangen die Franken in Abwehr muslimischer Vorstöße nach Gallien (zuletzt 793) offensiv über die Pyrenäen vor. Die 801 von Ludwig dem Frommen eingenommene Stadt Barcelona wurde zum Eckpfeiler eines bald in erzählenden Quellen als «Spanische Mark» bezeichneten Gebiets[64], das aus mehreren Grafschaften bestand und als Teil des Frankenreiches eng mit dem Süden Galliens verbunden blieb. Beiderseits der Pyrenäen wurden zu privilegierten Bedingungen Goten aus Spanien angesiedelt, woraus seit etwa 830 der Landschaftsname «Gothien» resultierte. Die regionale Macht lag bei einheimischen Adelsfamilien, die sich im Laufe des 9. Jhs. immer mehr von der westfränkischen Königsmacht lösten. Die Bezeichnung «Katalonien» ist nicht vor dem 12. Jh. anzutreffen.

Das karolingische Umfeld II: Angelsachsen und Kelten

Anders als die Franken im vormals römischen Gallien haben die vom Kontinent in den Süden und die Mitte Britanniens eingedrungenen Gruppen der Angeln, Sachsen und Jüten jahrhundertelang zu keiner politischen Einheit gefunden. Auch nach der Christianisierung im Verlauf des 7. Jhs., die den Gemeinsamkeiten in Sprache und Recht noch die Klammer einer gesamtenglischen Kirchenorganisation mit den Metropolen Canterbury und York hinzufügte, blieb es beim Nebeneinander der vom Geschichtsschreiber Beda

(† 735) auf die Zeit der Landnahme zurückgeführten sieben Königreiche Kent, Sussex, Essex, Wessex, Ostanglien, Mercien und Northumbrien, die vielfältige Rivalitäten pflegten[65]. Ein förmlicher Vorrang kam dem jeweils mächtigsten unter den Königen zu, für den die Angelsächsische Chronik des 9. Jhs. den Titel Bretwalda mitteilt[66]. Sofern es sich dabei ursprünglich um den Oberbefehl über alle angelsächsischen Kräfte bei Kämpfen gegen Briten oder Pikten gehandelt hat, wurde diese Rolle, wie Beda erkennen läßt[67], mit dem Tod König Oswius von Northumbrien (642–670) offenbar hinfällig, doch waren auch in der Folgezeit keineswegs alle Könige gleichrangig. So trat Ine von Wessex (688–726) als Gesetzgeber hervor, bevor ein volles Jahrhundert der Vorherrschaft von Mercien anbrach. Die Könige Aethelbald (716–757) und Offa (757–796) dehnten ihre Hoheit schrittweise auf Essex, Kent und Sussex aus und betrachteten auch die verbleibenden Könige nur noch als *subreguli* oder *duces.* Offa war der Schöpfer des großen Bollwerks gegen den keltischen Westen, des über 100 km langen Offa's Dyke aus der Zeit von 784 bis 796. Er verbreitete Münzen mit dem eigenen Namen und unterhielt Beziehungen zu Karl dem Großen. Dabei erstrebte er vergeblich eine Doppelhochzeit seines Sohnes und seiner Tochter mit Kindern des Frankenkönigs, erreichte aber 796 eine Vereinbarung auf Gegenseitigkeit über den Schutz der Kaufleute im jeweils anderen Land durch die königlichen Gerichte[68].

Einen Wendepunkt in der Geschichte des alten England bedeutet der Beginn der normannischen Überfälle, die erstmals 793 die Klosterinsel Lindisfarne heimsuchten. Spätestens seit den 830er Jahren wurde die Abwehr der skandinavischen Eindringlinge (meist Dänen) zur alles beherrschenden Aufgabe, die eine fortschreitende Bündelung der angelsächsischen Kräfte erzwang. Dabei lag die Führung inzwischen bei Wessex (mit der Hauptstadt Winchester), dessen König Egbert (802–839) die mercische Suprematie durch den Sieg in der Schlacht von Ellandun (825) abgeschüttelt und sich selbst zügig zum Gebieter über den gesamten Süden der Insel gemacht hatte. Egbert, der in seiner Jugend jahrelang ins Frankenreich verbannt gewesen war und vermutlich Zugang zum Hof Karls des Großen gehabt hatte, übernahm ein Stück karolingischer Herrschaftspraxis, indem er bei Lebzeiten seinen Sohn Aethelwulf mit der Regierung in Kent, Surrey und Sussex betraute. Als des Vaters Nachfolger (839–858) bezog er ebenfalls seinen Ältesten, Aethelstan († 852), als Unterkönig von Kent in die dezentrale Bekämpfung der Dänen ein, und im Zeichen der gemeinsamen Gegnerschaft zu den Nordmännern stand auch 856 seine zweite Heirat mit Judith, der Tochter des westfränkischen Königs Karl des Kahlen. Nach Aethelwulfs Tod (858) kam es ganz in karolingischer Manier zu einer dynastischen Reichsteilung unter seinen drei damals erwachsenen Söhnen, die jedoch alle in jungen Jahren starben, ohne verhindert zu haben, daß sich die Dänen von Northumbrien aus, wo sie 866 York einnahmen, über ganz Mercien und Ostanglien bis weit nach Wessex ausbreiteten und ihre flächendeckende Herrschaft durchsetzten. Zur Seele des Widerstands wurde Aethelwulfs jüngster Sohn Alfred (der Große, 871–899), der sich anfangs bis nach Cornwall zurückziehen mußte, doch seit 878 durch militärische Erfolge, aber auch Tributzahlungen sich insoweit Geltung zu verschaffen wußte, daß er ganz Wessex und große Teile von Mercien, 886 auch London zurückgewann. Mehr als einen labilen Modus vivendi für die folgenden Jahre erreichte er nicht, doch das genügte, um ihn zum allein anerkannten König aller Angelsachsen zu machen, die nicht unter dänischer Herrschaft standen, und darüber hinaus auch zum Schirmherrn der übrigen. Von Alfred, dessen Nachruhm nicht zuletzt auf seiner Kodifikation des angelsächsischen Rechts und seinen altenglischen Übersetzungen maßgeblicher lateinischer Texte beruht, leitet sich das Königtum der angelsächsischen Spätzeit (10./11. Jh.) her.

Im fernen Westen Europas hatte es das isolierte Keltentum schwer, sich zu behaupten. Den deutlichsten Anlauf zu einer Reichsbildung unternahmen die festländischen Bretonen, die sich seit jeher der fränkischen Unterwerfung entzogen hatten. Ihr Anführer Nominoë, der als Königsbote Ludwigs des Frommen emporgekommen war, nutzte nach dem Tod des Kaisers (840) die Gunst der Stunde, um die Bretagne politisch und kirchlich vollends zu verselbständigen. Er schuf sich ein neues Erzbistum in Dol, dessen Metropolit ihn wohl 850 zum König salbte, und Karl dem Kahlen blieb nach militärischen Niederlagen nichts übrig, als 851 Erispoë, Nominoës Sohn, der inzwischen an dessen Stelle getreten war, «mit königlichen Gewändern und der väterlichen Herrschaft zu beschenken»[69], während in Rom die Abspaltung von der Kirchenprovinz Tours keine Billigung fand. Nach der Ermordung des dritten Königs Salomon (874) setzte jedoch ein Niedergang infolge von innerem Zwist und wachsendem Druck der Normannen ein, denen die Bretagne im frühen 10. Jh. anheimfiel.

Demgegenüber begünstigte im von Briten bewohnten Wales (westlich von Offa's Dyke) schon die gebirgige Landesnatur das Verharren in vier Kleinreichen mit dynastischer Erbfolge, die zugleich vier Bistümern entsprachen. Im politisch noch stärker zerklüfteten Irland war der Vorrang eines «Hochkönigs» mit Sitz in Tara (Connaught), seit dem 7. Jh. in den Händen der weitverzweigten Dynastie der Uí Néill, eher Anspruch als überall akzeptierte Wirklichkeit. In das beständige Hin und Her der regionalen Machtkämpfe kam ein neues Element durch die Überfälle von (norwegischen) Wikingern, die die Grüne Insel seit 795 trafen und im 9. Jh. laufend zunahmen. Abwehrerfolge konnten auch hier zu gesteigerter Herrschaft verhelfen wie bei Malachias I. (846–862), der von Tara aus erstmals ein effektives Oberkönigtum durchsetzte, das indes nicht von Dauer war. Kaum zufällig ging im Laufe des 9. Jhs. die kulturelle Ausstrahlung Irlands auf den Kontinent deutlich zurück. Schottland schließlich, das benannt ist nach den seit dem 5. Jh. zahlreich zugewanderten *Scotti* (Iren), war noch im ganzen 8. Jh. dominiert von den alteingesessenen Pikten, die unter getauften Königen im Süden Grenzkämpfe mit dem angelsächsischen Northumbrien ausfochten und auch die irisch geprägten Gebiete im Westen unter ihre Hoheit brachten. Allerdings scheint dies mit einer sprachlich-kulturellen Assimilation an die Iren einhergegangen zu sein, was es im 9. Jh., auch hier unter dem Druck normannischer Einfälle, König Kenneth I. (843–858) erleichterte, ein auf beide Völker gestütztes Reich zu schaffen, das anfangs den neutralen Namen *Alba(nia)* trug, im 10. Jh. aber bald zur *Scotia* wurde.

Das karolingische Umfeld III: Nordgermanen und Westslawen

In Skandinavien zeichnen sich früh schon die Großländer Dänemark, Schweden und Norwegen ab, doch dauerte es viele Generationen, bis daraus in sich geschlossene, politisch handlungsfähige Königreiche wurden. Am frühesten kam diese Entwicklung in Dänemark (mit Einschluß des heute südschwedischen Schonen) in Gang, wo zwischen 777 und 873 durch fränkische Quellen mancherlei Könige bezeugt sind. Sie scheinen alle demselben weitverzweigten Geschlecht angehört zu haben und regierten nicht selten nebeneinander, teils in friedlicher Absprache, teils in offener Gegnerschaft, waren also wohl bloß von relativer Autorität. Hinter den im 8. Jh. begonnenen Wallanlagen des «Danewerk» (zwischen Eider und Schlei) hielten sie Distanz zum Frankenreich und duldeten bestenfalls die sporadischen Missionsbemühungen Ansgars und anderer, ohne selbst einer Taufe näherzutreten. Einen entsprechenden Eindruck vermittelt auch der um 830 in der Vita Ansgars genannte König der «Sveonen» (Schweden) in der Gegend des Mälarsees (westlich des heutigen Stockholm) mit einer regionalen Herrschaft, deren Reichweite und Substanz ungewiß bleibt[70]. Vermutlich ist es nicht allein ein Quellenproblem, daß gegen Ende des 9. Jhs. alle Nachrichten über nordische Könige versiegen und im 10. Jh., abgesehen von Harald, völlig andere Namen auftauchen als in der Zeit davor.

Zu europäischer Bedeutung sind die Nordgermanen im 9. Jh. nicht durch die Entwicklungen in der Heimat gelangt, sondern durch ihre bewaffneten Vorstöße über See, mit denen sie als «Wikinger» (d. h. Piraten) weite Teile des Kontinents in Angst und Schrecken versetzten. Dabei handelte es sich nicht (was den Franken zu begreifen schwer fiel) um Kriege heidnischer Könige und Völker des Nordens gegen christliche Reiche weiter südlich, sondern um gewissermaßen private Expeditionen wagemutiger Anführer aus der skandinavischen Führungsschicht, die von Abenteuer-

und Beutelust getrieben waren, mitunter auch als Verlierer interner Machtkämpfe das Weite suchten und erst mit der Zeit den Gewinn von Siedlungsland für sich und ihren Anhang anstrebten. Auf schnellen Schiffen, die nicht bloß mit Rudern zu bewegen waren, sondern durch den Gebrauch von Segeln eine gesteigerte Reichweite aufwiesen, begannen sie seit den letzten Jahren des 8. Jhs. mit Attacken auf vorgelagerte Inseln und ungeschützte Küstenplätze in England, Irland sowie im Westen des Frankenreiches, wo sie stets die Überraschung der Angegriffenen nutzten, um sich Gold, Silber und andere Wertsachen anzueignen, vor allem aber Gefangene, die sie als Sklaven verkaufen oder gegen Lösegeld freigeben konnten. Seit den 30er Jahren des 9. Jhs. (kaum zufällig in der Herrschaftskrise Ludwigs des Frommen) häuften und verstärkten sich solche Überfälle, die im Süden Englands und in Westfranken mehr von Dänen, im englischen Norden, in Schottland, Irland und auf den nördlichen Inseln (Hebriden, Orkneys, Färöer) mehr von Norwegern unternommen wurden. Besonders gefährdet waren Kirchen, Klöster und offene Handelsplätze, die reiche Beute versprachen, vor allem seitdem die Wikinger gelernt hatten, von den Flußmündungen her auch ins Binnenland einzudringen und sich winterfeste Stützpunkte zu schaffen, von denen aus die Plünderung ganzer Landstriche möglich wurde. Da sie von den Franken mit herkömmlichen militärischen Mitteln nur schwer zu bezwingen waren, konzentrierte sich die Gegenwehr auf den Bau von Befestigungen und die Anlage von Sperrwerken an Flußläufen, doch blieb häufig nichts anderes übrig, als durch Zahlung von Tributen den Feinden zu geben, was sie sich sonst mit Gewalt geholt hätten.

Bald nach der Mitte des 9. Jhs. gingen die «Nordleute» dazu über, gar nicht mehr in ihre Heimat zurückzukehren, sondern sich in Westeuropa dauerhafte Räume eigener Siedlung und Herrschaft zu erkämpfen, was durchaus an die Völkerwanderung des 5./6. Jhs. erinnert. So wurde Dublin, eine normannische Gründung an der Ostküste Irlands, seit 853 zum Zentrum eines maritimen Reiches, das sich von der Insel Man über Teile Schottlands bis zu den Orkneys erstreckte und keltischen Königen im Inneren Irlands

Tribute abnötigte. In England okkupierten die Wikinger Northumbrien, Ostanglien sowie Teile von Mercien und machten das 866 eroberte York zur Hauptstadt ihres «Danelag», das ein Gebiet eigenen, dänischen Rechts wurde. Beim Ringen mit den Angelsachsen wuchsen seit 865 verschiedene normannische Gruppen zum «Großen Heer» zusammen, das auch offenen Feldschlachten gewachsen war. Als dennoch bis 878 die Unterwerfung von Wessex mißlang, setzten starke Kräfte auf das fränkische Festland über, wo schon 841 Friesland und das Rheinmündungsgebiet dänischen Wikingern überlassen worden waren (bis 885). Südlich davon, im heutigen Belgien, ließen sich die Normannen 879 zu Plünderungszügen in weitem Umkreis nieder. Kaiser Karl III., der sie dort 882 mit eigenen Leuten einschloß, traute sich, als es darauf ankam, den Kampf nicht zu, sondern gewährte ihnen Abzug samt einem Tribut. Die Folge war, daß sie sich wieder mehr nach Westfranken wandten, wo 885/86 die fast einjährige Belagerung von Paris zum Menetekel für die Karolinger wurde: Während Graf Odo die Seineinsel tapfer verteidigte, war es der Kaiser, der sich abermals das Verschwinden der Feinde erkaufte. Von nachlassender Dynamik zeugen einige Niederlagen der Normannen in den Jahren danach, was sie dazu brachte, sich wieder auf England (Wessex) zu stürzen. Doch blieben sie an der unteren Seine weiter präsent und erhielten auch Verstärkung aus dem heimatlichen Norden. Einer ihrer Anführer namens Rollo soll nach späterer Überlieferung um 911 mit dem westfränkischen König Karl dem Einfältigen vereinbart haben, das Gebiet um Rouen aus seiner Hand zu empfangen, sich zur Taufe bereitzufinden und die Region tatkräftig (gegen andere Barbaren) zu schützen[71]. Im historischen Rückblick erschien dies als die Geburtsstunde des Herzogtums Normandie.

Derlei Aggressionen hatte das Frankenreich von der Heidenwelt jenseits seiner Ostgrenze kaum zu befürchten. Von der Ostsee bis zur mittleren Donau reihte sich in dünner Besiedlung eine große Zahl slawisch sprechender Gruppen aneinander, deren Namen die fränkischen Quellen registrieren. Sie waren ohne ein verbindendes ethnisches Bewußtsein und brachten je einzeln Anführer hervor, die ihre Autorität auf befestigte Plätze gründeten. Aufschlußreich für die Entwicklung ihres politischen Bewußtseins ist die Tatsache, daß das den Slawen gemeinsame Wort für König (kral, krol) vom Namen Karls des Großen herrührt. Größere Einheiten bildeten im Bereich des heutigen (West-)Mecklenburg und Holsteins die Abodriten, die unter erblichen Fürsten mit Karl gegen die Sachsen paktierten, später aber mehr unter dänischen Einfluß gerieten, ferner die Sorben zwischen Elbe und Saale, bei denen sich Hinweise auf eine Wahl ihrer Fürsten finden. Auch die Slawen im böhmischen Kessel erscheinen bereits im 9. Jh. als Gesamtverband unter einer Mehrzahl von Anführern, der sich in gewissem Umfang dem Christentum öffnete, wurden aber bald schon in den Schatten gestellt durch die mährische Reichsbildung, die den größten Gewinn aus dem Machtverfall der Awaren zog. An ihrem Anfang stand der Fürst Mojmir, der kurz nach 830 vom Tal der March/Morava aus einen Rivalen mit Sitz in Neutra/Nitra (im Westen der modernen Slowakei) verdrängte und seine Hoheit weiter zwischen Donau und Karpaten ausdehnte. Das Gewicht seines Reiches veranlaßte 846 König Ludwig von Ostfranken zu einem Feldzug, bei dem er entweder Mojmir zu Fall brachte oder nach dessen Tod in die Regelung der Nachfolge eingriff, jedenfalls aber Mojmirs getauftem Neffen Rastislaw zur Macht verhalf. Dieser blieb ihm jedoch nicht lange treu, sondern strebte politisch wie kirchlich nach Eigenständigkeit, wozu er Kontakte zum Papst in Rom wie zum Kaiser in Konstantinopel suchte, nachdem er 855 einen weiteren bewaffneten Vorstoß der Ostfranken abgeschlagen hatte. Auch eine Niederlage, die ihm Ludwig der Deutsche im Bündnis mit den Bulgaren 864 mitten in Mähren beibrachte, führte keine wirkliche Wende herbei, zumal Rastislaw auf Rückhalt im bayerischen Adel und sogar bei rebellischen Söhnen Ludwigs zählen konnte. Erst 870 kam das Ende, als er mit fränkischer Hilfe durch seinen Neffen Swatopluk bezwungen und nach Regensburg ausgeliefert wurde, wo man ihm den Prozeß machte. Aber auch Swatopluk emanzipierte sich alsbald von seinen Helfern und erreichte 874 in Forchheim ein Abkommen, das faktisch seine Unabhängigkeit anerkannte. So konnte er unbehindert seine Macht auf Böhmen, Schlesien und Teile des späteren Ungarn ausdehnen und zugleich in direkter Beziehung zum Papst, der ihn 885 nicht mehr als Fürsten, sondern als «König der Slawen» titulierte[72], seine vom griechischen Missionsbischof Methodios begründete Sonderkirche fördern. Nach seinem Tod (894) allerdings setzte ein rascher Niedergang ein, bedingt durch Streit unter seinen beiden Söhnen, aber auch das wieder erwachende Selbstbewußtsein Böhmens und schließlich die Expansivkraft der Ungarn, die binnen weniger Jahre den mittleren Donauraum an sich rissen.

Das byzantinische Umfeld: Süd- und Ostslawen

An seiner europäischen Flanke hatte das byzantinische Imperium des 8./9. Jhs., das sich im Osten in beständiger Konfrontation zu den Arabern befand, einen lebhaften Widerpart in den slawisierten Bulgaren an der unteren Donau. Ihr Reich, seit 681 vom Kaiser anerkannt, stellt als Herrschaft heidnischer Khane, die streckenweise auch dynastisch legitimiert war, über eine höchstens zum geringen Teil christliche Bevölkerung einen Sonderfall im damaligen Europa dar, der fast zwei Jahrhunderte bestehen blieb (bis zur Taufe des Khans Boris 864/65). In dieser Zeit wußte das Bulgarenreich sich nicht bloß in wechselvollen Beziehungen mit Byzanz zu behaupten, sondern auch durch beharrliche Expansion nach Norden und Westen die Awaren als Vormacht auf der Balkanhalbinsel abzulösen. Der Höhepunkt war unter dem Khan Krum (803–814) erreicht, der 809 das antike Sardica (heute Sofia) einnahm und 811 den Byzantinern eine Niederlage zufügte, bei der Kaiser Nikephoros I. getötet wurde. Nach einem Friedensschluß von 814/16 war es Khan Omurtag (814–831), der 824/25 erstmals Gesandtschaften an den Hof Ludwigs des Frommen schickte, um die Grenze zwischen Franken und Bulgaren an Donau und Theiß zu vereinbaren. Tatsächlich kam es 828/29 zu bewaffneten Zwischenfällen an der Drau und erst 845 wieder zu einer bulgarischen Gesandtschaft, die Ludwig den Deutschen in Paderborn antraf. Ein ostfränkisch-bulgarisches Bündnis, das sich gegen Mähren richtete, stand in den frühen

860er Jahren im Zusammenhang der Bemühungen des Khans Boris um eine eigenständige Hinwendung zum Christentum, die schließlich aber doch Bulgarien dauerhaft an die Seite von Byzanz führten.

Bei ihrem Drang nach Nordwesten stießen die Bulgaren, die schon viele slawische Gruppen aufgesogen hatten, mit werdenden Völkern zusammen, die im 9. Jh. eben deshalb aus dem Dunkel der Vorgeschichte heraustraten, weil sich ihre Anführer den Großmächten des Westens und des Ostens erfolgreich widersetzten. Das gilt von den Kroaten, die zwar nicht in Pannonien, aber im Hinterland der dalmatinischen Küste eine herrschaftliche Kontinuität schufen, beginnend mit dem Fürsten Mislaw († 845) in Klis (bei Split) und seinem Nachfolger Trpimir I. (845–864), der urkundlich als *dux Chroatorum* auftrat und das (lateinische) Bistum Nin begründete. Ähnliches wird für dieselbe Zeit über die Serben in einer prominenten byzantinischen Quelle des 10. Jhs. überliefert, die vom heidnischen Norden das «getaufte Serbien» im Süden (heute Raszien, Amselfeld) unterscheidet[73]. Dort soll sich vor 850 im Kampf gegen die Bulgaren Vlastimir hervorgetan haben, dessen Sohn Mutimir (um 850–891) seine Brüder verdrängte und das Christentum in orthodoxer Form annahm. Die Nachfahren hatten größte Mühe, sich zwischen Kroaten, Bulgaren und Byzanz zu behaupten.

Auf Konstantinopel ausgerichtet erscheinen auch die Anfänge der großen ostslawischen Reichsbildung mit dem Zentrum Kiev, deren Name zuerst in einer lateinischen Quelle auftaucht. Im zeitgenössischen Bericht der westfränkischen Annales Bertiniani über eine 839 bei Ludwig dem Frommen in Ingelheim erschienene byzantinische Gesandtschaft ist von Männern aus dem Volk der *Rhos* die Rede, die im Auftrag ihres Königs (Kagan) um sicheres Geleit in ihre Heimat baten und von den Franken als Schweden (*Sveones*) identifiziert wurden[74]. Damit zu verbinden sind die Nachrichten der im frühen 12. Jh. aufgezeichneten sog. Nestor-Chronik, die den Beginn der eigenen Geschichte mit dem Jahr 852 (irrig für 842?) ansetzt und bald danach von zwei Warägern (skandinavischen Berufskriegern) erzählt, die das befestigte Kiev in Besitz genommen, weitere Waräger nachgeholt, die dort ansässigen slawischen Poljanen unterworfen und von der Tributpflicht gegenüber den (bis dahin dominierenden) Chazaren befreit hätten[75]. Schon 860 sollen die in der Chronik mit den Warägern gleichgesetzten Rus Konstantinopel durch einen (im letzten Augenblick gescheiterten) Flottenangriff aufgeschreckt haben, was dort gut bezeugte Bemühungen um eine Bekehrung «der räuberischen, für ihre Grausamkeiten bekannten Rus zum Christentum» auslöste[76]. Das altrussische Fürstengeschlecht führt die Nestor-Chronik auf drei warägische Brüder zurück, die sich die zerstrittenen bodenständigen Stämme von jenseits des Meeres als Herrscher herbeigerufen hätten und die zunächst im Norden um den Ladogasee und Novgorod Fuß faßten. Rjurik († angeblich 879) überlebte seine Brüder und wurde zum Stammvater der Dynastie. Sein Verwandter Oleg († 912/13) stieß 882 bis Kiev vor, vertrieb die dortigen Waräger und erreichte nach einem militärischen Vorstoß auf Konstantinopel 911 einen günstigen Handelsvertrag mit dem Basileus, bevor Rjuriks Sohn (?) Igor († 945/46) die Herrschaft weiter ausbaute und abermals mit Byzanz aneinandergeriet. Ob sich alles genauso abgespielt hat, bleibt angesichts der disparaten, mit Legenden verwobenen Überlieferung umstritten, doch tragen auch Münzen und archäologische Befunde dazu bei, die hohe Bedeutung der Fernhandelswege von der Ostsee zum Schwarzen Meer (und weiter nach Byzanz und in den Orient) zu verdeutlichen und mit dem Bedürfnis nach aktivem Schutz dieser Routen plausibel zu machen, daß eine zahlenmäßig kleine Schicht tatkräftiger Skandinavier den Anstoß zur politischen Organisation weiter Räume Osteuropas geben konnte, dabei aber bald von der slawischen Mehrheit sprachlich und kulturell vereinnahmt wurde. In der Abfolge der Rjurikiden tragen Igors Nachfahren keine nordischen Namen mehr, sondern slawische.

Das islamische Spanien und die Sarazenen im Mittelmeer

Seit 711 war der größte Teil der Iberischen Halbinsel (anfangs nur mit Ausnahme des äußersten Nordens) zum westlichen Eckpfeiler der islamischen Welt geworden, die politisch im Kalifenreich von Damaskus zusammengeschlossen war. Unter von dort entsandten

Statthaltern, die sich in Córdoba niederließen und bis zum Ende der 730er Jahre mehrfach noch Vorstöße über die Pyrenäen hinweg unternahmen, breitete sich das Regiment einer dünnen Führungsschicht arabischer Herkunft aus, die sich militärisch auf eine weit größere Anzahl von Berbern aus Nordafrika stützte. Während die Araber zur Ansiedlung den fruchtbaren Süden bevorzugten, das fortan sogenannte Andalusien (seit 716 arabisch al-Andalus, was zur Bezeichnung des gesamten islamischen Spanien wurde), blieben den Afrikanern (Moros, Mauren) der Westen und der Norden überlassen. Die christliche Bevölkerungsmehrheit aus Goten und Romanen wurde – ebenso wie die Juden – nach den Grundsätzen des Islam mit einer Kopfsteuer belegt und zur Loyalität verpflichtet, behielt aber ihre kirchlichen Strukturen, die freilich den Kontakt zur christlichen Welt außerhalb Spaniens einbüßten. Missionseifer legten die herrschenden Muslime, schon der Steuereinnahmen wegen, kaum an den Tag, doch muß es sehr bald in wachsendem Maße zu Übertritten von Christen gekommen sein, die als «Neubekehrte» (Muladíes) dauerhaft, weil sich ihr Status vererbte, eine gesonderte Gruppierung mit minderen Rechten bildeten. Auch die verbleibenden Christen konnten oder wollten sich der Anpassung an die arabisch geprägte Umwelt nicht entziehen und entwickelten ein Eigenleben, das zu ihrer Kennzeichnung als Mozaraber («Arabisierte») führte.

Die innere Festigung von al-Andalus war unter solchen Voraussetzungen keine leichte Aufgabe. In den ersten Jahrzehnten regten sich vor allem unter den Muslimen Gegensätze, die zum Teil noch aus der arabischen Heimat mitgebracht waren, sich sodann aber am Rangunterschied zwischen Arabern und Berbern entzündeten. Ein 740/41 vom Maghreb ausgegangener großer Berberaufstand, der die Gleichstellung aller Muslime zum Ziel hatte, konnte nur mit Hilfe von Truppen aus dem Orient eingedämmt werden und war noch nicht überwunden, als es 749/50 zu einem blutigen Umsturz in Damaskus kam. Die seit 661 regierende Kalifendynastie der Omaijaden wurde von den Abbasiden, die das Zentrum bald nach Bagdad verlegten, nicht nur verdrängt, sondern weitgehend ausgerottet. Als einziger männlicher Omaijade entkam Abdarrahman (I., 756–788), der sich nach Spanien durchschlug und dort 756 mit dem Titel eines Emirs von Córdoba eine vom Kalifat unabhängige Herrschaft begründete. Er orientierte sich an Verwaltungserfahrungen in Syrien und begann mit einer Politik der Vereinheitlichung, die von seinen Nachkommen weitergeführt wurde und ihren Gipfel unter Abdarrahman II. (822–852) erreichte. Im Wege standen dabei autonomistische Bestrebungen mancher lokalen Unterherrschaften und einzelner Städte sowie die Unzufriedenheit der zahlreichen Muladíes, deren wiederholte Rebellionen mit harter Hand bekämpft wurden. Einem gesteigerten Islamisierungsdruck waren die mozarabischen Christen ausgesetzt, was in den 850er Jahren zum Phänomen der «freiwilligen» Märtyrer von Córdoba führte, die ihr Schicksal mutwillig heraufbeschworen, indem sie öffentlich Mohammed schmähten. Diese rigoristische Aufwallung, die bis ins Frankenreich Beachtung fand, aber von mozarabischen Bischöfen mißbilligt wurde, war insgesamt untypisch für die innere Entwicklung des Emirats, dessen Existenz als eigenständiges islamisches Staatsgebilde im 9. Jh. trotz der verhaltenen Expansion des christlichen Asturien im Norden ganz ungefährdet blieb.

Von den Häfen des islamischen Spanien, mehr aber noch Nordafrikas, das zur Gänze in arabischer Hand war, gingen im 9. Jh. immer häufigere Piratenzüge aus, die dem Auftreten der Wikinger rund um die Nordsee schon insofern vergleichbar sind, als auch hier einer ersten Phase temporärer Plünderungen eine spätere mit dauerhafter Landnahme und Herrschaftsbildung gefolgt ist. Ein Fanal für künftiges Unheil aus fränkischer Sicht waren die zu 798/99 in den Reichsannalen festgehaltenen Kämpfe mit «Mauren und Sarazenen» um den Besitz der Balearen, denen ab 806 ähnliche Abwehrkämpfe vor Sardinien und Korsika folgten. Anders als an der Nordsee waren die italischen Verteidiger des Karolingerreiches auch zu maritimer Gegenwehr fähig, wie sich 828 am Flottenvorstoß des Grafen Bonifaz von Lucca an die Küste des heutigen Tunesien zeigte. Aber die größere Schlagkraft und vor allem das Gesetz des Handelns lagen doch bei den Muslimen, die 827 im byzantinischen Sizilien an Land gingen und in zähen Kämpfen, die sich bis 902 hinzogen, schließlich die ganze Insel in ihre Hand bekamen. Von Sizilien aus unternahmen sie Raubzüge entlang der tyrrhenischen und provenzalischen Küste, wobei ein Überfall von der Tibermündung auf Außenbezirke der Stadt Rom mit den Basiliken St. Peter und St. Paul 846 besonderes Aufsehen erregte. Weiter ostwärts setzten sich die Sarazenen für Jahrzehnte in Bari und Tarent fest, und als sie von dort 871 bzw. 880 vertrieben worden waren, schufen sie sich sogleich im Tal des Garigliano (oberhalb von Gaeta) einen neuen festen Stützpunkt, von dem aus sie das Landesinnere Mittelitaliens heimsuchten und u. a. die Existenz des Klosters Montecassino für 60 Jahre unterbrachen. Auch die Küsten der Adria verschonten sie nicht, wo sie es mit den Schiffen der Venezianer aufzunehmen hatten, und den Byzantinern entrissen sie 870 die Insel Malta, nachdem schon 826 andere Araber von Ägypten aus Kreta okkupiert hatten. Historisch sind diese Aktionen in die epochenübergreifende Geschichte der Mittelmeerpiraterie einzuordnen, denn es ging nicht um den planvollen Aufbau eines in sich geschlossenen Seereiches und allenfalls mittelbar um die Ausbreitung des Islam.

6. Der Verlust der karolingischen Hegemonie

Als umfassender Rahmen der lateinischen Christenheit hat das Frankenreich Karls des Großen keinen langfristigen Bestand gehabt. Es ging nicht schlagartig unter, sondern löste sich durch Erbauseinandersetzungen in Teilreiche auf, deren Anzahl und Zuschnitt sich aus den familiären Geschicken des Herrscherhauses ergaben. Das Nebeneinander verschiedener Linien, die in unterschiedlichem Maße mit Thronanwärtern gesegnet waren, frühe Todesfälle ebenso wie die Langlebigkeit anderer Karolinger bestimmten die Entwicklung, die 887/88 in einer akuten dynastischen Notlage dazu führte, daß auch andere als die männlichen Nachkommen Karls mit Erfolg nach einer Königswürde greifen konnten und so die dauerhafte Aufspaltung des Großreichs in kleine und mittlere Einheiten vollendeten. Für den Gang der europäischen Geschichte war es von fundamentaler Bedeutung, daß die christliche Welt des Westens – anders als die stets von Byzanz dominierte griechische Orthodoxie – seit dem späten 9. Jh. keinen in sich geschlossenen politischen Verband unter einem einzelnen Gebieter (auch nicht dem Kaiser) darstellte, sondern aus einer mit der Zeit zunehmenden Anzahl unterschiedlicher Reiche bestand.

Der Kampf um das Erbe Ludwigs des Frommen

Gemäß den von den Merowingern überkommenen Normen der Herrschaftsnachfolge hatte Karl der Große 806 in der Divisio regnorum allen drei aus seiner Ehe mit Hildegard († 783) hervorgegangenen Söhnen zu etwa gleichen Teilen das Frankenreich vermacht und bei seinem Tod (am 28. Januar 814 in Aachen) nur deshalb die Macht ungeteilt weitergeben können, weil zwei dieser Söhne inzwischen verstorben waren und einzig Ludwig der Fromme, bis dahin Unterkönig von Aquitanien und seit 813 bereits (Mit-)Kaiser, als Erbe übrigblieb. Daß er wie sein Großvater Pippin und sein Vater Karl für die Zeit einer weiteren Generation allein an der Spitze des Großreiches stand, war ein dynastischer Zufall, der nichts daran änderte, daß die Überzeugung vom Anrecht aller Königssöhne auf ein eigenes Erbteil der Macht in der Führungsschicht tief verwurzelt blieb, auch nachdem 800 das fränkische Königtum zur römischen Kaiserwürde gesteigert worden war, die keine Aufteilung vertrug. Ludwig, der mit drei Söhnen in Aachen Einzug hielt, hat in seinen frühen Jahren, beraten von seiner geistlichen Umgebung, den Versuch gemacht, dem Kaisertum dauerhaft den Vorrang zu verschaffen, indem er 817 in der sogenannten Ordinatio imperii «gemäß dem Wink des allmächtigen Gottes» anordnete[77], daß seinem Ältesten, Lothar I., zusammen mit der imperialen Würde der größte Teil des Reiches, vor allem die gesamte *Francia*, zustehen sollte, während sich die jüngeren Söhne Pippin und Ludwig mit bestimmten Erweiterungen ihrer peripheren Unterherrschaften in Aquitanien bzw. Bayern begnügen sollten. Die Abstufung kam auch darin zum Ausdruck, daß die jüngeren Brüder dem Kaiser regelmäßig Bericht zu erstatten haben würden, nur mit seiner Zustimmung heiraten durften und sich der Reichsversammlung als ungeteiltem Forum der Zentralgewalt beugen mußten. Um weiterer Zersplitterung zu entgehen, wurde festgelegt, daß die beiden Unterkönigreiche ebenso wie das Kaisertum stets nur an einen Erben fallen konnten, gegebenenfalls also unter mehreren Söhnen oder Brüdern eine Wahl der Großen stattzufinden hätte. Die zweifellos traditionswidrige Regelung, die darauf hinauslief, die Machtverteilung von der dynastischen Entwicklung zu lösen, war nicht so sehr der Sorge um die Reichseinheit geschuldet, die von niemandem bedroht war, solange die Herrscherfamilie zusammenhielt, wie vielmehr dem Wunsch nach einem eindeutigen und wirksamen Vorrang des Kaisertums, dessen Aufspaltung laut Vorrede ein Ärgernis in der heiligen Kirche heraufbeschwören und sogar Gott beleidigen würde, in dessen Macht alle Reiche lägen.

Ein Erfolg dieses Zukunftskonzepts wäre von erheblicher historischer Tragweite gewesen, ist aber ausgeblieben, nicht nur weil Ludwig dem Frommen 823 in zweiter Ehe noch ein vierter Erbe namens Karl (der Kahle) geboren wurde, der in der Ordinatio nicht vorgesehen war; mehr noch fiel ins Gewicht, daß es auf die Dauer an einer breiten Akzeptanz des Plans bei den Großen und an der Bereitschaft der jüngeren Kaisersöhne zu lebenslanger Bescheidenheit mangelte. Sobald ab 829 im näheren Umfeld des Kaisers offene Zerwürfnisse zutagetraten, nicht zuletzt verursacht durch das (legitime) Streben der Kaiserin Judith nach Ausstattung ihres heranwachsenden Sohnes auf Kosten der älteren Stiefbrüder, zeigte sich, daß unzufriedene Adelsgruppen und verärgerte Mitglieder der Kaiserfamilie schnell zueinander fanden. So kam es 830 zu einer gemeinsamen Fronde der drei älteren Söhne gegen ihre Stiefmutter und deren Anhang, was zur zeitweiligen Entmachtung Ludwigs des Frommen führte und den Junior-Kaiser Lothar ans Ruder brachte. Aber schon nach wenigen Monaten gelang es dem kaiserlichen Vater, die Söhne Pippin und Ludwig, indem er ihnen eine Vergrößerung ihrer Erbteile versprach, auf seine Seite zu ziehen, und den isolierten Lothar nach Italien abzudrängen. Im Grunde war damit bereits die Ordinatio imperii von 817 zu Fall gebracht und das künftige Herrschaftsgefüge dem freien Spiel der Kräfte in wechselnden Allianzen überlassen. 833 sah sich Ludwig der Fromme abermals einer Rebellion seiner drei älteren Söhne gegenüber, die sich nicht länger mit ungewissen Erbaussichten hinhalten lassen mochten, sondern auf eine sofortige Sicherung ihrer beanspruchten Anteile vor anderweitiger Vergabe durch den Vater bedacht waren und dafür auch den bewaffneten Kampf nicht scheuten. In der unmittelbaren Konfrontation auf dem «Lügenfeld» bei Colmar setzten sich die Söhne, in deren Lager sich auch Papst Gregor IV. befand, kampflos durch, da Ludwig von seinen Truppen verlassen wurde und damit faktisch entthront war. Vollendet werden sollte sein Sturz durch eine Bischofsversammlung, die im Oktober 833 in Compiègne und Soissons feststellte, Ludwig habe «das ihm übertragene Amt unzulänglich verwaltet»[78], und ihn nach einem Schuldgeständnis in den Stand der Büßer verwies, doch leitete gerade diese ostentative Demütigung den erneuten Umschwung ein, der durch Uneinigkeit der Brüder über ihre Herrschaftsgebiete noch beschleunigt wurde. Bereits im Frühjahr 834 nötigte der Vormarsch von Pippins und Ludwigs Heeren Lothar zur Freigabe des Vaters, der in Saint-Denis feierlich wieder als Kaiser eingesetzt wurde und seinen Ältesten ein weiteres Mal nach Italien verbannte. Der dramatische Verfall der monarchischen Autorität wirkte einladend auf die Normannen, die von 834 an Jahr für Jahr an den Küsten des Frankenreiches auftauchten, und hatte im Inneren zur Folge, daß Ludwig der Fromme keine Teilungsregelung mehr treffen konnte, die Aussicht auf allgemeines Einvernehmen gehabt hätte. Weiterhin lag ihm und Judith vornehmlich an der Begünstigung Karls, des Jüngsten, für den sich neue Aussichten eröffneten, als ihm Ende 838 nach dem Tode Pippins Aquitanien zugesprochen werden konnte. Daraus ergab sich als letztes Konzept des alten Kaisers eine Zweiteilung zwischen Lothar und Karl zu Lasten Ludwigs, der auf Bayern beschränkt bleiben sollte. Gegen ihn zog der Vater noch einmal zu Felde, bevor er am 20. Juni 840 bei Ingelheim starb.

In dieser offenen Situation entschied sich Lothar, der aus Italien herbeieilte, alle Kaiserrechte aus der Ordinatio von 817 für sich zu reklamieren, was rasch zum gegnerischen Bündnis seiner bislang verfeindeten Brüder Ludwig und Karl führte, während sich Lothar mit dem Neffen Pippin II. zusammentat, der in Aquitanien als Erbe seines Vaters genug Anhang fand, um dem Herrschaftsanspruch des von Kaiser Ludwig zuletzt eingesetzten Karl zu trotzen. Der Bruderkrieg entschied sich in der blutigen Schlacht von Fontenoy (841), in der Lothar und Pippin unterlagen, was die Sieger als ein Gottesurteil zugunsten des Teilungsrechts feierten. Der Geschichtsschreiber Regino meinte rückblickend nach 900, damals seien «die Kräfte der Franken derart geschwächt worden, daß sie seither nicht einmal mehr zum Schutz der eigenen Grenzen ausreichten, geschweige denn zur Erweiterung des Reiches»[79]. Nachdem Ludwig und Karl ihr Bündnis im Februar 842 in Straßburg durch wechselseitige Eide bekräftigt hatten, kamen im Sommer Friedensverhandlungen in Gang, bei denen Lothar den aquitanischen Pippin fallen ließ, um mit seinen Brüdern eine Dreiteilung vereinbaren zu können. Sie ging aus von der faktischen Hoheit Lothars über Italien, Ludwigs über Bayern, Karls über Aquitanien und regelte ihre gleichgewichtige Beteiligung an der Macht über die Kernländer. Das Ergebnis war der (im Wortlaut nicht überlieferte) Vertrag von Verdun aus dem August 843, worin Lothar ein um die Kaiserstädte Aachen und Rom gelagertes mittleres Teilreich eingeräumt wurde, das nach Westen gegen Karls Herrschaft etwa durch die Flüsse Schelde, Maas, Saône und Rhône, nach Osten gegen Ludwig durch Rhein und Aare (jedoch unter Ausschluß der Gegenden um Mainz, Worms und Speyer) sowie die Alpen begrenzt war. Die mühsam ausgehandelte Vereinbarung kam nicht ohne das Drängen der Großen zustande, war im Kern aber eine rein dynastische Regelung von Zuständigkeitsbereichen, die ohne Rücksicht auf vorgegebene ethnische oder sprachliche Zusammenhänge bis auf weiteres getroffen wurde und offen blieb für künftige familiäre Entwicklungen.

Das Regiment der Brüder und Neffen

Im Bewußtsein der Beteiligten blieb das Frankenreich auch unter drei Herrschern als Gesamterbe des karolingischen Hauses bestehen. Die Zukunft der Teilreiche hing davon ab, ob der jeweilige Zweig der Familie sich durch männliche Erben fortsetzte und ob es den Königen gelang, ihren im vorherigen Erbstreit gewonnenen adligen Anhang innerhalb der neuen Grenzen zufriedenzustellen und dauerhaft an sich zu binden. Dies ist im Westreich Karls des Kahlen (840–877) und im Ostreich Ludwigs des Deutschen (840–876) geglückt, wo auf solche Weise der Weg in die französische und in die deutsche Geschichte geebnet wurde, während das Mittelreich Lothars I. (817/840–855) nur zwei Generationen von Herrschern erlebte und dann als Wurzel weiterer historischer Entwicklung ausgefallen ist.

Solange Lothar lebte, sah er seine kaiserliche Rolle darin, um den Ausgleich unter den Brüdern bemüht zu sein. Auf dem Boden des Mittelreiches traf man sich 844, 847 und 851 zu «Frankentagen», auf denen regelmäßig «Frieden und Eintracht» bekräftigt sowie wechselseitig «Rat und Hilfe» versprochen wurden[80]. Gerichtet waren die Bekundungen der Gemeinsamkeit gegen sezessionistische Bestrebungen in Aquitanien, wo Pippin II. bis 852 seinen Erbanspruch gegen Karl den Kahlen verteidigte, aber auch gegen die Verselbständigung der Bretonen, deren Fürst sich um 850 mit dem Königstitel schmückte, und gegen die weiter zunehmenden Normanneneinfälle, die ebenfalls vornehmlich Karls Reich heimsuchten. Zu wirksamer gegenseitiger Unterstützung fanden die drei Brüder jedoch in keinem Falle; vielmehr bedeutete es den ersten schweren Konflikt, daß Ludwig der Deutsche 853 auf ein Angebot unzufriedener Aquitanier einging und seinen zweiten Sohn Ludwig den Jüngeren zu ihnen als König schickte, wo er sich freilich 854 nicht durchzusetzen vermochte. Kaiser Lothar I. hatte inzwischen jeden Gedanken an eine neue Reichseinheit aufgegeben und teilte vor seinem Tode am 29. September 855 das Mittelreich unter seinen drei Söhnen auf, indem er dem ältesten, 850 auf sein Geheiß in Rom zum Kaiser gekrönten Ludwig II. Italien zusprach, während Lothar II. (855–869) die nördlichen Reichsteile von der Nordsee bis zu den Alpen und Karl (855–863), der jüngste, die provenzalisch-burgundischen Rhônelande erhielt.

Unter den nunmehr fünf Herrschern kam dem auf Italien beschränkten Kaiser kein fühlbarer Vorrang mehr zu; vielmehr dominierten Ludwig der Deutsche und Karl der Kahle, deren zunehmende Feindschaft dazu führte, daß sich Ludwig 858 von aufrührerischen Großen des Westreiches zum Einmarsch bestimmen ließ. Karls bedrohtes Königtum und damit der Fortbestand Westfrankens wurden gerettet, weil die Bischöfe unter Führung Hinkmars von Reims (845–882) Ludwig die geforderte Huldigung versagten[81] und so einen Umschwung einleiteten, der ihn Anfang 859 zum Rückzug bewog. Bald nach dem Friedensschluß in Koblenz (860), der die in Verdun vereinbarten Grenzen noch einmal bestätigte und an die früheren Frankentage anzuknüpfen suchte, rückte die ungewisse Zukunft des Mittelreiches in den Vordergrund, das nach dem frühen Tod Karls von der Provence (863) und der Aufteilung seines Erbes unter die älteren Brüder nur noch zwei Herrscher hatte: Ludwig II. und Lothar II., die beide ohne legitimen Stammhalter waren. Lothar blieb in seiner 855 geschlossenen Ehe kinderlos und hatte mit seinem zähen Bemühen um eine Scheidung, die es ihm erlauben sollte, einen Sohn aus einer früheren Verbindung zum anerkannten Erben zu haben, zeitlebens keinen Erfolg. Sogleich nach seinem Tode okkupierte 869 Karl der Kahle das nördliche Mittelreich (das nach seinem letzten Herrscher fortan Lotharingien/Lothringen genannt wurde), mußte aber bald wegen drohender Gegenwehr Ludwigs des Deutschen in Teilungsverhandlungen einwilligen, die im August 870 in Meerssen zum Vertrag über eine Grenzlinie etwa entlang von Maas und Saône führten. Da Ludwig II. ebensowenig einen Sohn hatte, der ihm im Kaisertum und in der Herrschaft über Italien hätte nachfolgen können, entbrannte alsbald auch um dessen Erbe der Wettstreit zwischen West- und Ostfranken, den Karl der Kahle Ende 875 durch einen raschen Romzug für sich entschied. Als Kaiser, der über Italien, das Westreich und das halbe Lotharingien herrschte, hatte Karl ein eindeutiges Übergewicht erlangt, das ihn dazu beflügelte, nach dem Tod des Bruders Ludwig (am 28. August 876 in Frankfurt) mit Waffengewalt auch in dessen Ostreich einzudringen. Doch bereitete ihm Ludwigs Sohn Ludwig der Jüngere binnen kurzem mit einem Aufgebot aus Sachsen, Thüringern und Franken eine empfindliche Niederlage bei Andernach, die ihn zur Umkehr zwang. Zum Fiasko geriet auch sein zweiter Italienzug, den die westfränkischen Großen nur noch halbherzig unterstützten. Auf dem fluchtartigen Rückweg ist er am 6. Oktober 877 in einem Alpendorf als letzter der Generation von Verdun verstorben.

Das folgende Jahrzehnt, das den Urenkeln des großen Karl gehörte, fällt durch eine verhängnisvolle Serie von Todesfällen auf, die einen raschen Wechsel der Machtverhältnisse mit sich brachten und die Loyalität der Großen immer härteren Belastungsproben unterwarfen, bis sich schließlich adlige Selbsthilfe Bahn brach. In Westfranken folgte auf Karl dessen Sohn Ludwig der Stammler, der bis zu seinem frühen Tod (879) kaum zur Entfaltung kam und auf eine Fortsetzung der väterlichen Italienpolitik verzichtete. Seine beiden halbwüchsigen Söhne Ludwig III. (879–882) und Karlmann (879–884) standen von vornherein unter der Kuratel rivalisierender Adelsgruppen, was Ludwig den Jüngeren von Ostfranken zum Eingreifen einlud mit der Folge, daß ihm 880 im Vertrag von Ribemont der Westen Lotharingiens abgetreten werden mußte. Im Ostreich hatten sich 876 die Nachfolge Ludwigs des Deutschen seine drei Söhne geteilt, unter denen der älteste, Karlmann von Bayern (876–880), auch in Italien seinen Machtanspruch erhob. Doch erzwang schon 877 eine schwere Erkrankung seine Rückkehr nach Bayern, wo die Herrschaft auf seinen Bruder Ludwig den Jüngeren (876–882), den Teilkönig von Sachsen und Franken, überging, während der Jüngste, Karl III. (876–887), zunächst nur Teilkönig von Schwaben und Elsaß, 879 über die Alpen zog und 881 in Rom die Kaiserkrone empfing. Damit nicht genug, fiel ihm 882 durch den Tod Ludwigs des Jüngeren die Gesamtheit des Ostfrankenreiches und Lotharingiens zu, 885 auch noch Westfranken, nachdem die beiden dortigen Könige nacheinander tödlich verunglückt waren. Ohne aktives Bemühen war Karl III. unversehens zum Universalerben des Großreiches geworden, das sich indes nicht mehr wie zur Glanzzeit um 800 von einem einzigen Zentrum aus zusammenhalten und verteidigen ließ, sondern zu einem Verbund von Teilreichen mit jeweils selbstbewußtem Adel geworden war und im Norden wie im Süden von den Attacken der Normannen und der Sarazenen herausgefordert wurde. Als Alleinherrscher stand Karl auf verlorenem Posten, zumal er spätestens Ende 886 schwer erkrankte und nach mehr als zwanzigjähriger Ehe keinen Sohn hatte, der Vertrauen in die Zukunft seines Regiments wecken konnte. Als sich im November 887 Markgraf Arnolf von Kärnten, ein illegitimer Sohn seines verstorbenen Bruders Karlmann von Bayern, gegen ihn erhob und die Unterstützung führender Adelskreise des Ostreiches fand, «ließen ihn alle vollkommen im Stich, so daß selbst einige abgefallene Diener eilends sich König Arnolf anschlossen»[82], noch bevor er am 13. Januar 888 seinem Leiden erlag.

Relativierung der Königsmacht

Im Sturz Kaiser Karls III. gipfelte eine Entwicklung, die im Verlauf des 9. Jhs. das Eigengewicht der Adelsherrschaften immer stärker zur Geltung gebracht hatte. Waren die Großen seit jeher schon unentbehrliche Stützen der politischen Ordnung gewesen und nur bedingt einem zentralen Willen unterworfen worden, so erwiesen sie sich erst recht im Zuge der karolingischen Bruderkämpfe als notwendiger Rückhalt für den Erfolg der einzelnen Rivalen, ja sogar mitunter als die treibenden Kräfte der Auseinandersetzung und nahmen erkennbaren Einfluß auf die politischen und militärischen Entscheidungen. Im faktisch erblichen Besitz der von den jeweiligen Königen vergebenen Ämter und Lehen schwand ihre Bindung an das Reichsganze, und sie empfanden sich umso mehr, gestützt auf ihren regionalen Vorrang an Macht und Ansehen, als die Repräsentanten ihrer Teilreiche und Stammesgebiete nach innen und außen. In Krisensituationen, wie sie sich gegen Ende des 9. Jhs. häuften, waren es daher diese Großen, die sowohl gegen eingedrungene Feinde auf den Plan traten als auch bei strittiger Thronfolge den Ausschlag gaben. Die Erfolgreichsten unter ihnen verstanden es, immer mehr königliche Amtsträger in ihren Bann zu ziehen, und gewannen so die Ausgangsposition, um schließlich in ihrem Regnum die Karolinger abzulösen.

Bis 887/88 war dieser Prozeß der regionalen Differenzierung und der erneuten Konzentration der Kräfte innerhalb der einzelnen Reichsteile unterschiedlich weit vorangeschritten. Am stärksten verselbständigt erscheinen die Großen der südlichen Länder, nämlich Italiens, des Rhônegebiets und Aquitaniens, die sich schon seit längerem auswärtigen Karolingern kaum noch gebeugt hatten und bald unter Führung einheimischer, meist vordem aus dem inneren Frankenreich zugewanderter Familien ihren eigenen Weg einschlugen. Auch in Ostfranken waren es die äußeren Grenzgebiete, in denen am frühesten wirksame Mittelgewalten hervortraten, und zwar im nördlichen und östlichen Sachsen, wo das mit den Karolingern verschwägerte Haus Graf Liudolfs († 866) eine führende Stellung einnahm, ferner in Thüringen, wo sich die Markgrafschaft gegen die Sorben zu einem besonderen Machtzentrum entwickelte und vor 880 an das Geschlecht der Babenberger überging, sowie in Bayern, wo die Grafen des Nord- und Donaugaus, der Ostmark und von Kärnten zu gesteigerter Befehlsgewalt gelangten. In Alemannien dagegen, bei den Franken an Rhein und Main sowie in Lotharingien ist ein ähnliches Ranggefälle unter den Großen zu dieser Zeit noch nicht zu erkennen. Im nördlichen Westfranken zeigt sich an der Familie der Robertiner, daß der bewaffnete Landesschutz (anstelle des Königs) den eigenen Aufstieg beförderte, denn es war ihr Stammvater, Graf Robert der Tapfere, der als Kommandant «zwischen Seine und Loire» 866 im Kampf gegen die Normannen gefallen war, was in Sachsen seine Parallele hat im Schicksal von Liudolfs Sohn Brun, der 880 nahe der Elbe bei einer Abwehrschlacht gegen dieselben Feinde umkam.

Nicht nur im Verhältnis von Königtum und Adel, sondern auch zwischen Monarchie und Episkopat trat während des 9. Jhs. ein merklicher Wandel ein, der als langfristige Konsequenz aus der karolingischen Kirchenreform und deren Rückbesinnung auf die kanonischen Normen der Spätantike zu verstehen ist. War schon die öffentliche Kirchenbuße, die Kaiser Ludwig der Fromme 822 in Attigny für eingestandene Verfehlungen im innerfamiliären Machtkampf auf sich nahm, eine unter Karl dem Großen schwer vorstellbare Szene, so leitete es geradezu eine neue Epoche ein, daß die fränkischen Bischöfe 829 erstmals seit Jahrhunderten ausdrücklich auf die Doktrin des Papstes Gelasius I. (492–496) von der höheren Verantwortung der geistlichen Hirten im Vergleich zu den weltlichen Gebietern zurückgriffen[83], um ein allgemeines Aufsichtsrecht in den öffentlichen Angelegenheiten in Anspruch zu nehmen. Zwar hat sich der Episkopat in den folgenden Konflikten des Kaisers mit seinen Söhnen von beiden Seiten in Dienst nehmen lassen, aber es fällt auf, daß sowohl bei der Absetzung Ludwigs (833) wie auch bei seiner Wiedereinsetzung (834/35) synodale Beschlüsse mit kirchenrechtlichen Sanktionen für erforderlich erachtet wurden. Im geteilten Frankenreich nach 840/43 verlor sich ziemlich rasch der Zusammenhalt der umfassenden Reichskirche. In den Teilreichen formierten sich gesonderte Hofkapellen und Königskanzleien, deren Leitung mit der Abts- oder Bischofswürde an einer der großen Kirchen im Lande verbunden wurde. Die politische Zuordnung der Bischöfe zu den einzelnen Karolingern bestimmte meist den Radius ihrer konziliaren Zusammenkünfte und kam überdies zum Ausdruck in vermehrter Beteiligung an den Beratungen des Hofes und der Reichsversammlungen, wo der Episkopat wesentlich zur Willensbildung beitrug. Dessen staatstragende Bedeutung wurde noch weiter unterstrichen durch die im Westreich seit 848 wieder aufgenommene und dann vom Erzbischof Hinkmar von Reims (845–882) rituell ausgestaltete Königssalbung. Sie bot zumal angefochtenen Herrschern legitimierenden Rückhalt, begünstigte andererseits aber die Neigung von Synoden – den westfränkischen mehr als den ostfränkischen –, über die gelasianische Zweigewaltenlehre hinaus das Königtum als ein von der Kirche verliehenes Amt aufzufassen, dessen Verwaltung dem Urteil der Bischöfe unterliege. Nicht das selbstgewisse Kirchenregiment Karls des Großen, sondern der spannungsreiche Dualismus von geistlicher und weltlicher Gewalt wurde zum historischen Erbe der Karolingerzeit.

In gewissem Umfang hatte im mittleren 9. Jh. auch das Papsttum daran seinen Anteil. Nicht nur daß es seit 850 gelang, die Verfügung über die Kaiserkrone dauerhaft zurückzugewinnen, auch im Streit um die von König Lothar II. erstrebte Ehescheidung ergriff Papst Nikolaus I. die Gelegenheit, als oberster geistlicher Richter den Ausschlag zu geben. Er scheute nicht davor zurück, die ihrem König dienstbaren Erzbischöfe von Köln und Trier abzusetzen, und bewirkte letztlich, daß dem lotharischen Mittelreich die dynastische Zukunft versperrt blieb. Auch westfränkische Bischöfe, die gegen Urteile ihrer Metropoliten und Synoden nach Rom appellierten, konnten erleben, daß dort wirksam ihren Wünschen entsprochen wurde. Die Konstellation bildet den Hintergrund der um 850 in Erscheinung tretenden, aber wohl schon 835/36 im Kloster Corbie begonnenen pseudoisidorischen Fälschungen (mit 60 erfundenen Dekretalen von Päpsten der ersten drei Jahrhunderte als Kernstück), die darauf abzielten, die Rechtsposition der Diözesanbischöfe zu stärken, u.a. durch Unterstellung von Metropoliten und Synoden unter die Autorität des Apostolischen Stuhls, daneben aber auch beredter Ausdruck von kirchlichen Reformanliegen und gesteigerter kanonistischer Bildung sind. Die Fälschungen fanden zeitgenössisch nur begrenzte Beachtung und sind als Basis primatialer Ansprüche des Papsttums erst seit dem 11. Jh. voll wirksam geworden, wie überhaupt der Höhenflug päpstlicher Macht (auch gegenüber Byzanz) mit dem Tod Johannes' VIII. 882 ein jähes Ende fand, da Rom fortan schutzlos dem Kräftespiel lokaler und regionaler Gewalten ausgeliefert war und in der lateinischen Welt massiv an Ansehen verlor.

Die ersten nachkarolingischen Könige

Daß sich 887/88 nach Sturz und Tod Kaiser Karls III. niemand mehr fand, der nach seinem Erbe im ganzen gegriffen hätte (womit der Zerfall des Großreiches endgültig wurde), ist schon von den Miterlebenden als historische Zäsur verstanden worden. «Viele

Kleinkönige (*reguli*) traten in Europa hervor», notierten spontan die Ostfränkischen Reichsannalen[84], und Regino von Prüm brachte wenig später die Abkehr vom exklusiven Thronrecht der Karolinger mit den Worten zum Ausdruck, daß sich damals «die Reiche, eines rechtmäßigen Erben beraubt, aus ihrem Gesamtgefüge in Einzelteile trennten und nicht mehr ihrem natürlichen Herrn aufwarteten, sondern ein jeder daran ging, aus seinem Innern sich einen König zu erwählen»[85]. Tatsächlich beschränkte sich Arnolf, dessen Putsch von den Bayern, Franken, Sachsen, Thüringern und Alemannen getragen worden war, auf das Ostfrankenreich seines Großvaters Ludwig des Deutschen (samt dem 870/80 hinzugewonnenen Lotharingien) und gab damit in den übrigen Teilen des Frankenreiches die Bahn frei für neue Herrscher von anderer Herkunft. Da es bald schon im Westfrankenreich zu einer karolingischen Restauration kam, während Arnolfs ostfränkisches Königshaus 911 im Mannesstamm erlosch, sollte im 10. Jh. der Westen, mit Unterbrechungen allerdings, zum Bewährungsfeld der späten Nachfahren Karls des Großen werden.

Arnolf (887–899), der im Sommer 888 ausdrücklich ein Angebot westfränkischer Großer ablehnte, auch bei ihnen König zu sein, festigte seine Herrschaft im Ostreich durch einen Abwehrsieg gegen die Normannen (891) und durch die Geburt eines ehelichen Sohnes (893), der den Namen Ludwig erhielt. 895 fühlte er sich stark genug, um auf Ersuchen des Papstes Formosus in Italien einzugreifen, nachdem er zuvor seinem vorehelichen Sohn Zwentibold (895–900) ein gesondertes Reich in Lotharingien zugestanden hatte. Doch erlitt er nicht lange nach der Kaiserkrönung (896) einen Schlaganfall, der ihn zur Aufgabe seiner Ambitionen südlich der Alpen nötigte, und als er Ende 899 in Regensburg im Sterben lag, war längst das Scheitern Zwentibolds am lotharingischen Adel offenkundig, so daß alle Hoffnungen auf dem sechsjährigen Ludwig (das Kind, 900–911) ruhten, der 900 im Ostreich wie in Lotharingien die nominelle Königsherrschaft antrat, während sein Stiefbruder Zwentibold, «von allen seinen Bischöfen und Grafen im Stich gelassen»[86], bei einem lokalen Gefecht den Tod fand. Der junge Ludwig, offenbar von Natur kränklich und zu eigenständigem Handeln nicht imstande, hatte die Regierung geistlichen und weltlichen Beratern aus rivalisierenden Adelsfamilien zu überlassen, die teilweise blutige Fehden untereinander austrugen, aber vor der neuen Bedrohung aus dem Südosten, dem rapide anschwellenden Ansturm der Ungarn, regelmäßig versagten. Als Ludwig am 24. September 911 erbenlos starb, waren die unzufriedenen Lotharingier gerade dabei, sich von seinem Reich zu lösen und Westfranken anzuschließen.

Dort war 888 zunächst Graf Odo (888–898) zur Königskrone gelangt, der Sohn Roberts des Tapferen, der kurz zuvor die Stadt Paris ein Jahr lang gegen die Normannen verteidigt hatte. Seine Rivalen waren Herzog Wido II. von Spoleto, der seine Königswahl in Langres inszenierte, sich aber bald wieder nach Italien begab, sowie Graf Ramnulf II. von Poitiers († 890), der zeitweilig ein separates Königtum im aquitanischen Süden beanspruchte. Odo jedoch erhielt die Anerkennung Arnolfs und geriet erst Jahre später in die Defensive, als ihm Widersacher 893 einen echten Karolinger entgegensetzten: den bis dahin als illegitim betrachteten, mittlerweile 13jährigen postumen Sohn Ludwigs des Stammlers, Karl mit dem späteren Beinamen der Einfältige (893/98–923/29). Nach seiner Krönung in Reims fand er zunächst starke Resonanz und erreichte 894 eine Begegnung mit Arnolf in Worms, gelangte jedoch alsbald gegenüber Odo ins Hintertreffen und war fast schon gescheitert, als 897 ein bemerkenswerter Ausgleich zustandekam, bei dem Odo, selbst ohne Sohn, Karl die Nachfolge zusicherte (statt des eigenen Bruders Robert). Auf dieser Grundlage konnte der Karolinger 898 eine unangefochtene Königsherrschaft antreten, die 911 im Gewinn Lotharingiens gipfelte, aber bis 920 ohne die für die Zukunft entscheidende Geburt eines Sohnes (nach sechs Töchtern) geblieben ist.

Während das Ostfranken- und das Westfrankenreich seit den Zeiten Ludwigs des Deutschen und Karls des Kahlen relativ stabile Größen waren, die wechselnde Herrscher erlebten, führte der Umbruch von 887/88 auf dem Boden des einstigen Mittelreiches auch zu völligen Neubildungen. Eine solche war das Königreich, das der Welfe Rudolf I. (888–912), Großneffe der Kaiserin Judith und Machthaber im Dukat um den Genfer See, Anfang 888 von Saint-Maurice d'Agaune aus proklamierte. Als sein eigentliches Ziel, die Herrschaft über Lotharingien, sogleich am Widerstand Arnolfs gescheitert war, konzentrierte er sich auf den Ausbau seiner Hoheit im Westalpenraum (von Besançon bis Basel), wo er ziemlich unangreifbar war und unter dem Namen (Hoch-)Burgund ein Kleinreich von immerhin fast 150jähriger Dauer etablieren konnte. Weiter südlich im Rhônegebiet, wo sich schon 879 Graf Boso von Vienne († 887), ein Schwager Karls des Kahlen und Schwiegersohn Kaiser Ludwigs II., aber eben doch kein Karolinger im Mannesstamm, zu einem von den übrigen Frankenherrschern heftig befehdeten regionalen Königtum aufgeschwungen hatte, förderte Arnolf, schon um den ungeliebten Welfen Rudolf in Schach zu halten, Bosos Sohn Ludwig, der 890 in Valence von den provenzalischen Großen zum König erhoben wurde. Sein (nieder-)burgundisches Reich (von Lyon bis zur Côte d'Azur) machte Ludwig (der Blinde, 890–928) ab 900 zur Ausgangsbasis einer aktiven Italien- und Kaiserpolitik, die 905 abrupt endete, als er geblendet über die Alpen zurückkehrte und bis zu seinem Tode (928) zu einem Schattendasein verurteilt war.

Nord- und Mittelitalien schließlich, das schon unter den Karolingern zumeist gesonderte Teilherrscher gehabt hatte, wurde seit 887/88 zum Schauplatz langwieriger Machtkämpfe, bei denen außer dem Königtum stets auch die Kaiserkrone eine Rolle spielte. Am schnellsten handelte Berengar I. (888–924), Markgraf von Friaul und Enkel Ludwigs des Frommen (in weiblicher Linie), der sich Anfang 888 in Pavia zum König ausrufen und krönen ließ und die Anerkennung Arnolfs fand. Doch schon ein Jahr später erlitt er eine schwere Niederlage durch den aus Westfranken heimgekehrten Wido von Spoleto, der sich, ebenfalls in Pavia zum «König Italiens» erhoben (889–894), den Weg nach Rom bahnte, während Berengar in den Nordosten Italiens mit Verona abgedrängt wurde. Da Arnolfs Eingreifen, womit er sich Berengar zum Feind machte,

895/96 eine flüchtige Episode blieb, war dieser Ende 896 genötigt, mit Widos Sohn, Kaiser Lambert, zu einem Arrangement zu kommen, das in der Anerkennung von dessen Oberhoheit bei Respektierung des eigenen Königtums jenseits von Adda und Po bestand. Auch das war nur von kurzer Dauer, denn Ende 898 spielte der Unfalltod Lamberts Berengar das alleinige Königtum Italiens in die Hände. Der Zeitpunkt war denkbar unglücklich, denn 899/900 kam es zu einem verheerenden Einbruch der Ungarn, die weite Teile der Poebene ein ganzes Jahr lang verwüsteten. Bei ihrer Bekämpfung machte König Berengar in den Augen der Großen eine so schlechte Figur, daß sie sich gleich wieder nach einem neuen Herrscher umsahen. Damit schlug die Stunde des erwähnten Ludwig von der Provence, der zwischen 900 und 905 zweimal in Italien erschien, aber gegen Berengar doch den kürzeren zog. Erst danach legte sich für längere Zeit jeder Widerstand gegen ihn, was Berengar dadurch beförderte, daß er auf die Hoheit über die Toscana und erst recht Rom praktisch verzichtete, auch nachdem er 915 zum Kaiser gekrönt war.

III) Das ältere und das jüngere Europa 900 bis 1050

In den beiden Jahrzehnten nach 900 erreichte die politische Desintegration des lateinisch-christlichen Europa ihren Höhepunkt. Auf dem Boden des auseinandergefallenen westlichen Imperiums, dessen Kaiserwürde 924/28 vollends erlosch, existierten vier bis fünf Königreiche von unterschiedlichem Gewicht, deren Herrscher zumeist damit beschäftigt waren, sich gegenüber rivalisierenden Magnaten im Innern zu behaupten. Sie hoben sich damit kaum noch ab von den peripheren Monarchen im Norden Spaniens und im angelsächsischen Wessex, die unter dem Druck äußerer Feinde standen, – um gar nicht zu reden von den labilen regionalen Machtverhältnissen in Irland, Schottland und im Süden Italiens. Auch vom Papsttum, das zur reinen Domäne des Adels in Rom und Umgebung geworden war, ging keine verbindende Wirkung mehr aus, und kaum zufällig schrumpfte allenthalben die Produktion erzählender Quellen auf ein Minimum.

Erst allmählich kam im weiteren Verlauf des 10. Jhs. ein neuer Konzentrationsprozeß in Gang, der sich indes nicht mehr auf das «Kerneuropa» des einstigen Karolingerreiches beschränkte, wo die ostfränkischen Könige aus dem Hause der Liudolfinger/Ottonen ein deutliches, 962 mit der Wiederbelebung des weströmischen Kaisertums zum Ausdruck gebrachtes Übergewicht errangen. Außerhalb des Imperiums machte die mit der Christianisierung einhergehende Reichsbildung in Dänemark und Norwegen samt der normannischen Okkupation weiter Teile Englands den Weg frei für das die Nordsee umspannende Reich Knuts des Großen († 1035), und im Osten Europas waren es neugetaufte Herrscher, die umfassende politische Zusammenschlüsse durchsetzten: Boleslaw I. Chrobry in Polen († 1025), Stephan I. der Heilige in Ungarn

(† 1038), Vladimir I. der Heilige in der Kiever Rus († 1015). Gleichzeitig erlebte das Oströmische Reich, nicht zuletzt infolge militärischer Expansion auf dem Balkan, unter Kaiser Basileios II. († 1025) den Zenit seiner mittelbyzantinischen Periode, während der Höhepunkt der Entwicklung von al-Andalus, dem muslimischen Spanien, bereits früher im 10. Jh. liegt.

1. Die beiden Frankenreiche

Karolinger und Liudolfinger bis 950

Das Aussterben der ostfränkischen Karolinger durch den Tod des wirkungslos gebliebenen Königs Ludwig das Kind fiel 911 zeitlich zusammen mit dem Entschluß der Großen in Lotharingien, dem Mittelreich des Teilungsvertrags von Verdun, sich dem westfränkischen Herrscher Karl dem Einfältigen anzuschließen, der als Urenkel Karls des Großen allein noch das alte Königsgeschlecht der Franken fortsetzte. Daß die rechtsrheinischen (Ost-)Franken, Bayern, Schwaben und Sachsen diesem Beispiel nicht folgten, sondern alsbald in Forchheim den zuletzt führenden Mann am Hof des verstorbenen Ludwig, den Franken Konrad I. (911–918) aus der im Lahngebiet verwurzelten Familie der Konradiner, zu ihrem gemeinsamen König erhoben, war eine wichtige Weichenstellung, denn fortan gab es zwei Frankenreiche unter nicht mehr miteinander verwandten Königen. Dabei war der Westfranke zunächst im Vorteil, denn Konrad scheiterte 912/13 beim dreimaligen Versuch, Lotharingien zurückzuerobern, und vermochte es auf die Dauer immer weniger, gestützt auf den Episkopat, den Zusammenhalt der übrigen Reichsteile zu wahren, die bei der Abwehr ungarischer Plünderungszüge sich selbst überlassen blieben und sich nicht nur in Bayern, sondern nun auch in Schwaben und Sachsen unter resoluten einheimischen Amtsträgern (*duces*) zu autonomen Herzogtümern entwickelten. Als Konrads glücklose Regierung Ende 918 mit seinem Tod erlosch, dauerte es fünf Monate, bis Vertreter zumindest der Franken und Sachsen im Mai 919 in Fritzlar dem

Liudolfinger Heinrich I. (919–936), bisher Herzog in Sachsen, als neuem König huldigten, anscheinend mit Billigung von Konrads Bruder Eberhard, der übergangen wurde, aber seither als Herzog in Franken auftrat. Heinrich I. brauchte zwei Jahre, um mit einer Mischung aus Drohung und Konzilianz seine Anerkennung auch durch die Herzöge Burchard von Schwaben und Arnulf von Bayern zu erreichen, denen er einen Teil der Königsrechte zugestand. Währenddessen geriet Karl der Einfältige, der in Westfranken inmitten mächtiger Herzöge eigene Hoheit nur in der östlichen *Francia* zwischen Seine und Maas ausübte, 920 in arge Bedrängnis durch einen von Giselbert, dem Anführer des lotharingischen Adels, ausgegangenen Aufstand, der breite Unterstützung und offenbar auch die Sympathie König Heinrichs I. fand. Ein bewaffneter Vorstoß Karls auf ostfränkisches Gebiet am Mittelrhein, der zurückgeschlagen wurde, brachte beide Könige in unmittelbaren Kontakt zueinander, was binnen Jahresfrist zu einem Vertrag führte, der bei einer Begegnung mitten im Rhein bei Bonn abgeschlossen wurde. Karl erreichte die Respektierung seiner Hoheit über Lotharingien und gestand seinerseits dem Sachsen Heinrich gleichen Rang als «König der östlichen Franken» neben sich als «König der westlichen Franken» zu[1].

Dieser Bonner Vertrag blieb indes eine flüchtige Episode, denn schon bald ging es mit Karl dem Einfältigen steil bergab. 922 erhoben seine Widersacher in Westfranken Robert I. (922–923), den Bruder seines Vorgängers Odo, also einen Robertiner, zum Gegenkönig. Er fiel zwar in der entscheidenden Schlacht bei Soissons (923), doch obsiegten seine Anhänger, und der geschlagene Karl geriet kurz danach in die Gefangenschaft des Grafen Heribert von Vermandois, der ihn bis zum Tod (929) nicht mehr freiließ, während das Königtum an Roberts Schwiegersohn Rudolf (923–936), den Machthaber im Herzogtum Burgund, überging. Heinrich I. von Ostfranken verstand die Wirren im Westen zu nutzen, um noch 923 im Bunde mit Giselbert den größeren Teil Lotharingiens in Besitz zu nehmen und den Rest 925/26 gegen den inzwischen umgeschwenkten Giselbert zu erobern, was Jahre später auch von König

Rudolf anerkannt wurde. Der Rückgewinn des nunmehrigen Herzogtums Lothringen, der dem künftigen Reich der Deutschen dauerhaft auch romanischsprachige Gebiete eintrug, war Teil einer stetigen Konsolidierung der Herrschaft Heinrichs, der in seinem Ostreich durch eine bedachtsame Politik der Freundschaftsbündnisse auszugleichen suchte, was ihm (verglichen mit den Karolingern des 8./9. Jhs.) außerhalb Sachsens an gefügigen Helfern fehlte, und dabei zumal bestrebt war, anders als die westfränkischen Herrscher seiner Zeit bei der Besetzung der Herzogtümer die Gewichte unter den großen Familien jeweils neu austarieren zu können. Gegenüber der Heidenwelt im Norden und Osten schlug Heinrich einen zunehmend aggressiven Kurs ein, was 934 ein Dänenkönig namens Knuba, den er jenseits der Unterelbe besiegte, ebenso zu spüren bekam wie zuvor schon verschiedene slawische Völker zwischen Elbe und Oder, die durch wiederholte sächsische Vorstöße heimgesucht wurden. 928/29 gipfelte dies in der Erstürmung der Brennaburg (Brandenburg) und der Einnahme des befestigten Elbübergangs von Lenzen, wobei es Heinrich mehr um Einschüchterung und Ausplünderung der Slawen ging als um deren feste Einbeziehung in sein Reich. Anders dagegen im bereits großenteils christianisierten Böhmen, wo der Přemyslidenfürst Wenzel/Václav 929 durch einen mit Arnulf von Bayern koordinierten Feldzug bis nach Prag zur Unterwerfung und Tributzahlung genötigt wurde. Vor allem jedoch machte sich Heinrich die wirksame Bekämpfung der Ungarn zur Aufgabe, die seit etwa 900 mit ihren regelmäßigen Raubzügen überall im Ostfrankenreich, aber auch in Italien und bis nach Westfranken hinein Schrecken verbreiteten. Nach anfänglichen Niederlagen auch auf sächsischem Boden erkaufte er sich 924 oder 926 einen langjährigen Waffenstillstand, der zu planmäßigen Vorbereitungen auf kommende Abwehrkämpfe genutzt wurde. Tatsächlich gelang es im Frühjahr 933, die nach Verweigerung der fälligen Tribute prompt wieder erschienenen Ungarn unweit der Unstrut im östlichen Thüringen empfindlich zu schlagen, was weit über das Ostfrankenreich hinaus Aufsehen erregte und auch bei den Elbslawen seine Wirkung tat. Als «größten der Könige Europas»[2] läßt der Geschichtsschreiber Widukind von Corvey im Rückblick von 30 Jahren Heinrich I. sterben (am 2. Juli 936 in Memleben), nachdem er zuvor noch davon berichtet hatte, daß der Liudolfinger 935 an der Westgrenze als vermittelnder Schlichter zwischen König Rudolf und den Großen Westfrankens sowie König Rudolf II. von Hochburgund (912–937) aufgetreten war.

936 kam es in West und Ost zu einem Generationswechsel, denn einige Monate vor Heinrich I. war bereits König Rudolf söhnelos gestorben. Da sich die maßgeblichen Magnaten in Westfranken mit Hugo (Magnus), dem Sohn des früheren Königs Robert, an der Spitze gegenseitig im Wege standen, schlug unversehens die Stunde des 15jährigen Ludwig IV. (936–954), eines spät geborenen Sohnes Karls des Einfältigen, der nach dem Scheitern des Vaters in der angelsächsischen Heimat seiner Mutter aufgewachsen war. Als «der Überseeische» leitete der junge König für nochmals fünfzig Jahre eine letzte karolingische Restauration ein, die von vornherein durch die Übermacht der von Hugo (als *dux Francorum*) repräsentierten Robertiner/Kapetinger beeinträchtigt war. In Ostfranken stand ihm der 24jährige König Otto (der Große, 936–973) gegenüber, einer von vier Söhnen Heinrichs I., dem der Vater bereits 929/30 in einer «Hausordnung» die Ehe mit der angelsächsischen Königstocher Edgitha († 946) vermittelt und die alleinige Anwartschaft auf das Königtum zuerkannt hatte. Das trug der föderativen Struktur des Reiches Rechnung, widersprach aber der karolingischen Teilungspraxis und war daher bis in die Herrscherfamilie hinein alles andere als unumstritten. Der Thronwechsel ging deshalb wohl nicht so harmonisch vonstatten, wie Widukinds berühmter Bericht über Ottos akklamatorische Wahl sowie die geistliche Salbung und Krönung am 7. August 936, angeblich unter Beteiligung aller Herzöge, glauben machen will[3]. Sieben Wochen nach der Salbung und Krönung des westfränkischen Karolingers Ludwig in Laon fanden die Feierlichkeiten mit Bedacht in Aachen, am Grabe Karls des Großen, statt. Sie haben nicht verhindert, daß Otto in seinen ersten Jahren mit bedrohlichen Aufständen (bis hin zu einem Mordkomplott) zu kämpfen hatte, deren Urheber gegen ihn ihr Recht durch-

zusetzen suchten und erst überwunden waren, als sich 941 der jüngere Königsbruder Heinrich unterwarf, während der ältere Stiefbruder Thankmar bereits 938 den Tod gefunden hatte. Otto hat diese kritische Phase mit einigem Glück heil überstanden und dadurch dem Prinzip der Unteilbarkeit des Reiches, also der Individualsukzession zum Durchbruch verholfen. Auf Westfranken strahlte der innere Konflikt insofern aus, als Otto 937 die Gegner Ludwigs IV. gestärkt hatte, indem er seine Schwester Hadwig dem Robertiner Hugo (Magnus) zur Frau gab, und nun umgekehrt Herzog Giselbert von Lothringen, einer der Widersacher Ottos, sich 939 mit anderen linksrheinischen Großen König Ludwig unterstellte. Ganz in der Manier der späten Karolingerzeit wandten sich also wieder führende Kreise des einen fränkischen Teilreichs dem Herrscher des anderen zu, diesmal mit der Folge, daß Ludwig 939 einen (bald steckengebliebenen) Angriff auf das Elsaß richtete, während Otto 940 bis Attigny vordrang. Inzwischen hatte jedoch Ottos Schwester Gerberga, die Witwe des im Aufstand von 939 umgekommenen Giselbert, gegen den Willen ihres Bruders Ludwig IV. von Westfranken geheiratet, der damit ebenso wie sein Gegenspieler Hugo zum Schwager des ostfränkischen Königs wurde. Otto kam in die Lage, aus einer überlegenen Position heraus auf die Machtverhältnisse im Westen einzuwirken, was sich im Laufe der 40er Jahre immer deutlicher zugunsten Ludwigs auswirkte. 946 verhalf ihm Otto zur Befreiung aus zeitweiliger Gefangenschaft Hugos, und 948 hielten beide Könige eine gemeinsame Synode von 32 Bischöfen ihrer Reiche in Ingelheim, die den Königsgedanken bekräftigte und demgemäß Hugo als «Angreifer und Räuber von Ludwigs Königtum» verurteilte[4].

Die Dominanz des Ostreichs und das neue Kaisertum

Die Gewichte zwischen West- und Ostfranken gerieten vollends aus dem Lot, als Otto nach der Herrschaft in Italien griff. Das alte Langobardenreich war nach dem Abzug des letzten Karolingers Arnolf (896) unter verschiedenen Herrschern umkämpft gewesen, die alle keinen durchschlagenden Erfolg hatten. Ihre traditionelle

Bezeichnung als «Nationalkönige» führt in die Irre, denn sie entstammten regelmäßig führenden Familien des fränkischen Reichsadels von jenseits der Alpen. Auf den rasch gescheiterten Kaiser Ludwig den Blinden war der 924 ermordete Kaiser Berengar I. gefolgt, der sich zuletzt des hochburgundischen Welfen Rudolf II. zu erwehren hatte. Ihn verdrängte Graf Hugo von Arles (926–947), der Regent Niederburgunds, der sich 926 in Pavia zum König Italiens ausrufen ließ und 931 seinen Sohn Lothar (931–950) zum Mitkönig machte. Doch er scheiterte sowohl mit dem Wunsch nach einer Kaiserkrönung in Rom als auch dem Versuch einer Übernahme von Hochburgund nach dem Tod König Rudolfs II. (937). Zwar ehelichte er dessen Witwe Bertha und veranlaßte zudem die Verlobung Lothars mit deren jugendlicher Tochter Adelheid, aber Otto I. durchkreuzte seine Pläne, indem er den minderjährigen Thronerben Konrad (937–993) an seinen Hof holte und ihm 942 die Übernahme der Königsherrschaft ermöglichte, die unter ottonischem Protektorat nach Hugos Tod (947) auf ganz Niederburgund ausgedehnt wurde. In Oberitalien zog sich König Hugo die Feindschaft von Kaiser Berengars Enkel, Markgraf Berengar von Ivrea, zu, der 941 über die Alpen zu Otto floh und nach seiner Rückkehr 945 Hugo dazu nötigte, sich ins heimatliche Arles zurückzuziehen (wo er 947 das Zeitliche segnete) und das Königtum allein Lothar zu überlassen. Als auch dieser 950 starb (angeblich durch Gift), was die 19jährige Adelheid zur Witwe machte, schlug die Stunde Berengars II. (950–962), der sich zusammen mit seinem Sohn Adalbert wiederum in Pavia zum König erheben ließ und Adelheid in Como gefangensetzte. Diese Situation gab Otto Anlaß zum militärischen Eingreifen in Italien, wo er im September 951 eintraf, als sich Adelheid bereits befreit in der Obhut des Bischofs von Reggio befand. Da Berengar dem Kampf auswich, konnte Otto ungehindert in Pavia einziehen, begann ab 10. Oktober mit der Ausstellung von Urkunden als «König der Franken und Langobarden» (wie einst Karl der Große) und trat durch die Heirat mit Adelheid sichtbar in die Abfolge der Könige Italiens ein. Von weiterreichenden Ambitionen zeugt die Gesandtschaft, die er nach Rom «für seinen

Empfang» abordnete[5], was kaum anders denn als Anfrage nach der Kaiserkrone verstanden werden kann. Als der römische Stadtherr Alberich, der keinen Kaiser über sich wünschte, ablehnend reagierte, kehrte Otto im Frühjahr 952 nach Sachsen zurück. Seinen Einfluß in Oberitalien suchte er durch eine Vereinbarung mit dem unbezwungenen Berengar II. zu wahren, den er auf einer Augsburger Synode von Bischöfen aus beiden Reichen erst als Vasallen annahm und dann im Königtum bestätigte.

Ottos nur bedingt erfolgreicher Italienzug wurde zur Wurzel schwerer Zerwürfnisse in seiner engsten Umgebung. Liudolf, sein Sohn aus erster Ehe und seit 950 Herzog von Schwaben, war im Sommer 951 auf eigene Faust dem Vater mit Heeresmacht nach Italien vorausgeeilt, ohne etwas zu erreichen, wofür er nicht ohne Grund Ottos Bruder Heinrich die Schuld gab, der ihm als Herzog von Bayern im Süden entgegengewirkt hatte. Zudem mußte Liudolf nach des Vaters neuer Heirat um seinen exklusiven Vorrang als Thronfolger fürchten. Er verbündete sich mit Herzog Konrad dem Roten von Lothringen, dem Stammvater der Salier und Ottos Schwiegersohn, der darüber verärgert war, daß der König die Resultate seiner Verhandlungen mit Berengar II. zunächst verworfen hatte. Die beiden gewannen «junge Leute aus Franken, Sachsen und Bayern»[6] als Anhänger und schritten vor Ostern 953 zu offenem Aufruhr, angeblich allein gegen Heinrichs dominante Rolle und nicht gegen Otto selbst. Der König ließ sich anfangs auf eine von Erzbischof Friedrich von Mainz vermittelte Kompromißlösung ein, die er jedoch bald schon von Sachsen aus widerrief, womit er sich auch den Erzbischof zum Gegner machte. Zwar lag es in seiner Macht, Friedrich als Erzkanzler, Konrad als Herzog abzusetzen, doch militärisch stieß er zusammen mit seinem Bruder Heinrich deutlich an Grenzen, als im weiteren Verlauf des Jahres seine Belagerungen von Mainz und von Regensburg fehlschlugen, während Liudolf immer stärkeren Zulauf fand; nur in Lothringen, wo Otto 953 seinen jüngsten Bruder Brun zum Erzbischof von Köln einsetzte und zugleich mit der Herzogsgewalt betraute, sowie meistenteils in Sachsen blieb es ruhig. Eine dramatische Wendung trat

Anfang 954 ein, als die Ungarn, offenbar veranlaßt von der inneren Krise des Reiches, zu neuen Plünderungen erschienen und kaum gehindert bis nach Westfranken vordringen konnten. Diese Bedrohung von außen kam der Autorität König Ottos zugute, der nach Süden vorstieß und im Juni die Unterwerfung Konrads und Friedrichs entgegennahm, wohingegen Liudolf den Kampf noch eine Zeitlang von Regensburg aus fortsetzte, der Residenz seines verhaßten Onkels, bis auch er aufgab und sich in Thüringen dem Vater zu Füßen warf. Auf einem Hoftag in Arnstadt im Dezember mußten Liudolf und Konrad auf ihre Herzogswürden verzichten, und anstelle Friedrichs, der gerade verstorben war, erhob Otto seinen illegitimen Sohn Wilhelm zum Erzbischof von Mainz. Als die Ungarn, anscheinend beflügelt von den Erfahrungen des Vorjahrs, 955 abermals hervorbrachen und sich nach raschem Zug durch Bayern auf die Belagerung von Augsburg konzentrierten, trafen sie auf eine veränderte Situation, denn Otto war nun Herr der Lage. Er konnte binnen kurzem ein Heer aus Bayern, Franken, Sachsen, Schwaben und Böhmen mobilisieren und errang am 10. August in einer blutigen Feldschlacht vor den Toren Augsburgs, in der Konrad der Rote den Tod fand, einen vollständigen Sieg. Der Chronist Widukind, der Otto in einer fiktiven Anfeuerungsrede vor dem Kampf den Gedanken zuschreibt: «Schämen müßten wir uns als Herren von fast ganz Europa, wenn wir uns jetzt den Feinden ergäben», malt seinen Lesern nach der Schlacht eine Siegesfeier aus, bei der der König in antiker Terminologie zum «Vater des Vaterlandes und Imperator» ausgerufen worden sei[7].

Auch wenn er einen Sieg für die ganze Christenheit errungen hatte, bezeichnete sich Otto weiterhin nicht als Kaiser, weil er wußte, daß diese höchste Würde nur bei Verleihung durch den Papst in Rom allgemeine Anerkennung finden würde, doch er handelte mehr denn je im Bewußtsein einer überlegenen Stellung im weiten Umkreis. In Westfranken, wo 954 König Ludwig IV. einem Jagdunfall zum Opfer gefallen und 956 auch sein Widerpart Hugo (Magnus) verstorben war, agierten im Namen der vorerst unmündigen Erben, König Lothar (954–986) und Herzog Hugo (Capet), deren Mütter Gerberga und Hadwig, beide Schwestern Ottos, tatkräftig unterstützt von ihrem Bruder, Erzbischof Brun von Köln, der in den folgenden Jahren zu maßgeblichem Einfluß in Westfranken kam. Ungleich kritischer war die Lage an der Slawengrenze im Osten, wo Otto, getragen von starken Kräften des sächsischen Adels, früh schon zur planmäßigen Unterwerfung und zugleich Christianisierung der einzelnen Völker bis hin zur Oder übergegangen war. In zermürbenden Kämpfen, die beiderseits viele Opfer forderten, wurde unter Führung der Markgrafen Hermann Billung († 973) und Gero († 965) nur langsam die Widerstandskraft der «Barbaren» gebrochen und die Herrschaft ergebener Klientelfürsten, die Leistung von Tributen, aber, abgesehen von der Einnahme befestigter Plätze, noch kaum Zuwanderung durchgesetzt. 937 gab die Errichtung des Moritzklosters in Magdeburg ein erstes Signal für die kirchliche Expansion, die bereits 946/48 zur Gründung der Bistümer Brandenburg und Havelberg führte. Nachdem Otto 950 durch einen Feldzug nach Böhmen den Treueid des dortigen Herzogs Boleslaw I. erzwungen hatte, spitzte sich gerade 955 die militärische Lage im Nordosten derart zu, daß der König nur wenige Wochen nach der Ungarnschlacht eine weitere bewaffnete Kraftprobe an der mecklenburgischen Recknitz zu bestehen hatte, die mit schweren Verlusten für die Führungsgruppe der Abodriten und weiterer Elbslawen ausging; zum selben Zeitpunkt taucht erstmals der Plan eines Bischofssitzes in Magdeburg auf, den Otto fortan zielstrebig verfolgte. Südlich der Alpen bewirkten die Stürme, die Otto bis 955 zu bestehen hatte, daß sich Berengar II. seiner Vasallenrolle faktisch entledigte und mit seinem Sohn Adalbert wieder ein völlig selbständiges Regiment führte. Gegen ihn wurde 956 der begnadigte Liudolf aufgeboten, der sich als Unterkönig in Italien bewähren sollte, aber nach ersten Erfolgen 957 plötzlich verstarb. Berengar und Adalbert fühlten sich abermals gestärkt und trauten sich seit 959 zu, ihre Herrschaft auch weiter südwärts auf die Markgrafschaft Spoleto und bis in die Sabinerberge auszudehnen, womit sie allerdings die Kreise des römischen Adelspapsttums zu stören begannen.

Der Hilferuf, den König Otto im Dezember 960 in Regensburg annahm, kam von Papst Johannes XII. (955–964), der von Geburt Octavian hieß und als Sohn und politischer Erbe des römischen Stadtherrn Alberich († 954) weltliche und geistliche Macht in sich vereinte. Er stellte die zuletzt vor 45 Jahren vergebene Kaiserkrone in Aussicht, um Otto für die Bewahrung des Status quo in Rom gegen Berengar II. zu gewinnen, während den Sachsen die äußere Anerkennung seiner Dominanz in der westlichen Welt, also die Gleichrangigkeit mit Karl dem Großen lockte. Vor dem Romzug galt Ottos Sorge der dynastischen Kontinuität: Den Ende 955 geborenen Otto II. (973–983), der als einziger von drei Söhnen Adelheids das Kleinkindalter überlebt hatte, ließ er im Mai 961 in Worms zum König wählen und in Aachen krönen, bevor er im Herbst mit großem Heer die Alpen überstieg und in Pavia wieder die Regierung Italiens übernahm. Daß Berengar und Adalbert ihm erneut aus dem Weg gingen, erlaubte Otto ein unbehelligtes Vordringen nach Rom, wo der Papst ihn zusammen mit Adelheid am 2. Februar 962 in St. Peter zum Kaiser salbte und krönte. Aus den Urkunden der folgenden Tage geht hervor, daß Otto es wegen seiner Siege über die Ungarn und andere «Barbaren» sowie seiner Verdienste um die Ausbreitung des Christentums verdient habe, die Kaiserkrone zu tragen, während dieser sich durch die Erneuerung der karolingischen Privilegien für die römische Kirche in die imperiale Tradition des Westens einreihte, dabei aber gleich seinen (abwesenden) Sohn Otto II. einbezog und somit die höchste Würde von vornherein dynastisch verstand[8]. Das Einvernehmen von Kaiser und Papst war indes nur von kurzer Dauer, denn während sich Otto 962/63 nördlich von Rom der Bekämpfung von Berengar und Adalbert widmete, knüpfte Johannes XII., besorgt über Ottos Machtentfaltung, Beziehungen zu Adalbert an, den er im Sommer 963 ehrenvoll in Rom empfing. Damit forderte er die Rückkehr des Kaisers heraus, vor dem Johannes und Adalbert im November 963 aus Rom flohen. Otto ließ auf einer Synode in St. Peter den Papst wegen persönlicher Unwürdigkeit absetzen und bestimmte einen römischen Laien zum Nachfolger (Leo VIII., 963–965), schlug im

Januar 964 einen von Johannes geschürten Aufstand nieder, konnte aber nicht verhindern, daß nach seinem Weggang der abgesetzte Pontifex wieder in der Stadt Fuß faßte und eine letzte Synode abhielt, die den seinerseits entflohenen Leo verdammte. Auch als Johannes XII. bald darauf jählings starb, waren die Römer nicht bereit, sich mit dem kaiserlichen Eingriff in ihr geschlossenes Milieu abzufinden, und erhoben Benedikt V., der vergeblich einer Belagerung Roms durch Otto zu trotzen versuchte. Er wurde schließlich ausgeliefert (und nach Hamburg verbannt, wo er 965 starb), während Leo, abermals vom Kaiser installiert, sich bis zu seinem Tode (März 965) auf dem Stuhl Petri halten konnte, auch nachdem Otto Rom verlassen hatte und Anfang 965 in sein Reich nördlich der Alpen heimgekehrt war.

Westfranken trat auf einem Kölner Hoftag zu Pfingsten wieder in den Blick, wo sich beim Kaiser und seinem erzbischöflichen Bruder Brun auch seine Schwester Gerberga, Witwe Ludwigs IV., mit ihren Söhnen, König Lothar und dessen Bruder Karl, einfanden. Die anscheinend in diesem «Familienrat» verabredete Heirat des jungen westfränkischen Königs mit Emma, einer Tochter Adelheids aus deren erster Ehe mit König Lothar von Italien, fand bald darauf statt und führte übers Jahr zur Geburt eines Sohnes Ludwig. Der karolingische Mannesstamm, der sich in ihm noch einmal fortpflanzte, schien zu einer Nebenlinie des ottonischen Kaiserhauses zu werden.

Allmähliche Distanzierung

Die herkömmliche Verflechtung der beiden Frankenreiche, wie sie in Köln demonstriert worden war, lockerte sich seither nicht nur infolge des Todes wichtiger Vermittler wie Erzbischof Brun († 965) und Königin Gerberga († 968/69), sondern auch weil Rom und Italien das Kaiserpaar Otto und Adelheid langfristig in ihren Bann zogen. Nicht einmal das für Otto ganz zentrale Vorhaben der Einrichtung des Erzbistums Magdeburg (mit den angeschlossenen Bistümern Merseburg, Zeitz und Meißen), das trotz der 962 erteilten päpstlichen Genehmigung auf erbitterten Widerstand stieß, weil dadurch die Rechte bestehender Kirchen geschmälert wurden, hat den Kaiser bis zu seinem glücklichen Abschluß im Herbst 968 im Lande halten können. Vielmehr befand er sich damals schon seit zwei Jahren wieder südlich der Alpen, herbeigerufen von dem neuen Papst Johannes XIII. (965–972), der in Gegenwart kaiserlicher Abgesandter zum Nachfolger Leos VIII. gewählt, bald aber in die Fänge seiner Gegner im Stadtadel geraten und aus Rom verschleppt worden war. Daß die bloße Nachricht von Ottos Herannahen genügte, um ihm die Rückkehr auf seinen Stuhl zu ermöglichen, zeigte erneut, wie sehr die Autorität des Kaisers von seiner sichtbaren Präsenz abhing. Otto nutzte sie, um sich durch ein strenges Strafgericht über die Aufrührer Respekt in Rom zu verschaffen, auf einem Zug nach Capua und Benevent Huldigungen auch im Süden Italiens entgegenzunehmen und mit dem Papst gemeinsam auf zwei Synoden in Ravenna den Gründungsplan für Magdeburg weiter zu präzisieren. Um die Anerkennung seines Kaisertums auch in Konstantinopel zu erreichen, nahm er Kontakt zu Kaiser Nikephoros II. Phokas (963–969) auf und erbat eine «purpurgeborene» Prinzessin als Braut für seinen Sohn Otto II., dessen Krönung zum (Mit-)Kaiser an Weihnachten 967 in Rom ihm Johannes XIII. zugestand. Doch der Basileus, der Ottos Vorstoß bis Benevent als Angriff auf sein Imperium betrachtete, lehnte ab und war erst recht nicht umzustimmen, als Otto 968/69 den Druck erhöhte, indem er noch tiefer nach Apulien und Kalabrien eindrang und zeitweilig sogar Bari belagerte. Den Weg aus der politisch-militärischen Sackgasse öffnete erst die Ermordung des Kaisers Nikephoros Ende 969, denn der Nachfolger Johannes Tzimiskes (969–976) war stärker auf Ausgleich bedacht. Er erkannte den Westkaiser an, der sich aus Apulien und Kalabrien zurückzog, und bestimmte zur Braut Ottos II. zwar keine eigentliche Kaisertochter, aber doch seine junge Nichte Theophanu, die reich ausgestattet nach Rom geleitet wurde. Die mit einer Krönung durch Papst Johannes XIII. verbundene Hochzeit am 14. April 972 in der Petersbasilika war der letzte große Höhepunkt in der Regierung des alten Kaisers, der damit die Zukunft seines Hauses gesichert

Abb. 3: Kaiser Otto II. und Gemahlin Theophanu, von Christus gekrönt (Elfenbein, um 982/83)

und zugleich die Ziele seiner Italienpolitik erreicht hatte. Er zog ein sechstes Mal über die Alpen und starb am 7. Mai 973 in Memleben.

Kaiser Otto II., der mit 18 Jahren formal die gesamte Machtfülle des Vaters übernahm, regierte das Doppelreich zunächst wieder vom Norden aus, wo es ihm nicht ganz leicht fiel, sich als Oberhaupt des weitverzweigten Herrscherhauses durchzusetzen, zumal er selbst bis 980 ohne Stammhalter blieb. Kein Einvernehmen fand er mit Herzog Heinrich II. von Bayern (dem «Zänker», 955–976, 985–995), seinem Vetter, der schon 974 wegen Verschwörung gegen den Kaiser in Haft genommen wurde und nach seinem Entkommen 976 mit allerhand Anhängern in Sachsen und Bayern offen rebellierte, deshalb seine Herzogswürde einbüßte und sich seit 978 in Utrecht in Gewahrsam befand. Von den drei weiteren Vettern, die Otto in Westfranken hatte, waren König Lothar und dessen jüngerer Bruder Karl, die beiden Karolinger, untereinander tief verfeindet, weshalb es eine problematische Entscheidung des Kaisers war, diesen Karl 977 zum Herzog von Niederlothringen zu machen. Der verärgerte Lothar ergriff 978 die Gelegenheit eines Besuchs von Otto und Theophanu in Aachen zu einem überraschenden Überfall auf die dortige Pfalz «als den Sitz der Königsherrschaft seiner Väter»[9], was das Kaiserpaar zur eiligen Flucht nach Köln trieb. Das war schwerlich ein ernsthafter Versuch der Rückgewinnung Lothringens, sondern eher eine Manifestation gewachsenen westfränkischen Selbstbewußtseins, die Otto noch im gleichen Jahr mit einem Feldzug bis vor Paris beantwortete, wo ihm nicht Lothar, sondern der weitere Vetter Hugo (Capet), der Robertiner, entgegentrat. Nachdem Otto rechtzeitig vor dem Winter abgezogen und dem Prestigebedürfnis beider Seiten Genüge getan war, konnten sich Otto und Lothar 980 bei einem Treffen am Grenzfluß Chiers in betonter Gleichrangigkeit auf der Basis des Status quo aussöhnen.

Der Kaiser, dem Theophanu in diesem Sommer den lang ersehnten Erben Otto III. (983–1002) gebar, war damals bereits im Aufbruch nach Italien, wo die ottonische Herrschaft in den acht Jahren seit dem Weggang Ottos I. stabil geblieben, aber in Rom der Kampf der Parteien weitergegangen war, so daß Otto II. zunächst den von einem Gegenpapst verdrängten Benedikt VII. (974–983) in die Stadt zurückzugeleiten hatte. Gemeinsam mit ihm feierte er 981 ein glanzvolles Osterfest, wozu außer den Kaiserinnen Adelheid und Theophanu auch König Konrad von Burgund und aus Westfranken Herzog Hugo (Capet) in Rom erschienen. Im Herbst brach Otto nach dem Eintreffen von Verstärkungen aus dem Norden zu einem Kriegszug nach Unteritalien auf, der über die Ziele des Vaters hinaus die sizilianischen Sarazenen aus Kalabrien vertreiben und die eigene Herrschaft bis zur Südspitze des Festlandes ausdehnen sollte. Das Unternehmen mündete jedoch Mitte Juli 982 wohl beim Kap Colonne südlich von Cotrone in einer desaströsen Niederlage, bei der zwar der gegnerische Emir fiel, aber Otto den größten Teil seines Heeres einbüßte und sich selbst nur schwimmend auf ein griechisches Schiff retten konnte. Der geschlagene Kaiser kehrte nach Rom zurück und berief die weltlichen und geistlichen Großen von beiderseits der Alpen zu einem Hoftag um den 1. Juni 983 nach Verona, wo der dreijährige Sohn Otto vorsorglich zum König gewählt wurde. Da Otto II. danach in Italien verblieb und über Ravenna wieder nach Rom reiste, wo er einen neuen Papst installierte (Johannes XIV., 983/84), erfuhr er nur aus der Ferne von dem zweiten Debakel, das sein Imperium im Sommer 983 durch den verbreiteten Aufstand der zum Lutizenbund vereinigten Slawen jenseits der Elbe betraf und die sächsische Herrschaft sowie die christliche Kirche dort weithin zusammenbrechen ließ. Ohne darauf reagiert zu haben, starb Otto II. ganz unerwartet am 7. Dezember 983 in Rom an einem wohl durch Malaria bedingten Fieberanfall, was sein Reich vollends in eine ernste Krise stürzte.

Die Nachricht vom Tode des Vaters soll zu Weihnachten in Aachen eingetroffen sein, als eben der kleine Otto III. durch die Erzbischöfe von Mainz und Ravenna zum König beider Reiche gekrönt wurde. Wer für ihn auf Jahre die Regentschaft führen würde, war durch keine anerkannte Regel vorbestimmt und blieb daher der Initiative der nächsten Verwandten, letztlich der Konsensbildung unter den Großen überlassen. Am schnellsten handelte der abgesetzte Bayernherzog Heinrich der Zänker, der, aus der Haft in Utrecht entlassen, in Köln das Königskind in seine Obhut brachte und zu Ostern 984 in Quedlinburg selbst bereits wie ein König Hof hielt. Anfangs unterstützte ihn König Lothar von Westfranken, der die Rückgewinnung Lothringens erhoffte und die Bischofsstadt Verdun als Faustpfand besetzte. Zu dieser Zeit hatte Heinrich der Zänker bereits wegen unzureichender Unterstützung eingelenkt und den kleinen Otto Ende Juni den von Erzbischof Willigis von Mainz aus Italien herbeigerufenen Kaiserinnen übergeben, wofür er die Wiedereinsetzung zum bayerischen Herzog erwartete, die ihm Theophanu, nunmehr Regentin, jedoch erst 985 gewährte. Lothar dagegen ließ nicht locker, eroberte das zwischenzeitlich verlorene Verdun zurück, fand aber darüber hinaus kaum Zulauf in Oberlothringen, was Theophanu nahelegte, ihrerseits eine Annäherung an Herzog Hugo (Capet), den mächtigsten Mann im Westen, zu suchen. Zwar konnte nach König Lothars plötzlichem Tod (986) dessen schon 979 gewählter und gekrönter Sohn Ludwig V. nachfolgen, doch als dieser im Mai 987 auf der Jagd zu Tode kam und keinen Sohn hinterließ, war die Zeit der Karolinger abgelaufen. Die westfränkischen Großen entschieden sich gegen seinen Onkel Karl, den Herzog von Niederlothringen, und für Hugo als neuen König, was durchaus im Sinne des ottonischen Hofes gewesen sein dürfte. Hugo (987–996) eröffnete die lange Reihe der kapetingischen Herrscher, die im Pariser Becken und im weiteren Neustrien verwurzelt waren und daher leichter als die späten Karolinger den Verlust Lothringens verschmerzen konnten. Die Zeit der grenzüberschreitenden Feldzüge, aber auch der häufigeren Herrscherbegegnungen war vorbei; beide Reiche gingen eigene Wege.

2. Europas Mitte um die Jahrtausendwende

Das Römerreich der «Deutschen»

Der zügige Aufstieg Ostfrankens unter Heinrich I. und Otto I. vom brüchigen Bund der Franken und Sachsen, Bayern und Schwaben zum erneuerten römischen Imperium nördlich und südlich der

Alpen verschob den Schwerpunkt des «alten», des karolingischen Europas ein gutes Stück ostwärts in die geographische Mitte des Kontinents, wo Sachsen, die Heimat der Ottonen, noch vor Lothringen und dem Rhein-Main-Gebiet zur Zentrallandschaft aufrückte. Der bis dahin periphere Raum zwischen Weser und Elbe belebte sich im 10./11. Jh. durch den Ausbau von Pfalzorten und Adelsburgen, von Bischofssitzen und Klöstern wie auch vermehrten Handels- und Geldverkehr und wurde zum Ziel von Hofbesuchern aus den anderen Reichsteilen ebenso wie von fremden Abgesandten aus allen Himmelsrichtungen. Gleichwohl entstand kein «Reich der Sachsen», denn nur unter dem traditionellen Namen des *regnum Francorum* war den Großen der anderen «Stämme», die eigenständige Völker waren, das Zusammenwirken mit den Königen aus dem Norden möglich. Eine gemeinsame Bezeichnung, die zugleich den Unterschied zu den Franken des Westreichs markiert hätte, ist im 10. Jh. noch nicht anzutreffen. Am ehesten hat sie sich von außen, zumal in Italien, angebahnt, wo der Gebrauch einer nichtromanischen Volkssprache als verbindendes Merkmal der über die Alpen ins Land gekommenen Leute stärker auffiel als deren ethnische Unterschiede, so daß sich zur pauschalen Etikettierung die aus der Karolingerzeit bereits bekannte Vokabel *theodiscus/teutonicus* anbot. Der Wandel von der Sprachbezeichnung zum Volksnamen ist seit der Jahrtausendwende auch nördlich der Alpen in einigen literarischen Quellen vollzogen worden, von denen die frühesten erkennbar aus Italien beeinflußt waren, aber daraus ist nie (auch später nicht) ein Element der Selbstdarstellung der Ottonen und ihrer Nachfolger geworden. Einer Kennzeichnung als «Reich der Deutschen» stand der seit 962 gültige imperiale Anspruch entgegen, der über dieses Gebilde weit hinausreichte und auf den Ursprungsort Rom verwies. So ist das Reich in der Mitte Europas römisch geworden (mit der Folge, daß sich schon im 11. Jh. auch die noch nicht zum Kaiser gekrönten Herrscher «König der Römer» zu nennen begannen), lange bevor es deutsch hätte werden können.

Bei aller Verankerung in der Tradition des Karlsreiches, von dem viele Errungenschaften erhalten blieben, bot das zweite Imperium des lateinischen Mittelalters doch ein vielfach verändertes Erscheinungsbild, das sich teilweise schon im Verlauf der spätkarolingischen Zeit abgezeichnet hatte, aber auch dadurch bedingt war, daß die ostfränkische Reichshälfte den zivilisatorischen Rückstand gegenüber dem von der Römerzeit geprägten Westen bis 900 bei weitem nicht hatte aufholen können. So liegt ein signifikanter Unterschied der ottonischen Herrschaftspraxis zur karolingischen darin, daß sie sich schriftlich allein in Privilegien für je einzelne Empfänger artikulierte, aber keinerlei generelle Normen nach Art der Kapitularien in Umlauf brachte und dementsprechend auch für Königsboten zur Kontrolle der Wirkung ihrer Vorgaben keinen Bedarf hatte. Von einer gegen vermeintliche Mißstände gerichteten und auf mehr Einheitlichkeit bedachten Reformpolitik wie zu Beginn des 9. Jhs. kann ebenso wenig die Rede sein wie von zielbewußten kulturellen Impulsen, die vom Königshof ausgegangen wären. Was das Reich zusammenhielt, war der Konsens des sakral legitimierten Herrschers mit den Großen, der in persönlichen Begegnungen und ritualisierten Formen immer wieder neu hergestellt werden mußte. Dazu war der Respekt des Königs vor dem Bestand der Herzogtümer sowie den erblich gewordenen Besitz- und Hoheitsrechten nicht weniger Adelsfamilien erforderlich, ferner deren sichtbare Beteiligung an wichtigen Entscheidungen, vor allem aber ein geschmeidiger Umgang mit unbotmäßigem Verhalten von unzufriedenen Einzelnen oder ganzen Gruppen, denen der Weg zu ausgehandelter Versöhnung und Begnadigung tunlichst nicht verbaut werden durfte. Radikale Konfliktlösungen wie vordem der Prozeß, mit dem Karl der Große den Vetter Tassilo von Bayern ins Verderben gestürzt hatte, verboten sich für die nachkarolingischen Herrscher, die in den Stürmen der ersten Hälfte des 10. Jhs. gelernt hatten, wie gefährlich es sein konnte, irgend jemanden, auf den es ankam, dauerhaft zu isolieren.

Zum Wandel der Verhältnisse gehörte auch, daß sich die Ottonen stärker als Karl der Große der Begrenztheit ihres Imperiums bewußt waren und den hoheitsvollen Kontakt mit anderen christlichen Reichen nicht scheuten, deren Aufblühen zu einem «jüngeren» Europa jenseits der karolingischen Grenzen ein hervorstechendes Kennzeichen der Epoche ist. Erkennbar wird das bereits am Heiratsverhalten: Während noch Heinrich I. nacheinander zwei Damen aus einheimischem Adel geehelicht hatte (wie die Karolinger), nahm Otto I. zunächst eine angelsächsische Prinzessin und nach deren Tod eine burgundische Königstochter und verwitwete Königin von Italien zur Frau. Deren kaiserlicher Sohn Otto II. gewann seine Gemahlin vom Kaiserhof in Konstantinopel, und auch für Otto III. war bereits eine Byzantinerin als Braut unterwegs, als er unerwartet starb. Die Vorstellung, nicht ein universales Großreich zu beherrschen, sondern als Kaiser (bloß noch) weit an der Spitze eines «internationalen» Geflechts von Herrschern und Völkern zu stehen, kommt besonders prägnant zum Ausdruck in dem von mehreren Quellen beachteten Empfang auswärtiger Gesandtschaften, die an Ostern 973 in Quedlinburg dem aus Italien heimgekehrten Kaiser Otto kurz vor dessen Tod ihre Aufwartung machten. Gemäß den Hildesheimer Annalen «kamen dorthin Gesandte der Griechen, Benevantaner, Ungarn, Bulgaren, Dänen und Slawen mit königlichen Gaben»[10], genauer noch nach den Altaicher Annalen «zwölf ungarische und zwei bulgarische Große, ferner Beauftragte des (dänischen) Herzogs Harald ... mit dem festgesetzten Tribut sowie Boleslaw (von Böhmen)», während «Mieszko (von Polen) seinen Sohn als Geisel schickte»[11]. Und nur wenig später, am Himmelfahrtstag in Merseburg, fanden sich, wie Widukind festgehalten hat, auch noch «Gesandte aus Afrika» ein[12], also Muslime, die anscheinend im Auftrag der Fatimidenherrscher im fernen Kairo über die Lage in Unteritalien verhandeln sollten.

An der Spitze der lateinischen Christenheit

Die sakrale Dimension des Kaisertums, wie sie die päpstliche Krönung vermittelte, war für Otto den Großen nicht weniger verpflichtend als für Karl den Großen. Seine geistliche Umgebung bestärkte ihn in dem Gedanken, als oberster Schutzherr der (lateinischen) Christenheit über die Grenzen des eigenen Reiches hinaus zur Abwehr heidnischer Feinde und zur Ausbreitung des wahren

Glaubens, speziell auch zur Sorge für die römische Kirche, berufen zu sein. In Rom hatte das rasche Zerwürfnis mit dem Krönungspapst Johannes XII. zur Folge, daß Otto in weit stärkerem Maße als zuvor Karl auf die Besetzung des Stuhls Petri Einfluß nahm und im Notfall für sich das Recht zur Nomination des Pontifex reklamierte. Sein Enkel Otto III. hat dies 996/99 nachgeahmt und zweimal Geistliche seines Vertrauens, die sogar von jenseits der Alpen kamen, den Römern als Bischöfe vorgesetzt, doch blieb die Wirksamkeit dieser Prärogative an die Anwesenheit des Kaisers in Rom oder wenigstens in Italien gebunden und konnte daher nicht von Dauer sein. Seit 1003 setzte sich vorerst wieder ein von außen unbehelligtes Papsttum des römischen Adels durch, das sich ohne aktiven Gestaltungswillen höchstens fallweise reagierend in der Gesamtkirche zur Geltung brachte und auch mit den Kaisern über deren römische Krönungen hinaus kaum in ständigen Beziehungen stand. Umgekehrt zeigten aber auch die ottonischen und frühsalischen Kaiser nur sporadischen Eifer, um normierend auf Recht und Liturgie der lateinischen Kirche einzuwirken, in der im übrigen während des ganzen 10. Jhs. dogmatische Auseinandersetzungen (auch mit Byzanz) völlig ausblieben.

Bei der missionarischen Expansion von Christentum und Kirche lag die Initiative auch im nachkarolingischen Europa nicht beim Papsttum, sondern bei den an die Heidenwelt des Nordens und Ostens angrenzenden christlichen Reichen, womit dem Ottonenreich (neben England) ganz von selbst die führende Rolle zufiel. So war es die gesamtfränkische Synode von Ingelheim 948, wo in König Ottos Gegenwart erstmals die dänischen Bistümer Schleswig, Ripen und Aarhus durch Oberhirten im Gefolge des Metropoliten von Hamburg-Bremen repräsentiert wurden. Das Ausmaß ihrer Wirksamkeit im Lande selbst bleibt freilich ganz unklar, nachdem 936 der Bremer Erzbischof Unni immerhin wieder wie einst Ansgar bis ins schwedische Birka vorgedrungen war. Als Otto I. den drei Bistümern 965 ein Privileg gewährte, war die Taufe des Dänenkönigs Harald aber wohl bereits vollzogen. Auch östlich der Oder entschied sich zur selben Zeit der polnische Fürst Mieszko I., verheiratet mit Dobrawa, der christlichen Tochter des böhmischen Herzogs Boleslaw I., für den Glaubenswechsel und wurde zum «Freund des Kaisers»[13]; der erste Bischof, der sich um 968 in Posen niederließ, war anscheinend ein Bayer aus Dobrawas Gefolge. Noch zu Ottos Lebzeiten kam es überdies zur Errichtung eines Bischofssitzes in Prag, der bald mit einem sächsischen Kleriker besetzt wurde. Im Sande verlaufen sind dagegen die Bemühungen um Beteiligung am kirchlichen Aufbau in der Kiever Rus, von wo Otto 959 die Bitte um einen Missionsbischof erreicht hatte, denn der 961 ausgesandte Trierer Mönch Adalbert entschloß sich wegen massiver Widerstände schon bald zur Heimkehr. Doch als ab 972 die Christianisierung auch der Ungarn in Gang kam, war es wiederum jemand aus Ottos Reich, der Mönch Brun (Prunwart) aus St. Gallen, der als Bischof dorthin geschickt wurde und alsbald den Großfürsten Géza (970–997) getauft haben soll, danach jedoch aus der Überlieferung verschwindet. Ungarn wurde zum Betätigungsfeld von Missionaren aus Bayern, und die 994/95 geschlossene Ehe Giselas, der Tochter des dortigen Herzogs, mit Gézas Sohn und Erben, Wajk, der in der Taufe den Namen Stephan erhielt, verhalf der religiösen Wende vollends zum Durchbruch.

Von solchen (keineswegs uneigennützigen) Schrittmacherdiensten für die kirchliche Organisation der werdenden Nachbarreiche strikt zu scheiden ist die Situation zwischen Saale und Oder, wo die Missionierung der slawischen Völkerschaften wie früher in Karls Sachsenkrieg unmittelbar mit deren militärischer Unterwerfung einherging. Dabei wurde bis 968 die Etablierung einer ganzen Kirchenprovinz mit dem Zentrum Magdeburg erreicht, aber nicht die Überwindung der erheblichen Aversionen unter den Betroffenen, die erst in der Konfrontation mit den sächsischen Eroberern und Kirchenmännern zu einem schlagkräftigen stammesübergreifenden Zusammenschluß fanden. Der vom Kultverband der Lutizen ausgegangene Aufstand im Sommer 983 beseitigte augenblicklich die Bischofssitze Brandenburg und Havelberg, ließ sich erst westlich der Elbe eindämmen und entzog der ottonischen Herrschaft dauerhaft alles Land östlich der Elbe bis auf die sorbischen Marken (Mei-

Abb. 4: Gründungsurkunde Kaiser Ottos I. für das Erzbistum Magdeburg (ohne Datierung, 968)

ßen) und die Lausitz, die gehalten werden konnten. Zwischen dem Imperium und dem gleichfalls christlichen Polen formierte sich eine Zone ostentativen Heidentums, die sich ganz ohne monarchische Spitze als Gegenkultur zu behaupten vermochte und zu einem eigenständigen Faktor der Politik wurde. Als König Heinrich II. 1003 mit diesen Lutizen ein Bündnis gegen Polen schloß, wurde Mission geradezu unerwünscht, und das östliche Vorfeld der Christenheit erlebte eine Zeit der auf sich gestellten Glaubensboten, die als Märtyrer endeten wie Adalbert von Prag, der unweit der Weichselmündung 997 den Tod bei den Prußen fand, oder Brun von Querfurt, der 1009 noch weiter östlich «im Grenzgebiet von Rußland und Litauen»[14] umkam (was die älteste Erwähnung Litauens darstellt).

Die Kirche des eigenen Reiches bezogen die Ottonen und frühen Salier in umfassender Weise in ihre Regierungsführung ein. Sie statteten die Bischofskirchen und eine ganze Anzahl von Klöstern und Stiften des Reiches mit wertvollem Besitz und nutzbaren Hoheitsrechten, nach 1000 auch ganzen Grafschaften aus (was den historischen Weg zum geistlichen Fürstentum eröffnete) und versetzten sie so in die Lage, ihnen in mannigfacher Hinsicht zu Diensten zu sein. Das reichte von der zeitweiligen Beherbergung und Verpflegung des umherziehenden Königshofs über regelmäßige Geschenke und Abgaben, die Gestellung bewaffneter Aufgebote für das Reichsheer, diplomatische Aufträge und politische Beratung bis hin zur religiösen Unterstützung durch Gebet und moralischen Rückhalt. Dementsprechend legten die Herrscher Wert darauf, bestimmenden Einfluß auf die Besetzung der höchsten Kirchenämter zu nehmen und dies durch den seit dem späten 9. Jh. bekannten Ritus der Investitur (Überreichung des Bischofsstabes, später auch des Ringes) sichtbar zu machen. Rechtfertigend im Hintergrund stand ihre sakral begründete Vorrangstellung als «die, die … durch den Glanz der Weihe und der Krone allen Sterblichen voranstehen» (nach den Worten des Bischofs Thietmar von Merseburg, † 1018)[15], was in der Praxis indes keine unumschränkte Entscheidungsfreiheit bedeutete, denn bei jeder Ernennung waren persönliche Anwartschaften (zumal von Hofgeistlichen), lokale Traditionen und die Ansprüche adliger Familien in Einklang zu bringen. Das Ergebnis war ein mit der weltlichen Führungsschicht eng verflochtener, dabei durchweg loyaler und im Schriftverkehr versierter Reichsepiskopat, der sich auf Hoftagen und Synoden regelmäßig traf und schon durch seine gemischte landschaftliche Herkunft nicht wenig zur inneren Festigung des Reiches beitrug. Kein Wunder, daß alle an der Peripherie neu entstehenden christlichen Reiche sogleich nach einer eigenen Kirchenprovinz mit einem Erzbischof und einem Synodalverband strebten.

Otto III.

Otto III., vaterlos aufgewachsen unter der Regentschaft seiner byzantinischen Mutter Theophanu und nach deren Tod (991) seiner burgundisch-italischen Großmutter Adelheid († 999), erzogen von dem Griechen Johannes Philagathos aus Kalabrien und von Bernward, dem späteren Bischof von Hildesheim, die ihm ein ungewöhnliches Maß an Bildung vermittelten, dachte und handelte von vornherein in imperialen Dimensionen und umgab sich als Kaiser mit einem «internationalen» Kreis von Freunden und Beratern, darunter dem Gelehrten Gerbert von Aurillac, dem aus Prag vertriebenen Bischof Adalbert, Abt Odilo von Cluny und Leo, dem späteren Bischof von Vercelli. Noch vor seinem 16. Geburtstag empfing er am 21. Mai 996 in Rom die Kaiserkrone von Gregor V. (996–999), seinem bisherigen Hofkapellan und Sohn seines Vetters, den er eben erst selbst zum Papst bestimmt hatte, als er auf dem Weg nach Rom vom Tod des Vorgängers erfuhr. Mit ihm gedachte Otto in der Leitung der Christenheit eng zusammenzuwirken, doch kaum hatte er Italien wieder verlassen, erhob sich der überspielte Stadtadel unter Führung des Crescentius und vertrieb Gregor, um ihn Anfang 997 durch Johannes Philagathos als Papst Johannes XVI. zu ersetzen. Otto kehrte im Februar 998 mit Heeresmacht zurück, nahm Rom ein und hielt ein grausames Strafgericht über Crescentius und den Gegenpapst. Bis zum Dezember 999 blieb er ständig in Italien und ganz überwiegend in Rom, wo er auf den Bleibullen seiner Urkunden die Devise «Erneuerung des Kaiserreichs der Römer» anbringen ließ[16], die Errichtung einer Kaiserpfalz auf dem Palatin betrieb und einen Hofstaat mit römisch-byzantinischen Titulaturen einführte. Als Gregor V. starb, machte er seinen Vertrauten Gerbert zum Nachfolger, der mit dem Papstnamen Silvester (II., 999–1003) deutlich an Kaiser Konstantin erinnerte und gemeinsam mit Otto in Rom Synoden abhielt.

Ob sich der junge Kaiser vorgestellt hat, dauerhaft von der Ewigen Stadt aus sein Imperium zu regieren, weiß man nicht; jedenfalls verließ er sie Ende 999 zu einer winterlichen Reise nach Polen, wo er die nach Gnesen verbrachten Reliquien des bei den Prußen umgekommenen Märtyrers Adalbert verehren, aber auch im Einvernehmen mit dem Papst eine gesonderte polnische Kirchenprovinz mit der Metropole Gnesen auf den Weg bringen wollte. Der glanzvolle Empfang, den ihm Herzog Boleslaw Chrobry im März 1000 bereitete, galt dem Kaiser, der seinerseits den Gastgeber (nach

Abb. 5: Kaiser Otto III., umgeben von zwei Königen (Boleslaw Chrobry und Stephan dem Heiligen?) und thronend über weltlichen und geistlichen Großen seines Reiches (Miniatur, um 1000)

späterer polnischer Darstellung) mit seinem Diadem geschmückt und zum «Freund und Bundesgenossen des römischen Volkes» erklärt haben soll[17], was wohl nicht als förmliche Königserhebung zu verstehen ist, aber doch als Auszeichnung, die Boleslaws gewichtige Sonderstellung am östlichen Rand des Imperiums zum Ausdruck brachte. Dazu paßt, daß im folgenden Jahr auch Stephan von Ungarn «Krone und Salbung» durch einen päpstlichen wie kaiserlichen Gesandten empfing[18], der dann als erster Erzbischof von Gran (Esztergom) an die Spitze der zu einer weiteren Kirchenprovinz verbundenen Bischöfe des Landes trat. Von Gnesen aus begab sich Otto III., zunächst begleitet von Boleslaw, in sein Reich nördlich der Alpen, besuchte Magdeburg, wo sein Großvater Otto I., und Quedlinburg, wo sein Urgroßvater Heinrich I. bestattet waren, sodann Aachen, wo er an Pfingsten das Grab Karls des Großen öffnen ließ (vielleicht um dessen Heiligenverehrung anzubahnen), und schließlich wohl auch das elsässische Kloster Selz mit der Ruhestätte seiner erst jüngst verstorbenen Großmutter Adelheid, traf aber schon im August wieder in Rom ein, wo er sein eigentliches Bewährungsfeld sah. In einer berühmten Urkunde bescheinigte er Papst Silvester, dessen Vorgänger hätten durch Sorglosigkeit den materiellen Niedergang der römischen Kirche bewirkt und mit Hilfe nichtiger Urkunden sich an Reichsrechten schadlos zu halten versucht, um gleich anschließend aus freiem kaiserlichen Entschluß dem hl. Petrus acht Grafschaften um Ravenna zu übereignen[19]. Zu dieser Zeit wankte Otto indes bereits der Boden unter den Füßen, denn im Januar 1001 entwickelte sich aus einem Aufstand in Tivoli eine allgemeine Empörung der Römer, deren der Kaiser auch nicht durch eine flammende Rede mit Beteuerung seiner Vorliebe für sie Herr wurde. Er mußte mit seinem Papst die Stadt heimlich verlassen und zog ins kaiserliche Ravenna, wo er seine bewaffnete Rückkehr an den Tiber vorbereitete. Gerade als Anfang 1002 Truppen aus dem Norden einzutreffen begannen, starb Otto am 23. Januar auf der Burg Paterno nördlich von Rom an einem Malariaanfall, noch keine 22 Jahre alt. Nur unter allerhand Gefahren konnte sein Leichnam über die Alpen geleitet werden,

Europa um 1000
KGR. NORWEGE
Kaupa
Inverness
KGR. SCHOTTLAND
Edinburg
Nordsee
Vibo
KGR.
DÄNEMA
IRLAND
Armagh
Durham
Dublin
York
Limerick
Schleswig
Cork
KGR.
ENGLAND
Hamb
Bremen
London
Münster
Magdeburg
Sachse
Köln
Lüttich
Atlantischer Ozean
Hzm. Normandie
Rouen
Mainz
Reims
Worms
Würz
Paris
Rennes
Metz
Speyer
Angers
Regensb
Tours
Loire
Troyes
Rhein
Augsbu
Poitiers
Nevers
Baye
KGR.
FRANKREICH
Lausanne
Santiago de Compostela
Bordeaux
Lyon
Mailand
Po
Venedi
Cahors
Turin
León
Rhône
LEÓN
Carcassonne
Avignon
Genua
Ravenna
Porto
Navarra
Arles
Narbonne
Marseille
KGR. ITALIE
Ebro
Zaragoza
Barcelona
Spole
Korsika
Tajo
Lissabon
Toledo
Tarragona
Ron
OMAJJADEN
Sardinien
Córdoba
Sevilla
Balearen
Cagliari
Málaga
Mittelmeer
Ceuta
Melilla
Algier
Tunis
Fez
Maghrib
Al-Mahd
Sfax
Gabes
Reichsgrenze
0
300
600 km

Sigtuna
KGR.
HWEDEN
Nowgorod
Jaroslawl
Pleskau
Wolga
Oka
Ostsee
Smolensk
Wolga
Danzig
Minsk
Dnjepr
KIEWER REICH
Bug
Gnesen
Posen
Brest
Weichsel
POLEN
Breslau
Kiew
Donez
Don
Oder
Krakau
Dnjepr
Prag
Halitsch
Dnjestr
Theiß
Ofen
Belgorod
UNGARN
Cherson
Drau
Save
Schwarzes Meer
KGR.
ROATIEN
Belgrad
Donau
Warna
Sinope
Trapezunt
BULGARISCHES REICH
Amastris
Ragusa
Philippopel
Adria
Skopje
Adrianopel
Konstantinopel
Ankyra
Barletta
Durazzo
Saloniki
BYZANTINISCHES REICH
Melitene
Kaisareia
Tarent
Ägäis
Amorion
Edessa
Pergamon
Anazarbos
Larissa
Ikonion
Smyrna
Aleppo
Ephesos
Athen
Antiochia
Korinth
Milet
Reggio
Laodikeia
Ionisches Meer
Rhodos
Syrakus
Kypros
Tripolis
Damaskus
Kreta
Sidon
Akkon
Mittelmeer
Jerusalem
Barka
Alexandria
FATIMIDEN
Ägypten
Kairo

um seinem Wunsch gemäß am Ostersonntag (5. April) in Aachen beim Karlsgrab beigesetzt zu werden.

Von Heinrich II. zu Heinrich III.

Vierzig Jahre nach der Erneuerung des Kaisertums durch Otto I. war die ottonische Italienpolitik mit dem Tod Ottos III., der ebenso wie schon Otto II. jählings im Süden verstorben war, an einen Wendepunkt gelangt. Daß sich schon nach drei Wochen Markgraf Arduin von Ivrea in Pavia von seinem Anhang zum neuen König Italiens ausrufen ließ, zeigte vollends, daß die Beherrschung des Doppelreichs beiderseits der Alpen einschließlich des geistlichen Zentrums Rom eine nur schwer zu meisternde Herausforderung darstellte. Keiner derjenigen, die in den folgenden Monaten um die Nachfolge des kinderlos gebliebenen Otto konkurrierten, scheint darauf aus gewesen zu sein, dessen Politik fortzusetzen. Heinrich II. (1002–1024), Urenkel Heinrichs I. und seit 995 Herzog von Bayern, der sich vor allem mit Hilfe des Erzbischofs Willigis von Mainz durchsetzte und in dessen Dom am 7. Juni gesalbt und gekrönt wurde, hatte Otto III. durchaus in Italien zur Seite gestanden, aber als Erbe der wiederholt in Gegensatz zu den Ottonen getretenen bayerischen Linie der Liudolfinger doch einen ganz anderen Horizont. Er wählte die Devise «Erneuerung des Reiches der Franken» für die Bullen seiner Urkunden[20] und konzentrierte sich auf die Sicherung der Herrschaft nördlich der Alpen, wo nach dem Thronwechsel die Rangordnung der Großen neu zu bestimmen war. Vor allem kam dabei das Verhältnis zu dem zuletzt mit Otto III. eng vertrauten polnischen Herzog Boleslaw zu Schaden, der seinerseits nicht wenig Rückhalt im sächsischen Adel hatte. Der bewaffnete Konflikt, der sich mit Unterbrechungen bis 1018 hinzog, führte im Ergebnis jedenfalls nicht zu einer Schwächung Boleslaws und war begleitet von weiteren Fehden in anderen Gegenden des Reiches, wo Heinrich Unmut geweckt hatte. Stärker als auf den Laienadel stützte er sich auf die (in der Regel von ihm ausgesuchten) Reichsbischöfe und -äbte, deren Ressourcen konsequent in den Dienst des Königs gestellt wurden. Höhepunkt seiner Kirchenpolitik war die Gründung und reiche Ausstattung des Bistums Bamberg (1007), womit er wegen der Kinderlosigkeit seiner Ehe mit Kunigunde «Gott zu seinem Erben einsetzen» wollte[21].

Italien geriet darüber ins Hintertreffen. Bloß zwei Monate verwandte Heinrich im Frühjahr 1004 darauf, sich südlich der Alpen zur Geltung zu bringen, wo Arduin eine militärische Konfrontation vermied, also unbezwungen blieb und Heinrich in Pavia vom Mailänder Erzbischof zum «König der Franken und Langobarden» gekrönt wurde[22], nur Stunden bevor Teile der Stadt durch Unruhen der Bürger in Flammen aufgingen. Ein volles Jahrzehnt verstrich, in dem Arduin seine Parteigänger behielt und deren Gegner allenfalls aus der Ferne mit Privilegien ihres Königs bedacht wurden, bis Heinrich eine Kampfpause in Ostsachsen für seinen zweiten Italienzug nutzte, der ihm die Kaiserkrone einbringen sollte. In Rom hatten sich 1012 gegen die Crescentier die Tusculaner Grafen mit Papst Benedikt VIII. (1012–1024) durchgesetzt, der Heinrich und seine Gemahlin Kunigunde am 14. Februar 1014 in St. Peter krönte, das Kaiserpaar danach aber nur wenige Tage zu Gast hatte, denn Ostern feierte man bereits wieder in Pavia und Pfingsten in Bamberg. Arduin regte sich erneut, trat dann aber, den Tod vor Augen, in sein Kloster Fruttuaria ein, wo er Ende 1015 starb. Zu einem dritten Italienzug war Heinrich II. nur durch den spektakulären Besuch Benedikts VIII. zu bewegen, der ihn 1020 in Bamberg und Fulda aufsuchte, um sein Eingreifen gegen die in Unteritalien vordringenden Byzantiner zu erbitten. So kam es im Herbst 1021 zu einem großen Heereszug, der, ohne Rom zu berühren, bis nach Apulien vorstieß, wo der westliche Kaiser nach längerer Belagerung die Festung Troia einnahm und abtrünnig gewordene Fürsten unterwarf, aber eine direkte Konfrontation mit dem östlichen Kaiser ausblieb. Heinrich gab sich mit dem Achtungserfolg zufrieden und trat vor der Sommerhitze einen raschen Rückzug an, bei dem er am 1. August 1022 in Pavia Gelegenheit fand, auf einer großen Synode zusammen mit dem Papst kirchenrechtliche Regelungen für alle Christen zu treffen. Im vergleichenden Rückblick auf Otto III. drängt sich der Eindruck auf, daß sich Heinrich II. instinktiv scheute, tiefer in die Probleme Italiens hineingezogen zu werden, und auch als Kaiser seinen Platz grundsätzlich nördlich der Alpen sah.

Damit gab er die Linie vor für den ersten Salier, der ihm nach seinem Tode (am 13. Juli 1024 in Grone bei Göttingen) im Königtum nachfolgte. Konrad II. (1024–1039), als Franke beheimatet in der Gegend um Worms und Speyer, der bei der Wahl der Großen den Vorzug vor einem gleichnamigen Vetter erhielt und am 8. September in Mainz gekrönt wurde, kam in dem dynastischen Vakuum, das Heinrich II. hinterlassen hatte, deshalb zum Zuge, weil er über seine Urgroßmutter von Otto I. abstammte. Schon gleich nach seinem ersten Umritt durch die Herzogtümer zeigte er sich bestrebt, die herrscherliche Zukunft seines Hauses zu sichern. Dazu designierte er 1026 Heinrich III. (1039–1056), den achtjährigen Sohn aus seiner Ehe mit der schwäbischen Herzogstochter Gisela, zum künftigen König, bevor er für mehr als ein Jahr nach Italien aufbrach. Dort empfing er (nach unsicherer Überlieferung) eine weitere Königskrönung in Mailand und jedenfalls an Ostern (26. März) 1027 in Rom von Papst Johannes XIX. (1024–1032) die Kaiserkrone, in Gegenwart der Könige Knut von England und Dänemark sowie Rudolf III. von Burgund. Ohne in die römischen Verhältnisse näher einzugreifen, eilte er nach einem kurzen Abstecher in den Süden zurück nach Deutschland, um den jungen Heinrich zum Herzog von Bayern einzusetzen und ihm an Ostern (14. April) 1028 in Aachen die förmliche Wahl zum König und die Krönung durch den Erzbischof von Köln zu verschaffen. Dem kaiserlichen Selbstverständnis gemäß hielt man bald schon Ausschau nach einer standesgemäßen Braut aus Byzanz, und als die nicht zu finden war, wurde der Junior 1036 mit der dänischen Königstochter Gunhild vermählt, die auch Kunigunde genannt wurde. Vorrangiges Ziel von Konrads imperialer Politik, die seit 1033 in der Bullendevise «Rom, das Haupt der Welt, führt die Zügel des Erdkreises» ihren Ausdruck fand[23], war der Erwerb des (888 entstandenen) Königreichs Burgund, dessen letzter Herrscher Rudolf III. (993–1032) in zwei Ehen kinderlos geblieben war. Schon Kaiser Heinrich II.,

Rudolfs Neffe, hatte sich 1016 und 1018 die Anwartschaft bestätigen lassen. Gegenüber Konrad II., dessen Gattin Gisela seine Nichte war, nahm Rudolf anfangs eine reservierte Haltung ein, aber der Salier zwang ihn 1025 durch die Besetzung von Basel zu Verhandlungen, die dazu führten, daß der Burgunder nach der Teilnahme an Konrads Kaiserkrönung in Rom ihm bei einem weiteren Treffen das Erbe zusprach. Darauf gestützt erschien Konrad nach Rudolfs Tod im Lande und trat mit einer Krönung im Kloster Peterlingen/Payerne am 2. Februar 1033 die Herrschaft an, doch hatte er sich noch jahrelang gegnerischer Regungen zu erwehren, vornehmlich von Rudolfs Neffen, Graf Odo II. von Blois-Champagne († 1037), der allerdings auch den französischen König Heinrich I. gegen sich hatte. Erst mit der Wahl und Krönung von Konrads Sohn Heinrich in Solothurn (1038) war die Vereinigung Burgunds mit Deutschland und Italien zur Trias des mittelalterlichen Imperiums vollendet.

Weniger glücklich verlief Konrads zweiter Italienzug, der 1036 durch verbreitete Aufstände der kleinen Vasallen (Valvassoren) in der Lombardei gegen ihre meist geistlichen Lehnsherren veranlaßt wurde. Der Kaiser geriet in einen heftigen Streit mit Erzbischof Aribert von Mailand (1018–1045), belagerte dessen Stadt vergeblich und scheute sich nicht, ihn durch sein bloßes Machtwort abzusetzen. Den Valvassoren sicherte er 1037 in einem epochemachenden Gesetz die Erblichkeit ihrer Lehen zu, entzog sich dann aber weiteren Verwicklungen durch einen Vorstoß nach Süden, wo er zu Ostern (26. März) 1038 Papst Benedikt IX. (1032–1045) nicht in Rom, sondern in Umbrien traf. Anschließend suchte er die Machtverhältnisse im Bereich von Capua und Benevent neu zu regeln, was zur erstmaligen Begegnung mit den im Mezzogiorno eindringenden Normannen führte. Auf dem Rückmarsch befiel das Heer im Juli eine schlimme Seuche, zu deren Opfern auch Gunhild, die junge Gattin Heinrichs III., gehörte. Man meint zu verstehen, warum dieser, als ihm übers Jahr die Nachfolge des Vaters (verstorben am 4. Juni 1039 in Utrecht) zufiel, nicht sogleich wieder nach Italien strebte. Vielmehr empfing er 1040 Aribert von Mailand in Ingelheim, um sich mit ihm auszusöhnen, unternahm Feldzüge nach Böhmen und Ungarn, drängte im Innern des Reiches nachdrücklich auf Wahrung des Friedens und ging 1043 eine zweite Ehe ein mit Agnes von Poitou, der Tochter des Herzogs von Aquitanien. Als er sich dann nach sieben Jahren entschloß, doch Kaiser werden zu wollen, setzte Heinrich III. einen ungeahnten Wandel in Bewegung, der Europa verändern sollte.

Frankreich unter den ersten Kapetingern

Das auf Karl den Kahlen zurückgehende Frankenreich westlich von Maas, Saône und Rhône, an dem der Frankenname für alle Zeiten haften blieb, entwickelte sich seit dem 10. Jh. fühlbar anders als das östliche Frankenreich, das unter Otto dem Großen ein eindeutiges Übergewicht gewann, nach dem Erwerb großer Teile Italiens zum Imperium aufstieg und durch die Einbeziehung Burgunds nach 1032 Frankreich dauerhaft von Italien abschnitt. Den westfränkischen Königen gelang es nicht wie den Ottonen, ihre Herrschaft über eine bloß formale Anerkennung hinaus überall innerhalb ihrer Reichsgrenzen fühlbar zu machen. Vielmehr geboten die seit 987 regierenden Kapetinger unmittelbar nur über eine begrenzte Krondomäne im Norden (mit den Schwerpunkten Orléans, Paris, Senlis, Reims) und hatten lediglich über knapp 20 der insgesamt 77 Bischofssitze eine wirksame Verfügungsgewalt. Alles Übrige, namentlich der ganze Süden, war in den Händen mächtiger Lehnsfürsten und kleinerer Grafen, die vielfach auch die Kirchenhoheit ausübten und ohne viel Rücksicht auf den König in «feudaler Anarchie» ihre Rivalitäten ausfochten. In der langfristigen Bedeutung nicht zu unterschätzen ist allerdings der Vorrang, den die Monarchie durch ihre sakrale Legitimation in Salbung und Krönung jeglichen anderen Gebietern vorausshatte; schon im frühen 11. Jh. konkretisierte er sich in ersten Hinweisen auf wundertätige Heilkräfte des Königs. Dazu kam sehr im Unterschied zu Ostfranken/Deutschland eine jahrhundertelange dynastische Kontinuität, die immer wieder durch die rechtzeitige Erhebung des Thronfolgers zum Mitkönig des Vaters gesichert wurde.

Das begann bereits mit Hugo (Capet), der Mitte 987 gemäß der Aufzählung des zeitgleichen Chronisten Richer dem Anspruch nach zum König über «Gallier, Bretonen, Dänen» (d. h. Normannen), «Aquitanier, Goten, Spanier und Waskonen» (zuzüglich der Burgunder) erhoben wurde[24] und schon an Weihnachten desselben Jahres dafür sorgte, daß seinem Sohn Robert II. (996–1031) ebenfalls Salbung und Krönung zuteil wurden. Da sich der übergangene karolingische Prätendent Karl, Bruder des verstorbenen Königs Lothar, nicht geschlagen gab, kam es noch zu einem längeren Thronstreit, der 991 damit endete, daß Karl durch Verrat in die Hände seiner Feinde fiel und in Hugos Gefangenschaft umkam. Zu den Folgen gehörte ein zäher Streit um den Reimser Erzstuhl, in dem sich der Karolinger Arnulf dank Rückhalt am Papsttum gegen den Willen der Kapetinger behaupten konnte. Robert II. war bei dreimaliger Heirat um vorteilhafte Bündnisse mit wichtigen Adelsgruppen bemüht, vermochte aber tatsächlich nur das 1002 frei gewordene Herzogtum Burgund an sich zu ziehen und nach heftigen Auseinandersetzungen mit den dortigen Großen schließlich seinem zweiten Sohn Heinrich zu verleihen, während er ziemlich machtlos den rasanten Aufstieg des Grafen Odo II. von Blois-Champagne hinzunehmen hatte. Bei einer dadurch veranlaßten Begegnung mit Kaiser Heinrich II. im Grenzort Ivois (1023) entstand der (nicht realisierte) Plan einer gemeinsamen Synode von Bischöfen beider Reiche in Pavia, ein bemerkenswerter Nachhall der umfassenden karolingischen Vergangenheit. Nach dem frühen Tod seines älteren Sohnes und Mitkönigs Hugo (1025), der 1024 ein Angebot italischer Großer ausgeschlagen haben soll, in der Nachfolge Kaiser Heinrichs II. bei ihnen König zu werden, setzte Robert II. 1027 die Königserhebung des genannten Sohnes Heinrich I. (1031–1060) durch. Doch noch war die Verbindlichkeit einer solchen Vorentscheidung nicht unumstritten, wie sich nach Roberts Tod zeigte, als seine Witwe den jüngsten Sohn Robert favorisierte, der 1032 mit dem Herzogtum Burgund abgefunden werden mußte. Im Widerstand gegen die Ambitionen Odos († 1037) auf das Königreich Burgund fanden Heinrich I. und Kaiser Konrad II. zueinander, während sich der König im wechselvollen innerfranzösischen Machtkampf ohne nachhaltige Erfolge gegen mindestens ebenbürtige Gegner durchzulavieren hatte. Seine drei Begegnungen mit Kaiser Heinrich III. an der Grenze (1043, 1048, 1056) sind nur undeutlich überliefert, doch wird zumindest im letzten Fall von einem offenen Eklat berichtet, dem dann über hundert Jahre lang kein derartiges Herrschertreffen mehr gefolgt ist. Im Jahr vor seinem Tod folgte Heinrich I. der Familientradition, indem er an Pfingsten 1059 seinen siebenjährigen Sohn Philipp zum Mitkönig erhob.

Ein Reichsteil besonderer Art war die Normandie beiderseits der unteren Seine, die auf die geduldete Ansiedlung dänischer Wikinger unter dem Anführer Rollo im frühen 10. Jh. zurückging und schon dadurch vom fränkischen Gesamtcharakter des Reiches abstach. Von der Grafschaft Rouen aus erweiterten Rollo und seine Nachfolger stetig ihren Aktionsradius und traten seit 966 als Markgrafen, nach 987 auch als Herzöge in Erscheinung. Sie unterhielten noch bis ins frühe 11. Jh. enge Beziehungen nach Skandinavien, verschwägerten sich aber auch mit den Robertinern und den Königen von Wessex, stützten ihren Herrschaftsaufbau auf monastische Kräfte und hinderten nicht die allmähliche Akkulturation an die französischsprechende Umgebung. Herzog Wilhelm II. (der Eroberer, 1035–1087), ein illegitimer Sproß aus der fünften Generation nach Rollo, wurde zu einer Gestalt von europäischer Bedeutung, als er sich 1066 das englische Königtum verschaffte.

3. England und Skandinavien

Verschiedene Entwicklungen haben dazu geführt, daß vom 9. bis zum 11. Jh. die Küstenländer der Nordsee in immer engere Beziehung zueinander traten: zunächst das massive Eindringen dänischer und norwegischer Wikinger in die angelsächsischen Reiche (aber auch die Küstengebiete Schottlands und Irlands), was von anfänglichen Beutezügen zu dauerhafter Niederlassung und Herrschaftsbildung voranschritt, sodann das Erstarken der nordischen Monarchien und deren Christianisierung unter maßgeblichem englischen Einfluß im 10./11. Jh., schließlich um 1000 ein neuer kräftiger Impuls zu maritimer Expansion weit über die Nordsee hinaus und am Ende der Wettstreit eines norwegischen Königs und eines Herzogs der Normandie um die Krone des Inselreiches, der 1066 dazu führte, daß England den Normannen anheimfiel und zu einer neuen, stärker dem Kontinent verbundenen Identität fand.

Die englische Gesamtmonarchie von Eduard dem Älteren bis Edgar

Nachdem Alfred der Große, der 899 verstorbene König von Wessex, der ungehemmten Ausbreitung der Wikinger auf der Insel Einhalt geboten und dabei alle «freien» Angelsachsen unter seinem alleinigen Königtum geeint hatte, war es das Ziel der Nachfolger, die dänisch beherrschten Gebiete, die kaum eine politische Einheit bildeten («Danelag»), schrittweise zurückzugewinnen. Dazu dienten nicht nur militärische Vorstöße, sondern auch die Anerkennung von Unterschieden in den Rechtsgewohnheiten und die Förderung der religiösen Angleichung, die schon unter Alfred mit der Taufe eines der dänischen Anführer namens Guthrum (878) eingesetzt hatte. Auf solche Weise vermochte Alfreds Sohn Eduard der Ältere (899–924) seine Autorität über Wessex und Mercien hinaus auf die Midlands, Ostanglien und Essex auszudehnen und bis 918 die Grenze seiner Herrschaft zum Humber vorzuschieben, wodurch die Angelsachsen wieder ein deutliches Übergewicht erlangten. In Northumbrien, wo aus Irland stammende Wikinger norwegischer Abkunft die Macht innehatten, setzte sich endgültig erst Eduards Sohn Aethelstan (924–939) durch, der 927 York eroberte und später sogar tief nach Schottland eindrang. Er ließ sich urkundlich als «König der Angelsachsen und Dänen»[25], auf Münzen wie auch in Urkunden als «König von ganz Britannien» (also ohne Bezug auf ein bestimmtes Volk) bezeichnen[26] und pflegte familiäre Beziehungen zu den Herrschern des Kontinents. So gab er 926 bzw. 929 seine Schwestern Eadhild und Edgitha dem Herzog Hugo (Magnus) von Francien sowie dem ostfränkischen Thronfolger Otto (dem Großen) zur Frau, nachdem bereits um 920 Eadgifu, Eduards älteste Tochter, den westfränkischen Karolinger Karl den Einfältigen geehelicht hatte.

Aethelstans Brüder Edmund (939–946) und Eadred (946–955) hatten sich jahrelanger Aufstände im Norden zu erwehren, die zur zeitweiligen Wiederherstellung des skandinavisch dominierten Königreichs von York führten. Der Höhepunkt der Krise war erreicht mit dem Eingreifen von Erich (Blutaxt), einem aus seiner Heimat vertriebenen norwegischen Königssohn, der sich in York niederließ, bis er 954 von Eadred besiegt und getötet wurde. Danach blieb das geeinte England ein Vierteljahrhundert lang von ähnlichen Auseinandersetzungen verschont. Die innere Politik von Edmunds Sohn Edgar (959–975), der sich gegen seinen älteren Bruder durchsetzte, 973 in Chester die Huldigung von acht keltischen «Königen» (aus Wales und Schottland) entgegennahm und angeblich jedes Jahr die ganze Insel Britannien zu umsegeln pflegte, war spürbar auf Ausgleich mit den nun überwiegend getauften Dänen im Lande gerichtet. Der König trat als Gesetzgeber hervor und förderte im Zusammenwirken mit vertrauten Kirchenmännern, denen er zu den wichtigsten Bischofssitzen verhalf, sowie im Kontakt mit westfränkischen Klöstern wie Fleury und Corbie aktiv eine umfassende Reform des englischen Mönchtums, die auch den Klerus der Kathedrale in Edgars Hauptresidenz Winchester erfaßte. Richtschnur wurde die Aachener Gesetzgebung Ludwigs des Frommen von 816/19 mit starker Betonung der Pflicht zum Gebet für König und Königin. Nachdem im 8. Jh. von angelsächsischen Mönchen wesentliche Impulse zur Erneuerung der fränkischen Klöster ausgegangen waren, verlief der Duktus der historischen Entwicklung zwei Jahrhunderte später in genau umgekehrter Richtung.

Christliche Könige in Dänemark, Norwegen und Schweden

Gleichzeitig mit der Konsolidierung Englands erlebte im 10. Jh. die skandinavische Heimat der Wikinger, bewohnt von Bauern und Händlern mit Hafenplätzen, aber ohne Städte, folgenreiche Wandlungen. In Dänemark, dem volkreichsten der nordischen Länder, traten nach jahrzehntelanger Unterbrechung wieder namentlich bekannte Könige in Erscheinung, die ihren Hauptsitz im jütländischen Jelling hatten. Am Anfang steht Gorm (der Alte, † 958/59), der eine vom ottonischen Sachsen ausgehende christliche Mission hinzunehmen hatte, selbst aber die durch den Bremer Erzbischof Unni angebotene Taufe ablehnte, während sein Sohn und Nachfolger Harald (Blauzahn, 958/59–987) sich durch ein von Widukind von Corvey kolportiertes Wunder[27] von der Überlegenheit des Christengottes überzeugen ließ und um 962 den Kultwechsel zusammen mit seiner Familie und seinem Gefolge vollzog. Auf einem in Jelling erhaltenen singulären Steindenkmal rühmt er sich als derjenige, «der sich ganz Dänemark und Norwegen unterwarf und die Dänen zu Christen machte»[28]. Da auch archäologische Spuren von Befestigungen in Jütland sowie auf Fünen und Seeland dafür sprechen, wird angenommen, daß Harald im Laufe seiner Regierung tatsächlich die Hoheit über ganz Dänemark gewann. Das Christentum freilich setzte sich keineswegs schlagartig durch, und zu einer festen Bistumsorganisation ist es trotz der Bremer Bemühungen in ottonischer Zeit erst im 11. Jh. unter englischem Einfluß gekommen. Harald wurde 987 durch einen blutigen Aufstand seines Sohnes Sven (Gabelbart, 987–1014) zur Flucht ins Slawenland (wohl zu den Abodriten) gezwungen und ist nach seinem Tode nicht mehr im «heidnischen» Jelling, sondern in der von ihm begründeten Kirche von Roskilde auf Seeland beigesetzt worden.

Was Norwegen angeht, das Harald Blauzahn ebenfalls für sich beanspruchte, so wird von der nordischen Geschichtsdichtung des Hochmittelalters Harald I. (Schönhaar) aus dem Geschlecht der Ynglinge als Einiger des Landes dargestellt, der um 900 von der Gegend westlich des Oslofjords aus andere regionale Machthaber unterwarf. Nach seinem Tod (um 930) setzte sich im Kampf der Erben Håkon I. (der Gute, um 935–961) durch, der am Hof Aethelstans von England aufgewachsen und dort Christ geworden war. Als König legte er wenig missionarischen Eifer an den Tag, kehrte vielleicht sogar zu den alten Göttern zurück und kam schließlich durch einen Aufstand der Söhne seines Halbbruders Erich (Blutaxt, † 954 in England) zu Fall, die ihn mit dänischer Hilfe besiegten. Harald Blauzahn wurde dadurch auch im Süden Norwegens zum eigentlichen Gebieter, der die einheimischen Großen in deren Ringen um die Königswürde gegeneinander auszuspielen verstand. Erst Jahre nach Haralds Tod gelang es Olaf Tryggvason (994/95–999/1000), einem Urenkel Harald Schönhaars, vom nördlichen Nidaros (später Trondheim) aus ein neues, gegen die dänische Vorherrschaft gerichtetes Königtum zu etablieren, das er für eine forcierte Christianisierung in Norwegen zu nutzen suchte. Allerdings konnte er sich nicht lange halten, denn ein Bündnis Sven Gabelbarts von Dänemark mit dem schwedischen König Olaf (Schoßkönig, 994/95–1021/22) besiegte ihn in einer Seeschlacht wohl im Öresund, bei der er umkam. Nach einer weiteren Phase der dänischen Suprematie war es dann Olaf Haraldsson (der Heilige, 1016–1028/30), der mit der Erfahrung jahrelanger Wikingerfahrten nach Westeuropa und einer dort empfangenen Taufe das Königtum in Norwegen an sich riß und der Durchsetzung des Christentums wirksamen Nachdruck gab, aber zur Einrichtung von ständigen Bischofssitzen kam es auch hier erst im Fortgang des 11. Jhs.

Um eine bis zwei Generationen verzögert verlief die Entwicklung in Schweden. Der schon erwähnte Olaf Schoßkönig, Sohn des nur schemenhaft faßbaren Erich des Siegreichen († um 995), galt der wiederum späten Überlieferung als der erste christliche, von einem englischen Missionsbischof 1008 (vermutlich etwas früher) getaufte Herrscher Schwedens und zugleich als derjenige, der die historische Kernlandschaft Svealand mit dem südlicheren Götaland unter seinem Regiment vereinigt hat. Im neu gegründeten Sigtuna am Mälarsee, dem Gegenpol zum traditionellen Kultzentrum Alt-Uppsala, ließ er von angelsächsischen Fachleuten Münzen mit christlichen Symbolen prägen. Daß Olaf zwei seiner Töchter einerseits mit Olaf dem Heiligen von Norwegen und andererseits mit dem Großfürsten Jaroslav von Kiev verheiratete, zeigt nicht anders als die früher geschlossenen Ehen Harald Blauzahns von Dänemark mit einer Tochter Herzog Mieszkos I. von Polen sowie des Olaf Tryggvason von Norwegen mit einer Tochter Haralds, wie schnell sich auch über weite Entfernungen hinweg so etwas wie eine Familie der getauften Könige herausbildete, die auf Stabilität und wechselseitige Anerkennung ihrer Reiche innerhalb der wachsenden christlichen Welt bedacht waren.

Weitere Expansion über See

Die Hinwendung zumindest der Führungsschicht der nordischen Reiche zum christlichen Glauben seit der zweiten Hälfte des 10. Jhs. hat deren Drang in die Ferne keineswegs gehemmt. Während aus Schweden Händler, Krieger und Bauern über die Ostsee hinweg weiter in die Länder slawischer wie baltischer Sprache und an die Küste Finnlands vorstießen, hatten Norweger längst den Bereich der Nordsee hinter sich gelassen und von 870 bis 930 die zuvor menschenleere Insel Island besiedelt, wohin nicht wenige Gegner Harald Schönhaars ausgewichen zu sein scheinen. Auch wenn die Verbindung zur alten Heimat, die eine Seereise von sieben Tagen entfernt war, lebensnotwendig blieb, wurde Island doch nicht zu einem Bestandteil Norwegens, denn gemäß den historischen Erzählungen, die auch hier erst im 12./13. Jh. aufgezeichnet wurden, entwickelte sich auf der Insel eine eigenständige, ziemlich nivellierte öffentliche Ordnung ohne Königtum, die von einer Anzahl regionaler Häuptlinge («Goden») und einer jährlichen Thingversammlung aller Freien geprägt war. Bei einer derartigen Gelegenheit wurde 999/1000 offenbar auf Drängen Olaf Tryggvasons die allgemeine Taufe beschlossen, ohne vorchristliche Gebräuche im privaten Rahmen zu verbieten. Von einem ersten Bischof namens Isleif, den sich die Isländer selbst erwählt hatten, erfahren wir erst um 1050, als er nach Besuchen bei Kaiser und Papst vom Erzbischof von Bremen die Weihe empfing.

Noch in heidnischer Zeit wurde Island zur Basis weiteren kühnen Vordringens nach Westen. Erich der Rote, ein aus Norwegen und aus Island verbannter Abenteurer, entdeckte um 985 die große mit Eis bedeckte Insel, die er euphemistisch Grönland («Grünland») genannt haben soll, um künftige Bewohner anzulocken. Tatsächlich entstanden bald schon an ihren Küsten drei archäologisch gesicherte Siedlungsgebiete, die zusammen nie mehr als 3000 Menschen Raum boten und sich bis ins 15. Jh. gehalten haben. Von Island wurde bald nach 1000 das Christentum übernommen, und im 12. Jh. gab es in Grönland auch einen (in Dänemark geweihten) Bischof. Noch spektakulärer sind aus neuzeitlicher Sicht die sagenhaften Berichte über die Fahrten, die Erichs Sohn Leif um 1000 an die Küste Nordamerikas geführt haben sollen. Nach Bodenfunden im Norden der heute kanadischen Insel Neufundland dürfte immerhin feststehen, daß es dort Jahrhunderte vor Kolumbus eine skandinavische Siedlung gegeben hat, die jedoch nach wenigen Jahren wieder aufgegeben wurde. Ihr Zusammenhang mit der zuerst um 1080 bei Adam, dem Chronisten der Bremer Kirche, genannten Insel *Winland* (doch wohl «Weinland», was Neufundland nicht gewesen sein kann) bleibt ungewiß[29].

Lebhafter als diese Vorgänge an der äußersten Peripherie wird den Zeitgenossen der abermalige skandinavische Ansturm auf England vor Augen gestanden haben, der schon bald nach König Edgars Tod (975) unter dessen unglücklichem Sohn Aethelred («dem Ratlosen», 978–1016) in Gang kam und anders als die Wikingerzüge früherer Zeiten von den Königen Norwegens und Dänemarks selbst getragen war. Nach den englischen Berichten soll es zunächst Olaf Tryggvason gewesen sein, der 991 mit einer großen Flotte die Nordsee überquerte, bei Maldon in Essex den Angelsachsen eine verheerende Niederlage beibrachte und anschließend plündernd durchs Land zog, bis er sich gegen eine hohe Tributzahlung («Danegeld») zum Abzug bereit fand. Als Olaf drei Jahre später im Gefolge des mächtigeren Dänenkönigs Sven Gabelbart wieder erschien und London bedrohte, konnte er zwar zur Taufe und zur Rückkehr nach Norwegen bewogen werden (wo er sich des Königtums bemächtigte), doch ging damit die Initiative vollends auf die Dänen über, die in den Folgejahren ihre Attacken auf die angelsächsischen Kerngebiete im Süden konzentrierten und immer höhere Zahlungen erpreßten. Der militärisch hilflose König Aethelred gedachte 1002 das Blatt zu wenden durch den Befehl, an einem bestimmten Stichtag wahllos alle Dänen zu ermorden, deren man in ganz England habhaft werden konnte, darunter auch eine Schwester Svens. Die Folge war ab 1003 eine Serie von Rachefeldzügen aus Dänemark, die zunehmend in Eroberung übergingen und 1013 ans Ziel gelangten: Aethelred gab den Kampf verloren und floh auf den Kontinent zu seinem Schwager, Herzog Richard II. von der Normandie. Als anerkannter König von Dänemark und England starb Sven Gabelbart jedoch schon wenige Monate später am 3. Februar 1014 in Gainsborough bei Lincoln.

Knut der Große

Während Svens älterer Sohn Harald (1014–1018) in Dänemark nachfolgte, wurde dessen jüngerer Bruder Knut (1016–1035) zunächst aus England verdrängt durch König Aethelred, der aus der Normandie zurückkehrte, aber schon 1016 starb. Knut, der 1015 von Dänemark aus erneut in England gelandet war, siegte im Kampf gegen Aethelreds Sohn Edmund «Ironside», der noch 1016 dem Vater im Tod folgte. Indem der Sieger Aethelreds Witwe Emma, Tochter des normannischen Herzogs, 1017 ehelichte, trat er sichtbar in die Wessex-Dynastie Alfreds des Großen ein und fand allgemeine Anerkennung bei den Angelsachsen. Damit nicht genug, beerbte Knut 1018 den früh verstorbenen Bruder Harald auch im dänischen Königtum und unternahm alsbald zwei Eroberungszüge an der südlichen Ostseeküste gegen die slawischen Wenden, wobei er 1022/23 die Jomsburg (Wollin) an der Odermündung einnahm. Mit zäher Energie betrieb er seinen Machtanspruch auch über die anderen nordischen Reiche, wo er sich einer Koalition Olafs des Heiligen von Norwegen und Anund Jakobs von Schweden (Sohn des Olaf Schoßkönig, 1021/22 – um 1050) gegenübersah. Nach einem Sieg beim Fluß Helgea (1026) faßte er zumindest in Teilen Schwedens Fuß, zog dann aber 1028 von England aus gegen Norwegen, dessen König Olaf bis nach Rußland floh und beim Versuch der Rückkehr 1030 in einem Gefecht unweit von Trondheim umkam. In Norwegen blieb Knuts Oberherrschaft freilich nie unangefochten; noch vor seinem Tod (1035) trat Olafs in Novgorod erzogener Sohn Magnus

(1035–1046/47) auf den Plan, der das «nationale» Königtum erneuern sollte.

Das die Nordsee und sogar Teile der Ostsee umspannende Reich Knuts, der sich 1027 mit dem Titel «König ganz Englands, Dänemarks, Norwegens und eines Teils der Schweden» präsentierte[30], hatte seinen eindeutigen Schwerpunkt in England, wo Knut zuerst zur Königswürde gelangt war. Nach England kehrte er von seinen friedlichen oder unfriedlichen Ausfahrten über See immer wieder heim, während er die übrigen Reiche durch Bevollmächtigte von schwankender Loyalität verwalten ließ. Gegenüber den Angelsachsen war Knut, nachdem der anfängliche Widerstand gebrochen und das 1018 noch einmal eingetriebene horrende Danegeld zur Entlassung von Heer und Flotte nach Dänemark verwendet war, ganz nachdrücklich auf Verständigung und Ausgleich bedacht. Er bestätigte ihr hergebrachtes Recht durch eine umfangreiche Kodifikation des Erzbischofs Wulfstan von York († 1023) und behandelte an seinem Hof sowie bei der Vergabe von Ämtern Angelsachsen und Dänen völlig gleichberechtigt. Durch Kirchenbauten und großzügige Schenkungen sicherte er sich den Rückhalt beim Episkopat und ein günstiges Echo in unseren Quellen. Daß er angelsächsische Priester und in England geweihte Bischöfe zum weiteren kirchlichen Aufbau nach Dänemark entsandte und dabei einen Konflikt mit dem Bremer Erzbischof in Kauf nahm, der schließlich sein Weihevorrecht doch durchsetzte, könnte als Indiz für zielstrebiges Bemühen um die Integration des heterogenen Gesamtreichs erscheinen, darf aber wohl nicht überbewertet werden. Stärker wird in der neueren Forschung betont, daß Knut in England die Ressourcen fand und nutzte, die er für seine politisch-militärischen Ambitionen in Skandinavien benötigte.

Knuts dominante Stellung im Norden verfehlte nicht ihren Eindruck im übrigen Europa, zumal der englisch-dänische König 1026/27 als erster skandinavischer Herrscher, aber durchaus in der Tradition früher angelsächsischer Könige eine Pilgerfahrt nach Rom unternahm, die ihn über Frankreich und Burgund nach Italien führte. Am Petrusgrab bekam er Gelegenheit, zu Ostern 1027 die

Kaiserkrönung Konrads II. mitzuerleben und so mit dem salischen Hof in persönlichen Kontakt zu kommen. Sein Aufstieg unter die christlichen Herrscher der lateinischen Welt fand einige Jahre später den sichtbarsten Ausdruck in der Verabredung einer Ehe zwischen Konrads Thronfolger Heinrich III. und Knuts Tochter Gunhild, die sich der Kaiser die Abtretung von Stadt und Bistum Schleswig an die Dänen kosten ließ. Im Mai 1035 wurden die beiden in Bamberg verlobt, doch als sie im Juni 1036 in Nimwegen Hochzeit hielten, war der Brautvater schon nicht mehr unter den Lebenden. Knut der Große starb mit etwa 40 Jahren am 12. November 1035 im südenglischen Shaftesbury und fand sein Grab – anders als noch sein gleichfalls in England verstorbener Vater Sven Gabelbart, den man nach Dänemark überführt hatte – in Winchester, im Dom der alten Könige von Wessex.

Skandinavien nach Knut

Ob das durch bloße Personalunion zusammengehaltene Großreich Knuts über dessen Tod hinaus eine Chance auf dauerhaften Bestand hatte, war eine offene Frage, die sehr rasch durch die dynastische Entwicklung im negativen Sinne entschieden worden ist. Da es keinen allseits legitimierten Universalerben gab, war eine Auflösung in die Bestandteile mit je eigener Tradition nur eine Frage der Zeit. Von vornherein sonderte sich Norwegen unter dem eben erst aus dem Exil heimgekehrten jungen König Magnus ab, der eifrig die Heiligenverehrung seines im Kampf gegen Knuts Machtanspruch 1030 umgekommenen Vaters Olaf förderte. In England setzte sich in der Konkurrenz zweier Söhne Knuts aus verschiedenen Ehen zunächst Harald (Hasenfuß, 1035–1040) gegen manchen Widerstand durch, schon weil sich sein Halbbruder Hardeknut (1035–1042) in Dänemark aufhielt, wo er zuvor bereits als Mitkönig des Vaters fungiert hatte und nun eine Invasion aus Norwegen gewärtigen mußte. Unklar ist der Zeitpunkt eines Abkommens zwischen ihm und dem norwegischen Magnus (die offenbar beide mit ihrem zeitigen Ableben rechneten), wonach der länger Lebende bei Kinderlosigkeit des anderen dessen Reich erben werde. Erst nach dieser

Absicherung wagte es Hardeknut, mit einer starken Flotte in England zu erscheinen, um seinen Anspruch auf die Krone des Vaters einzufordern, doch bevor es zum offenen Kampf kam, starb der Rivale Harald 1040. Als englischer König machte sich Hardeknut bald schon durch Steuerforderungen unbeliebt, die an das Danegeld erinnerten und vielleicht wirklich der Sicherung Dänemarks dienen sollten. Sonst aber kam er wenig zur Entfaltung, denn auch ihn ereilte ein früher Tod (am 8. Juni 1042 in Lambeth). Damit erlosch der Mannesstamm der Jelling-Dynastie, und zugleich zerbrach keine sieben Jahre nach Knuts Tod die Verbindung Englands mit Dänemark, wo gemäß dem Erbvertrag sogleich Magnus von Norwegen zum neuen König ausgerufen wurde.

Die Entwicklung der Folgezeit macht deutlich, daß die drei nordischen Reiche, auch im Zuge fortschreitender innerer Christianisierung, zu stabilen Größen geworden waren, deren Eigenleben durch Adel und Episkopat, eine Hauptresidenz und einigermaßen feste Binnengrenzen bestimmt wurde. Auf der königlichen Ebene indes blieb der Gedanke an übergreifende monarchische Machtkonzentrationen (mit Reichweite bis nach England) weiter lebendig, was zu Konflikten mit konkurrierenden Prätendenten ebenso wie mit autonomistischen Bestrebungen in den einzelnen Reichen führen mußte. So war die 1042 errungene Doppelherrschaft des Königs Magnus in Dänemark, das er fortan bevorzugte, wie auch in Norwegen gleich von zwei Seiten bedroht: in Dänemark durch Sven Estridsen (1047–1074/76), den Sohn einer Schwester des großen Knut, der aus jahrelanger Verbannung in Schweden heraus nach der dortigen Herrschaft drängte und Magnus 1047 schließlich als dänischen König beerbt hat, aber auch in Norwegen durch Harald Sigurdsson («den Harten», 1046–1066), einen Halbbruder Olafs des Heiligen, der nach dessen Ende (1030) bewegte Jahre als Warägerführer in Rußland sowie im Dienst des byzantinischen Kaisers zugebracht hatte, bevor er 1045 wieder in der Heimat auftauchte und gebieterisch Beteiligung an der Königsherrschaft des Neffen Magnus verlangte. Daß ihm dies 1046 zugestanden werden mußte, war nur der erste Schritt zur Übernahme des norwegischen

Königtums nach Magnus' frühem Tod (1047). Seitdem waren also beide Reiche wieder getrennt, was ganz im Sinne des Schwedenkönigs Anund Jakob war, der sowohl Sven Estridsen als auch Harald Sigurdsson gegen Magnus unterstützt hatte. Harald, dem die Gründung von Oslo zugeschrieben wird, war allerdings nicht gesonnen, sich mit Norwegen zu begnügen, sondern forderte für sich das volle Erbe des Magnus. Da er (anders als dieser 1042) Adel und Kirche in Dänemark nicht auf seine Seite bringen konnte, verstrickte er sich in langwierige Kämpfe mit König Sven, bei denen auch der bekannte Handelsplatz Haithabu an der Schlei endgültig zerstört wurde. Erst 1064 kam unter schwedischer Vermittlung ein Friedensschluß zustande, bei dem Harald auf Dänemark verzichtete. Nur zwei Jahre später versuchte sich der norwegische König stattdessen im Griff nach der Herrschaft über England, was ihn in die Katastrophe stürzte.

Das Ende des angelsächsischen Königtums

In England machte das Erlöschen der dänischen Königsdynastie durch den frühen Tod Hardeknuts (1042) den Weg frei für Eduard (den Bekenner, 1042–1066), den einzig verbliebenen Sohn König Aethelreds, der nach dessen Scheitern und Tod (1013/16) als Kind in die Normandie verbracht worden und am Hof der dortigen Herzöge, der Familie seiner Mutter Emma, aufgewachsen war. Ein Versuch, nach Knuts Tod wieder nach England zu gelangen, war 1036 rasch gescheitert, doch hatte ihn Hardeknut, sein Halbbruder, 1041 in allen Ehren auf der Insel empfangen, um nach zeitgenössischem Bericht «mit ihm zusammen das Reich innezuhaben»[31], woraus eine Designation zur Nachfolge erschlossen wird. Jedenfalls hatte Eduard 1042/43 wenig Mühe, als Hardeknuts Nachfolger anerkannt und in Winchester gekrönt zu werden. Von einer angelsachsischen Restauration zu sprechen, ist nur bedingt richtig, denn auch Knut und seine Söhne hatten ja sichtlich Wert darauf gelegt, in der Nachfolge der Könige von Wessex zu stehen; dagegen war Eduard von fünfundzwanzig Jahren geprägt, die er fern der Heimat in der frankophonen Normandie zugebracht hatte, weshalb er der anglodänischen Führungsschicht in England eher fremd gegenüberstand.

Deren führender Repräsentant war Godwin, Earl von Wessex, der Eduards Aufstieg aktiv gefördert hatte in der Erwartung eines maßgeblichen Einflusses auf ihn, was sich auch daran zeigte, daß der bis dahin unvermählte König 1045 dazu gebracht wurde, Godwins Tochter Edith zur Frau zu nehmen. Um sich einen gewissen Spielraum gegenüber den mächtigen Großen aus der Zeit der Dänenkönige zu verschaffen, umgab sich Eduard mit normannischen Ratgebern und vergab auch hohe Kirchenämter an Kleriker von kontinentaler Herkunft. In den Konflikten, die daraus erwuchsen, bekam der König immer wieder die Grenzen seiner Macht zu spüren, so etwa als sich Godwin 1051 einer Ladung vor das königliche Gericht durch Flucht nach Flandern entzog und schon ein Jahr später bei seiner Rückkehr wieder in alle Ämter und Besitzungen eingesetzt wurde, weil Eduard nicht über wirksame Kräfte verfügte, um den Schwiegervater festzusetzen. Da sich offenbar früh schon abzeichnete, daß seine Ehe mit Edith kinderlos bleiben würde, rückte die Verständigung über einen künftigen Nachfolger seit etwa 1050 in den Vordergrund. Auf dem Höhepunkt des Streits mit Godwin und seinem Anhang bot Eduard 1051 diese Rolle Herzog Wilhelm von der Normandie an, dem Großneffen seiner Mutter Emma, der ihn daraufhin (zumindest nach einer Version der Angelsächsischen Chronik) sogar in England aufgesucht haben soll[32]. Beiseite geschoben wurden dabei die Erbansprüche von Eduard «dem Exilierten», einem Sohn des 1016 von Knut bezwungenen Königs Edmund Ironside, somit einem Neffen des regierenden Eduard, der seit langem als Verbannter in Ungarn lebte und bei seiner Rückkehr 1057 starb, ohne den König gesehen zu haben, immerhin aber einen unmündigen Sohn namens Edgar hinterließ. Gegenüber solchen allein auf Geblüt gestützten Anwartschaften drängte sich indes mehr und mehr die reale Machtposition von Godwins Sohn Harald auf, der nach dem Tod des Vaters (1053) in dessen Vorrangstellung unter den Großen Englands eingerückt war und sich in Eduards späten Jahren zum eigentlichen Regenten entwickelte. Er führte selbständig Feldzüge gegen Schottland und gegen Wales an, während sich der König vornehmlich mit der Ausstattung seines Grabklosters Westminster bei London beschäftigte. Nach ungewissen Berichten soll Harald Godwinson 1064, vielleicht durch Schiffbruch, an die Küste der Normandie und in Herzog Wilhelms Hände gelangt sein, der ihm einen Vasalleneid bzw. die Anerkennung der eigenen Thronansprüche abgenötigt habe.

Als dann Eduard der Bekenner am 5. Januar 1066, eine Woche nach der Weihe von Westminster, starb und tags darauf ebendort beerdigt wurde, war allein Harald zur Stelle, der sogleich in allgemeinem Einvernehmen zum neuen König erhoben wurde und sich offenbar darauf berief, von Eduard in letzter Stunde dazu bestimmt worden zu sein. Gegen diese spontane und interne, von allen dynastischen Qualifikationen absehende Regelung der Nachfolge erhob sich rasch Widerspruch von außerhalb Englands. Herzog Wilhelm von der Normandie sah sich schon seit Jahren als den allein berechtigten Erben an, gestützt auf frühere Zusagen des verstorbenen Eduard, aber auch König Harald Sigurdsson von Norwegen, der 1064 erst die Hoffnung auf den dänischen Thron hatte begraben müssen, entsann sich des Erbvertrags zwischen seinem Vorgänger Magnus und Eduards Vorgänger Hardeknut und leitete daraus sein Anrecht auf das englische Königtum ab. Da eine militärische Auseinandersetzung unausweichlich schien, rüstete sich König Harald für den Abwehrkampf an der Kanalküste, wo sich die im Juni in Caen beschlossene und durch forcierten Schiffbau erst ermöglichte normannische Invasion wegen widriger Winde wochenlang verzögerte. So kam es, daß der englische König im tiefen Süden von der Landung des Norwegers mit 300 Schiffen an der Mündung des Humber erfuhr, wo am 20. September die dortigen Verteidigungskräfte überrannt worden waren und bereits York in dessen Hand gefallen war. Harald drang mit seinem Heer in Eilmärschen nach Norden vor und erfocht am 25. September bei Stamford Bridge einen völligen Sieg über die Eindringlinge, wobei Harald Sigurdsson mit vielen anderen den Tod fand. Es war das Ende aller skandinavischen Einfälle in England und der letzte große Sieg der angelsächsischen Waffen, denn bloß drei Tage später gelang Herzog

Abb. 6: Eroberungszug der Normannen nach England 1066 (Teppich von Bayeux, Ende 11. Jh.)

Wilhelm mit seiner Flotte die Landung an der Südküste, wo er den soeben siegreichen Harald zum entscheidenden Kampf erwartete. Offenbar übereilt stürzte sich der englische König am 14. Oktober in die fatale Schlacht bei Hastings, in der er mit «der Blüte von Adel und Jugend Englands»[33] Reich und Leben verlor. Es war ein Ereignis von größter Tragweite, denn England rückte seither in den weiteren Zusammenhang Westeuropas, während sich die Bindungen an Skandinavien mehr und mehr lockerten.

4. Die Formierung des östlichen Mitteleuropa

Wie in Skandinavien brachte das 10. Jh. auch in der Osthälfte Europas einen markanten Wandel mit sich, der zu größeren politischen Einheiten von dauerhafter Bedeutung geführt hat. In verschiedenen Regionen vermochten sich machtbewußte Anführer im Wettstreit mit ihresgleichen eine Vorherrschaft in weitem Umkreis zu erkämpfen, die sie in die Lage versetzte, mit der Annahme des Christentums voranzugehen und sich dadurch eine zukunftsträchtige Legitimation gegenüber ihrem Volk zu verschaffen. Zugleich öffneten sie ihr Land der Schriftkultur der Antike, gewannen durch den Aufbau der Kirche ein zuvor ungekanntes institutionelles Fundament ihrer Herrschaft und traten als getaufte Könige in geordnete Beziehungen zu den fester gefügten christlichen Reichen in der Mitte und im Süden des Kontinents. Da sich ihnen die neue Religion in lateinisch-katholischer wie auch in griechisch-orthodoxer Gestalt darbot, fiel im selben Zusammenhang die Entscheidung über die künftige Abgrenzung der beiden Kulturkreise in dem ausgedehnten Teil Europas, der bis dahin abseits des fränkisch-römischen wie des byzantinischen Imperiums gestanden hatte. In die lateinische Welt traten Böhmen, Polen und Ungarn sowie ein Teil der Südslawen ein, während Rußland, Bulgarien und Serbien für die Orthodoxie gewonnen wurden.

Böhmen

Erst seit Ende des 10. Jhs. ist die Selbstbezeichnung als Tschechen für die slawische Bevölkerung in Böhmen überliefert, die schon unter Karl dem Großen in den Bannkreis des Frankenreiches, im weiteren 9. Jh. des Reichs der Mährer geraten war. Auch Berührungen mit dem aus Bayern und sodann aus Mähren vermittelten Christentum sind für diese Zeit verbürgt, doch scheint erst unter dem getauften Fürsten Bořivoj († um 894), der vom Prager Hradschin aus herrschte, die Christianisierung in der Breite in Gang gekommen zu sein, aber unter dessen Söhnen und Nachfolgern auch Rückschläge erfahren zu haben. Bořivojs Abkunft wurde später auf die Verbindung des sagenhaften «Pflügers» Přemysl mit der «Seherin» Libussa zurückgeführt, woraus sich der Name des mit ihm erstmals faßbaren Fürstengeschlechts (Přemysliden) herleitet. Der Aufstieg zur dominanten Familie in ganz Böhmen, der zugleich Prag zum dauerhaften politischen Mittelpunkt des Landes werden ließ, zog sich über das gesamte 10. Jh. hin und war begleitet von blutig ausgetragenen Zerwürfnissen auch untereinander. Spätestens 935 fiel Bořivojs ältester Enkel, der von Widukind von Corvey als «König» bezeichnete Wenzel/Václav[34], der sich 929 dem ostfränkisch-sächsischen König Heinrich I. hatte unterwerfen müssen, einem Anschlag seines Bruders Boleslaw I. zum Opfer. Er wurde bald schon als wundertätiger Märtyrer (auf längere Sicht als identitätsstiftender Landespatron) verehrt, obgleich der Täter sich bis zu seinem Tode (um 970) gegen verschiedene interne Rivalen als «König der Böhmen» zu behaupten verstand[35].

Auch Boleslaw hatte sich nach anfänglicher Zurückhaltung der sächsischen Übermacht zu beugen, als ihm Otto I. 950 durch einen Vorstoß nach Böhmen einen Treueid abnötigte. Heerfolge leistete er 955 in Ottos Kämpfen gegen die Ungarn und die Elbslawen, konzentrierte sich sonst aber mehr darauf, seine Macht nach innen durch eine wachsende Gefolgschaft, eigene Münzprägung und beständige Einnahmen aus dem Fernhandel über Prag zu steigern. Sowohl die Verheiratung seiner Tochter Dobrawa mit dem (vor der Taufe stehenden) polnischen Fürsten Mieszko I. (964/65) als auch die Pilgerfahrt von deren jüngerer Schwester Maria/Mlada nach Rom, wo sie 966/67 wegen eines eigenen Bistums für Böhmen vorfühlen sollte, zeugen von Boleslaws Streben nach größerem Spielraum gegenüber dem ottonischen Kaisertum. Sein Sohn Boleslaw II. († 999), der ihm um 970 nachfolgte, erlebte dann die Erhebung Prags zum Bischofssitz, jedoch im Rahmen der ottonischen Reichskirche. Der Beschluß kam noch unter Otto dem Großen († 973) zustande, wurde aber infolge der kriegerischen Verwicklungen nach dem Tod des Kaisers, bei denen der Böhme die Partei Heinrichs des Zänkers ergriff, erst 976 in die Tat umgesetzt. Damals empfing der erste Bischof Thietmar, ein sprachkundiger Kleriker aus Sachsen, seine Weihe durch den Erzbischof von Mainz, was den Anschluß des neuen Bistums an dessen Kirchenprovinz nach sich zog. Gleichzeitig ist auch die Errichtung eines mährischen Bistums (ohne bestimmten Sitz und namentlich bekannten Inhaber) bezeugt, was darauf hindeuten könnte, daß bei der ersten Kirchenorganisation des Landes Rücksicht zu nehmen war auf die in Ostböhmen verwurzelte, nach neuerer Deutung vielleicht erst im Dienst der Přemysliden emporgekommene Dynastie der Slawnikiden, die sich der Prager Vorherrschaft widersetzte. Das Bistum der Mährer wurde nämlich sogleich mit dem Prager vereinigt, als nach dem frühen Tod Bischof Thietmars (982) ein Sohn Slawniks, der in Magdeburg zum Geistlichen herangebildete Adalbert/Wojtěch, mithin erstmals ein Tscheche, zu dessen Nachfolger in Prag erhoben und 983 in Verona von Kaiser Otto II. investiert wurde. Obgleich das kaum gegen den Willen Boleslaws geschehen sein kann, kam es bald schon zu Spannungen zwischen dem Bischof und dem Herzog samt weiten Teilen des Adels, was Adalbert 989 veranlaßte, enttäuscht Böhmen zu verlassen und in ein stadtrömisches Kloster einzutreten. Auch nachdem er auf Drängen des Papstes und des Mainzer Erzbischofs 992 nach Prag zurückgekehrt war, besserte sich seine Lage keineswegs, zumal seine Brüder inzwischen offen mit Boleslaw (Chrobry) von Polen paktierten. 994/95 kehrte Adalbert endgültig der Heimat den Rücken, kurz bevor Boleslaw II. die Stammburg der Slawnikiden überfiel und alle greifbaren Verwandten, darunter vier Brüder, des Bischofs «wie unschuldige Schafe»[36] umbringen ließ. Es war der letzte Schritt zur Zentralisierung der böhmischen Herzogsgewalt, unter der es auch die nächsten Nachfolger Adalberts auf dem Prager Bischofsstuhl nicht leicht hatten.

Polen

Anders als im böhmischen Kessel bot sich östlich der Oder kein naturräumlich vorgegebener Rahmen für eine westslawische Reichsbildung. Die schwach bevölkerten bewaldeten Landstriche um die Flüsse Weichsel, Warthe und Netze entzogen sich bis tief ins 9. Jh. den Blicken der fränkischen wie der byzantinischen Quellenautoren, so daß noch Widukind um 967 von den dortigen Menschen vage als den «weiter entfernt wohnenden Barbaren» sprechen konnte[37]. Für sie taucht im 10. Jh., ganz ähnlich den Slawen zwischen Elbe und Oder, eine Vielzahl von Stammesnamen auf, die zusammen mit archäologischen Befunden ein Nebeneinander kleinräumiger Burgherrschaften erkennen lassen. Eine übergreifende Konzentration politischer Macht wird hier wesentlich später faßbar als in Böhmen, war aber um die Mitte des 10. Jhs. erreicht.

Mieszko I. (um 960–992), dessen Vorfahren in der polnischen Historiographie seit dem 12. Jh. auf einen legendären bäuerlichen Urahnen namens Piast zurückgeführt wurden, tritt unvermittelt unter Otto dem Großen beim Vordringen der Sachsen nach Osten als Herrscher («König») eines «Licicaviki» genannten Verbandes[38] in Erscheinung, der seinen befestigten Hauptsitz in Gnesen hatte. Nach zwei Niederlagen, die er 963 gegen sächsische Anführer erlitt, schwenkte er um, indem er dem Kaiser Tribute für den westlichen Teil seines Herrschaftsgebiets zugestand, eine christliche Tochter des Böhmenherzogs Boleslaw I. heiratete und 966 selbst die Taufe empfing (vermutlich auf der archäologisch untersuchten Insel Ostrów Lednicki halbwegs zwischen Gnesen und Posen). Während der kirchliche Aufbau unter böhmischem Einfluß mit einem ersten Bischof Jordan begann, der sich in Posen der Einbeziehung in die Magdeburger Kirchenprovinz entzog, nutzte Mieszko resolut seine neuen politischen Möglichkeiten. Mit Unterstützung des böhmischen Schwiegervaters stieß er bis zur Odermündung (Wollin) vor und dehnte seine Hoheit auch weit nach Osten und Süden aus. Nachdem er (oder sein Sohn Boleslaw als Geisel) 973 in Quedlinburg auf dem letzten Hoftag Ottos des Großen erschienen war, schaltete er sich in das Ringen um dessen Nachfolge wie der Böhme auf Seiten Heinrichs des Zänkers ein und wurde durch eine neue Ehe mit der Tochter des Markgrafen der Nordmark gar zum Bestandteil der sächsischen Adelsgesellschaft. Als solcher suchte er auch im Markengebiet westlich der Oder Fuß zu fassen, huldigte 986 dem kleinen Otto III. wiederum in Quedlinburg und teilte die Gegnerschaft zu den seit 983 aufständischen Lutizen, an deren Bekämpfung er von Osten her aktiv mitwirkte. Den Bruch mit Böhmen nahm Mieszko in Kauf, als er 990 auch noch Schlesien und die Gegend um Krakau seiner Herrschaft einverleibte. Kurz vor dem Tod (992) war seine letzte Tat ein nur indirekt in Rom überlieferter Rechtsakt, worin er zusammen mit seiner zweiten Gattin und ihren Söhnen «das Reich von Gnesen» innerhalb großzügig bemessener Grenzen von der Ostsee bis nach Krakau und von der Oder bis zum Land der Russen dem heiligen Petrus zur Zeit des Papstes

Johannes XV. (985–996) übereignete[39], anscheinend mit dem aktuellen Ziel, die Nachfolge seiner Söhne aus zweiter Ehe zu befördern, aber doch wohl auch um ein unmittelbares Rechtsverhältnis zur höchsten Instanz der lateinischen Kirche zu begründen.

Tatsächlich sicherte sich jedoch Mieszkos Sohn aus erster Ehe, Boleslaw I. (Chrobry, 992–1025), das alleinige Erbe des Vaters und vertrieb die Stiefmutter samt Nachkommen aus dem Lande. Er setzte im Bunde mit Otto III. die Konfrontation zu den Lutizen fort und pflegte gute Beziehungen zu Ungarn, während sich der Gegensatz zu den Přemysliden in Prag weiter verschärfte durch die Bluttat an den Slawnikiden, der Familie Bischof Adalberts. Den allseits verehrten Gottesmann ließ Boleslaw 996 als Missionar zu den (nicht seiner Hoheit unterworfenen) Prußen ziehen, und als Adalbert dort erschlagen worden war, kaufte er dessen Leichnam den Heiden ab und bestattete ihn noch 997 feierlich in Gnesen. Damit schuf er ein Ziel der Wallfahrt auch für Otto III., der mit Adalbert gut bekannt gewesen war. Der Kaiser brach im Winter 999/1000 zu dem frischen Märtyrergrab auf und verband die beschwerliche Pilgerreise mit einer Offensive gesteigerten Wohlwollens gegenüber Boleslaw. Nach Absprachen, die zuvor in Rom unter Beteiligung von Adalberts Stiefbruder, dem zum Erzbischof erhobenen Radim/Gaudentius, mit Papst Silvester II. getroffen worden waren, proklamierte Otto im März 1000 in Gnesen die Errichtung einer neuen Kirchenprovinz, die Boleslaws gesamten Herrschaftsbereich umfassen und neben Gnesen als Metropole auch Bischofssitze in Kolberg, Krakau und Breslau einschließen sollte. Der Rangerhöhung und Verselbständigung auf der geistlichen Ebene entsprachen außergewöhnliche weltliche Ehrungen, die der Kaiser seinem Gastgeber in dem Bestreben zukommen ließ, ihm innerhalb seines christlichen Imperiums einen eigenständigen, vom Reich der «Deutschen» gesonderten Platz als Repräsentant der Slawenwelt («Sclavinia») einzuräumen. Auch wenn eine (wahrscheinlich zur Sprache gekommene) Königskrönung nicht erfolgt ist, wurde der Vorgang doch in Sachsen mit Mißmut vermerkt, wo man dem Kaiser bald schon vorhielt, «einen Tributpflichtigen zum

Herrn gemacht» zu haben[40]. Bemerkenswert ist, daß erstmals im Kontext der frühen Adalbert-Verehrung und des «Aktes von Gnesen» der Landes- und Volksname Polen aufscheint, der offenbar eine neue Qualität des Piastenreichs ausdrückt.

Boleslaw Chrobry, der Otto III. zum Gegenbesuch an den Kaisergräbern in Magdeburg und Aachen begleitet hatte, wurde in seinen hohen Erwartungen rasch enttäuscht, denn auf Otto folgte 1002 Heinrich II., mit dem es schon beim ersten Zusammentreffen in Merseburg zu einem gewalttätigen Eklat kam. Als Boleslaw 1003 angesichts von Thronwirren unter den Přemysliden selber nach der Herrschaft in Prag griff, verbündete sich Heinrich mit den (zuvor gemeinsam bekämpften) Lutizen und zwang Boleslaw zum Rückzug aus Böhmen. Trotz eines Friedenschlusses in Posen (1005) flammten bald schon neue Feindseligkeiten auf, nicht allein wegen der strittigen Hoheit über die Lausitz und weitere Grenzgebiete, sondern letztlich weil Heinrich II. den polnischen Herrscher nicht länger als Teilhaber des Imperiums, sondern als untergeordnet nach Art des böhmischen Herzogs ansah. Militärisch konnte er ihm allerdings kaum beikommen, weil Boleslaw im sächsischen Adel dank seinen familiären Verbindungen und der verbreiteten Feindschaft zu den Lutizen allerhand Sympathie genoß und Feldzüge gegen ihn, auch mit böhmischer Unterstützung, in den Weiten jenseits der Oder mehrfach ins Leere liefen. Nach einem bald wieder gebrochenen Frieden in Merseburg (1013) kam erst Anfang 1018 in Bautzen ein dauerhaftes Abkommen zustande, da Heinrich, als Kaiser inzwischen mehr auf Italien fixiert, den Versuch aufgab, Boleslaw aus der Lausitz zu verdrängen, und dieser sich neue Ziele im Osten gesucht hatte. 1018 nahm er sogar Kiev ein und sandte von dort eine herausfordernde Botschaft an den Kaiser in Byzanz. Auch wenn er Kiev nicht lange behaupten konnte, hatte er es doch zum mit Abstand mächtigsten Gebieter in Osteuropa gebracht, der durch die Gründung von Kirchen und Klöstern die Christianisierung vorantrieb und verwandtschaftlich den Herrschern in Dänemark, Kiev und Ungarn verbunden war. Erst nach Heinrichs II. Tod (1024) erfüllte er sich den Traum von einer regelrechten Königserhebung mit Salbung und Krönung, bevor er am 17. Juni 1025 starb. Mit seinem Sohn Mieszko II. (1025–1034), verheiratet mit einer Nichte Kaiser Ottos III., setzte eine rasche Auflösung ein, denn er vermochte sein Königtum nicht gegenüber Rivalen aus der eigenen Familie durchzusetzen, die bei Konrad II. ebenso wie beim Fürsten Jaroslav von Kiev Unterstützung fanden und dem Kaiser sogar die Krönungsinsignien auslieferten. Bald nachdem sich Mieszko 1033 in Merseburg Konrad unterworfen hatte, starb er am 10. Mai 1034.

Slawen zwischen Elbe, Saale und Oder

Daß der in Böhmen und Polen zu beobachtenden Entwicklung keine innere Zwangsläufigkeit anhaftet, zeigt der vergleichende Blick auf den völlig anderen historischen Weg, den die Westslawen (Wenden) zwischen Elbe, Saale und Oder genommen haben. Auch hier stand am Anfang eine Pluralität von sprachlich und kulturell verwandten Kleingruppen, die wegen ihrer Nachbarschaft zum Frankenreich relativ deutlich schon im 9. Jh. in den Quellen vermerkt werden, punktuell in die Politik der Karolinger einbezogen wurden, aber im ganzen von Unterwerfung und Mission noch nicht betroffen waren. Als sich das im 10. Jh. mit dem Aufstieg der sächsischen Liudolfinger zu Königen des Ostfrankenreiches änderte, traten unterschiedliche Grundbedingungen und Verhaltensweisen bei den einzelnen Verbänden zutage, die allesamt dem aggressiven Machtanspruch der letztlich überlegenen Sachsen und Franken ausgeliefert waren. Während sich bei den besonders zahlreichen Abodriten im Nordwesten eine fest etablierte Fürstendynastie schon unter Heinrich I. zur Taufe bereitfand und mit dem Wandel der Verhältnisse arrangierte, der ihr weiterhin auch Verbindungen zu den Dänen erlaubte, vermitteln im Süden die schon seit dem 7. Jh. bezeugten Sorben zwischen Elbe und Saale den Eindruck, nach frühen Niederlagen gegen Heinrich I. ihre Führungsschicht eingebüßt zu haben und als politischer Faktor ausgefallen zu sein. Im weiten Raum dazwischen hob sich das Havelland mit der zentralen Brandenburg ab, wo sich die angestammte Dynastie der Heveller in der Frühzeit Ottos I. durch ein aus Geiselhaft entlassenes Familienmitglied vereinnahmen ließ, wohingegen der zäheste Widerstand weiter nördlich von den Redariern, Ukrern, Tollensern und anderen ausging, die Tribute zu leisten nur bereit gewesen sein sollen, wenn ihnen «die Herrschaft über die Gegend» belassen würde, andernfalls aber «für die Freiheit» zu kämpfen versprachen[41], was sie teuer zu stehen kam. Insgesamt ist klar zu erkennen, daß ein umfassender Zusammenschluß dieser Slawen, gar mit einer dynastisch fundierten Spitze wie im přemyslidischen Böhmen oder im piastischen Polen, ausgeblieben ist und die verschiedenen Gruppen einzeln von Otto und seinem Anhang unterworfen und missioniert wurden, wobei ihnen auch in der Hitze des Kampfes kein «spontaner» Anführer nach der Art Widukinds in den Sachsenkriegen Karls des Großen erwuchs.

Erst als die Auseinandersetzung in den Augen des ottonischen Hofes längst entschieden, das Slawenland in Bistümer eingeteilt, von Burgen aus unter Kontrolle gebracht und die Verflechtung einer sächsisch-slawischen Oberschicht bereits in Gang gekommen war, regte sich massiver Widerstand, der im Sommer 983 östlich der Elbe eine abrupte Umkehr der Verhältnisse herbeiführte. Er war getragen von einer slawischen Gruppierung, die unter dem zuvor unbekannten Namen «Lutizen» wahrgenommen wurde und vornehmlich in den älteren Formationen der Wilzen, Redarier, Tollenser wurzelte. Im Unterschied zu diesen verstanden sich die Lutizen jedoch als ein stammesübergreifender Kultverband, der auf eine zentrale Tempelanlage Rethra/Riedegost (wohl im östlichen Mecklenburg) bezogen war und noch weitere archäologisch gesicherte Kultorte (wie Arkona auf Rügen) unterhielt. Es gab eine spezialisierte Priesterschaft und manche anderen Merkmale religiöser Praxis, die als Reflex auf christliche Muster zu werten sein dürften. Neben dieser Götterverehrung war sächsischen Beobachtern besonders auffällig, daß die Lutizen «keinen (obersten) Herrn über sich hatten»[42], sondern ihre Angelegenheiten auf allgemeinen Versammlungen zu regeln pflegten (mit der Folge, daß in unseren Quellen kein einziger Anführer der Lutizen namentlich hervortritt). Gleichwohl waren sie eine schlagkräftige Militärmacht, seitdem sie sich auf Anhieb überall zwischen Elbe und Oder bis an die Grenze der Lausitz Geltung verschafft und bald auch die benachbarten Abodriten (auf Kosten der christlichen Fürstenfamilie) für sich gewonnen hatten. Versuche von ottonischer Seite, sie im Bündnis mit Boleslaw Chrobry wieder zu unterwerfen, wurden nach einem erfolglosen Jahrzehnt aufgegeben, und Heinrich II. bediente sich ihrer ganz offen in den Kämpfen gegen Polen als Hilfstruppen. Erst unter Konrad II. begann eine Phase, in der sich die Lutizen den Fortbestand ihres Eigenlebens durch wiederholte Tributzahlungen erkaufen mußten. Rückblickend ist ihr zu den Tschechen und den Polen gegenläufiger Sonderweg natürlich leicht als eine historische Sackgasse zu erkennen, die schließlich vom 12. Jh. an die völlige Germanisierung provoziert hat, doch bis dahin sicherte er wie nirgends sonst in Europa der vorchristlichen slawischen Religiosität ein Überleben.

Ungarn

Wie zuvor die Hunnen und die Awaren (mit denen sie in lateinischen Quellen oft gleichgesetzt wurden) und wie später die Mongolen sind die Ungarn als Reiternomaden aus dem Uralgebiet schrittweise nach Westen vorgedrungen, haben aber anders als die genannten Steppenvölker einen dauerhaften Platz in der europäischen Geschichte gefunden, weil bei ihnen die Transformation zu einem seßhaften christlichen Königreich gelang. Die 836 zuerst in griechischen, seit 862 auch in lateinischen Quellen erwähnten Ungarn, ein heterogener Bund von sieben Teilstämmen, ließen sich 892 vom ostfränkischen König Arnolf im Kampf gegen das Mährerreich zu Hilfe rufen und rückten 895/96, bedrängt von Völkern weiter östlich, in das Karpatenbecken vor, wo sie eine Herrschaft über die slawische Bevölkerung begründeten. Da sie sich sprachlich nur begrenzt assimilierten, führte die ungarische Landnahme zur dauerhaften Abtrennung der Südslawen von den Westslawen. Die militärische Führung lag bei dem Großfürsten Arpád († nach 907) aus dem Stamm der Magyaren, der ein älteres Doppelfürstentum beseitigte und – anders als Přemysl oder Piast durchaus keine mythische Figur – zum Ahnherrn des späteren Königsgeschlechts wurde. Unter ihm entfalteten die Ungarn sogleich eine erhebliche expansive Stoßkraft, die sie seit 899 zu weitreichenden Plünderungszügen nach Italien, ins Ost- und später auch Westfrankenreich sowie südwärts auf den Balkan trieb. Der Sieg in der Schlacht bei Preßburg (907), wo der Bayernherzog Liutpold mit etlichen seiner Großen den Tod fand, bedeutete das Ende der bayerischen Ostmark der Karolingerzeit und besiegelte zudem den Untergang des Mährerreiches. Den Ungarn stand fortan das Tor offen nach Mitteleuropa, wo sie nahezu jährlich auftauchten, um Beute zu machen und Tribute zu erzwingen, aber anders als früher die Normannen nicht auf dauerhafte Niederlassung aus waren. Wirksame Gegenwehr bekamen sie selten zu spüren, bis ihnen Heinrich I. 933 an der Unstrut mit seinem Heer Einhalt gebot. Zum historischen Wendepunkt wurde jedoch erst ihre vernichtende Niederlage gegen Otto den Großen vor Augsburg (955), die dem Vordringen nach Westen den Boden entzog, während sich die teils gegen die Bulgaren, teils gegen die Byzantiner gerichteten balkanischen Attacken noch bis 970 hinzogen.

Bemühungen um die Christianisierung der als Strafe Gottes empfundenen Ungarn sind zunächst von Konstantinopel ausgegangen, wo man eine 948 eingetroffene Gesandtschaft sogleich taufte und ihrem Anführer den Rang eines Patricius verlieh. Der erwies sich allerdings als schlechter Christ, weil er bald schon wieder plündernd ins östliche Kaiserreich einfiel; 955 wurde er gar als einer der Kommandanten des vor Augsburg geschlagenen Heeres in Regensburg öffentlich hingerichtet. Ein anderer Gesandter, der 952 am Bosporus erschien, wurde gleichfalls getauft und kehrte mit einem griechischen Bischof heim, der im Gebiet des späteren Siebenbürgen nur begrenzte Wirkung entfaltete. Die erfolgreichere westliche Mission stand im Zusammenhang mit dem tiefgreifenden Wandel, der Ungarn nach der Niederlage von 955 unter Arpáds Enkel Taksony (955–970) erfaßte. Um den Verzicht auf einträgliche Raubzüge durch vermehrten Handel und intensivere Nutzung der heimischen Ressourcen kompensieren zu können, war die Hinwendung zum Christentum als Basis friedlicher Beziehungen zu den Nachbarreichen von Vorteil. Ob bereits Papst Johannes XII. 963 um die Entsendung eines Bischofs nach Ungarn gebeten worden ist (was Otto I. verhindert hätte), bleibt ungewiß. Sicher ist jedoch, daß sich Taksonys Sohn, Großfürst Géza (970–997), mit eben diesem Anliegen an Kaiser Otto wandte und 973 auf dessen letztem Hoftag in Quedlinburg durch Gesandte vertreten war. Neben dem St. Galler Mönch Brun (Prunwart), der Géza getauft haben soll, waren es vor allem Glaubensboten aus Passau und Regensburg, die sich unter den Ungarn betätigten. Sie hatten nicht allzuviel Erfolg, was auch daran lag, daß der energische Großfürst sein Christentum eher zur Darstellung nach außen brauchte, zu Hause aber «außer Gott dem Allmächtigen auch verschiedenen falschen Göttern diente und opferte» und gegenüber Tadlern versicherte, «er sei dazu reich und mächtig genug»[43]. Géza trieb die Zentralisierung der Herrschaft weiter voran, errichtete eine neue Hauptresidenz in Gran/Esztergom und ging gegen die Přemysliden in Böhmen ein Bündnis mit Mieszko von Polen ein, dessen zeitweiliger Schwiegersohn er wurde.

Seinem Sohn Wajk mit dem Taufnamen Stephan (der Heilige, 997–1038), der 994/95 die bayerische Herzogstochter Gisela heiratete und damit Schwager des späteren Kaisers Heinrich II. wurde, blieb es vorbehalten, den Weg zur christlichen Monarchie zu vollenden. Er setzte nach Gézas Tod (997) seinen Thronanspruch innerhalb der Familie durch und entsandte 1000 den Abt Ascherich/Anastasius, einen der Gefährten Adalberts von Prag, nach Rom, wo er von Papst Silvester II. «auf Drängen und durch die Gnade des Kaisers»[44] eine Krone entgegennahm. Daraufhin wurde Stephan an Weihnachten in Gran zum König gesalbt und gekrönt; Otto III. übersandte eine Nachbildung der heiligen Lanze, wie sie zuvor auch Boleslaw Chrobry in Gnesen empfangen hatte. Eine weitere Analogie zu Polen liegt darin, daß Stephan offenbar damals in einem speziellen Rechtsakt sein Reich dem heiligen Petrus unterstellte und seinerseits die Organisationshoheit über die ungarische

Kirche erhielt. Außer der Metropole Gran entstand zu seinen Lebzeiten noch ein weiterer Erzbischofssitz in Kalocsa, dazu insgesamt acht weitere Bistümer, die anfangs überwiegend mit Deutschen, Italienern und Franzosen besetzt wurden. In seiner Außenpolitik unterstützte der König Boleslaw Chrobry in dessen Ambitionen auf Kiev und Kaiser Basileios II. im Kampf gegen die Bulgaren, während er sich dem westlichen Imperium nach dem Tod Heinrichs II. entfremdete und 1030 Grenzkonflikte mit Konrad II. und dessen Sohn Heinrich III. ausfocht. Um 1018 öffnete er sein Land dem christlichen Pilgerverkehr über Byzanz nach Jerusalem, wo er auch ein Hospiz gründete, und verlegte die eigene Residenz nach Székesfehérvár/Stuhlweißenburg, das an dieser Route lag. Im Innern festigte Stephan die Zentralgewalt durch die Einrichtung einer Hofverwaltung, eine straffe Organisation des Königsguts und den verstärkten Einsatz von Dienstleuten. Als Gesetzgeber schärfte er die Grundsätze des christlichen Lebens und den Vorrang der königlichen Gerichtsbarkeit ein. Nach dem frühen Tod seines Sohnes Emmerich (1031), der mit einer byzantinischen Kaisertochter verheiratet war, designierte er zu seinem Nachfolger Peter Orseolo (1038–1041, 1044–1046), den Sohn seiner Schwester und eines venezianischen Dogen, der seit 1026 in Ungarn lebte und sich militärisch bewährt hatte. Für die Königsherrschaft fehlten ihm freilich Autorität und Augenmaß, weshalb er sich trotz bewaffneten Eingreifens Heinrichs III. nur wenige Jahre halten konnte und durch seinen Sturz schließlich eine (vorübergehende) heidnische Gegenreaktion auslöste.

Kroatien

Nicht nur die Ausbreitung der ungarischen Herrschaft von den Karpaten bis zum Wiener Becken, sondern auch der Expansionsdrang der Bulgaren, später der Byzantiner vom Süden her, ferner die Eigenständigkeit der dem Basileus verbundenen dalmatinischen Inseln und Küstenstädte sowie die wachsende Macht Venedigs im nördlichen Adriaraum standen während des 10. Jhs. einer umfassenden Reichsbildung der Südslawen im Wege. Nachdem bereits in der Karolingerzeit das Volk der Karantanen und auch die Alpenslawen östlich von ihnen (Slowenen) vom (Ost-)Frankenreich vereinnahmt worden waren, gelangten zu selbständiger politischer Existenz allein die Kroaten im dalmatinischen Hinterland und die Serben südlich der mittleren Donau, die sich voneinander durch ihr Verhältnis zur römischen und zur griechischen Kirche unterschieden. Im Hoheitsbereich des seit Trpimir I. († 864) erkennbaren kroatischen Fürstengeschlechts bestand als Resultat einer von Aquileia ausgegangenen fränkisch italischen Mission ein Bistum Nin, das sich Ende des 9. Jhs. der slawischen Liturgie von aus Mähren vertriebenen Schülern des Methodios († 885) öffnete, während weiter südlich das Erzbistum Split, obzwar lateinisch, zum Patriarchat von Konstantinopel gehörte. Unter dem Fürsten Tomislaw (vor 914–928), der sich durch Abwehrerfolge gegen Ungarn und Bulgaren hervortat und von den Küstenstädten Tribute einnahm, kam es auf zwei Synoden in Split (925, 928), an denen jeweils päpstliche Legaten teilnahmen, zur Neuordnung der kirchlichen Verhältnisse in dem Sinne, daß Split unter Aufgabe von Nin zur alleinigen Metropole für Kroatien bestimmt und zugleich der römischen Kirche unterstellt wurde. Tomislaw wird bei dieser Gelegenheit in einem päpstlichen Schreiben als «König» tituliert, was jedoch ohne dauerhafte Wirkung blieb; viel spätere Berichte über seine Krönung mit Insignien, die aus Rom überbracht waren, sind als unglaubwürdig anzusehen.

Über Tomislaws nächste Nachfolger ist nur wenig bekannt. Das zunehmende Gewicht von Byzanz legte dem Fürsten Držislaw (969?-997) eine Anlehnung an Kaiser Basileios II. nahe, der ihn zum Eparchen von Dalmatien ernannte und ebenfalls mit königlichen Insignien bedacht haben soll. Auf die Dauer wichtiger wurde jedoch das Verhältnis zu Venedig, das im 10. Jh. noch Tribute geleistet hatte, um vor kroatischen Piraten geschützt zu sein, um 1000 aber unter dem Dogen Petrus II. Orseolo die eigene Hoheit entlang der dalmatinischen Küste durchsetzte und bestrebt war, Kroatien wieder auf das Binnenland zu beschränken. Ausdruck der neuen Kräfteverhältnisse war, daß der Doge seine Tochter mit Stephan, dem Sohn des kroatischen Herrschers Krešimir III. (1000–um 1030), verheiratete und sein Sohn und Nachfolger Otto Orseolo die Schwester des Ungarnkönigs Stephan des Heiligen zur Frau nahm. Auch wenn das Regiment der Orseoli bald schon in Venedig gestürzt wurde (1026/32), hinterließen sie eine dynastische Verbindung zwischen Kroatien und Ungarn, die auf weitere Sicht zur Vereinigung unter arpádischer Herrschaft führte (1102).

5. Byzanz und die Ausbreitung der Orthodoxie

Während unter den westlichen Kaisern allein Karl der Große (in Sachsen) und später Otto der Große (bei den Elbslawen) das Christentum zugleich mit der eigenen Herrschaft ausbreiteten, im übrigen aber vom 9. bis zum 12. Jh. mehr und mehr christliche Reiche einzelner Völker jenseits der Grenzen des Imperiums entstanden sind, blieb im griechischen Osten viel stärker das spätantike Leitbild vom Kaiser als gottgewolltem Oberhaupt eines Universalstaates aller Gläubigen lebendig. Der Basileus und der (meist von ihm abhängige) Patriarch von Konstantinopel machten keinen grundsätzlichen Unterschied zwischen dem Radius der (ost-) römischen Kaisermacht und der orthodoxen Kirche, weshalb sie es lange nur notgedrungen und kaum auf Dauer hinnahmen, wenn ein von ihnen missioniertes Gebiet politische Unabhängigkeit und kirchliche Eigenständigkeit (Autokephalie) beanspruchte. Für die Entstehung einer christlichen Staatenwelt waren daher die Voraussetzungen viel ungünstiger als im Okzident, wo sich zudem der Papst in Rom mit der Zeit zu einer vom Kaiser losgelösten Instanz mit legitimierender Kraft entwickelte. So ist Bulgariens Bemühen um einen «Sonderweg» innerhalb der Orthodoxie nach gut hundert Jahren gescheitert, und erst die Taufe Rußlands hat der griechischen Kirche ein großes weiteres Reich zugeführt, das am Ende des Mittelalters das historische Erbe von Byzanz übernehmen sollte.

Konsolidierung und Expansion nach Osten

Seit dem blutigen Putsch Basileios' I. (867) herrschte am Bosporus die makedonische Dynastie, die in weiblicher Linie bis 1056, länger als jede andere, den Kaiserthron innehatte. Sie prägte ein Zeitalter bemerkenswerter Blüte des Imperiums, die durch zwei Umstände begünstigt wurde: den Machtverfall des islamischen Großreichs von Bagdad, aus dem sich seit der Ermordung des Kalifen al-Mutawakkil (861) lokale Gebieter zunehmend verselbständigten, sowie im Innern das (unbewußte) Geschick, mit dem mehrfach tatkräftige Militärs in die Kaiserfamilie einbezogen wurden. Schon unter Basileios I. gaben ab 873 erste offensive Erfolge im Osten Kleinasiens zu erkennen, daß Byzanz im Verhältnis zu den Arabern nach mehr als 200 Jahren der beständigen Rückzüge und mühsamer Defensive das Gesetz des Handelns wieder an sich gebracht hatte. Das galt vorerst nur zu Lande, denn die Attacken muslimischer Korsaren, die von Syrien und von Kreta aus plündernd in die Ägäis eindrangen, machten noch Basileios' Sohn Leon VI. (886–912) schwer zu schaffen, der sich überdies mit Widerständen im Adel und kirchlichem Protest gegen seine dritte und vierte Ehe auseinanderzusetzen hatte. Er hat sich vor allem als Gesetzgeber sowie als Schöpfer geistlicher und weltlicher Dichtungen einen Namen gemacht und ist schon von Zeitgenossen «der Weiseste» genannt worden[45]. Als unter seinem minderjährigen Sohn Konstantin VII. (Porphyrogennetos, 913–959) die Hauptstadt von den Bulgaren akut bedroht erschien, schob Romanos I. (Lakapenos, 920–944), der Oberbefehlshaber der Flotte, die regierende Kaiserinmutter beiseite, verheiratete den jungen Konstantin mit einer seiner Töchter und stieg rasch vom Mitkaiser zum obersten Basileus auf, der den «purpurgeborenen» Schwiegersohn seinen gelehrten Studien überließ. Sobald er die bulgarische Gefahr gebannt hatte (927), ging er zu neuer Offensive im Osten über, wo seine Truppen siegreich nach Armenien und ins nördliche Mesopotamien vordrangen. Auch zur See vermochte sich Romanos I. bei den Arabern durch einen Sieg vor der Insel Lemnos (924) Respekt zu verschaffen, doch wurde er trotz aller Erfolge Ende 944 von zweien seiner Söhne gestürzt, die verhindern wollten, daß die Nachfolge ihrem Schwager Konstantin VII. zufiele. Allerdings bewirkten sie genau dies, denn der Enkel Basileios' I. hatte den stärkeren Anhang in Konstantinopel und rückte nach jahrzehntelangem politischen Schattendasein doch noch zum Hauptkaiser auf. Während ihm die Außenpolitik eher fern lag, stellt seine Regierung einen Höhepunkt des traditionsgebundenen byzantinischen Geisteslebens dar, wozu Konstantin selbst durch kompilatorische Werke über die Reichsverwaltung, über das Hofzeremoniell und über die Geschichte Basileios' I. entscheidend beigetragen hat.

Nach einem Zwischenspiel unter seinem Sohn Romanos II. (959–963), der bei seinem frühen Tod zwei unmündige Erben hinterließ, war es der General Nikephoros II. (Phokas, 963–969), der sich durch die Rückeroberung der Insel Kreta (961) für die höchste Würde empfahl und die junge Kaiserinwitwe Theophano (die Ältere) heiratete, nachdem ihn die Truppen zum Basileus ausgerufen hatten. Nikephoros konzentrierte alle Energie auf den Osten, wo er persönlich das Kommando führte und 965 Kilikien (mit Tarsos) sowie die Insel Zypern dem Imperium zurückgewann. Bis 969 stieß er weiter ins nördliche Syrien vor und stellte sogar die Kaiserherrschaft über den Patriarchensitz Antiochia wieder her, der vor mehr als drei Jahrhunderten an die Araber verlorengegangen war. Doch fehlte ihm der Rückhalt in Konstantinopel, wo er Ende 969 einer Palastrevolte zum Opfer fiel. Der neue starke Mann, aktiv am Umsturz beteiligt, war der nicht minder erfolgreiche, aus armenischem Adel stammende Feldherr Johannes I. (Tzimiskes, 969–976), der als Basileus durch die Heirat mit einer Tochter Konstantins VII. in das Herrscherhaus eintrat. Im Orient bekam er erstmals die Gegenmacht des ägyptischen Kalifats der Fatimiden zu spüren, die von Kairo aus mit Frontstellung gegen die geschwächten Abbasiden in Bagdad nach Norden vordrangen und 971 auch Antiochia einnahmen. Johannes schlug mit zwei großen Feldzügen (972, 974/75) zurück, auf denen er in Mesopotamien bis in die Nähe von Bagdad, in Palästina über Damaskus bis Akkon und Nazareth vorrückte, womit selbst Jerusalem in seine Reichweite geriet. Damit war freilich das Äußerste erreicht, was Byzanz im Vorfeld der Kreuzzüge aus eigener Kraft zur Verdrängung der muslimischen Herrschaft im Orient zu vollbringen vermochte, denn Johannes Tzimiskes erkrankte auf dem Rückweg schwer und starb Anfang 976 kinderlos in Konstantinopel.

Er fand zunächst keinen adäquaten Nachfolger, vielmehr wurde das Reich dreizehn Jahre hindurch von Machtkämpfen erschüttert, in denen sich die herangewachsenen Söhne Romanos' II., Basileios II. (976–1025) und Konstantin VIII., schließlich gegen einen Schwager des Johannes Tzimiskes und einen Neffen des Nikephoros Phokas samt deren aristokratischem Anhang, aber auch gegen die Bevormundung durch den Hofeunuchen, einen illegitimen Sohn Romanos' I., behaupteten. Als Basileios II., in dessen Schatten der jüngere Bruder Konstantin VIII. zeitlebens blieb, 989 zu voller Handlungsfreiheit gelangt war, hatten sich die Prioritäten der Reichspolitik soweit verändert und die Fatimiden ihre Macht derart gefestigt, daß an eine Fortsetzung der imperialen Expansion Johannes' I. nicht zu denken war. Erst 995 erschien Basileios in Syrien, um nach einer Niederlage seiner Grenztruppen zumindest den Besitz von Antiochia und Aleppo zu sichern. Sein erneutes Eingreifen (999/1000) führte 1001 zu einem Vertrag mit den Fatimiden, wodurch die Interessensphären in Nordsyrien abgegrenzt wurden. In seinen späten Jahren nach 1020 setzte Basileios weiter nördlich an und erweiterte das Reich am oberen Euphrat und bis in den Kaukasus hinein. Auch wenn es letztlich, schon der riesigen Entfernungen wegen, an die Grenzen seiner Möglichkeiten stieß, war Byzanz unter den «Soldatenkaisern» des 10. Jhs. die stärkste Militärmacht in Europa wie auch im Vorderen Orient.

Die Niederringung Bulgariens

Bulgarien stellt im hochmittelalterlichen Europa den Sonderfall einer gewaltsam rückgängig gemachten (oder doch für sehr lange Zeit unterbrochenen) Reichsbildung dar. Die im 7. Jh. ins westliche Vorfeld von Byzanz vorgedrungenen Bulgaren, die sich mit der slawischen Vorbevölkerung vermischt hatten, gaben auch nach der

Taufe ihres Khans Boris I. durch griechische Missionare (865) die Feindschaft zum östlichen Imperium nie wirklich auf. Den Höhepunkt ihrer Macht erreichten sie unter Boris' Sohn Symeon (893–927), der erobernd bis zur Adria, zum Golf von Korinth und über Adrianopel bis vor die festen Mauern von Konstantinopel vorstieß, sich seit 914 Kaiser (Zar) nannte und zeitweilig sogar nach dem Thron am Bosporus strebte, nachdem ihm die Einheirat in die Kaiserfamilie verweigert worden war. Wirksame Gegenwehr leistete erst Kaiser Romanos I., der 920 gerade wegen der Bulgarengefahr in Konstantinopel ans Ruder gelangt war und bald in bewährter Manier Symeon von der Hauptstadt ablenkte, indem er gegen ihn Ungarn, Serben und Kroaten mobilisierte. 927 kam es mit Symeons Sohn Peter (927–969) zu einem Modus vivendi, der darin bestand, daß der Bulgare die gegen Byzanz gerichtete Politik aufgab, dafür aber fortgesetzte Tribute erwarten, eine Enkelin Romanos' I. heiraten sowie seinen Kaisertitel behalten durfte und auch der von seiner Kirche beanspruchte gesonderte Patriarchat Anerkennung fand. Auf dieser Basis, die zugleich eine wichtige Bedingung für die zunehmenden Erfolge der byzantinischen Waffen im Orient war, hat das christliche Bulgarenreich noch etwa vierzig Jahre eigenständig existiert, bis im Zeichen der wachsenden Übermacht des Imperiums 965 ein neuer Konflikt ausbrach, der zu raschem Niedergang führte. Die treibende Kraft war Kaiser Nikephoros II., der die Tribute verweigerte und den verbündeten, nicht getauften russischen Fürsten Svjatoslav von Kiev zum Eingreifen an der unteren Donau veranlaßte. In zwei Feldzügen warf dieser Bulgarien vollständig nieder und nahm nach dem Tode des Zaren Peter dessen beide Söhne Boris II. und Romanos gefangen. Da er nicht daran dachte, sich zugunsten des Basileus wieder zurückzuziehen, trat Johannes I. 971 persönlich auf den Plan, erstürmte die Hauptstadt Preslav und vertrieb Svjatoslav, der auf dem Heimweg nach Kiev umkam. Bulgarien wurde zur byzantinischen Provinz gemacht und sein Patriarchat aufgehoben.

Gegen den Gewaltstreich regte sich verbreiteter Widerstand, sobald nach dem Tode Johannes' I. (976) in Byzanz jahrelange Thronwirren um sich griffen. Während Zar Boris II. auf der Flucht aus kaiserlicher Haft ums Leben kam, bleibt unklar, ob sein ebenfalls entkommener, jedoch verstümmelter Bruder Romanos (-Symeon) zumindest nominell zur Galionsfigur des Aufstands wurde, bevor er 991 den Byzantinern wieder in die Hände fiel. Die politisch-militärische Führung des wiedererstehenden Reiches lag nämlich nicht mehr bei der einstigen bulgarischen Elite, sondern bei der Familie des kaiserlichen Provinzstatthalters in Makedonien, die in der Konfrontation mit Byzanz die bulgarische Reichstradition für sich reklamierte und das Zentrum weit westwärts nach Ohrid (im heutigen Mazedonien) verlagerte. Der aus ihr hervorgegangene Zar Samuel (977/91–1014) fügte 986 dem kaiserlichen Heer unter der persönlichen Führung des jungen Basileios II. eine schwere Niederlage zu und verschaffte sich damit Freiraum zu weit ausgreifender Rückgewinnung des früheren Bulgarenreiches. Die erst 991 von byzantinischer Seite wieder aufgenommenen Kämpfe verliefen, unterbrochen von den Feldzügen des Kaisers im Osten, mehr als zwanzig Jahre hindurch zäh, blutig und mit wechselndem Erfolg, doch setzte sich am Ende die Übermacht des Imperiums durch, was Basileios II. jedenfalls bei der Nachwelt (seit dem 14. Jh.) den Beinamen «der Bulgarentöter» eingetragen hat[46]. Im Sommer 1014 umzingelte er unweit des Flusses Struma den Hauptteil des gegnerischen Heeres, ließ den Gefangenen zu Tausenden die Augen ausstechen und schickte den Elendszug zu Zar Samuel, der daraufhin tot zusammengebrochen sein soll. Sein Sohn und sein Neffe vermochten die bulgarische Katastrophe nur noch für kurze Frist hinauszuzögern. 1018 machte der siegreiche Einzug des Kaisers in die Hauptstadt Ohrid vor aller Welt sichtbar, daß Byzanz die Herrschaft über den Balkan zurückgewonnen hatte und dort keine anderen christlichen Reiche zu dulden gewillt war. Zusammen mit den Eroberungen Basileios' und seiner Vorgänger im Orient hatte das östliche Imperium seine größte Ausdehnung seit den Stürmen des 7. Jhs. erreicht.

Daß sich die Kaisermacht wieder bis zur Donau und zur Save erstreckte, hatte erhebliche Folgen auch für die politische Selbstfindung anderer Balkanvölker, die sich letztlich der Oberhoheit des Basileus nicht entziehen konnten. Das gilt insbesondere für die Serben mit Schwerpunkt in Raszien (Amselfeld), die aus mehreren Teilgebieten vom südlichen Dalmatien bis zur unteren Save zusammenwuchsen und bei denen im späten 9. Jh. von Süden her das orthodoxe Christentum Eingang gefunden hatte. Ihre Geschichte im 10. Jh. ist geprägt von Auseinandersetzungen innerhalb der Führungsschicht, die eine zügige Reichsbildung vereitelt haben, aber stets auch vom bulgarisch-byzantinischen Gegensatz, der die Serben bald zu Hilfstruppen des Kaisers gegen die Bulgaren, bald wieder zu Untertanen der Zaren in Preslav und später in Ohrid werden ließ. Die Beseitigung des Bulgarenreiches durch Basileios II. brachte auch den serbischen Siedlungsgebieten die Einbeziehung in die byzantinische Reichsverwaltung, die jedoch zur Peripherie hin an Intensität abnahm. So waren es die küstennahen Gegenden im heutigen Montenegro (Fürstentum Dioklea), von denen bereits in der ersten Hälfte des 11. Jhs. eine neue herrschaftliche Festigung ausging. Auch weiter westlich hatten sich die überwiegend der lateinischen Kirche zugewandten Kroaten unter dem Fürsten Držislaw mit dem östlichen Imperium zu arrangieren, gewannen aber schon bald nach der Jahrtausendwende durch die Anlehnung an Venedig und Ungarn dauerhaft eigenen Spielraum zurück.

Die Taufe Rußlands

Im Unterschied zur südslawisch besiedelten Balkanhalbinsel, die als einstiges römisches Reichsgebiet in Erinnerung war, hatten die Weiten Osteuropas zwischen Ostsee und Schwarzem Meer, wo sich die Ostslawen politisch formierten, stets außerhalb der Reichweite der römischen Kaiser gelegen und wurden auch von deren Nachfolgern in Byzanz zu keiner Zeit beansprucht. Die im 9. Jh. von skandinavischen Warägern («Rus») ausgegangene Reichsbildung mit dem Zentrum Kiev, die bald auch den Norden um Novgorod einschloß, erschien in Konstantinopel vornehmlich als Herrschaft von Fernhändlern, die sich auf Verträge einließen, ihre Interessen notfalls aber auch durch Flottenvorstöße zum Bosporus verfochten. Darauf hatte man schon seit 860 mit der Aussendung christlicher Glaubensboten reagiert, die jedoch nur geringen Erfolg hatten. Nicht getauft waren jedenfalls die Fürsten Oleg († 912/13) und Igor († 945/46) von Kiev, die sich mit militärischem Druck Handelsvorteile in Konstantinopel und Tribute der Byzantiner zu sichern wußten und damit nicht anders handelten als in ihrem näheren ostslawischen Umfeld, wo sie durch Beutezüge und die Beitreibung von Abgaben ihre Macht steigerten. Die Hinwendung zum Christentum vollzog zuerst Igors Witwe Olga († 969), die von 945/46 bis etwa 960 die Regentschaft für ihren unmündigen Sohn Svjatoslav I. führte. Obgleich die spätere russische und byzantinische Überlieferung von einer Taufe durch den Patriarchen persönlich berichtet, ist dieser Akt wohl kaum während des Besuchs der Fürstin 946 in Konstantinopel erfolgt (weil der damalige Kaiser Konstantin VII. in seinem Zeremonienbuch darüber schweigt[47]), sondern erst einige Jahre später in Kiev, wo schon länger eine christliche Gemeinde bestand. Wie anderen Herrschern im Europa des 10. Jhs., die denselben Schritt wagten, dürfte es Olga darum gegangen sein, durch den von ihr angestoßenen Glaubenswechsel ihre Autorität nach innen zu steigern und mehr Spielraum nach außen zu gewinnen. Daß sie dabei nicht unbedingt eine Unterordnung unter die griechische Kirche erstrebte, zeigt ihre Gesandtschaft zu König Otto dem Großen, von dem sie 959 «einen Bischof und Priester für ihr Volk» erbat[48].

Die angestrebte Verbindung zur westlichen Kirche kam indes nicht zustande, weil Olgas kriegerischer Sohn Svjatoslav nach 960 der Linie der Mutter nicht folgte, die Taufe verweigerte und sich auf militärische Expansion verlegte. Im Osten versetzte er dem Reich der Chazaren einen entscheidenden Schlag (965) und dehnte seine Macht bis zum Don und ans Asowsche Meer aus, bevor er sich im Westen von Kaiser Nikephoros II. gegen die christlichen Bulgaren in Dienst nehmen ließ und mit seinen Warägern bis 969 deren Reich zerstörte. Daraus erwuchs sogleich ein Konflikt mit den Byzantinern, die Bulgarien für sich beanspruchten und Svjatoslav 971 zum Rückzug zwangen. Als er 972 einem Überfall der im Süden der heutigen Ukraine vorherrschenden Petschenegen zum Opfer fiel, hinterließ er zwei eheliche Söhne und einen illegitimen namens Vladimir (I., der Heilige), der sich mit roher Gewalt bis 980 gegen seine Stiefbrüder durchsetzte, gestützt auf eine Truppe schlagkräftiger Waräger, die er während eines zeitweiligen Exils in Schweden für sich gewonnen hatte. Die Festigung und weitere Ausbreitung des Kiever Reiches nach allen Richtungen war das Ziel auch dieses neuen Herrschers, der sich eben deshalb zur Annahme des zuvor abgelehnten Christentums bereitfand. 987 erreichte ihn nämlich ein Hilferuf des Kaisers Basileios II., der durch die Bulgaren unter Zar Samuel und den Aufstand eines Neffen Nikephoros' II. in schwerer Bedrängnis war und um das Eingreifen einiger tausend Waräger zu seinen Gunsten bat, wofür er Vladimir gegen das Versprechen der Taufe die Hand seiner eigenen Schwester Anna in Aussicht stellte. Der Kiever Fürst willigte ein, der Kaiser bezwang seine Widersacher mit Hilfe der Söldner (die er weiter in seinem Dienst hielt), und Anna trat die Reise nach Kiev an, wo 988 nicht bloß Vladimir die Taufe empfing, sondern gleich auch die ganze Bevölkerung der Stadt ans Ufer des Dnjepr geführt wurde, um seinem Beispiel zu folgen[49]. Die historische Tragweite wird den wenigsten bewußt gewesen sein, denn damit verband sich Rußland geistlich und kulturell mit der griechischen Orthodoxie (ohne jemals Gefahr zu laufen, vom östlichen Imperium vereinnahmt zu werden) und sonderte sich dauerhaft von der lateinischen Kirche ab, die in denselben Jahren bis nach Polen und Ungarn vordrang.

Als nunmehr christlicher Herrscher, der seine göttliche Erwählung auf Münzen zum Ausdruck brachte, förderte Vladimir den kirchlichen Aufbau, den griechische Kleriker in Gang setzten. Im (kirchenslawischen) Kult, im Dogma und in den Organisationsformen folgte die russische Kirche ganz dem byzantinischen Muster. Bis ins 13. Jh. wurden die Metropoliten von Kiev in der Regel durch die Patriarchen von Konstantinopel entsandt. Wie überall kamen die Ausbreitung kirchlicher Institutionen, die Predigt christlicher Normen und die Rezeption von Schriftkultur der Stabilität des Reiches zugute. Nicht verhindert wurde dadurch allerdings, daß nach

Vladimirs Tod (1015) abermals mörderische Thronkämpfe unter seinen zahlreichen Söhnen ausbrachen, in denen Jaroslav I. (der Weise, 1019–1054) gegen den durch Boleslaw von Polen unterstützten Svjatopolk († nach 1019) schließlich mit Hilfe von Warägern obsiegte. Jaroslav brachte 1036 den Petschenegen eine vernichtende Niederlage bei und betrieb den Ausbau von Kiev zu einer standesgemäßen Residenz nach dem Vorbild von Konstantinopel. Seine Anerkennung in der christlichen Welt zeigt sich darin, daß er, selbst Schwiegersohn König Olafs Schoßkönig von Schweden, die eigenen Töchter mit den Königen von Ungarn, Norwegen und Frankreich verheiraten konnte. Auf ihn gehen auch die ältesten faßbaren Stufen der russischen Rechtskodifikation zurück.

Byzanz und der Westen im 10. und frühen 11. Jh.

Bei allen Verwicklungen im Orient und auf dem Balkan, die die Kaiser der makedonischen Dynastie in Atem hielten, blieb Byzanz doch zugleich, wie schon seit dem 6. Jh., ein Bestandteil der lateinischen Welt. Auch wenn in Sizilien 878 Syrakus und 902 mit dem Fall von Taormina endgültig die ganze Insel an die Araber verlorenging, verblieben Apulien (mit Bari) und Kalabrien samt der dazwischen liegenden Basilicata und den kampanischen Seestädten (besonders Neapel) beim Reich des Basileus, der auch die Oberhoheit über die langobardischen Fürstentümer Benevent, Capua und Salerno beanspruchte. Nach dem Scheitern Kaiser Ludwigs II. († 875) hatte er von fränkischer Seite nichts mehr zu befürchten, wohl aber von den Arabern (Sarazenen), die sich auf dem Festland an Küstenplätzen und sogar im Landesinnern niederließen und zudem den Seeverkehr beeinträchtigten. 915 errang eine von Papst Johannes X. vermittelte breite Allianz aller bedrohten Mächte unter byzantinischer Führung einen beachtlichen Sieg am Fluß Garigliano, doch konnten sich die Muslime davor und danach auch immer wieder die Rivalitäten unter den christlichen Herrschern zunutze machen. Geduldige Bemühungen der Byzantiner um eine Stabilisierung ihrer Positionen durch ein Bündnis mit den wechselnden Machthabern in Ober- und Mittelitalien, 944 gipfelnd in der Heiratsabsprache zwischen dem Kaisersohn Romanos (II.) und Bertha/Eudokia († 949), einer illegitimen Tochter König Hugos von Italien, blieben ohne dauerhafte Wirkung, obgleich zu dieser Zeit keine akuten kirchlichen Gegensätze zwischen Kaiser und Papst das Klima trübten. Im Gegenteil: Als Leon VI. 906/07 vom Patriarchen die vierte Ehe verboten wurde, erteilte ihm Papst Sergius III. bereitwillig Dispens, und Johannes XI. beauftragte seine Legaten mit der Weihe, als Kaiser Romanos I. 933 seinen sechzehnjährigen Sohn zum Patriarchen erheben wollte.

Erst mit dem Auftreten Ottos des Großen in Italien, der 962 in Rom das westliche Kaisertum nach jahrzehntelanger Unterbrechung erneuerte, wandelte sich für die Oströmer die Lage grundlegend, weil der Sachse nicht nur wie einst Karl der Große Gleichrangigkeit einforderte, sondern bald auch seine Hand nach Unteritalien ausstreckte. Zwar verweigerte sich Nikephoros II. 968 noch dem Wunsch nach einer byzantinischen Prinzessin als Braut Ottos II., doch Johannes Tzimiskes war 971 zu einem Arrangement bereit, das seine Nichte Theophanu, obzwar nicht «purpurgeboren», zur nächsten Kaiserin des Westens werden ließ und Capua sowie Benevent preisgab, um den Fortbestand der oströmischen Kerngebiete in Italien zu sichern. Als Otto II. 981 von Rom aus, veranlaßt durch verstärkte Attacken der Sarazenen, einen Feldzug nach Süden anführte und dabei wohl auf die Herrschaft über den gesamten Mezzogiorno abzielte, leisteten die Byzantiner allenfalls hinhaltenden Widerstand, bis der Kaiser 982 in Kalabrien seine schwere Niederlage gegen die Muslime bezog. Damit begann eine weitere Phase sarazenischer Aggressivität, bei der die byzantinischen Befehlshaber vom anderwärts herausgeforderten Kaiser Basileios II. keine Hilfe erwarten konnten, sondern eher auf die Venezianer angewiesen waren, deren Schiffe 1002 entscheidend dazu beitrugen, eine langwierige Belagerung von Bari zu sprengen. Auch Kaiser Otto III., der sich als Sohn der 991 gestorbenen Theophanu mit den Worten rühmen ließ, er «stamme aus höchstem Geblüt der Griechen und übertreffe die Griechen im Kaisertum»[50], und bereits seit 996 seine Fühler nach einer Braut aus Konstantinopel ausstreckte, konnte 999 durch sein Erscheinen auf dem Monte Gargano, in Capua und Benevent keine Veränderung der Lage bewirken. Nach seinem frühen Tod (1002) machten die Byzantiner die später noch oft wiederholte Erfahrung, daß im Unterschied zu ihrem Kaisertum das lateinische wegen seiner Bindung an die Krönung durch den Papst in Rom langjährigen Unterbrechungen der Sukzession ausgesetzt war. So dauerte es zwanzig Jahre, bis Heinrich II., erst seit 1014 Kaiser, 1021/22 in Unteritalien auftauchte, um auf Drängen Papst Benedikts VIII. einem schon zweimal gescheiterten Aufstand einheimischer Kräfte gegen die byzantinische Herrschaft doch noch zum Erfolg zu verhelfen, was indes mißlang. Aber auch Basileios II., der sich nach seinen Siegen an anderen Fronten nun dem fernen Westen seines Imperiums zuwandte, scheiterte mit dem Vorhaben, Sizilien zurückzugewinnen. So blieb es beim Status quo: Unteritalien lag gewissermaßen im toten Winkel beider Imperien und fand bis zum Auftreten der Normannen zu keiner eigenen politischen Gestalt.

Niedergang unter den Nachfolgern Basileios' II.

Die Jahrzehnte Basileios' II. erscheinen im Rückblick als Kulminationspunkt der mittelalterlichen Geschichte von Byzanz, weil danach eine Phase der Stagnation und bald schon des rapiden Machtverfalls einsetzte. Da Basileios (als einziger Kaiser in Konstantinopel) unvermählt geblieben und ohne Nachkommen gestorben war, fiel das Kaisertum seinem Bruder Konstantin VIII. (1025–1028) zu, mit dem das makedonische Herrscherhaus im Mannesstamm erlosch, da er bei seinem baldigen Tod lediglich drei Töchter hinterließ. Eine von ihnen, Zoe († 1050), wurde zur Schlüsselfigur der folgenden Zeit, weil sie als Trägerin der dynastischen Kontinuität durch die Abfolge ihrer Ehen drei Kaisern nacheinander zur Macht verhalf, einen vierten adoptierte und 1042 für einige Monate auch eigenständig mit ihrer Schwester Theodora zusammen das Reich regierte. Alle diese Herrscher, die sich relativ rasch ablösten, wurzelten und verharrten im Umfeld des Hofes in Konstantinopel; in den Provinzen waren sie von geringerer Autorität als ihre militärisch erfolgreichen Vorgänger im 10. Jh., was den Zusammenhalt des Reiches wie auch die Schlagkraft seiner Truppen schwächte, während gleichzeitig das geistige Leben in der Hauptstadt durch Gelehrte wie den Philosophen und Hofpolitiker Michael Psellos († um 1078) zu neuem Glanz gelangte.

Die ersten, die von dem schleichenden Wandel der Machtverhältnisse zu profitieren suchten, waren die unruhigen Petschenegen, die, ihrerseits bedrängt von den Kiever Herrschern, 1033 und 1036 an der Donau ins Reichsgebiet einfielen. Sie konnten vorerst zurückgeschlagen werden, kamen aber 1048 wieder und drangen nun bis Adrianopel vor, bevor ihnen 1050 Einhalt geboten wurde. Dazu kam, daß wachsender Steuerdruck die unterworfenen Balkanslawen zu Aufständen trieb, die 1040 in Belgrad in der Ausrufung des (erst nach einem Jahr bezwungenen) Hochstaplers Peter Odeljan zum «Zaren von Bulgarien» gipfelten[51]. Auch die zeitlich nur schwer bestimmbare faktische Verselbständigung der Fürsten von Dioklea (damals Zeta) im dalmatinischen Hinterland gehört in diesen Zusammenhang. In Italien, wo die Byzantiner seit 1038 vorübergehend den Osten Siziliens mit Syrakus zurückgewonnen hatten, ging im Verlauf der 40er Jahre die Initiative des militärischen Handelns vollends auf die aggressiven Normannen über. Folgenreicher als all dies war indes das Auftauchen einer neuen Macht im Osten, die Byzanz langfristig zum Schicksal werden sollte, nämlich der von der Dynastie der Seldschuken geführten Türken, die, aus Innerasien stammend, auf dem Weg nach Westen den Islam angenommen und nach der Eroberung Persiens auch im abbasidischen Kalifat von Bagdad die Macht als Sultane an sich gebracht hatten (1055). Erste Vorstöße gegen die weit nach Osten vorgeschobenen Grenzen des Kaiserstaates, die seit 1048 gemeldet wurden, machten deutlich, daß die Seldschuken sich nicht auf die islamische Welt zu beschränken gedachten.

Die Verschlechterung der äußeren Lage des Imperiums, wozu auch der Bruch mit der lateinischen Kirche durch die gegenseitige Exkommunikation des Patriarchen und der in Konstantinopel erschienenen päpstlichen Legaten aus eher nichtigem Anlaß im Sommer 1054 gehörte, trat nur langsam ins Bewußtsein der maßgeblichen Kreise am Hof, wo mit dem Tod der Kaiserin Theodora (1056) die legitimierende Tradition der ruhmreichen makedonischen Dynastie endgültig abriß. Kaiser Isaak I. (Komnenos, 1057–1059), der durch eine Revolte des Militärs auf den Thron kam, ergriff energische Maßnahmen zur Stärkung der Kampfkraft und Sicherung der Grenzen, legte sich aber mit dem Patriarchen sowie weiteren kirchlichen Kreisen an und machte sich in der Hauptstadt schnell unbeliebt, weshalb er schon nach zwei Jahren abdankte († 1061). Ob es ihm tatsächlich gelungen wäre, das Blatt entscheidend zu wenden, steht dahin, doch ist sicher, daß sein Nachfolger Konstantin X. (Dukas, 1059–1067) den akuten Bedrohungen von allen Seiten nicht mehr gewachsen war. Während die unbezwungenen Petschenegen (und in ihrem Rücken das Turkvolk der Uzen) plündernd bis nach Griechenland vorstießen und in Unteritalien immer weiterer Boden an die Normannen verlorenging, drangen die Seldschuken kaum gehindert nach Kleinasien ein und eroberten 1067 bereits Kaisareia in Kappadokien. Der Stratege Romanos IV. (Diogenes, 1068–1071), der den Thron wiederum durch die Heirat mit der Witwe des Vorgängers erlangte, bündelte alle Kräfte zur Wiederherstellung der Ostgrenze. Nach ersten Teilerfolgen 1068 und 1069 wagte er im Sommer 1071 weit im Osten Anatoliens bei Mantzikert nahe dem Vansee die Entscheidungsschlacht gegen die Seldschuken unter Sultan Alp Arslan (1063–1072). Sie wurde vom Geschichtsschreiber Michael Attaleiates mit einem Erdbeben verglichen und eine Tragödie genannt[52], denn am Ende stand, auch infolge von Uneinigkeit in den eigenen Reihen, eine vernichtende Niederlage und die Gefangennahme des Kaisers. Während Romanos nach seiner Freilassung in Konstantinopel gestürzt und geblendet wurde, stand den Türken der Weg nach Kleinasien offen, und im selben Jahr 1071 mußte mit Bari auch der letzte Vorposten in Italien geräumt werden.

6. Muslime und Christen im westlichen Mittelmeerraum

Während vor und nach 1000 im ganzen Norden und Osten Europas folgenreiche Entscheidungen über Reichsbildungen in engem Zusammenhang mit der Christianisierung fielen, ist eine ähnliche Klärung im Südwesten und Süden einstweilen ausgeblieben. Auf der Iberischen Halbinsel gelang den ersten Kalifen von Córdoba im 10. Jh. eine beachtliche Konsolidierung ihrer Herrschaft über eine heterogene Bevölkerung im Zeichen des Islam, die jedoch nicht von Dauer war und die Entfaltung der christlichen Kleinreiche im Norden nur zeitweise zu hemmen vermochte. Auf den Inseln des westlichen Mittelmeers und im Süden Italiens weckte die fortwährende Dominanz der seetüchtigen Sarazenen christliche Gegenkräfte, unter denen erst die Normannen seit der Mitte des 11. Jhs. eine stabile Führungsrolle errangen.

al-Andalus I: Vom Emirat zum Kalifat von Córdoba

Auch zwei Jahrhunderte nach dem Vordringen der Araber auf die Pyrenäenhalbinsel befand sich ihre Herrschaft, die seit 756 als Emirat vom umfassenden Verband des Kalifenreiches abgesondert war, in einem Zustand der Gärung. Das gilt vom religiösen Gegensatz zwischen den muslimischen Eroberern und der christlichen Vorbevölkerung, die sich erst im Laufe vieler Generationen, vielleicht bis etwa 1000, mehrheitlich für den Glauben an Allah gewinnen ließ und trotz aller Arabisierung die Kontinuität der hispanoromanischen Sprache (nicht des Westgotischen) nie aufgab. Umstritten war aber auch die Verteilung der Gewichte zwischen den aus dem Orient stammenden Arabern, die sich noch im 8. Jh. durch Zuzug aus Syrien verstärkt hatten, und den mit ihnen einst verbündeten Berbern aus Nordafrika sowie der wachsenden Zahl der zum Islam Bekehrten (Muladíes, muwalladun) mit minderer Rechtsstellung, schließlich der mozarabischen Christen (und der Juden), die zwar von öffentlichen Ämtern ferngehalten wurden, aber als Steuerzahler nicht unwesentlich zum Gemeinwesen beitrugen. Die Spannun-

Abb. 7: Inneres der Großen Moschee von Córdoba (8.–10. Jh.)

gen unter diesen Gruppen, die sich immer wieder in Aufständen entluden, verquickten sich mit dem Widerstreit zwischen den zentralistischen Bestrebungen der Emire aus der Dynastie der Omaijaden und gegenläufigen Tendenzen sowohl muslimischer Teilfürsten in den Grenzgebieten als auch städtischer Eliten, die sich dem Zugriff des Hofes von Córdoba zu entziehen suchten. Dessen Spielräume wiederum wurden stets auch mitbestimmt vom politischen Kräftespiel in der islamischen Welt außerhalb Spaniens.

Unter diesen für eine integrative Reichsbildung insgesamt wenig günstigen Umständen verdient die politische Leistung Abdarrahmans III. (912–961) Beachtung, der die zunehmende Schwäche der abbasidischen Kalifen in Bagdad und die Unterlegenheit der christlichen Nachbarn im Norden während des frühen 10. Jhs. ausnutzte, um in Konfrontation zum 909 neu erstandenen Kalifat der schiitischen Fatimiden in Nordafrika, zunächst mit dem Zentrum in Kairuan (heute Tunesien), die Kräfte des eigenen Emirats in einem autokratischen Einheitsstaat zu bündeln. Mit zäher Energie warf er binnen zwanzig Jahren alle inneren Gegner nieder und nahm 929 als Ausdruck seiner gesteigerten Macht den gesamtislamisch höchsten Titel eines Kalifen und «Fürsten der Gläubigen» an. Abdarrahman griff militärisch nach Marokko aus und sicherte sich gegen die Fatimiden dauerhaft Küstenplätze wie Melilla, Ceuta und Tanger. Offensiv legte er sich auch immer wieder mit dem christlichen Norden an, weniger mit dem Ziel der politischen Unterwerfung als zur Erzwingung von Tributen. So ließ er 924 Pamplona plündern, verwüstete später (Alt-)Kastilien und lenkte erst ein, nachdem er 939 in der Doppelschlacht von Simancas und Alhándega den kürzeren gezogen hatte. Als ein Herrscher von europäischer Bedeutung verfügte er über die stärkste Heeresmacht weit und breit, gestützt auf eine wachsende Zahl von Söldnern. Mit Kaiser Konstantin VII. in Konstantinopel tauschte er 947/48 und nochmals 955/56 Gesandte aus, und auch zum fränkisch-sächsischen König Otto, der sich gerade anschickte, nach Italien zu greifen, suchte der «König von Spanien»[53] 950 den Kontakt, was in der Folgezeit allerdings wegen religiöser Befangenheit auf beiden Seiten zu keiner wirklichen Verständigung führte.

Unter Abdarrahman III. und seinem Sohn, Kalif al-Hakam II. (961–976), erreichte die Omaijadenzeit in Spanien auch in zivilisatorischer und kultureller Hinsicht ihren Höhepunkt. Reger Fern- und Binnenhandel sowie ein vielseitiges Gewerbe, vor allem auch die Produktion von Luxusgütern, machten zusammen mit einer hochentwickelten Landwirtschaft al-Andalus zur ökonomischen Vormacht des gesamten Okzidents. Die Prosperität begünstigte das Aufblühen von Städten, deren Bevölkerungszahl im christlichen Europa des 10. Jhs. nicht ihresgleichen hatte. Allen voran stand Córdoba (mit mehr als 100 000 Bewohnern), das als orientalisch geprägte Residenzstadt mit einer gewaltigen Haupt-Moschee und mehreren Kalifenpalästen dabei war, Bagdad den Rang abzulaufen, und selbst noch der sächsischen Kanonisse Hrotsvit von Gandersheim als «Zierde der Welt» ein Begriff war[54]. Die Stadt wurde zum Mittelpunkt einer Hochblüte der arabischen Kultur, während gleichzeitig die lateinische Überlieferung aus dem islamischen Spanien mit dem 9. Jh. versiegte. Den Ton gaben orientalische und byzantinische Künstler, Literaten und Gelehrte an, die in Córdoba eine der größten Bibliotheken der damaligen Welt antrafen und neben eigenen Werken der Dichtkunst, der Geschichtsschreibung, der Rechtswissenschaft und auch der Naturkunde und Medizin zugleich arabische Übersetzungen griechischer und lateinischer Vorlagen anregten. Die besondere Rolle Spaniens bei der Vermittlung zwischen den Kulturen des mittelalterlichen Europa ist eben damals im 10. Jh. angebahnt worden.

al-Andalus II: Niedergang und Auflösung des Kalifats

Der Tod al-Hakams II. brachte dem omaijadischen Spanien eine historische Wende, obwohl sich die äußere Machtentfaltung wie auch die kulturelle Blüte zunächst weiter fortsetzten. Denn der dritte Kalif Hischam II. (976–1013), anfangs noch ein Kind, gelangte nie zu bestimmender Macht wie sein Vater und sein Großvater, sondern wurde ein Vierteljahrhundert lang in den Schatten gestellt von seinem ersten Minister (hajib) al-Mansur, einem Juristen arabischer Abkunft aus Algeciras, der schon vor 976 seinen Aufstieg genommen hatte. In Nordafrika nutzte er den Spielraum, den die Verlagerung des fatimidischen Kalifensitzes von Kairuan nach Kairo (969) eröffnete, zur entschlossenen Ausdehnung seiner Hoheit im heutigen Marokko und Algerien, wo sich einheimische Berberfürsten ihm unterwarfen. Vor allem aber setzte al-Mansur den Christen im Norden auf angeblich mehr als fünfzig Feldzügen schwer zu, bei denen von Coimbra im Westen bis Barcelona im Osten Städte geplündert, Menschen in die Unfreiheit verschleppt und immer weitere Tribute erzwungen wurden. Zum Fanal geriet 997 die Zerstörung der Kathedrale über dem Jakobusgrab von Compostela, deren Glocken (nach einem arabischen Bericht) von christlichen Gefangenen zu Fuß nach Córdoba geschleppt werden mußten[55]. Militärisch stützte sich der hajib auf ihm ergebene berberische und christliche Söldner, die im Heer die arabischen Stammesverbände der früheren Emire und Kalifen verdrängten. Im Bunde mit den Muladíes, denen er gesellschaftlichen Aufstieg ermöglichte, bekämpfte al-Mansur die arabische Aristokratie ebenso wie die in der Umgebung des Kalifen einflußreichen Sklaven europäischer Provenienz, die unter dem pauschalen Sammelnamen Slawen in Erscheinung traten. Während er in Córdoba die große Moschee zur Vollendung brachte, errichtete er östlich der Stadt eine glanzvolle eigene Residenz in Madinat-az-Zahira als Gegenpol zum Kalifenhof. Trotz anfechtbarer Legitimität behauptete er gegen alle Verschwörungen, die seinen Sturz erstrebten, die Macht bis zu seinem Tode 1002.

Danach fand sein Militärregime sogar eine dynastische Fortsetzung durch seinen Sohn Abd al-Malik, der jedoch bereits 1008 starb und dem Halbbruder Abdarrahman (Sanchuelo) Platz machte. Als dieser 1009 den Versuch unternahm, die Omaijaden vollends durch die eigene Familie, die Amiriden, zu verdrängen, indem er den kinderlosen Kalifen Hischam II. dazu brachte, ihn zu seinem Nachfolger zu bestimmen, brach in Córdoba ein Aufstand der arabischen Aristokratie aus, der ihn zu Fall brachte. Die Folge war indes nicht eine Wiederherstellung der einstigen Omaijadenherrschaft, sondern eine lange Phase innerer Wirren, deren erster Höhepunkt 1013 mit der Erstürmung von Córdoba durch aufrührerische Berber und dem Tod Hischams II. erreicht war. Es folgten bis 1031 sechs weitere kurzlebige Kalifen aus dem Stamm Abdarrahmans III., die jedoch ohne eigenes Profil blieben und eher Schachfiguren im Machtkampf der Anführer berberischer und «slawischer»

Heeresverbände waren. Die Grundlagen des im 10. Jh. etablierten Kalifats wurden dabei so gründlich zerstört, daß es 1031 gut 100 Jahre nach seiner Errichtung von der städtischen Oligarchie Córdobas für erloschen erklärt werden konnte. Die politische Zukunft von al-Andalus gehörte den lange zurückgedrängten regionalen und zentrifugalen Kräften, die sich in etwa vierzig kleineren Fürstentümern, den sogenannten Taifenreichen, formierten. Diese hatten durchweg einen städtischen Mittelpunkt und wurden meist von lokalen Funktionären des früheren Kalifats beherrscht, die weiter ihre Beamtentitel führten. Im einzelnen kann zwischen Familien arabischer, berberischer und «slawischer» Herkunft unterschieden werden, die unterschiedliche räumliche Schwerpunkte auf der Halbinsel hatten. Der Vorrang Córdobas ging rasch und dauerhaft verloren, da mit Sevilla, Granada, Valencia, Badajoz, Zaragoza oder Lérida gleichgewichtige neue politische (und teilweise auch kulturelle) Zentren hervortraten. Die zuletzt aggressive Haltung gegenüber dem christlichen Spanien wurde angesichts von Rivalitäten untereinander aufgegeben, während umgekehrt den Herrschern des Nordens die Vielfalt der Mächte in al-Andalus zu neuer Handlungsfreiheit verhalf.

Der christliche Norden Spaniens: Defensive und neuer Aufbruch

Nach ihrer anfänglichen Konsolidierung und begrenzten Expansion im 8./9. Jh. gerieten die christlichen Kleinreiche im Norden der Pyrenäenhalbinsel während des 10. Jhs. gegenüber dem blühenden Kalifat von Córdoba politisch-militärisch und vor allem auch wirtschaftlich deutlich ins Hintertreffen. Die relativ stärkste Macht war anfangs das Königreich León, das alte Asturien, das sich als Hort der westgotischen Tradition begriff und stets dem Zuzug von mozarabischen Christen aus al-Andalus offenstand. Seit Alfons III. (866–910) wurden die Könige vereinzelt sogar als «imperator» (Kaiser) bezeichnet[56], doch kam es nach dessen Sturz und Tod zu mehrfachen Erbteilungen unter den Söhnen und Enkeln, die die Abwehrkraft gegen die seit etwa 920 wieder einsetzenden Attacken aus dem Süden beeinträchtigten und zur allmählichen Ausbildung neuer politischer Einheiten führten. Das betraf vornehmlich das jüngeren Königssöhnen überlassene Galicien im Nordwesten, das seit der Einnahme von Portucale/Porto (868) den Keim der Grafschaft Portugal einschloß, sowie die Großgrafschaft Kastilien, benannt nach der Vielzahl ihrer Burgen, die sich an vorderster Front gegen die Muslime zu behaupten hatte. Ihre Inhaber wurden ursprünglich von den leonesischen Königen eingesetzt, konnten aber seit Graf Fernán González (931/32–970) die Erblichkeit ihrer Stellung erreichen und von Burgos aus erheblichen Einfluß auf die Besetzung des Thrones in León nehmen. Weiter östlich gab es das von Basken bevölkerte kleinere Königreich Navarra mit dem Zentrum Pamplona, wo mit Sancho I. Garcés (905–925) eine neue Dynastie an die Macht kam, die sich aktiv in den Kampf gegen die Herrscher von Córdoba einschaltete und dazu das Bündnis mit León suchte. Sanchos Nachfolger García I. Sánchez (925/34–970) gewann die Grafschaft Aragón durch Heirat mit der Erbtochter hinzu und knüpfte zudem familiäre Bande zu León und Kastilien, konnte aber nicht verhindern, daß sein Reich bis gegen Ende des 10. Jhs. ebenso wie die anderen in drückende Abhängigkeit vom Kalifat geriet. Ohne eine Königswürde, sondern in lockerer Bindung an Westfranken/Frankreich existierte schließlich im späteren Katalonien eine Anzahl faktisch autonomer Grafschaften, die im 10. Jh. meist in Händen von Nachfahren Graf Wifreds des Haarigen († 897) waren. Im Vordergrund standen die Grafen von Barcelona, die jahrzehntelang um friedliche Zurückhaltung gegenüber den Muslimen bemüht gewesen waren, dann aber doch 985 die Einnahme und Zerstörung ihrer Stadt durch die Truppen al-Mansurs erleben mußten. Diese Erfahrung bewirkte die definitive Lösung vom frühkapetingischen Frankreich, das keinen Schutz geboten hatte, und eine stärkere Hinwendung zu den christlichen Nachbarn auf spanischem Boden.

Erst der Zerfall des Kalifats, der bald nach der Jahrtausendwende einsetzte, wandelte die Verhältnisse von Grund auf. Die christlichen Reiche, die dem Süden keine Tribute mehr schuldig waren, widmeten sich dem Wiederaufbau zerstörter Plätze und erschlossen sich weiteren Siedlungsraum. Truppen aus Kastilien und Barcelona beteiligten sich aktiv an der Destruktion des islamischen Reiches, indem sie auf seiten der Berber bzw. der «Slawen» in die Kämpfe um die Vorherrschaft in Córdoba eingriffen, also nicht länger die Waffenbrüderschaft mit Muslimen scheuten. Den allgemeinen Aufbruch nutzte am konsequentesten König Sancho III. Garcés von Navarra (1004–1035), der sich nicht nur an den Vorstößen gegen al-Andalus beteiligte, sondern zugleich darauf aus war, sich und seiner Familie die Hegemonie im christlichen Teil der Halbinsel zu sichern. Er unterstützte den verbündeten Grafen von Barcelona gegen seine Rivalen innerhalb Kataloniens, verschaffte sich 1029 nach der Ermordung des Grafen von Kastilien die Anerkennung seines Königtums durch den dortigen Adel und zog 1034 auch noch in León ein, wo er den jugendlichen Vermudo III. (1028–1037) überspielte und sich selbst zum König krönte, bevor er 1035 starb. Sancho III., der zeitgenössisch als «iberischer König» bezeichnet wurde[57] und vorzugsweise von der Pfalz Nájera (im nördlichen Kastilien) aus regierte, dachte erkennbar in europäischen Dimensionen, wenn er sein Reich den liturgischen Gebräuchen und den monastischen Regeln der übrigen lateinischen Welt öffnete und den Pilgerverkehr von jenseits der Pyrenäen nach Santiago de Compostela unter seinen besonderen Schutz stellte. Anscheinend wünschte er sich für die Zukunft eine dauerhafte politische Vereinigung des christlichen Spanien, auch wenn er die auf Teilung der Macht hinauslaufenden Erbansprüche seiner vier Söhne nicht zu übergehen wagte. Jedenfalls vermachte er kurz vor dem Tod allein dem Ältesten, García III. Sánchez (1035–1054), den Königstitel mit der Hoheit über das Kernreich Navarra und sprach dessen Brüdern nachgeordnete Herrschaften über Kastilien(-León) und Aragón sowie Gonzalo (1035–1043/44), dem Jüngsten, zwei Grafschaften in den Pyrenäen zu. Tatsächlich betrachteten sich aber alle sehr bald als eigenständige Könige, wobei Gonzalo am raschesten aus dem Machtkampf ausschied. Ferdinand I. (1035/38–1065) und Ramiro I. (1035–1064/69) wurden zu Stammvätern weiterer Könige von Kastilien-León bzw. von Aragón, so daß es wieder drei rivalisierende Reiche gab, deren Herrscher jedoch sämtlich Nachfahren Sanchos III. waren.

Der Islam als mediterrane Seemacht

Außerhalb Spaniens gebrauchten Muslime (für die Christen: Sarazenen) des 10./11. Jhs. wie zuvor schon ihre maritime Überlegenheit, um ihre Herrschaft oder zumindest den Anspruch auf Tribute durchzusetzen, wovon die großen Inseln des Mittelmeers und in wechselndem Umfang auch Landstriche an den von Christen bewohnten Küsten des Festlandes betroffen waren. Dabei handelte es sich zum geringeren Teil um Eroberungen im Auftrag der Herrscher von Córdoba, die allenfalls die nahegelegenen Balearen 903 endgültig ihrem Emirat einverleibten. Schon Korsika und Sardinien, nominell Überreste des langobardischen und des byzantinischen Reiches, scheinen seit dem 9. Jh. eher von Piraten aus Nordafrika überfallen worden zu sein, die sich langfristig an den Küsten festsetzten, aber offenbar das Landesinnere nie unter völlige Kontrolle brachten. Dort hielten sich kleinräumige christliche Lokalherrschaften (in Sardinien gar vier «Königreiche»), bis seit dem frühen 11. Jh. mit päpstlicher Rückendeckung Pisa und später auch Genua die Hoheit über die Inseln an sich brachten. Zu einem jahrzehntelang beklagten Ärgernis für die Christen wurde Fraxinetum (La Garde-Freinet bei Saint-Tropez), eine Bergfestung an der provenzalischen Küste, wo sich seit 888/89 muslimische Seeräuber verschanzt hatten, die überwiegend aus Spanien kamen. Begünstigt durch den Verfall der karolingischen Reichsgewalt und die Rivalitäten regionaler Magnaten, konnten die Sarazenen von diesem Schlupfwinkel aus sowohl den Seeverkehr empfindlich beeinträchtigen als auch weit ins Binnenland vorstoßen, um nach Art der Wikinger und der Ungarn Kirchen und Klöster im Alpenraum auszuplündern und Rompilgern auf den Paßstraßen aufzulauern. Ihre Bekämpfung wurde mit der Zeit zu einem Problem von internationalen Dimensionen. Nachdem byzantinische Flottenexpeditionen 931 und, in Verbindung mit König Hugo von Italien, nochmals 942 bloß vorübergehende Entlastung gebracht hatten und auch ein zu

940 überliefertes Verbot des Kalifen Abdarrahman III., Christen weiterhin zu schädigen, nichts fruchtete, wurde ein gemeinsames Vorgehen gegen die Freibeuter auch in den Verhandlungen erörtert, die seit 950 mittels Gesandten zwischen Otto dem Großen und dem Kalifen geführt wurden. Sie verliefen ebenso im Sande wie Kaiser Ottos 968 aus Italien proklamierte Ankündigung, auf dem Rückweg «über Fraxinetum die Sarazenen zu vernichten»[58]. Das gelang erst 972 einem burgundisch-provenzalischen Heer, das die Byzantiner von See her unterstützten.

Der wichtigste islamische Vorposten im Mittelmeer war Sizilien, das wiederum von Nordafrika aus zwischen 827 und 902 den Oströmern abgerungen und in die Herrschaft der Aghlabiden im heutigen Tunesien einbezogen worden war. Palermo, wo die Araber schon 831 Fuß gefaßt hatten, wurde zum Sitz zunächst eines Statthalters, ab 970 eines eigenen Emirs und nahm einen rasanten Aufschwung als Handels- und Verwaltungszentrum. Unter den Fatimiden, die 909 als Kalifen in Kairuan an die Stelle der Aghlabiden traten, setzte eine nachdrückliche Islamisierung der Insel ein, die – offenbar schneller als in Spanien – die christliche Bevölkerung großenteils zum Glaubenswechsel bewog und die Organisation der (griechischen) Kirche weithin zusammenbrechen ließ. Emir Abu-al-Kasim (970–982) ging dazu über, Ansprüche auch auf Unteritalien, zumal Kalabrien und Apulien, zu erheben, wo schon im 9. Jh. Muslime, nicht allein aus Sizilien, eingedrungen waren und gegen den Widerstand von Byzantinern sowie regionalen Fürsten, anfangs auch noch der Karolinger, zeitweilige Herrschaften errichtet hatten. Als der sizilische Emir seit 976 Feldzüge auf dem Festland unternahm, stieß er bald mit der neuen Macht der Ottonen zusammen, die als Kaiser des Westens auch den Süden Italiens als Teil ihres Imperiums betrachteten. Auch wenn er selbst 982 in der spektakulären Schlacht gegen Otto II. beim Kap Colonne umkam, errangen seine Truppen doch einen eindeutigen Sieg, was ihnen den Weg zu neuen Vorstößen offenhielt. Zwar konnten in den Folgejahren Bari und Tarent von den Byzantinern mit Mühe gehalten werden, aber andere Plätze wie Matera oder Cosenza fielen für kürzere oder längere Zeit dem arabischen Ansturm anheim. Nur allmählich ließ der Druck nach, so daß Kaiser Basileios II. 1025 darangehen konnte, Sizilien für Byzanz zurückzuerobern, was indes durch seinen Tod ein jähes Ende fand. Wirksamer wurde erst ab 1038 der im Orient bewährte Feldherr Georgios Maniakes († 1043), der binnen kurzem die gesamte Ostküste der Insel einnahm, schließlich aber doch an byzantinischen Hofintrigen scheiterte und 1041/42 als bald bezwungener Gegenkaiser Italien verließ. Das geschwächte Emirat zerfiel – wenige Jahre nach dem Scheitern des Kalifats von Córdoba – in Teilherrschaften und wurde ab 1061 nach und nach zur Beute der Normannen.

Das Eindringen der Normannen in Unteritalien

Die Normannen, denen im Verlauf des 11. Jhs. gelungen ist, woran zuvor östliche wie westliche Kaiser, die Araber und ebenso die regionalen Fürsten der langobardischen Tradition gescheitert waren, nämlich die dauerhafte staatliche Einigung von ganz Unteritalien einschließlich Siziliens, sind für eine vergleichende Betrachtung mittelalterlicher Reichsbildungen ein Fall von besonderem Reiz. Bloß noch dem Namen nach waren sie identisch mit jenen heidnischen Nordmännern germanischer Sprache, die 250 Jahre zuvor aus Skandinavien aufgebrochen waren, um als Wikinger jenseits der Nordsee, als Waräger jenseits der Ostsee Abenteuer, Beute und schließlich auch eine neue Heimat zu suchen. Von denen, die sich zu Anfang des 10. Jhs. an der unteren Seine, in der bald so genannten Normandie, niedergelassen hatten und dort zu altfranzösisch sprechenden Christen im Verband des Westfrankenreiches geworden waren, ging 1066 die Eroberung Englands aus, ein geplanter, vom Herzog angeführter Feldzug, dessen Erfolg in einer einzigen Schlacht entschieden wurde, nachdem kurz vorher ein ähnlicher Vorstoß norwegischer Normannen unter ihrem König an der englischen Küste fehlgeschlagen war. Ganz anders verlief das Ausgreifen ins Mittelmeer, wohin besonders wagemutige Wikinger schon im 9. Jh. durch die Straße von Gibraltar gelangt waren, um plündernd über die Balearen, das Rhônemündungsgebiet und die ligurische Küste herzufallen. Auch im frühen 11. Jh. kamen sie in kleinen, wohl ausschließlich männlichen Gruppen ohne hervorstechenden Anführer und vorerst ohne Herrschaftsanspruch als angeworbene Söldner, nachdem sich (gemäß rückblickender Überlieferung) spätestens 1015/16 eine Schar von 40 durchreisenden normannischen Jerusalempilgern als bewaffnete Helfer bei der Befreiung der Stadt Salerno von sarazenischer Belagerung bewährt hatte[59]. Daraufhin ließen sich weitere herbeilocken, die im Süden ihr Glück suchten und zunehmend als Elitekrieger im Dienst der Fürsten von Capua, von Salerno und anderer in Erscheinung traten, sowohl bei der fortgesetzten Abwehr der Araber als auch bei der (vergeblich gebliebenen) Unterstützung eines Aufstandes gegen die byzantinische Herrschaft in Apulien (1017/18). Die Beteiligung am Feldzug des Maniakes auf Sizilien (1038/40), wo sie übrigens auf Waräger in dessen byzantinischem Aufgebot trafen, blieb eine Episode, denn fortan wurde neben der ursprünglichen Feindschaft zu den Sarazenen auch die Konfrontation mit Byzanz zu einer Konstante im militärischen Auftreten der Normannen.

Die labilen Machtverhältnisse im Mezzogiorno mußten in Bewegung geraten, sobald sich die herbeigeholten Normannen zum Bleiben entschlossen und als standesgemäßen Lohn Anteil an der Herrschaft über Land und Leute verlangten. Als exemplarisch kann Rainulf Drengot († 1045) gelten, einer der frühesten Ankömmlinge, der den kampanischen Ort Aversa zum Kastell ausbaute und 1030 durch den Fürsten von Neapel, dessen Schwager er wurde, als Mittelpunkt einer neuen Grafschaft zu Lehen bekam. Später heiratete er die Nichte des Fürsten von Capua und erreichte 1038 durch Vermittlung des Fürsten von Salerno seine abermalige Belehnung mit der Grafschaft Aversa, diesmal jedoch von Kaiser Konrad II. Mit dem sizilischen Feldzug von 1038/40 begann dann der Aufstieg der Familie Hauteville, mehrerer Brüder, die sich 1040 der Stadt Melfi bemächtigten und unter Führung des Wilhelm Eisenarm († 1046) bald offensiv gegen die byzantinische Herrschaft in Apulien vorgingen. Zwar konnten sie die Hauptstadt Bari nicht dauerhaft einnehmen, festigten aber ihre Macht in weiten Gegenden des Landes so eindrucksvoll, daß sie Kaiser Heinrich III. 1047 bei seinem Zug bis Capua durch die Belehnung von Wilhelms Bruder Drogo († 1051) als Graf von Apulien anerkannte. Gleichzeitig schuf sich der aus der alten Heimat nachgereiste jüngere Bruder Robert Guiscard († 1085) einen eigenen Herrschaftsraum in Kalabrien, wo 1059 als letzte Bastion Reggio fiel. Zum Kristallisationspunkt des Widerstands gegen die rabiate Ausbreitung der Normannen wurde die Herzogsstadt Benevent, deren Bewohner 1050 angesichts akuter Bedrohung durch Drogo von Apulien ihre angestammten Fürsten vertrieben und sich unter Berufung auf die alten Privilegien des 8. Jhs. der unmittelbaren Hoheit des Papstes als Teil des Kirchenstaates unterstellt hatten. Leo IX. (1049–1054) ließ sich im Vertrauen auf die zunächst in Aussicht gestellte, dann jedoch ausgebliebene Hilfe des Kaisers auf den Konflikt ein und zog schließlich mit selbst angeworbenen Kriegern gegen die Normannen zu Felde, nachdem er das Ansinnen von deren Anführern ausgeschlagen hatte, ihren aktuellen Besitzstand durch päpstliche Belehnung zu sanktionieren. Am 18. Juni 1053 bezog der Papst bei Civitate in Apulien eine schwere Niederlage gegen Humfred († 1057), Drogos Bruder und Nachfolger als Graf von Apulien, sowie Robert Guiscard und ihren gemeinsamen Schwager Richard († 1078), der sich kurz zuvor als Graf von Aversa durchgesetzt hatte. Leo wurde in die von den Siegern eingeschlossene Stadt Benevent verbracht und dort neun Monate lang in faktischer Gefangenschaft gehalten, bevor er nach Rom zurückkehren konnte.

Civitate war eine Entscheidung weit über den Tag hinaus. Nicht nur daß die Päpste jede Hoffnung auf Wahrung, gar Rückgewinnung aller ihnen einst im Süden gehörenden oder zugesicherten Territorien und Besitzungen aufgeben mußten, auch die beiden Imperien des Ostens und des Westens, die jahrhundertelang diese wichtige Kontaktzone der Kulturen jeweils für sich reklamiert und, so gut es ging, gegen die Araber verteidigt hatten, sahen sich fortan verdrängt durch eine neue Macht, die sich binnen weniger Jahrzehnte auf recht gewalttätige Weise Geltung verschafft hatte. Sie war getragen von einer zahlenmäßig dünnen Schicht selbstbewußter Eroberer, die sich familiär mit den einheimischen Fürstenhäusern verband, um diese letztlich aus dem Sattel zu heben und ein weithin als Fremdherrschaft empfundenes Regiment über romanisierte Langobarden, orthodoxe Griechen und zugewanderte Muslime zu etablieren. Dabei drängte die dezentral begonnene Entwicklung, wenn auch unter schweren inneren Auseinandersetzungen, nach fortschreitender Konzentration der Herrschaft in den Händen des Hauses Hauteville. Schon 1057 sicherte sich Robert Guiscard nach dem Tode Humfreds auch die Grafschaft Apulien, während Richard von Aversa nach langwieriger Belagerung Capua in seine Hand brachte und bald nach 1061 auch noch Gaeta hinzugewann. 1061 begann der jüngste der Hauteville-Brüder, Roger I. († 1101), in Messina mit der Unterwerfung des islamischen Sizilien, die Anfang 1072 in der Einnahme von Palermo gipfelte. Nur wenige Monate zuvor war Robert Guiscard als Sieger im hart umkämpften Bari eingezogen und hatte damit der byzantinischen Herrschaft in Unteritalien nach 500 Jahren das Ende bereitet. 1076/77 schließlich beseitigte er mit Salerno das letzte Fürstentum mit langobardischen Wurzeln.

Auf den ebenso rapiden wie tiefgreifenden Wandel im Süden hatte unmittelbar das Papsttum zu reagieren, das nach dem Debakel von Civitate einige Jahre brauchte, um auch Chancen in der neuen Lage zu erkennen. Als Ende 1058 Waffenhilfe gegen einen in Rom installierten Gegenpapst erforderlich wurde, fand sich Richard I. von Capua bereit, mit 300 Kriegern in die Bresche zu springen. Er verhalf Papst Nikolaus II. (1058–1061) zum Sieg über seinen Widersacher und bahnte damit ein Bündnis an, das maßgeblich der römische Archidiakon Hildebrand und Abt Desiderius von Montecassino, zwei spätere Päpste (Gregor VII. 1073–1085, Viktor III. 1086/87), aushandelten. Dem Bedürfnis der päpstlichen Seite nach einer wirkungsvollen Schutzmacht in erreichbarer Nähe entsprach der Wunsch der Normannenführer, für ihre eroberten Herrschaften im Mezzogiorno, gegen die noch Leo IX. zu Felde gezogen war, eine förmliche Anerkennung zu erreichen. Am 23. August 1059 war es soweit, daß Nikolaus II. im Rahmen einer Synode in Melfi mit

Robert Guiscard, nunmehr «von Gottes und des heiligen Petrus Gnaden Herzog von Apulien, Kalabrien und künftig Sizilien», und Richard, «Fürst von Capua», zusammenkam, um ihren Vasalleneid entgegenzunehmen und dazu das Versprechen, für den Schutz der römischen Kirche und insbesondere die Freiheit künftiger Papstwahlen durch die «besseren» Kardinäle einzustehen[60]. Damit entstand am südlichen Rand der lateinischen Welt erstmals eine päpstlich approbierte weltliche Macht, die sich als Bündnispartner in der Folgezeit nur bedingt verläßlich zeigte und doch für das Überleben des Reformpapsttums unentbehrlich werden sollte.

IV) Das päpstliche Europa 1050 bis 1200

Um die Mitte des 11. Jhs. erreichte das westliche Kaisertum einen Höhepunkt an europaweiter Wirksamkeit, als Heinrich III. 1046 unmittelbar vor seiner Kaiserkrönung eine Neubesetzung des päpstlichen Stuhls mit einem nicht aus Rom stammenden Bischof erzwang, der sich die längst verbreiteten Forderungen nach kirchlicher Erneuerung zu eigen machte und damit eine Wende in der Geschichte des Papsttums einleitete. Nach Heinrichs Tod (1056) jedoch sollte bis zur Krönung Friedrich Barbarossas (1155) ein volles Jahrhundert vergehen, in dem sich die christlichen Völker und ihre Herrscher an ein Nebeneinander ohne gemeinsames weltliches Oberhaupt gewöhnten, da Heinrich IV. als Kaiser von vornherein im päpstlichen Bann lebte, Heinrich V. seine Krönung unter skandalösen Umständen erpreßt hatte und Lothar III. in vier Kaiserjahren kaum zur Entfaltung kam. Den Päpsten, die mit zunehmender Bewußtheit und Effektivität die Regierung der lateinischen Gesamtkirche in die Hand nahmen und ihre Autonomie im Zuge des sogenannten Investiturstreits erfolgreich verteidigen konnten, erlaubte das imperiale Vakuum, immer stärker als die einzige überall anerkannte höchste Instanz der Christenheit hervorzutreten, der weit über den geistlichen Bereich hinaus ein bestimmender Einfluß auch auf die politische Entwicklung des Kontinents zufiel: von den Kreuzzügen über die Etablierung neuer Königreiche bis hin zur Formulierung und Verbreitung allgemein verbindlicher Normen des christlichen Lebens.

Während das westliche Imperium um seine Hoheit in Italien zu kämpfen hatte und das östliche durch den weitgehenden Verlust Kleinasiens erst zu einer primär europäischen Macht (zweiten Ranges) wurde, gewannen die Monarchien Westeuropas, zumal England, dann aber auch Frankreich, mehr und mehr an politischem Gewicht und kirchlicher Bedeutung. Im Süden veränderten der Durchbruch der spanischen Reconquista und der Aufstieg des Normannenreichs zusätzlich das Machtgefüge der expandierenden christlichen Welt, die in Skandinavien und in Osteuropa nach den grundlegenden Entscheidungen der Zeit um 1000 weiter Kontur annahm.

1. Die gesteigerte Autorität des Papsttums

Die Anfänge unter Heinrich III.

Das (modern so bezeichnete) Reformpapsttum seit 1046 beruhte auf langfristigen Ursachen und einer akuten Veranlassung. Zeitlich weit zurück reichte das Unbehagen an Mißständen in Kirche und Gesellschaft, das sich nach dem Auslaufen der karolingischen Kirchenreform um 900 vielerorts (aber kaum in Rom) zu Wort meldete. Nur zum Teil ging die Kritik von den Klöstern aus, die sich aus äußeren und inneren Gründen vom Verfall bedroht sahen und nach einem höheren Maß an Freiheit verlangten, wie es dem berühmten, 909/10 gegründeten westfränkischen Kloster Cluny die direkte Unterstellung unter den Papst zu gewähren schien. Allgemeiner noch war es die Diskrepanz zwischen den überlieferten Normen des Kirchenrechts und den Erfahrungen des Alltags, die zum Widerspruch reizte. Für nicht länger hinnehmbar galten zumal der als Simonie gebrandmarkte geistliche Ämterkauf, die verbreitete Mißachtung des dem höheren Klerus gebotenen Zölibats, aber auch die Auswüchse laikaler Eigentümerrechte an Kirchen und deren Geistlichen. Daher kam es, daß König Heinrich III., sobald er 1046 auf dem Weg nach Rom erfuhr, der ihn erwartende Papst Gregor VI. (1045/46) habe zwei noch lebende Vorgänger und sei zu seiner Würde durch eine Entschädigungszahlung an einen von diesen gelangt, nicht länger von ihm die Kaiserkrone empfangen wollte. Er drängte Gregor auf einer eilig in Sutri, zwei Tagereisen von Rom, anberaumten Synode zum Rücktritt und präsentierte den Römern als nächsten Papst einen der ihn begleitenden deutschen Bischöfe, Suidger von Bamberg, der sich Clemens II. (1046/47) nannte und Heinrich an Weihnachten 1046 in St. Peter krönte.

Mit ihm, der die Ewige Stadt zuvor nie gesehen hatte und bereits nach neun Monaten starb, begann eine Folge von Päpsten neuen Typs, die als erfahrene Reichsbischöfe vom Kaiser nominiert und auf seinen Rückhalt angewiesen waren. Anders als ihre Vorgänger, die durchweg dem stadtrömischen Klerus entstammten, richteten sie ihren Blick von vornherein auf die Gesamtkirche und warteten nicht auf Beschwerden oder Anfragen, sondern griffen den traditionsreichen Primatsanspruch der römischen Kirche auf, um von sich aus mit den erprobten Mitteln bischöflicher Amtsgewalt kirchlichen Fehlentwicklungen entgegenzutreten, wo immer sie davon erfuhren. Besonders Leo IX., ein vormaliger Bischof von Toul und der einzige, dem eine längere Amtszeit beschieden war (1049–1054), gab durch ausgedehnte Reisen nicht nur innerhalb Italiens, sondern auch nach Frankreich, nach Deutschland und bis an die Grenze Ungarns dem Papsttum eine zuvor ungekannte Sichtbarkeit und fand überall Gelegenheit, auf Synoden, teilweise mit dem Kaiser an seiner Seite, die Postulate der Reform einzuschärfen und gegen aufgedeckte Verfehlungen einzuschreiten. Wohin er nicht selbst kam, entsandte er bevollmächtigte Legaten, die das Machtwort des obersten Bischofs zu verbreiten hatten. Aus seiner lothringischen Heimat und aus Oberitalien gewann Leo wichtige Helfer und Berater, die er im fremden und, was den städtischen Adel anging, sogar feindseligen Milieu Roms dadurch verankerte, daß er sie in den bis dahin allein Römern vorbehaltenen Kreis der Kardinäle, die Spitzengruppe des städtischen Klerus, aufnahm. Dessen Öffnung für Auswärtige war die Konsequenz aus dem Aufstieg Ortsfremder auf den Stuhl Petri und erweiterte den Handlungsspielraum der Reformpäpste beträchtlich. Schattenseiten des gemehrten primatialen Selbstbewußtseins wurden rasch sichtbar, als im Sommer 1054 der nach Konstantinopel entsandte Kardinal Humbert († 1061), einer von Leos Vertrauten, in einen heftigen Streit mit dem dortigen Patriarchen Michael Kerullarios († 1059) geriet, was damit endete, daß einer den anderen feierlich aus der kirchlichen Gemeinschaft ausschloß. Das erschien erst späteren Zeiten als der definitive Bruch zwischen den Kirchen des Westens und des Ostens, zeigte aber, wie leicht historisch bedingtes Mißtrauen in offene Feindseligkeit umschlagen konnte.

Die Verselbständigung gegenüber dem Salierreich

Der frühe Tod Kaiser Heinrichs III. (am 5. Oktober 1056, im Beisein Papst Viktors II.) brachte die römischen Reformer in eine schwierige Lage, da von dem kaum sechsjährigen, bereits gekrönten Thronerben Heinrich IV. (1056–1106), für den einstweilen die Kaiserinwitwe Agnes († 1077) regierte, keine wirksame Hilfe zu erwarten war. Sogleich regten sich Bestrebungen des römischen Adels, zum lokalen Papsttum zurückzukehren, was den Kardinälen nahelegte, noch zweimal die Verständigung mit dem salischen Hof über die Person eines neuen Papstes zu suchen, dann aber im Frühjahr 1059 auf der Lateransynode Nikolaus' II. (1058–1061), eines gebürtigen Burgunders, «künftigen Fällen klug zu begegnen», indem sie ausdrücklich den Vorrang der Kardinalbischöfe und der übrigen Kardinäle vor Klerus und Volk von Rom bei der Papstwahl festschrieben (unter Wahrung der Rechte des «künftigen Kaisers» Heinrich IV.)[1]. Der politischen Absicherung diente das im Sommer geschlossene Bündnis mit den zuvor bekämpften Normannen im Süden Italiens, was anscheinend am Hof der Kaiserin Agnes übel vermerkt wurde. Jedenfalls kam es schon beim nächsten Papstwechsel zum Bruch, als die Kardinäle ohne Rücksprache Alexander II. (1061–1073), Bischof von Lucca, erhoben und die Kaiserin sich für Bischof Cadalus von Parma († 1071/72) gewinnen ließ, den oberitalienische Amtsbrüder aus Ärger über den zentralistischen Reformkurs in Rom im Verein mit dortigen Adelskreisen zu ihrem Papst Honorius (II.) erklärt hatten. Der Zwiespalt konnte zwar relativ rasch zugunsten Alexanders behoben werden, wirkte aber insofern nach, als die deutsche Reichskirche seither ihre Vorrangstellung bei den Reformern einbüßte. Alexander kümmerte sich verstärkt um die kirchliche Lage in Frankreich, gab seinen Segen zur normannischen Okkupation Englands (1066) und schickte erstmals päpstliche Legaten auch in die spanischen Reiche. Was das Reich der Deutschen betraf, so wurden in Rom die Anfänge der selbständigen Regierung Heinrichs IV., der seine Kaiserkrönung mehrfach aufschob, mit besorgter Skepsis beobachtet und schließlich so negativ bewertet, daß Alexanders letzte Synode 1073 mehrere Ratgeber des jungen Königs mit dem Kirchenbann belegte, weil sie für simonistische Praktiken am deutschen Hof verantwortlich gemacht wurden.

In dieser Situation trat Papst Gregor VII. (1073–1085) auf den Plan, der in Rom aufgewachsen war und als Archidiakon Hildebrand schon seit vielen Jahren maßgeblich die Reformpolitik seiner Vorgänger mitgetragen hatte. Er setzte überall deren Kampf gegen die Simonie und für den Zölibat entschlossen fort, betonte den Vorrang des geistlichen Standes gegenüber allen Laien und machte mit dem Ziel freier Bischofswahlen gemäß dem Kirchenrecht ab 1078 grundsätzlich Front gegen den traditionellen Ritus der Investitur, also die Übergabe von Ring und Stab an den neuen Amtsinhaber durch den König oder sonstige weltliche Gebieter (was dem ganzen Streit im nachhinein den Namen gegeben hat). In seinem programmatischen Dictatus papae von 1075, der nicht für die damalige Öffentlichkeit bestimmt war, bezeichnete er sich allein als «allgemeinen Bischof» der Kirche[2] mit umfassenden Vollmachten gegenüber den übrigen Bischöfen, die sich damit nicht leicht abfanden. Zudem war er bestrebt, mit allen nur irgendwie erreichbaren Herrschern in brieflichen Kontakt zu treten. Seine Schreiben, gut bekannt durch das überlieferte Briefregister, gingen nicht nur an die Höfe in Deutschland, Frankreich und England sowie an den Kaiser in Konstantinopel, sondern auch an die spanischen Herrscher von Aragón, León-Kastilien und Navarra, an die skandinavischen Könige von Dänemark, Norwegen und Schweden, an den Herzog von Polen, an einen vermeintlichen König der Russen, an die Herrscher von Ungarn, von Serbien und von Kroatien/Dalmatien, schließlich sogar an die sonst in Rom kaum wahrgenommenen Machthaber in Irland und im islamischen Mauretanien. Deutlich zu erkennen ist

Gregors Leitbild von der Christenheit als einem Verbund prinzipiell gleichrangiger, dem Apostolischen Stuhl ergebener Reiche, woraus sich ergab, daß ihm auch Heinrich IV., solange er nicht römischer Kaiser wurde, als bloßer «König der Deutschen»[3] analog zum «König der Franzosen» oder zum «König von England» galt. Gegenüber allen getauften und gesalbten Herrschern beanspruchte der Papst geistliche Strafgewalt, wobei es ihm gerade bei Heinrich IV. lange schwerfiel, die Hoffnung zu begraben, der Sohn Heinrichs III. könne sich nach dem positiven Vorbild seines Vaters entwickeln. Eine von vornherein viel schlechtere Meinung hatte er von König Philipp I. von Frankreich (1060–1108), der ungeniert Geld für die Vergabe von Bischofssitzen nahm und vor Übergriffen auf Kirchengut nicht zurückschreckte; ihm drohte er schon 1073/74 mit schärfsten Sanktionen, die sein Königtum zu Fall bringen sollten. Der erste Gebieter, über den Gregor dann 1074 tatsächlich den Bann verhängte, war indes kein König, sondern der normannische Herzog Robert Guiscard, seit 1059 Lehnsmann des Papsttums, der gerade zu Beginn von Gregors Pontifikat wieder den Kirchenstaat angegriffen hatte und den Status quo in Benevent, Amalfi und Salerno bedrohte. Deshalb exkommunizierte ihn Gregor auf der römischen Fastensynode von 1074 und rief im Sommer sogar zu einem Feldzug gegen ihn auf, der jedoch wegen mangelnder Beteiligung nicht in Gang kam.

Der Papst war also gedanklich gerüstet, als ihn Anfang 1076 unversehens zornige Briefe des salischen Königs und der Mehrheit der deutschen Bischöfe erreichten, die ihm wegen seines herrischen Umgangs mit ihnen den Gehorsam aufkündigten und seinen Amtsverzicht verlangten. Gregor antwortete auf der Fastensynode wie noch kein von Absetzung bedrohter Papst vor ihm, nämlich – abgesehen von strengen Strafen für die beteiligten Bischöfe – mit der Aufhebung aller König Heinrich geleisteten Treueide und mit dessen Exkommunikation, was ihm weitere Herrschaft unmöglich machen und sein Einlenken erzwingen sollte. Der unerhörte Vorgang ließ nach den Worten eines Zeitgenossen «unseren ganzen römischen Erdkreis erzittern»[4] und prägte sich gesamteuropäisch

Abb. 8: König Heinrich IV. mit Abt Hugo von Cluny vor der Markgräfin Mathilde von Tuszien in Canossa 1077 (Miniatur, um 1115)

weit stärker der Erinnerung ein als das, was nachfolgte und sich allein im Rahmen der salischen Reichsgeschichte abspielte: die Abkehr der meisten Bischöfe und vieler weltlichen Großen von dem gebannten Heinrich und die Drohung mit einem Gegenkönigtum, was den Salier mitten im Winter 1076/77 auf den Weg nach Canossa verwies. Auf der Burg der Markgräfin Mathilde von Tuszien († 1115) fand er dank hochmögender Vermittler und durch eine förmliche Kirchenbuße zu einem neuen Modus vivendi mit Gregor, womit beide allerdings nicht mehr verhindern konnten, daß es im deutschen Reich doch noch zur Wahl des Gegenkönigs Rudolf (1077–1080) und zu einem mehrjährigen Thronstreit kam. 1080 überschlugen sich die Ereignisse, als Gregor zunächst Rudolf als König anerkannte sowie Heinrich abermals bannte und nunmehr auch absetzte, dieser aber mit der Ankündigung eines Gegenpapstes reagierte und noch im selben Herbst erlebte, daß sein Kontrahent im Kampf fiel. Dadurch bekam der Salier den Rücken frei, um ab 1081 das militärische Kräftemessen nach Italien zu tragen und Gregor vor Rom mehr und mehr in die Enge zu treiben. Zu Ostern 1084 gelang es ihm endlich, zur Petersbasilika vorzudringen und dort von seinem Papst, Erzbischof Wibert von Ravenna, genannt Clemens (III., 1084–1100), zum Kaiser gekrönt zu werden, während Gregor VII., von den meisten Kardinälen und den Römern im Stich gelassen, unter dem Schutz der Normannen nach Salerno fliehen mußte. Dort ist er 1085 gestorben.

Der Sieg der Gregorianer

Heinrich IV. mochte glauben, ganz wie sein Vater kraft kaiserlicher Autorität lediglich einen ungeeigneten Papst durch einen besseren ersetzt zu haben, und konnte sich jahrelang dadurch bestätigt fühlen, daß Wibert/Clemens überwiegend in Rom und Ravenna amtierte, während Gregors verbliebene Anhänger Mühe hatten, überhaupt einen neuen Papst zu finden. Der erst nach Jahresfrist zum Nachfolger erkorene Viktor III. (1086/87), Abt Desiderius von Montecassino, starb bereits ein weiteres Jahr später, ohne nennenswerte Wirkung entfaltet zu haben, und Urban II. (1088–1099), Kardinalbischof Odo von Ostia, ein Franzose und vormaliger Prior des Klosters Cluny, blieb nach seiner Wahl in Terracina (im Süden des Kirchenstaates) anfangs ganz auf den normannischen Machtbereich beschränkt. Mit der Zeit jedoch sollte sich herausstellen, daß das Reformpapsttum in mehr als vierzig Jahren zu einer Angelegenheit der ganzen lateinischen Kirche geworden war und daher für den Erfolg eines Papstes nicht mehr wie vordem allein seine Herrschaft in Rom oder auch die Anerkennung im salischen Imperium Heinrichs IV. den Ausschlag gab. Vielmehr behielten sich jetzt auch die Kirchen anderer Reiche ihre Stellungnahme vor, wobei sich Reserven gegen eine Dominanz des Kaisers unwillkürlich nahelegten. Wibert/Clemens half es wenig, daß er auch in Dänemark sowie in den Ländern des Ostens Zuspruch fand und sogar Beziehungen nach Rußland und Byzanz anknüpfen konnte, denn Frankreich und Spanien, ab 1095 auch England, standen fest zu Urban, der bei grundsätzlichem Bekenntnis zum Erbe Gregors VII. diplomatisch geschickt und im Einzelfall konzessionsbereit seinen Anhang Schritt für Schritt ausweitete. So gelang es ihm, begünstigt durch das Scheitern von Heinrichs IV. drittem Italienzug, 1094 in den römischen Lateran einzuziehen (während die Wibertiner noch bis 1098 die Engelsburg innehatten) und im Frühjahr 1095 in Piacenza, also mitten in Reichsitalien, eine gut besuchte Synode abzuhalten. Von dort brach er zu einer einjährigen Reise in sein Heimatland Frankreich auf, die sich auf den königsfernen Süden und Westen beschränkte, da der Papst eine Begegnung mit dem seit Jahren wegen offenen Ehebruchs gebannten König Philipp I. vermied. Höhepunkt war im November 1095 Urbans Aufenthalt in Clermont, wo er zum Abschluß einer Synode den Kreuzzugsaufruf verkündete, dessen Resonanz in zuvor ungekannter Weise die Hegemonie des gregorianischen Papsttums in der lateinischen Welt demonstrierte. Als Sieger im Schisma residierte Urban fortan in Rom, auch wenn ihn Wibert/Clemens noch um ein Jahr überlebte.

Da Heinrich IV. kein Interesse an der Fortsetzung der Konfrontation zeigte, sondern eher eine Aussöhnung mit dem neuen Papst Paschalis II. (1099–1118), gewissermaßen ein neues Canossa, anstrebte, was ihm jedoch eisern verweigert wurde, fielen drei zwischen 1100 und 1105 von Anhängern Wiberts erhobene lokale Gegenpäpste in Rom nicht ins Gewicht. Paschalis, der seine Urkunden mit der neuen Formel «Bischof der katholischen Kirche» unterfertigte[5], konnte eine wesentliche Festigung seiner Position von dem Aufstand König Heinrichs V. (1106–1125) erwarten, der sich Ende 1104 gegen den Vater erhob und mit Zuspruch päpstlicher Legaten Anfang 1106 die Regierung an sich riß. Auch in Frankreich trat 1107 eine Wende zum Besseren ein, weil Paschalis während eines mehrmonatigen Besuchs zu einem Ausgleich mit König Philipp und dem Thronfolger Ludwig VI. (1108–1137) gelangte. Während sich daraus ein dauerhaftes Bündnis mit den Kapetingern entwickelte, hielt der Friede mit Heinrich V. nicht lange, denn der letzte Salier stürzte das Reformpapsttum in seine schlimmste Krise, als er 1111 in Rom nach dem Scheitern geheimer Absprachen über das (nun beherrschend gewordene) Investiturproblem zur Gewalt schritt, den Papst samt den anwesenden Kardinälen gefangen setzte und erst nach zwei Monaten wieder freigab gegen eine maximale Bestätigung seines Investiturrechts und eine erzwungene Kaiserkrönung. Paschalis, dessen Autorität schwer erschüttert war und der es hinzunehmen hatte, daß ihm Synoden und Legaten der folgenden Jahre rundheraus widersprachen, zog es 1117 vor, Rom zu verlassen, bevor der von anderen gebannte Kaiser ein zweites Mal dort eintraf und – ein historisches Novum – mit Paschalis' innerstädtischen Gegnern gemeinsame Sache machte. Als diese nach dem Tod des Papstes den regulär gewählten Nachfolger Gelasius II. (1118–1119) sogleich in ihre Gewalt brachten, witterte Heinrich V., der sich schon auf dem Rückweg nach Deutschland befand, eine neue Chance und kehrte eilends an den Tiber zurück, um in Abwesenheit des Gelasius vom Nominationsrecht seiner Vorgänger Gebrauch zu machen und eher zufällig den in Rom weilenden Erzbischof Mauritius aus dem portugiesischen Braga, einen gebürtigen Franzosen, zum Papst zu bestimmen. Er nannte sich Gregor (VIII.), fand aber außerhalb Roms und der Campagna keine Resonanz, so daß seine geschichtliche Rolle darin bestand, endgültig ein vom Kaiser inauguriertes Papsttum als Anachronismus erwiesen zu haben. Heinrich V. selbst kümmerte sich nach seinem Abzug aus Rom im Juni 1118 nicht länger um ihn, sondern suchte bald schon trotz seiner erneuten Exkommunikation nach einem Ausgleich mit dem Reformpapsttum.

Verhandlungen waren inzwischen mit Beauftragten Calixts II. (1119–1124) zu führen, der Anfang 1119 im Kloster Cluny, wo der nach Frankreich ausgewichene Gelasius gestorben war, überraschend zum Nachfolger gewählt wurde. Es war kein Kardinal, sondern bis dahin Erzbischof von Vienne und einer der lautesten Kritiker der Nachgiebigkeit Paschalis' II. gewesen, brachte aber als Papst genug Mut und Geschick auf, um eine Einigung mit Heinrich V. voranzutreiben. Dabei hatte es in erster Linie um einen Kompromiß in der Investiturfrage zu gehen, die in Frankreich und England schon vor Jahren eine Lösung gefunden hatte. Um die Freiheit der Bischofswahlen zu sichern und dem König doch nicht jeden Einfluß auf die Besetzung seiner geistlichen Fürstentümer zu nehmen, wurde eine neuartige Investitur mit dem Szepter vereinbart, die sich auf die weltlichen Rechte der Bischöfe und Äbte bezog. Das Wormser Konkordat vom 23. September 1122, worin sich beide Seiten ihre Zugeständnisse an die jeweils andere als Privileg verbrieften, war mit der Lossprechung des Kaisers vom Kirchenbann (anders als einst in Canossa ohne Buße) verbunden und setzte natürlich voraus, daß erst recht die Freiheit der Papstwahlen von aller Einmischung der weltlichen Gewalt garantiert sein sollte. Gleichwohl hatte Calixt einige Mühe, ein halbes Jahr danach auf dem gesamtkirchlichen Forum einer großen Lateransynode, die später als IX. (rein westliches) Ökumenisches Konzil eingestuft worden ist, Zustimmung zu den speziell auf das Salierreich zugeschnittenen Regelungen zu finden, die «um des Friedens willen nicht zu billigen, nur zu dulden waren»[6]. Die Debatte zeigt, wie weit das Reformpapsttum seit seinen Anfängen unter Kaiser Heinrich III. über das Imperium hinausgewachsen war.

Das Papsttum der Kardinäle

Das ausschließliche Wahlrecht der Kardinäle, das, ausgehend vom Papstwahldekret von 1059, in den Stürmen des sogenannten Investiturstreits gegen die salischen Herrscher wie gegen die Römer durchgesetzt worden war, gab die Verfügung über das höchste Amt der lateinischen Kirche in die Hände eines Gremiums, das im Europa des 12. Jhs. einzigartig war: ein überschaubarer Kreis von nie mehr als vierzig, meist deutlich weniger Geistlichen vorwiegend italienischer, aber auch französischer und vereinzelt englischer, deutscher oder spanischer Herkunft, Angehörige alter und neuer Orden ebenso wie Kanoniker und Weltgeistliche, zunehmend mit höherer theologischer oder juristischer Bildung, die je einzeln durch einen Papst berufen («kreiert») und in Dienst genommen waren, bei jeder Vakanz auf dem Stuhl Petri aber gemeinsam die Richtung neu zu bestimmen hatten. Da zunächst nur ihre Prärogative, nicht aber die Prozedur der Wahl einvernehmlich feststand, weil man grundsätzlich am Ideal der Einmütigkeit hing, konnte es nicht ausbleiben, daß unterschiedliche Auffassungen zwiespältige Wahlen zur Folge hatten und damit ein Schisma in der Kirche heraufbeschworen, das dann nicht mehr durch die Kardinäle selbst, sondern nur durch die Parteinahme der inzwischen auf viele Reiche verteilten Christenheit überwunden werden konnte. Zweimal trat nach dem Ende der Salierzeit eine solche Situation ein, deren Bewältigung Europa auf Jahre beschäftigte.

1130 kam es nach dem Tode Honorius' II. soweit, daß zunächst eine starke Minderheit Kardinal Gregor von S. Angelo zum Papst Innocenz II. (1130–1143) erkor, aber noch am selben Tage die überspielte knappe Mehrheit mit einer ebenso einhelligen Wahl des Kardinals Petrus Pierleone antwortete. Er konnte in St. Peter geweiht und als Papst Anaklet II. (1130–1138) inthronisiert werden und hatte von vornherein in Rom einen weit überwiegenden Anhang. Man hat festgestellt, daß hinter Innocenz jüngere, meist aus Frankreich oder Oberitalien stammende Kardinäle standen, wohingegen für Anaklets Wähler ein höheres Alter sowie eine Herkunft aus Rom oder Unteritalien kennzeichnend war, doch bleibt ungewiß, ob der Zwiespalt auf konträren kirchenpolitischen Konzepten beruhte. Deutlich ist jedoch, daß Innocenz sehr früh aus der Not, die Ewige Stadt verlassen zu müssen, eine Tugend machte, indem er sich jenseits der Alpen als der rechtmäßige Papst präsentierte. Dank prominenter Fürsprecher wie dem führenden Zisterzienserabt Bernhard von Clairvaux († 1153), Abt Petrus Venerabilis von Cluny († 1156) und Erzbischof Norbert von Magdeburg († 1134), dem Begründer der Prämonstratenser, gelangte er zu Begegnungen mit König Ludwig VI. von Frankreich, König Heinrich I. von England und dem deutschen König Lothar III., die ihn alle im Einklang mit ihren Episkopaten anerkannten. Sehr bald schon formulierte Bernhard, Innocenz sei «aus der Stadt (*urbs*) vertrieben, aber vom Erdkreis (*orbis*) aufgenommen worden»[7], und machte so die Breite der Resonanz in der Gesamtkirche zum Kriterium für dessen höhere Legitimität, denn Anaklet hatte neben Rom und dem Kirchenstaat lediglich Rückhalt in Mailand, in Schottland und anfangs in Aquitanien, vor allem aber im südlichen Normannenreich, wo er 1130 dem päpstlichen Lehnsmann Roger II. von Sizilien den Griff nach der Königskrone gestattete. Mit Hilfe Lothars III., den er 1133 im Lateran (nicht in St. Peter) zum Kaiser krönte, konnte Innocenz für kurze Zeit nach Rom vordringen, mußte sich aber, sobald der Kaiser abgezogen war, nach Pisa zurückziehen, um drei Jahre lang von dort aus die Kirche zu regieren. Erst der Tod Anaklets Anfang 1138 brachte die Entscheidung zu seinen Gunsten, die auf einem neuen Laterankonzil 1139 mit scharfen Sanktionen gegen die unterlegenen Anakletianer ratifiziert wurde.

In den folgenden beiden Jahrzehnten blieben die Kardinäle einig, gerieten aber seit 1143 unter den Druck der kommunalen Bewegung in Rom, die gegen die päpstliche Stadtherrschaft auf dem Kapitolshügel ein Senatsregiment einrichtete. Den Papst und die Kardinäle nötigte sie zu wiederholtem Verlassen der Stadt und zu wechselvollen Bemühungen um wirksamen Beistand von außerhalb. Als Hadrian IV. (1154–1159), der erste und bislang einzige Engländer auf dem Stuhl Petri, enttäuscht über die ausbleibende Hilfe des von ihm gekrönten Kaisers Friedrich I. Barbarossa, 1156 seinen Frieden mit den Normannen machte, war dies unter den Kardinälen keineswegs unumstritten und weckte Befürchtungen, die durch die resolute Machtpolitik des Kaisers in Oberitalien und schließlich sogar dessen Kontakte mit der römischen Kommune weiter gesteigert wurden. Die Frage, welche Haltung gegenüber Barbarossa angemessen sei, spaltete nach Hadrians Tod die Wähler in eine deutliche Mehrheit, die sich für den Kanzler Roland als Alexander III. (1159–1181) entschied, sowie eine kaiserfreundliche Minderheit, die Kardinal Oktavian zum Papst Viktor IV. erhob. Das abermalige Schisma, das daraus erwuchs, stand viel stärker unter politischen Vorzeichen als das von 1130.

Schnell klärten sich die Fronten, denn Friedrich I. sprach sich Anfang 1160 in Pavia mit vielen Reichsbischöfen aus Deutschland und Italien für Viktor aus, während im Sommer auf etwa gleichzeitigen Synoden in London und Beauvais Alexander vom englischen und französischen Klerus mit Billigung der Könige als der rechte Papst anerkannt wurde, jeweils unter Exkommunikation der Gegenseite. Alexander, der sich 1162 auch selbst nach Frankreich begab, brauchte innerhalb seiner Obedienz viel Geschick, um Frankreich und England trotz ihres politischen Gegensatzes bei der Stange zu halten, wohingegen Viktor von den Resultaten der Italienpolitik Barbarossas abhängig war. Daß er 1164 vor seinem Rivalen starb, war für die kaiserliche Seite ein schwerer Schlag, denn der eilends an seiner Statt installierte Paschalis III. (1164–1168), ein bisheriger Kardinal, konnte nicht von derselben Legitimität sein wie sein Vorgänger und fand daher selbst in der deutschen Reichskirche geringeren Zuspruch. Als Alexander 1165 mit Hilfe der Normannen wieder nach Rom gelangt war, reagierte der Kaiser 1167 mit einem militärischen Vorstoß, der Paschalis zur Thronsetzung in St. Peter verhalf und Alexander in die Flucht schlug, aber gleich darauf wegen der tödlichen Seuche im Lager des Kaisers zur Katastrophe wurde. Immerhin vermochte Paschalis nach Rom zurückzukehren, starb jedoch dort 1168 und wurde durch einen weiteren Kardinal ersetzt, der sich Calixt III. (1168–1178) nannte, aber als dritter Gegenpapst in seiner Autorität auf Rom, den nördlichen Kirchenstaat und die Toscana sowie Teile Deutschlands beschränkt blieb, während sich Alexander südlich von Rom aufhielt. Ohne Aussicht, gesamtkirchlich das Blatt zu seinen Gunsten wenden zu können, stand Calixt mehr und mehr auf verlorenem Posten und mußte erleben, daß der Kaiser seit 1169 über einen Ausgleich mit Alexander verhandeln ließ, was wegen der päpstlichen Allianzen mit dem (gegen Barbarossa gerichteten) Bund der lombardischen Städte sowie mit den Normannen ein schwieriges Unterfangen war. Erst auf Friedrichs fünftem Italienzug (ab 1174) reifte die Entscheidung heran, die wesentlich durch die Niederlage des Kaisers gegen die Lombarden auf dem Schlachtfeld von Legnano (1176) befördert worden ist. Was 1159 als Dissens unter den Kardinälen begonnen hatte, endete im Juli 1177 in Venedig in einer multilateralen Friedensvereinbarung über die Machtverhältnisse in Italien, die Friedrichs diskrete Bannlösung (ohne Buße) und seinen öffentlichen Fußkuß vor Alexander III. einschloß, den der Kaiser nun «geistlichen Vater und höchsten Bischof» nannte[8].

Sichtbarer Ausdruck der wiedergewonnenen Kircheneinheit war das dritte Laterankonzil von mehr als 300 Bischöfen im März 1179, das aus den Erfahrungen der zurückliegenden Jahrzehnte die (bis heute gültige) Regel ableitete, wonach zur Wahl des Papstes die Stimmen von mindestens zwei Dritteln der beteiligten Kardinäle erforderlich sind. Tatsächlich hat dies dazu verholfen, daß es in den nächsten 200 Jahren zu keinem neuen Schisma kam, freilich um den Preis, daß sich wegen des Quorums der Wahlvorgang immer mehr in die Länge zog. Als Vorkehrung dagegen wurde im 13. Jh. das Konklave, also der Einschluß der Wähler, eingeführt.

Die päpstliche Kurie als Zentrum Europas

Die Idee des Universalepiskopats, also der obersten Hirtengewalt des römischen Bischofs über alle anderen Kirchen, wie sie vom Reformpapsttum mit zunehmender Entschiedenheit praktiziert wurde, setzte eine Dynamik in Gang, die im 12. Jh. nach und nach die gesamte lateinische Welt erfaßte. Während sich die eigenen Reisen der Päpste außerhalb Italiens, oft genug durch widrige politische Umstände veranlaßt, auf Frankreich konzentrierten (1131 und 1147/48 auch mit Abstechern ins westliche Deutschland), wurden apostolische Legaten, vielfach im Rang von Kardinälen und manche sogar künftige Inhaber des Stuhles Petri, zu immer ferneren Zielen ausgesandt, um im Namen des Papstes richtend, schlichtend und normsetzend tätig zu werden. Nachdem sich in Ungarn schon 1091 Wibert/Clemens III. mit einem Abgesandten bemerkbar gemacht hatte, erschien 1102/03 erstmals ein Legat in Dänemark, um die Errichtung der Kirchenprovinz Lund in die Wege zu leiten, und 1103/04 ein anderer in Polen, der die strengeren Gebote für die Lebensführung von Klerikern einzuschärfen hatte. Wenig später fanden sich Bevollmächtigte des Papstes 1117 auch in Portugal auf dem Wege über Spanien und 1125 in Schottland auf dem Wege über England ein, und in der folgenden Generation drangen Legaten aus Rom 1151 bis nach Irland und 1152/53 nach Norwegen und Schweden vor, um die jeweiligen kirchlichen Verhältnisse an Ort und Stelle zu regeln.

Die betonte Hinwendung bis an die äußersten Ränder der Christenheit hatte in manchen Fällen auch eine politische Komponente, da angefochtene oder erst im Aufstieg begriffene Herrscher gern den apostolischen Schutz als Bekräftigung ihrer Stellung nach innen und außen suchten, auch wenn dies nicht wie bei den Normannen seit 1059 in eine förmliche Lehnsbindung mündete. So unterstellte sich das Königreich Aragón 1088/89 gegen eine regelmäßige Zinszahlung dem Schutz der römischen Kirche, den nach längerem Zögern 1116 auch die Grafschaft Barcelona erhielt. Portugal, dessen erster König Alfons Heinrich 1143 gegenüber einem Legaten aus Rom sogar eine Lehnshuldigung leistete und den päpstlichen Schutz erbat, mußte bis zu einer Entscheidung Alexanders III. warten, der 1179 zusammen mit der Schutzzusage auch den portugiesischen Königstitel anerkannte. Schon aus der Zeit Gregors VII. wissen wir von ähnlich gerichteten Bemühungen aus Polen, Rußland und Ungarn, die jedoch folgenlos blieben, während in Kroatien/Dalmatien 1076 ein päpstlicher Legat aktiv an der Etablierung eines neuen Königtums mitwirkte. Aber auch wo es nicht um päpstlichen Schutz oder die Übersendung einer Krone ging wie in Skandinavien, kam die bestimmende Rolle Roms immer dann zur Geltung, wenn sich ein christliches Reich durch einen eigenen Erzbischofssitz kirchlich verselbständigen wollte.

Der intensiven Ausstrahlung in alle Richtungen entsprach eine ebensolche Sogwirkung der Zentrale. Die Praxis der aktiven Reformpolitik führte zum raschen Wachstum eines Geflechts von Institutionen, die dem Papst und den Kardinälen bei der Leitung der Kirche zu Diensten waren. Unter der neuen Bezeichnung als «römische Kurie», die kurz vor 1100 auftaucht[9], bewältigten sie administrative und gerichtliche Aufgaben in einem Umfang, der alle Höfe der weltlichen Herrscher übertraf. Um die Größenordnungen zu verdeutlichen: Den etwas mehr als 1000 überlieferten Urkunden aus 38 Regierungsjahren Kaiser Friedrich Barbarossas stehen über 4000 des gleichzeitigen englischen Königs Heinrich II. gegenüber, der auch große Teile des damaligen Frankreich beherrschte, während uns aus der päpstlichen Kanzlei derselben Jahre etwa 9500 Dokumente vorliegen. Da sie je einzeln beantragt und in Empfang genommen werden mußten, vermittelt uns die dichte Überlieferung einen guten Eindruck davon, wer sich wann und zugleich mit wem an dieser Kurie aufgehalten hat, die sich im 12. Jh. nicht unbedingt ortsfest in Rom, sondern getreu dem (später formulierten) Grundsatz «Wo der Papst ist, da ist Rom»[10] auch an anderen Plätzen des Kirchenstaates wie Viterbo, Orvieto, Velletri oder Anagni aufhielt und ebenso den Papst zu ferneren Reisezielen begleitet hat.

Neben den Privilegien als begehrten Rechtstiteln für bestimmte Empfänger erteilte die Kurie zudem nach alter Tradition juristische Auskünfte autoritativen Zuschnitts auf Anfrage. Gegenüber den früheren Phasen der Papstgeschichte wuchsen die Anzahl und das Gewicht solcher Dekretalen im 12. Jh. steil an, weil sich der räumliche Einzugsbereich der päpstlichen Gesetzgebung erheblich erweitert hatte, weil andere Urheber kirchlicher Normen aus älterer Zeit wie nichtpäpstliche Synoden kaum noch relevant waren und weil sich ein intensives Wechselspiel zwischen der Rechtsschöpfung an der Kurie und der aufblühenden kirchlichen Rechtswissenschaft entspann, die die Einzelentscheidungen sammelte und in systematisierter Gestalt in Umlauf brachte, vor allem an den Rechtsschulen traktierte. So hat die Zentralisierung der kirchlichen

Gesetzgebungsgewalt beim hochmittelalterlichen Papsttum entscheidende Voraussetzungen für eine gesamtkirchliche, mithin eine gesamteuropäische Rechtseinheit und für die Durchsetzung von normativen Fortschritten geschaffen. Schließlich lag es in der Logik dieser Entwicklung, daß die Kurie auch zu einem großen Gerichtshof wurde, seitdem sich die Päpste auf den Anspruch besannen, die obersten Richter der Kirche zu sein, an die ein jeder sich wenden konnte und deren Urteile ihrerseits unanfechtbar waren. Die Zahl der aus nah und fern in Rom anhängig gemachten außerordentlichen Verfahren nahm im Laufe des 12. Jhs. beständig zu, mit der doppelten Folge, daß sich einerseits an der Kurie allmählich gesonderte Gerichtsinstanzen bildeten und daß die Päpste andererseits in vielen Fällen die Urteilsfindung delegierten Richtern übertrugen, d. h. kirchlichen Amtsträgern in der räumlichen Nähe des Klägers, die ad hoc mit apostolischer Vollmacht ausgestattet wurden und die örtlichen Instanzen der geistlichen Gerichtsbarkeit überlagerten. Trotz zweimaliger Krisen durch ein langjähriges Schisma und kaum vorhandener realer Machtmittel präsentierte sich das Papsttum des 12. Jhs. als eine europäische Autorität, deren Reichweite das staufische Kaisertum deutlich in den Schatten stellte. Ein für uns namenloser kirchlicher Rechtsgelehrter zur Barbarossazeit wohl in Paris fand dafür die griffige Formel: «Der wahre Kaiser ist der Papst»[11].

2. Die ersten Kreuzzüge: «Franken» in «Übersee»

Voraussetzungen

Die markanteste Auswirkung der neu verstandenen päpstlichen Führungsrolle war das militärische Ausgreifen der lateinischen Christenheit in den Orient in Gestalt der Kreuzzüge (eine Bezeichnung erst des 13. Jhs.). Den konkreten Anlaß bot ein Hilferuf aus Konstantinopel, der Urban II. 1095 in Piacenza erreichte und den Papst dazu brachte, einige Monate später von Frankreich aus zum Kampf für die Befreiung der bedrängten Glaubensbrüder im Osten aufzurufen, die infolge der massiven Gebietsverluste der Byzantiner unter muslimische Herrschaft geraten waren. Dabei konnte er daran anknüpfen, daß die westliche Kirche schon länger bemüht gewesen war, dem stets gewaltgeneigten Waffenadel positive Ziele für sein Tun nahezubringen wie das Einschreiten gegen Friedensbrecher im Innern und den Kampf gegen Heiden (in Spanien) oder gegen Feinde des Papsttums (anfangs die Normannen, später den gebannten Heinrich IV.). Nicht wenig zusätzliche Schubkraft gewann Urbans Initiative durch die Verbindung mit der älteren Tradition der Pilgerfahrt zu den biblischen Stätten in Palästina und zumal nach Jerusalem sowie durch die Aussicht auf Nachlaß der Sündenstrafen, in den Ohren mancher der Sünden selbst, als Lohn für das gottgefällige Unternehmen. So kam es, daß die in Clermont versammelte Menge in den Ruf «Gott will es» ausbrach[12] und sich als äußeres Zeichen ihrer Bereitschaft Kreuze aus Stoff anzunähen begann. Dank rascher Verbreitung auch über die französischen Grenzen hinaus löste der Appell des Papstes eine religiöse Erregung aus, die alle Erwartungen übertraf. Noch bevor sich ohne Beteiligung des gebannten Kaisers, des gleichfalls gebannten französischen Königs oder irgendeines anderen christlichen Monarchen allein auf das Wort des Papstes hin eine internationale Streitmacht formierte, gerieten auch bäuerliche und sonstige Bevölkerungsschichten, aufgeschreckt durch Wanderprediger, in Bewegung und machten sich scharenweise, völlig unzureichend ausgestattet, auf den Weg in den Osten, der ihnen allen früher oder später zum Verhängnis wurde. Bei manchen schlug die Empörung über die Drangsale der Christen im Orient aber auch um in wilden Haß auf die Nichtchristen im eigenen Lande und entlud sich in ungehemmter Gewalttat gegen die (erstmals grell in Erscheinung tretenden) Judengemeinden am Rhein. Der Wahn, den Tod des Herrn rächen zu sollen, paarte sich mit Beutegier und Mordlust, als im Mai/Juni 1096 in Speyer, Worms, Mainz, Köln, Trier und anderwärts die Wohnviertel der Juden überfallen und jeweils Hunderte von ihnen ausgeplündert, gequält und in den Tod getrieben wurden, bis auf wenige, die durch Zwangstaufe das blanke Leben zu retten vermochten. Die bischöflichen Stadtherren haben sich überall schützend vor die Juden gestellt, aber dem Ansturm der aufgewiegelten Massen nicht lange widerstehen können, zumal auch die Autorität des (in Italien eingekesselten) Kaisers ausfiel.

Der Erste Kreuzzug

Erst nach diesem düsteren Vorspiel brachen die Ritterheere auf, die auf verschiedenen Wegen bis Mitte Mai 1097 vor Konstantinopel eintrafen. Sie rekrutierten sich aus Süd- und Westfrankreich, aus Lothringen, aus der Normandie und aus den Normannen Unteritaliens, ganz überwiegend also romanischsprachigen Gegenden Europas, was den Kreuzfahrern in byzantinischen und arabischen Quellen den Sammelnamen «Franken» eingetragen hat. Geführt wurden sie von hochadligen, kriegserfahrenen Fürsten gleich unterhalb der königlichen Ebene wie Gottfried von Bouillon (um 1060–1100), dem Herzog von Niederlothringen, Graf Raimund IV. von Toulouse (um 1041–1105), Herzog Robert Kurzhose von der Normandie (um 1054–1134), dem Bruder des englischen Königs, oder Bohemund von Tarent (um 1055–1111), dem Sohn Robert Guiscards. Die geistliche Leitung lag bei dem päpstlichen Legaten, Bischof Ademar von Le Puy († 1098), als dem Repräsentanten des Auftraggebers, neben dem es keinen militärischen Oberbefehlshaber gab. Vor dem Übergang über den Bosporus nahm Kaiser Alexios I. Komnenos (1081–1118) den Ankömmlingen, deren Anzahl in beängstigender Weise seine Erwartungen übertraf, einen Treueid und das Versprechen ab, alle zu erobernden Gebiete, soweit sie vordem zum Oströmischen Reich gehört hatten, ihm zu überlassen. In Anatolien trafen die Kreuzfahrer nicht auf ein intaktes islamisches Großreich, sondern einen seldschukischen Teilherrscher, der auf die Abwehr eines großen Heeres von mehreren zehntausend Kriegern aus dem fernen Westen nicht vorbereitet war, so daß der weite Weg bis Syrien nach einer siegreich bestandenen Schlacht mehr durch Entbehrungen als durch beständige Gegenwehr erschwert wurde. Auf zähen Widerstand traf man erst in Antiochia, das 1097/98 monatelang einer Belagerung trotzte. Daß dabei byzantinische Waffenhilfe ausblieb, führte zum Bruch mit dem östlichen

Imperium und zu dem folgenschweren Entschluß, fortan als Eroberer im eigenen Namen aufzutreten. Den Anfang machte Bohemund, der das schließlich eingenommene Antiochia für sich beanspruchte und zum Zentrum eines selbständigen Fürstentums machte, womit er auf den weiteren Zug nach Jerusalem verzichten konnte. Das inzwischen auch durch Krankheiten dezimierte Heer der übrigen Kreuzfahrer, vielleicht noch 20 000 Menschen, brach Anfang 1099 zu dieser letzten Etappe auf und stand im Juni vor Jerusalem, der Christen wie Juden und Muslimen heiligen Stadt, die kurz zuvor (1098) den Seldschuken von den ägyptischen Fatimiden entrissen worden und stark befestigt war. Gleichwohl gelang am 15. Juli die Erstürmung mit Hilfe von Belagerungstürmen, zu denen das Baumaterial eben erst von genuesischen Schiffen geliefert worden war. Das Eindringen in die Stadt artete in ein schreckliches Massaker aus, bei dem die Sieger angeblich «bis zu den Knien der Pferde im Blut der Sarazenen ritten»[13] und jedenfalls Tausende von islamischen und jüdischen Einwohnern zu Tode kamen, bevor man sich zum Dankgebet am Grabe des Herrn zusammenfand.

Den Muslimen prägte sich der blutige Tag tief ins kollektive Gedächtnis ein. Für die Christen, die ihren Erfolg vier Wochen später durch den Sieg über ein ägyptisches Heer bei Askalon absicherten, war es ein überwältigender Triumph mit weitreichenden Folgen, der gegen alle Wahrscheinlichkeit durch Überrumpelung der uneinigen islamischen Welt errungen worden war. Er sollte sich in dieser Form nie mehr wiederholen, wie sich sogleich schon im Schicksal eines neuen starken Kreuzritterheeres ankündigte, das 1101 aus Italien, Frankreich und Deutschland aufbrach und 1102 beim Durchqueren Anatoliens in heftigen Kämpfen aufgerieben wurde. Doch der eine große Erfolg von 1099 genügte den folgenden Jahrhunderten als unwiderleglicher Beweis dafür, daß mit Gottes Hilfe der Weg nach Jerusalem offenstehe, was bis zum Ende des Mittelalters zumal auf päpstlicher Seite immer wieder, wenn auch letztlich vergebens, Energien mit dem Ziel geweckt hat, sich in gemeinsamer Kraftanstrengung der lateinischen Völker im Heiligen Land zu behaupten. Tatsächlich ist nicht zu unterschätzen, was es mental und

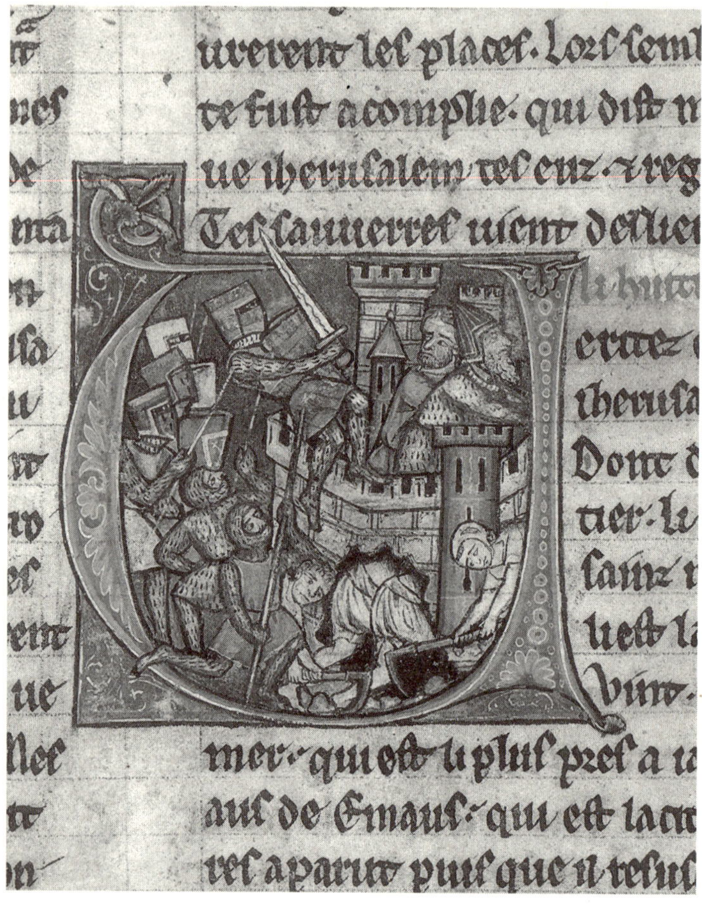

Abb. 9: Erstürmung von Jerusalem durch das Kreuzfahrerheer 1099 (Miniatur, um 1250)

kulturell bedeutet hat, daß im Laufe der Zeit Hunderttausende aus allen Teilen des Okzidents von Spanien bis Ungarn und von Skandinavien bis Sizilien unter dem Zeichen des Kreuzes in den fremden Orient gezogen sind, wo sie ihre europäische Identität (als «Franken») viel stärker als jemals zu Hause erfahren konnten, gleich ob sie nach Erreichen des Pilgerziels wieder heimkehrten oder sich für den Rest ihrer Tage in der Levante niederließen.

Kreuzfahrerherrschaften in «Outremer»

Der Erfolg des Ersten Kreuzzugs konnte nur dann von Dauer sein, wenn die Sieger ihrer momentanen Überlegenheit in den eroberten Gebieten eine feste Gestalt gaben. Daß es dabei zu keiner einheitlichen Lösung kam, lag an der Verschiedenheit der beteiligten Heeresverbände und an den jeweiligen Interessen der Anführer, soweit sie nicht an eine Rückkehr in die Heimat dachten. Neben dem Normannen Bohemund von Tarent, der sich schon 1098 seine Herrschaft über Antiochia und Umgegend gesichert hatte, war gleichzeitig auch Balduin von Boulogne, Gottfrieds Bruder, auf eigene Faust über den Euphrat hinweg nach Edessa vorgestoßen, wo er sich mit dem Titel eines Grafen zum Gebieter über eine großenteils aus armenischen Christen bestehende Bevölkerung aufschwang. Nach der Einnahme von Jerusalem, das in besonderer Weise eines Schutzherrn bedurfte, setzte sich unter den Heerführern Gottfried von Bouillon durch, der die Aufgabe ohne Krönung und Königstitel übernahm, aber schon nach einem Jahr starb. Ihm folgte sein Bruder Balduin I. (1100–1118), der die Grafschaft Edessa seinem gleichnamigen Vetter überließ und sich an Weihnachten 1100 in der Geburtskirche von Bethlehem durch den aus Pisa stammenden Patriarchen Daibert († 1105) zum König krönen ließ. Das damit begründete Königreich Jerusalem erstreckte sich alsbald vom Mittelmeer bis zum Jordan und teilweise noch darüber hinaus im Gebiet des heutigen Israel (samt «West Bank») sowie im südlichen Libanon und wurde das bedeutendste der Kreuzfahrerreiche. Nördlich seiner Grenzen formte sich in zähen Kämpfen bis 1109 die Grafschaft Tripolis als Domäne Graf Raimunds von Toulouse und seiner Erben.

Der so entstandene lateinische Orient, im zeitgenössischen Französisch als «Outremer» (Übersee) bezeichnet, war getragen von einer eingewanderten Führungsschicht, die sich nach der Heimkehr eines Großteils der ursprünglichen Kreuzfahrer durch Siedler und

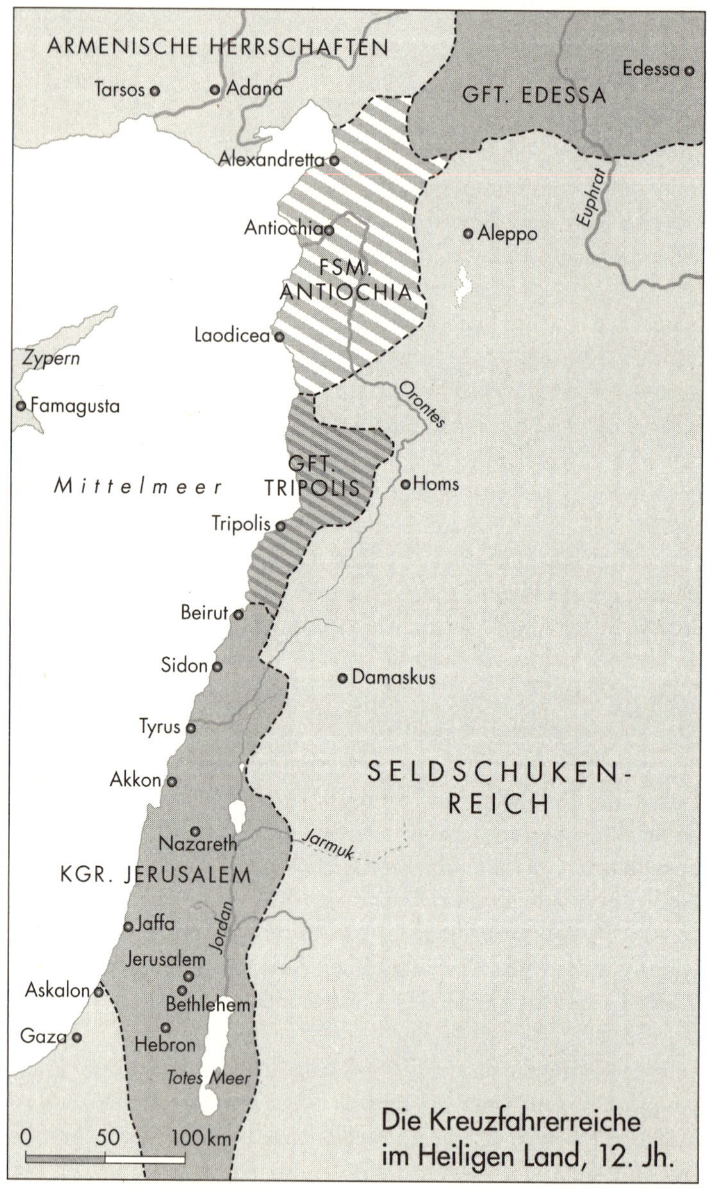

Die Kreuzfahrerreiche im Heiligen Land, 12. Jh.

Kaufleute aus Europa verstärkte, dabei stets einer gewissen Fluktuation unterlag und im 12. Jh. auf etwas mehr als 100 000 Menschen, vorwiegend in den Städten, geschätzt wird. Sie erhob sich über eine zahlenmäßig dreimal stärkere einheimische Bevölkerung minderen Rechts, in der griechische und orientalische Christen gegenüber Juden und vor allem Muslimen, meist auf dem Lande, relativ bevorzugt waren. Die gelegentliche Einschätzung als Vorstufe des neuzeitlichen Kolonialismus ist nur bedingt berechtigt, denn es handelte sich ja nicht um überseeische Eroberungen europäischer Reiche, sondern um die eher improvisierten Folgeerscheinungen des Kreuzzugs, der aufgebrochen war, um uraltes christliches Terrain zurückzugewinnen, das nach den (angeblichen) Worten Urbans II. «Euch von Gott gegeben ist vor allen Völkern»[14]. Darüber war die anfängliche Intention, den Glaubensbrüdern im Osten zu Hilfe zu kommen, schon unterwegs verlorengegangen, weshalb der bodenständigen, mit Byzanz verbundenen griechischen Kirche in Syrien und Palästina nun eine eigene lateinische Hierarchie mit Patriarchen in Antiochia und Jerusalem und mit Rückbindung an den Papst in Rom entgegengesetzt wurde. Die Stoßrichtung gegen den Islam wich unter den gegebenen Umständen rasch einer faktischen Duldung, die ganz nach dem Muster der vorangegangenen muslimischen Herrschaft darauf hinauslief, unter Verzicht auf Mission die Andersgläubigen schon aus wirtschaftlichen Motiven in deklassierender Rechtsstellung zu halten.

Vor diesem Hintergrund entwickelte sich gemäß den aus Europa mitgebrachten Leitbildern eine politische Ordnung, die anfangs stark von der monarchischen Prärogative im Bund mit der Kirche, seit der Mitte des 12. Jhs. mehr und mehr vom Eigengewicht des Adels bestimmt war. Die erblich gewordenen großen Kronlehen (Seigneurien), gestützt auf regen Burgenbau, wurden zu militärisch ausschlaggebenden Mittelgewalten, deren Inhaber in der «Haute Cour», dem obersten Lehnsgericht mit Einschluß des hohen Klerus, bedeutenden Einfluß auch auf politische Entscheidungen gewannen. Gegenüber wechselnden, teils gesundheitlich geschwächten, teils landfremden Königen wurden die Barone zur kontinuierlichen

Repräsentanz des Reiches. Ein Machtfaktor von steigender Bedeutung waren daneben die großen Ritterorden der Templer und der Johanniter, die im frühen 12. Jh. aus dem Bedürfnis nach wirksamem Schutz und nach Krankenpflege für die Jerusalempilger hervorgegangen waren; ihre bewaffneten Kräfte stellten eine Elitetruppe dar, die am Ende des 12. Jhs. rund die Hälfte des Aufgebots der Könige von Jerusalem ausmachte. Schließlich sind die schon früh mit Vorrechten bedachten Handelsniederlassungen italienischer Seestädte, zumal von Venedig, Pisa und Genua, an den Hafenplätzen Palästinas hervorzuheben, die nicht bloß ökonomisch, sondern auch für die Verkehrsverbindungen nach Europa wichtig waren und noch am ehesten Parallelen zum späteren Kolonialismus aufweisen.

Der Zweite Kreuzzug

Angesichts des weit überlegenen Potentials der islamischen Umgebung von Ägypten bis Mesopotamien und der wechselvollen Beziehungen zu Byzanz blieb den Kreuzfahrerherrschaften nichts übrig, als auf den inneren Zwist der Gegenseite zu vertrauen und im Notfall Hilfe aus Europa zu erhoffen. Eine solche Situation trat erstmals 1144 ein, als die exponierte Grafschaft Edessa einem Angriff des Machthabers von Mossul und Aleppo, Imadaddin Zangi († 1146), zum Opfer fiel. Durch die Nachricht sah sich Papst Eugen III. (1145–1153) aus dem jungen Orden der Zisterzienser herausgefordert, nach dem Vorbild Urbans II. einen Kreuzzugsaufruf vornehmlich mit Blick auf die französische Ritterschaft zu erlassen. Für eine breite Resonanz sorgte vor allem sein charismatischer Ordensbruder Abt Bernhard von Clairvaux, der 1146 nicht nur König Ludwig VII. von Frankreich (1137–1180) bewegen konnte, persönlich das Kreuz zu nehmen, sondern auch noch den römisch-deutschen König Konrad III. (1138–1152) für das Unternehmen gewann, obgleich der Papst sich eigentlich dessen baldigen Romzug samt Einschreiten gegen die kommunale Bewegung auf dem Kapitol wünschte. Erneut aufkommenden Judenverfolgungen gebot Bernhard energisch Einhalt, doch stellte er den sächsischen Fürsten, die beschlossen, statt ins Heilige Land gegen die benachbarten

Slawen (Wenden) an der südlichen Ostseeküste zu ziehen, um sie «entweder gänzlich zu zerschmettern oder doch ganz gewiß zu bekehren»[15], dafür dieselben Privilegien in Aussicht, die den Kreuzfahrern in den Orient gewährt wurden; auch König Alfons VII. von León-Kastilien (1126–1157) nutzte die Gunst der Stunde, um sich vom Papst einen parallelen Kreuzzug gegen die Mauren in seiner Reichweite genehmigen zu lassen.

Der derart angebahnte neue Kreuzzug war somit wieder ein Ereignis von europäischer Tragweite, unterschied sich von dem vorangegangenen jedoch durch die führende Beteiligung zweier Könige, die mit ihren «nationalen» Aufgeboten getrennt voneinander die siegverheißende Landroute von 1096/97 einschlugen. Mit Byzanz, das diesmal keinen Hilferuf ausgesandt hatte, gab es an den Meerengen zeitraubende Schwierigkeiten, die bei den Franzosen erstmals den Gedanken aufkommen ließen, zur Sicherung des eigenen Erfolgs Konstantinopel einzunehmen (wozu es dann doch nicht kam). In Kleinasien trafen die westlichen Heere auf resoluteren Widerstand der Seldschuken als fünfzig Jahre zuvor und bezogen schwere Niederlagen, denen nur ein Bruchteil durch Flucht an die Küsten entkam. Während Konrad III. erkrankt den Winter 1147/48 in Konstantinopel zubrachte und erst im Frühjahr zu Schiff das Heilige Land erreichte, schlug sich Ludwig VII. zur See nach Antiochia durch und zog von dort weiter nach Jerusalem. Ohne eine hinreichende Truppenstärke war an die Rückeroberung des weit entfernten Edessa, das ursprüngliche Kriegsziel, nicht mehr zu denken, weshalb sich die Könige um eines vermeintlich leichteren Triumphes willen für den Plan gewinnen ließen, mit den Resten der eigenen und angeworbenen Kräften das näher gelegene Damaskus anzugreifen. Das war deshalb fatal, weil die dortigen Machthaber aus Furcht vor denen von Aleppo seit Jahren mit dem Königreich Jerusalem verbündet waren und so auch dessen Sicherheit gewährleisteten. Obendrein scheiterte der unbedachte Vorstoß im Juli 1148 kläglich und endete in gegenseitiger Verärgerung zwischen den Kreuzfahrern und den palästinensischen Baronen. Konrad III. trat am 8. September enttäuscht den Heimweg an, und Ludwig VII. folgte ihm zu Ostern 1149, beide nach schwersten Verlusten und ohne jeden sichtbaren Erfolg.

Der offenkundige Fehlschlag des mit viel Gottvertrauen begonnenen Unternehmens führte in der europäischen Öffentlichkeit zu einer fühlbaren Ernüchterung und einem lebhaften Disput über die Ursachen. Neben ganz rationalen Erwägungen, die sich auf mangelhafte Logistik, riesige Entfernungen und die widrige Landesnatur bezogen, finden sich heftige Beschuldigungen der «Anderen», also der Griechen wie der Christen im Heiligen Land, von denen man sich verraten und getäuscht glaubte. Natürlich wurden metaphysische Gründe vorgebracht wie die Sündenschuld der Daheimgebliebenen und zumal der Kreuzfahrer selber, deren Verhalten bestraft worden sei, aber auch Gottes unerforschlicher Ratschluß, der die Seinen prüfe. Vereinzelt regten sich sogar Stimmen, die ganz grundsätzliche Einwände erhoben und, ausgehend von den unlauteren Beweggründen vieler Beteiligten, den Zug in den Osten auf «Pseudopropheten, Götzendiener, Zeugen des Antichrist» zurückführten, «die mit leeren Worten die Christen auf Abwege geführt» hätten[16]. Im Zentrum der Kritik stand Bernhard von Clairvaux, der den Kreuzzug wie kein zweiter propagiert hatte, und sich nun in einer an Eugen III. gerichteten Schrift in Reminiszenzen an das von Gott durch die Wüste geführte Volk Israel des Alten Testaments flüchtete[17]. Zusammen mit anderen Geistlichen forderte er einen sofortigen neuen Aufbruch nach Jerusalem, der die erlittene Schmach tilgen, die Gefährdung der Kreuzfahrerherrschaften überwinden und diesmal auch Byzanz nicht länger schonen sollte. Doch es zeigte sich schnell, daß niemand von Gewicht dem Appell folgen mochte; Europa war so leicht nicht für ein weiteres gemeinsames Abenteuer zu gewinnen.

Der Dritte Kreuzzug

Daß der Zweite Kreuzzug die Lage der überseeischen «Franken» nicht gebessert, sondern weiter gefährdet hatte, zeigte die Entwicklung der folgenden Jahre. Damaskus, das die Christen vergeblich belagert hatten, ergab sich 1154 Nuraddin (1146–1174), dem Machthaber von Aleppo, der schon 1149 einen siegreichen Vorstoß gegen das Fürstentum Antiochia unternommen hatte. Zwar konnte im Süden König Balduin III. von Jerusalem (1143–1163) die Küstenstadt Askalon erobern (1153) und damit den Weg in das reiche Ägypten freikämpfen, wohin sein Bruder und Nachfolger Amalrich (1163–1174) mehrfach vordrang, doch wurde dadurch auch dort das Eingreifen Nuraddins heraufbeschworen, dessen Feldherr Schirkuh 1169 Kairo einzunehmen vermochte. Nach seinem Tod beseitigte der Neffe Saladin (1169–1193) den Kalifat der schiitischen Fatimiden am Nil (1171) und gab bald schon das Ziel einer Einigung aller islamischen Kräfte im Orient unter der Herrschaft seiner Familie, der Ayyubiden, zu erkennen, indem er sich nach Nuraddins Tod 1174 auch die Macht in Damaskus verschaffte und sich in der Folgezeit zum Sultan über das gesamte islamische Syrien machte. Da zudem Byzanz 1176 durch eine schwere Niederlage gegen die Seldschuken bei Myriokephalon den Kampf um Anatolien endgültig verlor und als potentieller Verbündeter der «Franken» ausfiel, standen diese fortan ganz auf sich gestellt der umklammernden Macht Saladins gegenüber.

In Europa, wo das Papsttum das langwierige alexandrinische Schisma zu überstehen hatte, der Kaiser um seine Hoheit über Italien rang und Frankreich in einen Dauerkonflikt mit England verstrickt war, hat man die Zuspitzung der Lage in Outremer und auch die mehrfachen Hilferufe von dort lange nicht wirklich ernst genommen. Selbst als eine hochrangige Gesandtschaft 1185/86 König Philipp II. von Frankreich (1180–1223) und König Heinrich II. von England (1154–1189) die Herrschaft über das nur noch durch einen mehrjährigen Waffenstillstand vor Saladin geschützte Königreich Jerusalem anbot, fiel das Echo verhalten aus. Umso größer war die Bestürzung über die Katastrophe, die dann 1187 hereinbrach, ausgelöst durch Rainald von Châtillon, den Herrn von Transjordanien, der durch mutwilligen Bruch des prekären Friedens Saladin den willkommenen Kriegsgrund lieferte. Am 3./4. Juli 1187 kam es bei Hattin (in Galilaea) zur alles entscheidenden Schlacht, in der der Jerusalemitaner König Guido (von Lusignan, 1186–1192) sämtliche verfügbaren Kräfte aufbot. Es wurde eine vernichtende Niederlage, bei der Templer und Johanniter den höchsten Blutzoll entrichteten, die mitgeführte Reliquie des heiligen Kreuzes für immer verlorenging und der König selbst (bis 1188) in Gefangenschaft geriet. Das schutzlos gewordene Königreich wurde bis auf wenige Küstenplätze von Saladin besetzt, der am 2. Oktober als Sieger in Jerusalem einzog. Bereits vom 29. Oktober datiert der Kreuzzugsaufruf Papst Gregors VIII., der eindringlich dazu mahnte, allen Streit untereinander ruhen zu lassen, um reinen Herzens und gemeinsam die Rückgewinnung des Heiligen Landes in Angriff zu nehmen[18]. Der Appell richtete sich diesmal ganz vorwiegend an die Könige, die zusammengenommen das stärkste Kreuzfahrerheer aufboten, das je in den Orient gezogen ist. Ein päpstlicher Legat schaffte es Anfang 1189, einen Ausgleich zwischen dem französischen und dem englischen Herrscher zu vermitteln und beide zur Kreuznahme zu bewegen. Aber auch Kaiser Friedrich I., der vierzig Jahre zuvor noch als schwäbischer Herzog den Zweiten Kreuzzug miterlebt hatte, wollte nicht abseits stehen und mobilisierte ein deutsches Aufgebot, das sich vor den anderen im Mai 1189 von Regensburg aus in Bewegung setzte.

So verlief der Dritte Kreuzzug in zwei Phasen. Zunächst drang Barbarossa mit den Seinen auf dem klassischen Landweg quer durch die Balkanhalbinsel bis Konstantinopel vor, wo es wiederum zu heftigen Spannungen und sogar zur offenen Drohung mit der Erstürmung der Kaiserstadt kam, bevor der Übergang fern ihren Mauern bei den Dardanellen erfolgen konnte. Als sich in Kleinasien die Seldschuken in den Weg stellten, wurden sie bei Ikonium besiegt, doch dann ereignete sich jenseits des Taurusgebirges im Gebiet der christlichen Armenier «nach Gottes verborgenem Ratschluß»[19] das jähe Unglück, daß der Kaiser am 10. Juni 1190 im Fluß Saleph ertrank. Sein Heer löste sich zum großen Teil auf, und nur wenige zogen noch bis Oktober vor die Küstenfestung Akkon in Palästina, deren Rückgewinnung zum hauptsächlichen Ziel des Kreuzzuges wurde. Die Franzosen und die Engländer brachen erst nach Barbarossas Tod auf und gelangten auf dem Seeweg über Sizilien getrennt voneinander im April und im Juni 1191 bis Akkon, nachdem der englische König Richard I. (Löwenherz, 1189–1199), der seinem Vater Heinrich II. nachgefolgt war, unterwegs die zu Byzanz gehörende Insel Zypern erobert hatte. Daß am 12. Juli das seit zwei Jahren belagerte Akkon zur Kapitulation genötigt wurde und damit den Christen wieder zufiel, war ein beachtlicher Erfolg, der erst die Voraussetzung für einen eingeschränkten Fortbestand des Königreichs Jerusalem im 13. Jh. schuf und König Philipp von Frankreich Grund genug zur Abreise war. Richard Löwenherz blieb noch ein ganzes Jahr im Heiligen Land, getrieben von dem Drang, auch Jerusalem einnehmen zu können, verstand sich aber schließlich doch zu einem mehrjährigen Waffenstillstand mit Saladin, der die Küste von Tyrus bis Jaffa den Christen zugestand und dazu freien Pilgerverkehr nach Jerusalem, das in muslimischer Hand verblieb.

Ein kaiserlicher Kreuzzug

Daß bloß ein halbes Jahr nachdem auch König Richard das Heilige Land verlassen hatte, Sultan Saladin im März 1193 verstarb und sein Ayyubidenreich innerhalb der Familie aufgeteilt wurde, festigte für die Christen den zuletzt mühsam ausgehandelten Status quo und weckte gar die Hoffnung auf weitergehende Gewinne. Kaiser Heinrich VI. (1190–1197), Barbarossas Erbe und seit 1194 auch Herr des Königreichs Sizilien, der den Expansionsdrang seiner normannischen Vorgänger ins östliche Mittelmeer übernahm, kündigte gewiß mit Billigung des Papstes, aber doch nach ureigenem Entschluß und ohne konkrete Veranlassung aus dem Orient, 1195 einen Kreuzzug neuen Typs an, vor allem um seinen imperialen Rang zur Geltung zu bringen. Demgemäß kamen die wiederum zahlreichen Beteiligten ausschließlich aus dem staufischen Doppelreich in Deutschland und Italien, und neben dem Eingreifen in Palästina gehörte auch die Einschüchterung des zu hohen Tributen gezwungenen östlichen Imperiums sowie die Einbeziehung des kilikischen Reiches der christlichen Armenier in den eigenen Lehnsverband zum politischen Konzept des Unternehmens, für das erstmals nur noch der Seeweg (von Unteritalien aus) vorgesehen wurde.

Nach einigen Verzögerungen kamen die Schiffstransporte im März 1197 in Gang und zogen sich bis in den September hin, unmittelbar vor dem plötzlichen Tod Heinrichs VI. (28. September 1197 in Messina), der sich zuletzt offenbar nicht mehr selbst beteiligen wollte. Auf dem Wege nach Akkon wurde in Zypern Station gemacht, wo der vom Kaiser bestellte Anführer, Kanzler Konrad von Querfurt, Bischof von Hildesheim († 1202), Aimerich von Lusignan († 1205), den Bruder und Nachfolger des zuletzt auf diese Insel ausgewichenen Königs Guido von Jerusalem, zum König von Zypern krönte und damit der Oberhoheit des westlichen Kaisers unterstellte. In Palästina selbst gelang im Oktober die Einnahme der Küstenstädte Sidon und Beirut und damit die Wiederherstellung der Landverbindung des Königreichs Jerusalem mit der nördlichen Grafschaft Tripolis. Und noch am 6. Januar 1198, als der Tod des Kaisers längst allgemein bekannt war, überbrachte in dessen Auftrag Erzbischof Konrad von Mainz in Tarsus dem armenischen Herrscher Leo († 1219) die erbetene Königskrone. Dann aber, mit Beginn der für den Seeverkehr günstigeren Jahreszeit, ging der deutsche Kreuzzug rasch auseinander, nicht nur wegen beunruhigender Nachrichten aus der Heimat, sondern vor allem weil er mit dem Kaiser seinen legitimierenden Rückhalt verloren hatte. Der letzte Akt war am 5. März 1198 in Akkon die Gründung des Deutschen Ordens, nämlich der Beschluß der versammelten geistlichen und weltlichen Großen, die Bruderschaft des dortigen deutschen Spitals zum Ritterorden zu erheben, was dem neuen Papst Innocenz III. (1198–1216) zur Bestätigung übermittelt wurde. An ihn, den Papst, fiel mit dem Tod des Kaisers auch wieder die Initiative zu weiteren Kreuzzügen zurück.

3. Das westliche Imperium beiderseits der Alpen

Das Römerreich des Westens, das Karl der Große begründet und Otto der Große auf schmalerer Basis dauerhaft erneuert hatte, zeichnete sich vor den übrigen christlichen Reichen dadurch aus, daß es zwar stets seinen Schwerpunkt nördlich der Alpen hatte (im Frankenreich, später in Ostfranken/Deutschland), zugleich aber auch den größeren Teil Italiens bis hin nach Rom umfaßte. Nachdem sich im 9. Jh. entschieden hatte, daß das lateinische Kaisertum nicht einfach dynastisch vererbt oder weitergegeben werden konnte (wie in Byzanz), sondern in jedem Einzelfall neu vom Papst in Rom zu verleihen war, wurde die Herrschaft über den Norden und die Mitte der Apenninenhalbinsel zur Vorbedingung für die höchste weltliche Würde in der westlichen Christenheit. Die Ottonen, Salier und Staufer standen vor der doppelten Aufgabe, immer wieder den Konsens mit den zunehmend selbstbewußteren Großen im nördlichen Reich der Deutschen herzustellen, ohne darüber die Wahrung ihrer Hoheitsrechte im Süden aus dem Auge zu verlieren.

Heinrich IV.

Nicht nur im Verhältnis zum Reformpapsttum, sondern auch für die innere Machtbalance in Deutschland und Italien bedeutete der Tod des 39jährigen Kaisers Heinrich III. (1056) einen tiefen Einschnitt. Das Regiment für den minderjährigen Sohn König Heinrich IV. (1056–1106), ausgeübt durch die Kaiserinmutter Agnes bis zu deren erzwungener Resignation (1062), dann durch rivalisierende Reichsbischöfe, war ohne integrierende Kraft und kaum geeignet, dem jungen Salier eine überzeugende Art des Regierens zu vermitteln. Nach seinem Eintritt in die Mündigkeit (1065), dem kein Romzug folgte, entwickelte sich Heinrich zum ersten (und für lange Zeit einzigen) römisch-deutschen Herrscher, der von den zeitgenössischen Chronisten überwiegend negativ beurteilt wurde, weil er sich binnen weniger Jahre den Unmut führender Kreise zuzog. In Sachsen löste er mit seinem Versuch, königliche Rechte wiederzubeleben, eine offene Rebellion aus, die ihn 1073 zum fluchtartigen Verlassen des Herzogtums nötigte. Zwar konnte der König mit Hilfe west- und süddeutscher Anhänger den Aufstand bis 1075 niederschlagen, doch stürzte er sich dann sogleich in die Konfrontation mit Papst Gregor VII., bei der es um die grundsätzliche Rangordnung von geistlicher und weltlicher Gewalt, aber auch darum ging, daß der Papst dem Salier, den er bloß «König der Deutschen» nannte[20], das Recht auf die Herrschaft über Italien bestritten zu haben schien. Gregors unerschrockene Sanktionen gegen Heinrichs «unerhörten Hochmut»[21] weckten bei den inneren Gegnern erst die Zuversicht, ihn tatsächlich vom Thron stürzen zu können, und ließen überdies den sächsischen Konflikt sofort wieder aufflammen. Auch die (einstweilige) Einigung mit Gregor VII. in Canossa bewahrte Heinrich nicht davor, daß eine entschlossene Minderheit der deutschen Fürsten am 15. März 1077 in Forchheim den Schwabenherzog Rudolf, seinen früheren Schwager, zum Gegenkönig erhob und ihm einen bewaffneten Thronstreit aufzwang. Darin behielt er nach drei Jahren mit knapper Not die Oberhand, weil sein Rivale in der entscheidenden Schlacht an der Weißen Elster (15. Oktober 1080) zwar siegte, aber selbst umkam. Heinrich war zu dieser Zeit bereits abermals von Gregor wegen Ungehorsams gebannt und nun auch förmlich als König im «Reich der Deutschen und Italiens» abgesetzt zugunsten Rudolfs, dem der Papst ausdrücklich nur die Herrschaft im deutschen Reich zugestand[22]. Das trieb den Salier dazu, seinerseits auf ein Gegenpapsttum hinzuwirken und zu dessen Durchsetzung 1081 über die Alpen zu ziehen, während in seinem Rücken das papsttreue Gegenkönigtum in Gestalt des Grafen Hermann von Salm († 1088), freilich mit geringerer Resonanz, nochmals auflebte.

Die Kaiserkrone, die sich Heinrich IV. nach mehrfachem Ansturm auf Rom an Ostern 1084 von seinem Papst Wibert/Clemens (III.) in St. Peter aufsetzen ließ, war durch das Schisma diskreditiert und fand in weiten Teilen Europas keine Beachtung. Immerhin vermochte Heinrich die Herrschaft in Deutschland nach seiner Rückkehr soweit zu festigen, daß sich nach dem kampflosen Erlöschen des Gegenkönigtums auch die Sachsen unterwarfen, allerdings ohne den Gegenpapst anzuerkennen. Seit 1090 suchte der Kaiser sein Heil in einem neuen Italienzug, der ihm nach anfänglichen Erfolgen gegen die Truppen der Markgräfin Mathilde zur Katastrophe geriet: Zuerst wandte sich sein schon zum König gekrönter älterer Sohn Konrad (geb. 1074) von ihm ab und nahm 1093, offenbar um die eigene politische Zukunft zu sichern, im Beisein Mathildes eine Krönung zum König Italiens durch den (gregorianischen) Erzbischof von Mailand an, dann sagte sich auch Heinrichs zweite Gemahlin Eupraxia/Adelheid von ihm los und erhob auf Urbans II. Synode in Piacenza (1095) öffentlich schwerste moralische Vorwürfe gegen ihren Gatten. Daß dieser, wegen fehlenden militärischen Rückhalts zu keiner Gegenwehr fähig, jahrelang auf die Gegend von Verona eingeschränkt blieb, während Papst Urban 1095 seine folgenreiche Initiative zum Kreuzzug ergreifen konnte, bezeichnet den absoluten Tiefpunkt in der Geschichte des hochmittelalterlichen Kaisertums, der Heinrich einem gegnerischen Chronisten zufolge sogar an Selbstmord hat denken lassen[23]. Erst der Ausgleich mit dem seit 1077 geächteten Herzog Welf IV. von Bayern erlaubte dem Kaiser, unter Aufgabe aller Ambitionen südlich der Alpen 1097 über den Brennerpaß nach Deutschland heimzukehren, wo sein Regiment von neuem akzeptiert wurde. 1099 ließ er statt des ungetreuen Konrad († 1101 in Florenz) den jüngeren Sohn Heinrich V. (1106–1125) in Aachen zum königlichen Nachfolger krönen. Sobald Wibert/Clemens gestorben war (1100), hoffte er auf eine Verständigung mit Papst Paschalis II., die jedoch nicht zustandekam, obwohl er einen Sühnekreuzzug nach Jerusalem anbot und 1103 in Mainz erstmals einen reichsweiten Landfrieden verkündete. Seine ausweglose Lage nach einem Vierteljahrhundert im Kirchenbann dürfte Ende 1104 den Sohn Heinrich bewogen haben, sich zusammen mit einer Gruppe bayerischer Adliger gegen den Vater zu erheben, um einen politischen Neuanfang zu erzwingen. Mit wohlwollender Unterstützung durch päpstliche Beauftragte gewann der junge Heinrich im Laufe des Jahres 1105 die Oberhand und nahm schließlich den Vater gefangen, der am

Silvestertag in Ingelheim dazu gebracht wurde, formal freiwillig abzudanken. Da der Kaiser jedoch kurz danach fliehen und sich im Schutz niederrheinischer Anhänger monatelang dem Sohn entziehen konnte, fand das Drama erst mit seinem Tod am 7. August 1106 in Lüttich ein Ende.

Heinrich V.

Heinrich V., der letzte salische Herrscher, überwand rasch den inneren Zwiespalt, den sein Kampf mit dem Vater bewirkt hatte, so daß er sich auf einer gefestigten Machtbasis in Deutschland die Erneuerung des Kaisertums vornehmen konnte. Dazu knüpfte er nicht nur Verhandlungen mit Paschalis II. über die Praxis der schon seit 1078/80 von päpstlicher Seite verbotenen königlichen Investitur seiner Bischöfe (und mancher Äbte) an, die er nicht aufgeben wollte, sondern unterstrich den eigenen Geltungsanspruch auch durch die 1110 gefeierte Verlobung mit der jugendlichen Mathilde (geb. 1102), Tochter des englischen Königs Heinrich I., die eine reiche Mitgift einbrachte. Der bald darauf angetretene Romzug wurde innenpolitisch zum Fiasko, weil sich Heinrich auf das Ansinnen des Papstes einließ, auf die Investituren zu verzichten, wenn ihm alle vom Reich herrührenden Kirchengüter (Regalien) zurückerstattet würden, was bei seinem Bekanntwerden in Rom unter den mitgereisten Bischöfen und Laienfürsten einen Sturm der Entrüstung auslöste und zurückgezogen werden mußte. Verheerend wirkte es, daß Heinrich daraufhin den Papst durch eine zweimonatige Haft und die Drohung mit einem neuen Schisma unter schärfsten Druck setzte, um am 13. April 1111 eine Kaiserkrönung zu ertrotzen, die genauso wenig wie die seines Vaters die Anerkennung der übrigen Christenheit fand und zumal in Frankreich lautstarken Ärger über den gewalttätigen «Tyrannen» hervorrief[24].

Ungeachtet des von päpstlichen Legaten über ihn verhängten Kirchenbanns, suchte Heinrich in Deutschland seine Machtstellung weiter zu befestigen, hatte nun jedoch eine wachsende Zahl von Fürsten gegen sich, die keine Rückkehr zu einer starken Zentralgewalt wünschten und der eigenen regionalen Herrschaftsbildung den Vorrang gaben. Der stärkste Widerstand kam erneut aus Sachsen, angeführt vom dortigen Herzog Lothar (seit 1106), der 1115 durch einen großen Sieg am Welfesholz (bei Eisleben) dem Salier dauerhaft den Zugang zum Norden verschloß. Aber auch Erzbischof Adalbert I. von Mainz (1111–1137), zuvor sein Kanzler, brach 1112 mit ihm und befand sich in Haft, als 1114 in Mainz die Hochzeit des Kaisers mit der englischen Prinzessin Mathilde stattfand. Später kam er dank einem städtischen Aufstand frei und agierte weiter gegen Heinrich, dessen wichtigste Stütze sein Neffe, der staufische Herzog Friedrich II. von Schwaben (1105–1147), war. Ihm überließ er das Feld, als er sich 1116 abermals nach Italien wandte, um nach dem Tode der Markgräfin Mathilde von Tuszien (1115) deren reiche Güter entlang der Wege nach Rom, auf die auch die römische Kirche Anspruch erhob, in Besitz zu nehmen. Zu neuem Kontakt mit dem Papst kam es nicht, weil sich Paschalis II. bis zu seinem Tod (Anfang 1118) verweigerte, doch bald danach glaubte der Kaiser die verworrene Lage in Rom nutzen zu sollen, um einen eigenen Papst Gregor (VIII., 1118–1121) einzusetzen, womit er sich ein weiteres Mal in schroffen Gegensatz zur großen Mehrheit der lateinischen Kirche brachte. Allerdings gab er die Sache rasch verloren und kehrte Mitte 1118 nach Deutschland zurück, wo ein Ausgleich mit den Fürsten inzwischen nicht mehr ohne eine Verständigung mit dem Reformpapsttum denkbar war. Ein erster Versuch der Einigung, zu dem der neue Papst Calixt II. (1119–1124) mit dem Kaiser an der deutsch-französischen Grenze zusammentreffen wollte, scheiterte 1119 nur noch deshalb, weil kein Einvernehmen über den Ersatz zustandekam, den Heinrich V. für einen Verzicht auf die Investitur mit den geistlichen Symbolen Ring und Stab verlangte. Trotz des Rückschlags gingen die Bemühungen weiter, getragen von einer Mehrheit der deutschen Fürsten, die stärker denn je der Reichspolitik den Takt vorgab. Durch neuen Gesandtenaustausch mit dem Papst wurde der Kompromiß angebahnt, der dann zur allgemeinen Erleichterung 1122 in Worms verkündet werden konnte. Das sogenannte Konkordat fügte sich in den Rahmen früherer Vereinbarungen in Frankreich und England und trug der unterschiedlichen Entwicklung innerhalb des Imperiums dadurch Rechnung, daß die dem Kaiser nunmehr zugestandene Investitur mit dem weltlichen Szepter in Deutschland vor, in Burgund und in Reichsitalien erst nach der Weihe des kanonisch Gewählten vorzunehmen war. Vom Bann befreit, wollte Heinrich V. die Aussöhnung mit dem Papst durch einen friedlichen Romzug besiegeln, wozu es jedoch nicht mehr gekommen ist.

Stattdessen brach er im Sommer 1124 in Absprache mit seinem englischen Schwiegervater, der von der Normandie her angriff, zu einem Feldzug gegen König Ludwig VI. von Frankreich auf. Was er erreichen wollte, bleibt unklar, jedenfalls aber dürfte er kaum den massiven Widerstand erwartet haben, den der bedrohte Kapetinger weit über seine engere Krondomäne hinaus zu mobilisieren verstand, als er von Saint-Denis aus ganz Frankreich zum Kampf aufrief. Vor der sich abzeichnenden Übermacht wich der Kaiser schon in der Gegend von Metz zurück, so daß sich der französische König ohne Schwertstreich als Sieger betrachten konnte. Als «Unruhestifter in Reich und Kirche» blieb der Salier bei den westlichen Nachbarn in Erinnerung[25], nachdem er am 23. Mai 1125 in Utrecht kinderlos einer Krankheit erlegen war. Seine Witwe Mathilde kehrte nach England zurück, wo «die Kaiserin» noch eine bedeutende Rolle spielen sollte.

Lothar III. und Konrad III.

Die Königswahl, die im August 1125 in Mainz stattfand, wurde zur Wurzel langwieriger Zerwürfnisse, denn dank geschickter Regie Erzbischof Adalberts setzte sich nicht Herzog Friedrich II. von Schwaben, der Staufer und private Erbe des letzten Saliers, sondern Heinrichs V. schärfster Widersacher durch: Lothar III. (1125–1137), der Sachsenherzog aus der Grafenfamilie von Süpplingenburg (bei Helmstedt). Er verlegte den Schwerpunkt der Königsmacht wieder in den Norden und gewann durch die Verheiratung seiner einzigen Tochter Gertrud mit dem welfischen Bayernherzog Heinrich dem Stolzen (1126–1139) einen starken Verbündeten im Süden. Jahrelang hatte er sich zwischen Elsaß und Mainfranken nicht bloß mit dem rasch geächteten Friedrich, sondern auch mit dessen Bruder Konrad auseinanderzusetzen, der sich Ende 1127 von seinem Anhang sogar zum Gegenkönig ausrufen ließ. Mit einem Zug nach Italien kam er Lothar zuvor und erreichte 1128 in Monza seine Königskrönung durch den Mailänder Erzbischof, scheiterte dann aber am Griff nach den Mathildischen Gütern. 1130 kehrte er nach Deutschland zurück, wo König Lothar inzwischen deutlich an Boden gewonnen, aber die Staufer nicht endgültig bezwungen hatte, als ihm das in Rom ausgebrochene Papstschisma seinerseits Veranlassung gab, über die Alpen zu ziehen, um dem in Europa mehrheitlich anerkannten Innocenz II. auf den Stuhl Petri zu verhelfen. Mit einem kleinen Heer gelang es 1132/33, bis Rom vorzudringen und wenigstens einen Teil der Stadt einzunehmen, so daß Lothar am 4. Juni 1133 im Lateran die Kaiserkrone empfangen konnte. Weiter reichten seine Ziele jedoch nicht, weshalb er sich zügig wieder nach Norden wandte, um die staufischen Brüder vollends niederzuringen. Erst nachdem sich Friedrich, der sein Herzogtum behalten durfte, und dann auch Konrad, der den Königstitel aufgab, 1135 unterworfen hatten, begann der Kaiser 1136 eine offensive Italienpolitik, die sich gegen den anderen Papst Anaklet II. und dessen Schutzherrn, König Roger II. von Sizilien, richtete. Der Feldzug des Reichsheeres gipfelte Ende Mai 1137 in der Einnahme von Bari und einem Friedensangebot Rogers, das ausgeschlagen wurde, blieb letztlich aber wirkungslos, weil sich die deutschen Krieger in der Hitze des Sommers dem weiteren Vormarsch widersetzten und sich zudem Differenzen mit Papst Innocenz um die Lehnshoheit über die eroberten Gebiete einstellten. Lothar trat den Rückzug an, kam schwer krank noch über den Brennerpaß und starb am 4. Dezember 1137 im Alpendorf Breitenwang. Otto von Freising rühmte seine Fähigkeit, «der Krone des Reiches ihr früheres Ansehen wiederzugeben»[26].

Die Nachfolge fiel nicht Heinrich dem Stolzen zu, dem Lothar zum bayerischen auch noch das sächsische Herzogtum vermacht und auf dem Italienzug die Markgrafschaft Tuszien samt der Verwaltung der Mathildischen Güter übertragen hatte, auch nicht dem staufischen Herzog Friedrich, sondern dessen Bruder Konrad III. (1138–1152), dem gescheiterten früheren Gegenkönig, der durch eine vom Trierer Erzbischof Albero (1131–1152) mit wenigen anderen in Koblenz inszenierte vorzeitige Wahl und sogleich folgende Krönung in Aachen durch einen päpstlichen Legaten die anderen Anwärter überspielte. Er nahm neue schwere Verwicklungen in Kauf, als er dem übermächtigen Welfen, der sich nicht fügen wollte, die beiden Herzogtümer entzog und sie anderweitig vergab. Damit schuf er konkurrierende dynastische Rechtsansprüche, deren Widerstreit auch nicht dadurch verging, daß Heinrich der Stolze schon 1139 plötzlich verstarb. Denn sein gerade sechsjähriger Sohn Heinrich der Löwe beharrte, gestützt von der Mehrheit des sächsischen Adels, auf dem doppelten Erbe, während der jüngere Bruder des Verstorbenen, Welf VI., Bayern verteidigte. Der 1142 unternommene Versuch, die Gegensätze zu überwinden, indem das Anrecht des Löwen auf Sachsen anerkannt und in Bayern durch eine Ehe seiner verwitweten Mutter Gertrud, der Kaisertochter, mit dem neuen Herzog, dem Babenberger Heinrich (Jasomirgott, 1143–1156), die künftige Rückkehr an die Welfen angebahnt wurde, schlug fehl, weil Gertrud übers Jahr im Kindbett starb. Die verheerenden Fehden in verschiedenen Teilen des Reiches gingen weiter und gewannen eine zusätzliche Dimension, als sich Welf VI. mit König Roger II. von Sizilien sowie König Géza II. von Ungarn verbündete, während Konrad III. die Annäherung an Byzanz suchte und seine Schwägerin Bertha (Eirene) dem kommenden Kaiser Manuel I. zur Frau gab. Im diplomatischen Verkehr mit dem östlichen Imperium legte er sich den Kaisertitel zu, obgleich sich seine Krönung durch den Papst wegen der innerdeutschen Machtkämpfe, aber auch der unsicheren Lage im aufständischen Rom immer weiter verzögerte. Ende 1146 wurden die Kaiserpläne dann jählings durchkreuzt von Konrads Entschluß, sich (ebenso wie Welf VI.) am neuen Kreuzzug zu beteiligen, was es ihm vor dem Aufbruch immerhin ermöglichte, seinen zehnjährigen Sohn Heinrich (VI.) (1147–1150) zum König wählen zu lassen. Aus dem Orient kehrte er zwei Jahre später als Geschlagener in sein weiterhin zerrissenes Reich zurück, wo Welf VI. bald eine Niederlage gegen den staufischen Anhang erlitt, Heinrich der Löwe gewaltsam nach Bayern vorstieß und der König im Gegenzug mit einer Attacke auf Braunschweig scheiterte. Für 1152 war endlich der Romzug anberaumt, doch bevor es dazu kam, starb Konrad III. am 15. Februar in Bamberg, als erster unter den Nachfolgern Ottos des Großen ohne in Italien eingegriffen und das Kaisertum erlangt zu haben.

Friedrich Barbarossa I: Die Zeit der Offensive

Das verbreitete Bedürfnis nach einem politischen Neubeginn begünstigte die rasche Königserhebung Friedrichs I. (Barbarossa, 1152–1190) durch Wahl am 4. März in Frankfurt und Krönung am 9. März in Aachen, zu offenbar vorab feststehenden Terminen, die dazu gedacht gewesen sein dürften, vor Konrads III. geplantem Romzug dessen jüngeren Sohn Friedrich (anstelle des 1150 gestorbenen Bruders Heinrich) mit der königlichen Würde auszustatten. Daß nun nicht dieser achtjährige Königssohn zum Zuge kam, sondern Konrads etwa dreißigjähriger Neffe, der gleichnamige Sohn und (seit 1147) Nachfolger des bei der Wahl von 1125 leer ausgegangenen Schwabenherzogs Friedrich, lag nicht allein an dessen tatkräftiger Anbahnung seiner Wahl, sondern zumal daran, daß dieser Staufer als Sohn einer welfischen Mutter, der Schwester Heinrichs des Stolzen, auch seinen Vetter Heinrich den Löwen für sich gewinnen konnte und «gleichsam als Eckstein» beider Familien[27] die Aussicht auf mehr inneren Frieden eröffnete. Tatsächlich waren Friedrichs erste Herrscherjahre geprägt von dem Bemühen, dem Erbanspruch des Löwen auf Bayern stattzugeben, ohne die babenbergischen Verwandten allzusehr zu brüskieren. Die bis 1156 ausgehandelte Lösung bestand darin, daß Heinrich Jasomirgott zum Ersatz die von Bayern abgetrennte Markgrafschaft Österreich als neues Herzogtum mit besonderen Vorrechten empfing. Daß beide Kontrahenten daraufhin gleichermaßen an Friedrichs nächstem Zug nach Italien teilnehmen konnten, zeigt im Detail, wie sehr die (relative) Beruhigung der Lage in Deutschland Voraussetzung für aktives Auftreten südlich der Alpen war, wozu Lothar III. kaum und Konrad III. gar nicht gekommen waren.

Friedrich I. dagegen war auf eine zeitige Kaiserkrönung aus und versprach dem Papst im Konstanzer Vertrag vom März 1153, ohne dessen Einverständnis keinen Frieden mit der römischen Kommune oder mit dem sizilischen Normannenreich zu schließen, vielmehr die Römer dem Papst zu unterwerfen und Byzanz keinen italischen Boden zu überlassen. Demgemäß konzentrierte sich der im Herbst 1154 begonnene erste Italienzug auf Rom, wo Friedrich auf Avancen nicht einging, die ihm von seiten der Römer gemacht wurden, sondern sich am 18. Juni 1155 auf herkömmliche Weise in St. Peter von Hadrian IV. krönen ließ, während in der Stadt erbitterte Kämpfe tobten. Daß er sehr bald, auch auf Drängen der beteiligten Fürsten, den Heimweg antrat, ohne einen Feldzug gegen die Normannen unternommen zu haben, brachte Papst Hadrian dazu, sich 1156 in Benevent mit König Wilhelm I. von Sizilien (1154–1166) zu vergleichen, der anders als Barbarossa anbot, wirksam gegen die römische Kommune einzuschreiten. Der Kaiser festigte derweil seine Autorität im burgundischen Reich, der Heimat seiner zweiten Gattin Beatrix (seit 1156), richtete seinen Blick aber vor allem auf das städtisch geprägte Oberitalien, wo er auf dem Weg nach und von Rom spürbaren Anfeindungen begegnet war. Dort die seit Generationen immer weiter verblaßte «Ehre des Reiches» in Gestalt von Gerichtsrechten, Abgaben und Dienstpflichten wieder zur Geltung zu bringen, wurde das beherrschende Ziel, dem sich Friedrich, sobald er nördlich der Alpen den Rücken frei glaubte, auf drei Italienzügen von 1158 bis 1167 mit aller Energie gewidmet hat. Er begann sogleich mit der Belagerung und Erstürmung des reichen Mailand, das bei kleineren Nachbarstädten verhaßt war, und verkündete im November 1158 auf dem Hoftag von Roncaglia, beraten von seinem Kanzler Rainald von Dassel (Erzbischof von Köln, 1159–1167) und unterstützt von Gelehrten des römischen Kaiserrechts, was alles er unter dem Oberbegriff «Regalien» gegen das Eigenleben der Städte durchzusetzen gedachte.

Die jahrelangen schweren Auseinandersetzungen, die das auslöste, verschärften sich zusätzlich, als im Herbst 1159 in Rom das neue Papstschisma entstand und die meisten lombardischen Städte für den vom Kaiser abgelehnten Alexander III. Partei ergriffen, womit Barbarossa auch als gebannter Kirchenfeind bekämpft werden konnte. Gegen sein bedenkenloses Vorgehen, gipfelnd in der Zerstörung Mailands und der Vertreibung seiner Bewohner (1162), formierten sich seit 1164 bündische Zusammenschlüsse betroffener Städte, bald auch mit Einschluß kaiserfreundlicher Kommunen, die sich 1167 zur militärisch ernstzunehmenden Lombardischen Liga vereinigten. Überhaupt waren Friedrichs Festlegung auf den außerhalb seines Reiches weithin mißachteten Papst Viktor IV. und sein zähes Beharren auch noch auf dessen Nachfolgern, also der exklusive Anspruch auf bestimmende Macht über den Stuhl Petri, dem europäischen Ansehen des 1155 gerade erst erneuerten Kaisertums höchst abträglich, was schon 1160 Johannes von Salisbury, damals Sekretär des Erzbischofs von Canterbury, die berühmt gewordene Frage stellen ließ: «Wer hat denn die Deutschen zu Richtern über die Nationen bestellt?»[28] Die verfahrene Lage im Schisma war es schließlich, die Barbarossa dazu trieb, eine Lösung mit Gewalt zu suchen, indem er 1167 seinen aktuellen Papst Paschalis III. mit Heeresmacht nach Rom führte und in der Petersbasilika inthronisierte. Doch dem Triumph folgte nach wenigen Tagen der Absturz, als in der Hitze des römischen Sommers eine schwere Seuche (wohl bakterielle Ruhr) ausbrach und Tausende im kaiserlichen Gefolge dahinraffte, darunter Erzkanzler Rainald von Dassel, Herzog Friedrich von Schwaben (den 1152 nicht gewählten Sohn Konrads III.) wie auch Welf VII., den einzigen Erben für Welf VI., das Haupt der süddeutschen Welfen. Dem Kaiser blieb nichts übrig als der schleunige Rückzug nach Norden und angesichts des bedrohlichen Lombardenbundes sogar die völlige Flucht aus Italien, wo das auf Gewalt gegründete Reichsregiment zusammenbrach.

Friedrich Barbarossa II: Die Rückkehr zum Konsens

Unerschüttert blieb Friedrichs Herrschaft in Deutschland, wo er sich in den folgenden sechs Jahren aufhielt. Heinrich dem Löwen, seit 1168 Ehemann der englischen Königstochter Mathilde, ließ er weiter freie Hand zu seiner Machtentfaltung in Sachsen wie auch am Südrand der Ostsee, während er selber reiche Erbgüter der vor Rom Umgekommenen einziehen konnte und 1169 die Wahl und Krönung seines vierjährigen Sohnes Heinrich VI. (1190–1197) zum römischen König erreichte. Die Rückkehr nach Italien, die er 1172 ankündigte, bereitete als Reichslegat Erzbischof Christian von Mainz (1165–1183) vor, der in der Toskana, in Umbrien, in den Marken und anderwärts an verbliebene Loyalitäten zu den Staufern anknüpfen konnte. Mit klarer Stoßrichtung gegen die lombardische Liga trat der Kaiser dann im Herbst 1174 seinen fünften Italienzug an, der nach vergeblichem Ansturm auf Alessandria, eine symbolträchtig zu Ehren Alexanders III. benannte Stadtgründung in Piemont, zu einem vorläufigen Friedensschluß bei Montebello führte (1175). Dessen Bedeutung lag darin, daß für alle Streitfragen ein paritätisches Schiedsgericht vorgesehen wurde, also der Kaiser und der Städtebund einander auf gleicher Ebene begegneten. Als dennoch keine Einigung gelang, weil Barbarossa nicht auch den Papst in den Frieden einbeziehen wollte, wurden neue Feindseligkeiten absehbar, wofür der Kaiser Verstärkung von jenseits der Alpen anforderte, aber jedenfalls von Heinrich dem Löwen nicht erhielt. So kam es, daß sein Ritterheer am 29. Mai 1176 bei Legnano gegen die Mailänder Fußmiliz die erste Niederlage eines deutschen Herrschers in Reichsitalien hinzunehmen hatte. Das war die Wende, denn fortan ließ sich Friedrich zu einer Verständigung mit Alexander III. drängen, die nach komplizierten Verhandlungen im August 1177 in den Frieden von Venedig mündete. Dessen Kern war die Bereinigung des Verhältnisses von Kaiser und Papst durch Aufgabe des Schismas, während mit den Lombarden nur ein sechsjähriger, mit Sizilien ein fünfzehnjähriger Waffenstillstand vereinbart wurde.

Auf dem Wege über Burgund, wo er im Juli 1178 in Arles eine gesonderte Königskrönung empfing, kehrte der Kaiser nach Deutsch-

Abb. 10: Kaiser Friedrich I. Barbarossa mit seinen Söhnen Heinrich und Friedrich (Miniatur, um 1180)

land zurück und vollzog alsbald einen schwerwiegenden innenpolitischen Kurswechsel. Er beendete das seit seiner Königswahl bestehende Einvernehmen mit Heinrich dem Löwen, dem mit Abstand Mächtigsten unter den Großen des Reiches, weil dessen zahlreichen Gegnern im sächsischen Adel, deren Klagen Barbarossa bis dahin ignoriert hatte, nun wichtige weitere Reichsfürsten wie zumal Erzbischof Philipp von Köln (1167–1191) zur Seite traten und auf sein Einschreiten gegen den vielfachen Landfriedensbruch des Welfen drängten. In mehreren Etappen, bei denen sich der Doppelherzog durch Fernbleiben der Mißachtung der kaiserlichen Majestät schuldig machte, verlief der von seinen Widersachern dominierte Prozeß, der 1179 in Magdeburg zu Heinrichs Ächtung und 1180 in Würzburg zur Aberkennung seiner beiden Herzogtümer und sonstigen Reichslehen führte. Bayern wurde im Laufe des Jahres an den Wittelsbacher Otto (Herzog 1180–1183), Sachsen teils an Erzbischof Philipp von Köln, teils an den Askanier Bernhard von Anhalt (Herzog 1180–1212) vergeben, die bei der militärischen Vollstreckung des Urteils aktiv vom Kaiser unterstützt wurden. Nachdem das Reichsheer über Braunschweig hinaus bis nach Lübeck vorgedrungen war und dort auch dänische Unterstützung gefunden hatte, gab sich der Löwe geschlagen und unterwarf sich im November 1181 auf dem Hoftag von Erfurt dem kaiserlichen Vetter, der ihn ins anglonormannische Reich seines Schwiegervaters, König Heinrichs II. von England, verbannte. Der klare Sieg der Zentralgewalt war indes eher vordergründig, gehörte doch die politische Zukunft der fürstlichen Territorialbildung, womit Heinrich der Löwe gewissermaßen seiner Zeit voraus gewesen war.

Nach der Bewältigung dieses Konflikts, des einzigen von solcher Größenordnung, den Friedrich während der Jahrzehnte seiner Herrschaft in Deutschland zu bestehen hatte, und nach dem «glänzenden, im ganzen römischen Erdkreis berühmten» Mainzer Hoffest an Pfingsten 1184, das Besucher «nicht nur aus dem Römerreich, sondern aus vielen anderen Reichen» gesehen hatte[29], zog es den Kaiser bald wieder nach Oberitalien. Dort konnte er im Herbst 1184 ohne Heer erscheinen, nachdem im Vorjahr der in Venedig vertagte Frieden mit den Lombarden zustande gekommen war. Darin hatte Barbarossa ihren Bund anerkannt, den Kommunen die freie Wahl ihrer Konsuln sowie die (einst in Roncaglia für sich reklamierten) Regalien innerhalb der Mauern zugestanden und sich neben dem Treueid der Bürger und dem Recht auf Investitur ihrer Konsuln vor allem sofortige und künftige Geldzahlungen ausbedungen, was dem Wandel der politischen Instrumente im 12. Jh. Rechnung trug. Der Rückzug auf eine Art Oberhoheit, vergleichbar dem Verhältnis zu den hohen Reichsfürsten in Deutschland, ermöglichte dem Kaiser einen ehrerbietigen Empfang ausgerechnet in Mailand, bevor er zu einem mehrwöchigen Treffen mit Papst Lucius III. (1181–1185) nach Verona weiterzog. Während man dort keine Einigung über eine Kaiserkrönung Heinrichs VI. bei Lebzeiten des Vaters erzielte und fruchtlos über die Mathildischen Güter beraten wurde, bahnte sich in geheimen Verhandlungen, vielleicht sogar vermittelt durch den Papst, eine Überwindung der alten Feindschaft zwischen dem Imperium und dem sizilischen Normannenreich an, was seinen Ausdruck in der Ende 1184 publik gewordenen Verlobung des Kaisersohns mit Konstanze, der Tante König Wilhelms II. von Sizilien, fand. Bei der Hochzeit, die im Januar 1186 in Mailand gefeiert wurde, war kaum vorauszusehen, daß die Braut schon drei Jahre später zur Erbin des Königreichs Sizilien werden und damit der Italienpolitik ihres Gatten eine völlig neue Ausrichtung geben würde. Näher lagen neue Spannungen mit der Kurie, bedingt durch staufisches Beharren auf Reichsrechten in Mittelitalien, dem sich Urban III. (1185–1187) energisch widersetzte. Als Heinrich VI. daraufhin den Kirchenstaat zum größten Teil besetzte, soll der fern von Rom in Verona festsitzende Papst sogar eine neue Exkommunikation des Kaisers erwogen haben, wozu es jedoch vor seinem Tod am 20. Oktober 1187 nicht mehr kam. Die Neuwahl stand bereits ganz im Zeichen der erschütternden Nachrichten aus dem Heiligen Land, die den Dritten Kreuzzug auslösten. Gregor VIII. und sein Nachfolger Clemens III. (1187–1191), der im Februar 1188 in Rom einziehen konnte, legten größten Wert auf die Beteiligung des Kaisers und begruben allen Streit.

1189 einigte man sich auf die Räumung des Kirchenstaats und die baldige Krönung Heinrichs VI.

Heinrich VI.

Als Vertreter des Vaters, der nach Jerusalem aufbrach, begann Heinrich VI. im Mai 1189 seine Regierung in Deutschland, woraus nach Jahresfrist ein alleiniges Königtum wurde, als die Nachricht von Friedrichs Tod eintraf. Für einen baldigen Zug nach Italien hatte Heinrich neben der Kaiserkrönung ein starkes zusätzliches Motiv, seitdem seiner Gattin Konstanze durch den frühen Tod des kinderlos gebliebenen sizilischen Königs Wilhelm II. (18. November 1189) unverhofft die Anwartschaft auf das Normannenreich zugefallen war und gegnerische Hofkreise in Palermo mit Billigung des päpstlichen Lehnsherrn den Grafen Tankred von Lecce (1189–1194), einen illegitimen Enkel König Rogers II., auf den Thron gehoben hatten. Bevor es über die Alpen ging, hatte sich Heinrich freilich in Sachsen Heinrichs des Löwen zu erwehren, der unter Bruch seiner Eide aus dem Exil heimgekehrt war und im Sommer 1190 mit dem König ein Arrangement über sein Verbleiben erreichte, das durch die Beteiligung seines ältesten Sohnes Heinrich (von Braunschweig) am für Herbst angesetzten Italienzug abgesichert wurde. In Rom empfing der Staufer zusammen mit Konstanze am 15. April 1191 vom neuen Papst Coelestin III. (1191–1198) die Kaiserkrone, nachdem er sich das Wohlwollen der Römer durch die Preisgabe der kaisertreuen Nachbarstadt Tusculum erkauft hatte. Der wenige Tage später gegen den Willen des Papstes angetretene Feldzug zur Vereinnahmung des Normannenreiches lief sich vor den Mauern von Neapel fest und wurde zum Debakel, als eine sommerliche Seuche ausbrach, die auch den Kaiser befiel, und obendrein Konstanze in die Gefangenschaft der Gegner geriet. Wie 1167 half nur noch ein eiliger Rückzug, schon um zähe Gerüchte zu widerlegen, die Heinrichs Tod besagten. Während Coelestin III. 1192 erleichtert ein neues Konkordat mit König Tankred vereinbarte, sah sich der Kaiser einer rasch um sich greifenden Fürstenopposition gegenüber, die angeblich sogar auf seine Beseitigung abzielte.

In dieser kritischen Lage kamen ihm mehrere glückliche Zufälle zu Hilfe. Konstanze, die zunächst nach Sizilien verbracht worden war, kam bei ihrer Überstellung an den Papst frei und traf Ende 1192 wieder bei ihrem Gatten ein. Gleichzeitig erfuhr man von der Gefangennahme des vom Kreuzzug heimkehrenden Königs Richard von England durch den Herzog von Österreich, den er sich vor Akkon zum Feind gemacht hatte und der ihn nun dem Kaiser auslieferte. Heinrich VI. nutzte die Zwangslage Richards, der ein volles Jahr in seiner Haft blieb, schonungslos aus, um ein horrendes Lösegeld aus England zu erpressen und zudem das (in der Praxis unwirksam gebliebene) Zugeständnis einer Lehnshoheit des Imperiums zu erreichen. Mit gut gefüllter Kriegskasse brach der Kaiser, der sich zuvor noch bei einer persönlichen Begegnung mit Heinrich dem Löwen († 1195) ausgesöhnt hatte, im Mai 1194 zu seinem zweiten Zug in den Süden auf, wobei ihm sehr zustatten kam, daß König Tankred am 20. Februar verstorben war und nur einen minderjährigen Erben hinterließ, der kein ernsthafter Gegner war. So konnte der Staufer diesmal kaum behindert und mit genuesisch-pisanischer Flottenhilfe bis nach Sizilien vordringen, wo er am 20. November bejubelt in Palermo einzog. Nachdem ihm Tankreds Witwe Krone und Schatz des Normannenreiches ausgeliefert hatte, ließ er sich an Weihnachten im Dom von Palermo zum König von Sizilien krönen. Der Erfolg war überwältigend, denn der Gewinn dieses reichen Staatswesens mit dominanter Zentralgewalt mußte das staufische Übergewicht gegenüber den deutschen Fürsten wie auch den anderen europäischen Königen beträchtlich steigern und dabei das Papsttum einer erdrückenden Umklammerung in Italien aussetzen.

Um die neuen Machtverhältnisse zu konsolidieren, setzte Heinrich VI. ein Regiment des Südreiches unter seiner Gattin Konstanze ein, die ihm am 26. Dezember 1194 im mittelitalischen Jesi den ersehnten Thronerben Friedrich Roger, den späteren Kaiser Friedrich II., geboren hatte. Durch die Ankündigung des neuen Kreuzzugs hoffte er Coelestin III. milde zu stimmen, der es nicht billigen konnte, daß sich Heinrich mit Berufung auf das Erbrecht Konstanzes sowie auf alte Reichsrechte zum König von Sizilien gemacht hatte, ohne die Lehnshoheit des Papstes zu respektieren. In Deutschland drängte der Kaiser die wahlberechtigten Fürsten zu dem «neuen und unerhörten Beschluß»[30], das Königtum ebenso wie in Sizilien allein in dynastischer Erbfolge (ohne Wahl) weiterzugeben und damit die Verbindung beider Reiche zukunftsfest zu machen, wofür er die volle Erblichkeit aller Reichslehen auch in weiblicher Linie und notfalls für Seitenverwandte zuzugestehen bereit war. Im April 1196 fand er in Würzburg die mehrheitliche Zustimmung der Großen, doch kam danach keine Einigung mit dem Papst zustande, dessen Konsens wegen der Kaiserkrönung erforderlich war. Daraufhin schlug auch die Stimmung bei den Fürsten um, die sich Weihnachten 1196 in Frankfurt lediglich zur Königswahl des zweijährigen Friedrich bereitfanden. Immerhin schien damit die Kontinuität zumindest für eine weitere Generation gesichert, doch der jähe Tod Heinrichs VI. am 28. September 1197, mit erst 32 Jahren und inmitten der Vorbereitungen zum Kreuzzug, dem das Hinscheiden Konstanzes am 28. November 1198 folgte, überantwortete den kleinen Friedrich einem ungewissen Schicksal und ließ das deutsche und das sizilische Reich vorerst wieder getrennte Wege gehen.

4. Die großen Monarchien Westeuropas

Neben dem alpenübergreifenden römischen Imperium der Salier und Staufer in der Mitte des Kontinents, das als Wahlreich und gebunden an die päpstliche Kaiserkrönung eine alles andere als bruchlose Entwicklung nahm, erstarkten im Westen Europas Königreiche von geringerer Ausdehnung und größerer innerer Geschlossenheit, in denen sich die monarchische Zentralgewalt dank dynastischer Kontinuität, nicht ohne Rückschläge, zunehmend zur Geltung brachte und auch die Beziehungen zum räumlich entfernteren Papsttum nicht von derselben Brisanz waren. In England führte die normannische Eroberung von 1066 zu einer festen Bindung an die französische Heimat der Könige, die im Verbund mit einem neu formierten Adel ein straffes Regiment errichteten und mit der Zeit auch auf Wales, Schottland und Irland einwirkten. In Frankreich vermochten die langlebigen Herrscher aus dem Hause der Kapetinger zumindest in der nördlichen Hälfte ihre Macht stetig auszubauen und sich langfristig auch gegen die zu englischen Königen gewordenen Großvasallen der Normandie und des Anjou zu behaupten. Auf der Iberischen Halbinsel schließlich erlangten die christlichen Reiche mit Unterstützung von jenseits der Pyrenäen das Übergewicht gegenüber al-Andalus, was vor allem dem Königreich Kastilien-León zugutekam, dessen Herrscher sich zeitweilig sogar einen Kaisertitel zulegten.

Das anglonormannische Reich bis 1135

Obwohl Wilhelm I. (der Eroberer, 1066–1087), der in Hastings siegreiche Herzog der Normandie, großen Wert darauf legte, als legitimer Nachfolger der angelsächsischen Könige aufzutreten, und an Weihnachten 1066 seine Krönung in Westminster am Grabe Eduards des Bekenners empfing, war sein Aufstieg zum «König der Angeln und Herzog der Normannen»[31] doch eine feindliche Okkupation, die das Inselreich tiefgreifend verändert hat (bis hin zur Entwicklung der englischen Sprache, die viel Französisches aufnahm). Der neue Herrscher, noch lange herausgefordert durch regionale Aufstände und mehrfach bedroht von Invasionsversuchen aus Skandinavien, erhob hohe Steuern, zog den Besitz der in Hastings Gefallenen ein und ersetzte als oberster Lehnsherr die überlebenden Großen durch normannische und nordfranzösische Adlige, die das Land mit einer Vielzahl von Burgen überzogen. Auch die angelsächsische Kirche wandelte ihr Gesicht, da binnen weniger Jahre alle Bischofssitze mit Geistlichen kontinentaler Herkunft besetzt wurden, an ihrer Spitze Erzbischof Lanfranc von Canterbury (1070–1089), ein gebürtiger Italiener und zuletzt Abt des Klosters Le Bec in der Normandie, der auch als päpstlicher Legat fungierte und in engem Kontakt zu Gregor VII. die Kirchenreform vorantrieb. Bei der Durchsetzung seiner Herrschaft stützte sich Wilhelm auf die angestammte Normandie, wo er weiterhin als herzoglicher Vasall des Königs von Frankreich regierte. Er hielt sich dort jahrelang auf und scheute im Ringen um die räumliche Ausdehnung seiner Macht nicht den Konflikt mit Philipp I. Auf einem dieser Feldzüge befiel ihn die tödliche Krankheit, der er am 9. September 1087 in Rouen erlegen ist, nachdem er im Vorjahr als stolze Bilanz seiner Regierung in England das im damaligen Europa einzigartige Domesday Book hatte anlegen lassen, eine nach Grafschaften gegliederte Landesbeschreibung, «so sorgfältig, daß es nicht eine einzige Hufe Land gab, von der er nicht wußte, wer sie hielt und wieviel sie wert war»[32].

Wilhelms letzter Wille, seinem ältesten Sohn Robert (Kurzhose), der mit dem französischen Hof paktiert hatte, zwar das Herzogtum Normandie zu vermachen, aber die Krone Englands an den zweiten Sohn Wilhelm II. (Rufus, 1087–1100) weiterzugeben, wurde zur Wurzel schwerer Zerwürfnisse, weil normannische Barone in England zugunsten Roberts rebellierten, wohingegen Wilhelm seit 1090/91 auf dem Festland eingriff, um sich der Normandie zu bemächtigen. Als Robert 1096 zum Kreuzzug aufbrach, verpfändete er das Herzogtum an den Bruder, der die Regierung übernahm, ohne den Herzogstitel zu führen. Kurz bevor Robert aus dem Orient heimkehrte, kam Wilhelm II. im August 1100 bei einem mysteriösen Jagdunfall ums Leben, was dem jüngsten Sohn des Eroberers, Heinrich I. (1100–1135), die Gelegenheit verschaffte, durch eine eilige Krönung das englische Königtum an sich zu reißen. Robert konnte zwar sein Herzogtum wieder in Besitz nehmen, aber in England, wo er 1101 an Land ging, den Bruder nicht mehr verdrängen. Im Gegenzug setzte Heinrich mehrfach in die Normandie über und errang 1106 den entscheidenden Sieg über Robert, der die restlichen 28 Jahre seines Lebens als Gefangener auf englischen Burgen zubringen mußte. Die Wiedervereinigung des Doppelreichs, die ganz im Interesse der beiderseits des Kanals begüterten Führungsschicht lag, sollte ein volles Jahrhundert Bestand haben, auch wenn sie erst 1119 vom französischen König durch förmliche Belehnung anerkannt wurde.

Zu Beginn seiner Herrschaft hatte sich Heinrich I. von dem als willkürlich empfundenen Regiment seines Bruders Wilhelm abgegrenzt durch eine erstmalige Krönungscarta, worin er den Großen schriftlich zusicherte, die Gesetze Eduards des Bekenners sowie seines Vaters Wilhelm zu achten, die Erblichkeit der Lehen zu respektieren und die Freiheit der Kirche wiederherzustellen[33], was konkret bedeutete, daß er Erzbischof Anselm von Canterbury (1093–1109), einen bedeutenden Theologen aus Le Bec, zurückrief, der vor Jahren im Streit um Wilhelms Kirchenpolitik außer Landes gegangen war. Doch blieben neue Spannungen nicht aus, bedingt durch Anselms Beharren auf dem päpstlichen Investiturverbot und Heinrichs Forderung nach einem Lehnseid der englischen Bischöfe. Nach abermaligem Exil des Erzbischofs wurde im Londoner Konkordat von 1107 eine Lösung vereinbart, die dem König bei Verzicht auf die förmliche Investitur auch weiterhin maßgeblichen Einfluß auf die Besetzung der hohen Kirchenämter zubilligte. Der beständige Antagonismus zum französischen König, dem Lehnsherrn der Normandie, brach sich mehrfach in offenen Konflikten Bahn und legte Heinrich eine Annäherung an das Imperium nahe, die in der Verlobung und Verheiratung seiner Tochter Mathilde mit Kaiser Heinrich V. (1110/14) prestigeträchtigen Ausdruck fand und 1124 im gescheiterten gemeinsamen Feldzug gegen Ludwig VI. endete. Auf Mathilde, die Kaiserin, setzte Heinrich I. seine ganze Hoffnung, nachdem er den einzigen legitimen Sohn 1120 durch ein Schiffsunglück im Kanal verloren hatte. 1125 kehrte die kinderlose Witwe an den väterlichen Hof zurück und wurde von einer Reichsversammlung als Thronerbin anerkannt, obwohl weder die normannische noch die angelsächsische Tradition eine regierende Königin kannte. 1128 ging Mathilde eine neue Ehe mit dem viel jüngeren Grafen Gottfried (Plantagenet) von Anjou († 1151) ein, der ebenso wie sie selbst in England eher als Fremdling galt und einen dynastischen Rivalen in dem gleichfalls ganz französischen Grafen Stephan von Blois hatte, einem weiteren Enkel des Eroberers in weiblicher Linie. Die Zukunft war offen, als Heinrich I. am 1. Dezember 1135 während eines neuen Feldzugs in Frankreich starb.

Frankreich unter Philipp I. und Ludwig VI.

Im Gegensatz zum straff regierten anglonormannischen Reich war das frühkapetingische Frankreich ein Staat der großen Lehnsfürstentümer (Flandern, Normandie, Bretagne, Anjou, Aquitanien, Toulouse, Barcelona, Burgund, Blois-Champagne), die dem Königtum an realer Macht gleichkamen oder nur wenig nachstanden. Die in karolingischer Tradition gewählten und gesalbten Träger der Krone, denen niemand ihren Rang streitig machte, geboten unmittelbar nur über ihre Domäne im zentralen Norden (zwischen Loire, Maas und Oise rund um Paris) und verfügten allenfalls über ein Drittel der Bischofssitze, die im übrigen in Händen des Laienadels waren. An der Reichweite ihrer Reisewege, am Besuch ihrer Hoftage, an der Beteiligung bei Königswahlen wie auch an der Wirksamkeit des Hofgerichts wird der große Abstand deutlich, der im 11. Jh. zur Zentralgewalt in Deutschland und England bestand.

Philipp I. (1060–1108), der mit acht Jahren dem Vater Heinrich I. folgte, nachdem er im Vorjahr zum Thronerben erkoren und gekrönt worden war, hatte es während seiner Minderjährigkeit hinzunehmen, daß sein Vasall, Herzog Wilhelm von der Normandie, 1066 erfolgreich nach der Krone Englands griff und ihm damit vollends über den Kopf wuchs. Als selbständiger Herrscher (ab 1067) vermochte Philipp die Krondomäne an einigen Stellen zu arrondieren, mußte sich aber im Verhältnis zu Wilhelm darauf beschränken, dessen Offensiven in Richtung auf Maine und die Bretagne einzudämmen und durch Unterstützung des zeitweilig aufbegehrenden Sohnes Robert Kurzhose Zwist auf der Gegenseite zu schüren. Der kirchlichen Reformbewegung stand er wie schon sein Vater distanziert gegenüber, wußte aber trotz scharfer Rügen und Drohungen Papst Gregors VII. wegen seines unkanonischen Verhaltens den Streit nicht so fundamental wie mit Heinrich IV. werden zu lassen. Daß zuerst auf französischem Boden das allgemeine Investiturverbot verkündet wurde (1077/78) und römische Legaten vor allem im Süden Frankreichs, der ohnehin seinem Einfluß entzogen war, energisch in die kirchlichen Zustände eingriffen und bei der Absetzung von Bischöfen auch den Erzbischof von Reims nicht schonten, schien ihn wenig zu berühren. Gravierender war erst der Konflikt, den Philipp 1092 heraufbeschwor, als er seine Gemahlin Bertha nach 20 Ehejahren verstieß und sich stattdessen mit Bertrada, der Gattin des Grafen Fulco (IV.) von Anjou, verband, die ihm ein willfähriger Bischof antraute. Das zog seine Exkommunikation nach sich, im Auftrag Urbans II. 1094 ausgesprochen von einer Synode in Autun, und hatte zur Folge, daß ihm der Papst bei seiner Frankreichreise 1095/96 aus dem Weg ging und er (ebenso wie der gebannte salische Kaiser) dem anschließenden Kreuzzug fernblieb, obgleich das Unternehmen ganz überwiegend von französischen Rittern getragen war.

Wohl schon unter dem Einfluß des Thronfolgers Ludwig, der seit 1101 an der Regierung beteiligt war, kam es 1104 auf einer Synode in Paris zur Einigung, da sich Philipp und Bertrada unter Eid zur Trennung bereit erklärten und absolviert wurden. Zugleich fand man für das inzwischen auch in Frankreich akut gewordene Investiturproblem eine Lösung, der Bischof Ivo von Chartres (1090–1115/16) gedanklich vorgearbeitet hatte. Ohne förmliches Konkordat gab der König die Symbolhandlung auf und sicherte sich dafür eine bloße Einweisung in das Kirchengut sowie den Treueid der künftigen Bischöfe. Auf dieser Basis konnte Paschalis II., der 1106/07 nach Frankreich kam, bei der feierlichen Begegnung mit König Philipp und dessen Sohn in Saint-Denis das grundsätzliche Einvernehmen hervorkehren und, als gleich darauf ein ähnlicher Ausgleich mit dem Salier Heinrich V. nicht zustandekam, nach den zugespitzten Worten des späteren Abtes Suger von Saint-Denis «erfüllt von Liebe zu den Franzosen … und von Furcht und Haß auf die Deutschen» nach Rom zurückkehren[34].

Tatsächlich wurde ein gutes Verhältnis zum Papsttum zur Leitlinie aller nachfolgenden Kapetinger, die als Schutzmacht des Apostolischen Stuhles unter veränderten Voraussetzungen, vor allem ohne den Anspruch auf ein Besetzungsrecht, an die Stelle der ottonisch-frühsalischen Kaiser traten. Ludwig VI. (1108–1137) hat nach Paschalis II. auch 1119 Calixt II., den Onkel seiner Gattin Adelaide, und 1131 Innocenz II. bei sich empfangen und wirksam unterstützt. Im internen Machtkampf vermochte er nach dem Tod des Vaters 1108 durch eine hastige Krönung in Orléans einen von Bertrada geborenen Halbbruder zu überspielen und anschließend die Krondomäne durch bewaffnetes Einschreiten gegen lokale Gebieter ebenso wie durch administrative Reformen weiter zu festigen. Daß er nicht nur mit wechselndem Erfolg gegen Heinrich I. von England zu Felde zog, sondern auch Vorstöße in die Auvergne und nach Flandern wagte, erscheint im Rückblick als der Beginn des langen Weges zu einer landesweiten Wirksamkeit der französischen Monarchie, die sich erstmals auch im kräftigen Echo auf den (gescheiterten) Angriff Kaiser Heinrichs V. im Jahr 1124 abzeichnete. Vorsorge für die eigene Nachfolge traf Ludwig, indem er zwölf Tage nach dem frühen Tod des bereits gekrönten ältesten Sohnes Philipp den zweitgeborenen Ludwig 1131 von Innocenz II. in Reims zum König weihen ließ. Glänzende Aussichten schienen sich zu eröffnen, als der Thronfolger 1137 Eleonore, die Erbtochter des im Mannesstamm soeben ausgestorbenen Herzogsgeschlechts von Aquitanien, ehelichen konnte, kurz bevor Ludwig VI. am 1. August 1137 dahinschied.

Anjou-Plantagenets und Kapetinger I: Heinrich II. und Ludwig VII.

Vieles deutete auf eine Umkehr der Machtverhältnisse in Westeuropa hin, als Heinrich I. von England Ende 1135 ohne einvernehmlich geregelte Nachfolge starb, aber 20 Monate später Ludwig VI. von Frankreich seine Herrschaft einem gekrönten Erben hinterließ, der soeben die Krondomäne durch den friedlichen Erwerb des Südwestens (Poitou, Limousin, Auvergne, Gascogne) mehr als verdoppelt hatte. Das anglonormannische Reich wurde durch einen jahrelangen Thronstreit erschüttert, die später so genannte «Anarchie», die damit begann, daß Stephan (1135–1154), Graf von Blois und Heinrichs Neffe, schneller als andere nach England übersetzte und zu Weihnachten 1135 mit erkennbarer Unterstützung der Bürger Londons seine Krönung in Westminster erreichte. Nach anfänglichen Erfolgen weckte er bald manche Unzufriedenheit, so daß die Kaiserin Mathilde, Heinrichs Tochter und Stephans Cousine, 1139 ihre Stunde gekommen sah und im Westen Englands landete, um einen schon zuvor ausgebrochenen Aufstand Graf Roberts von Gloucester († 1147), eines illegitimen Sohnes Heinrichs I., zu unterstützen. 1141 schien der Kampf gewonnen, als König Stephan in die Hände seiner Widersacher fiel und Mathilde sich nicht ausdrücklich zur Königin, aber zur «Herrin Englands und der Normandie» proklamieren ließ[35], doch mißlang die Einnahme von London, und als Robert in die Gefangenschaft der Gegner fiel, mußte Stephan freigelassen werden, um ihn auszulösen. In weiteren Kämpfen gewann der König allmählich wieder die Oberhand, weshalb Mathilde 1148 die Insel verließ. Inzwischen hatte ihr Gatte Gottfried von Anjou sich bis 1144 der Normandie bemächtigt und das Herzogtum vom französischen König zu Lehen genommen, um es 1150 an den heranwachsenden Sohn Heinrich weiterzugeben.

Auf der Gegenseite konnte Ludwig VII. aus seiner gesteigerten Position als «König der Franken und Herzog der Aquitanier»[36] nicht dauerhaft Kapital schlagen. Angeblich unter dem Einfluß der Gattin Eleonore verstrickte er sich in verschiedene regionale Konflikte und erregte verbreitetes Entsetzen, als bei der Erstürmung der Stadt Vitry durch seine Truppen mehr als 1000 Menschen in einer brennenden Kirche umkamen, wo sie Schutz gesucht hatten. So erscheint sein schon 1145 gefaßter Entschluß zur Teilnahme am Zweiten Kreuzzug wie eine Flucht aus der verfahrenen inneren Lage, doch wurde daraus nicht bloß ein militärisches Debakel, sondern auch ein persönliches, weil die mitgereiste Königin Eleonore durch Eskapaden am Hof von Antiochia Zweifel an ihrer ehelichen Treue aufkommen ließ und ihr Verhalten zu den moralischen Gründen für das Scheitern des ganzen Unternehmens gerechnet werden konnte. Das Zerwürfnis des Königspaares war nach der Heimkehr trotz aller Bemühungen Abt Sugers, Ludwigs wichtigstem Berater, nicht mehr zu heilen. Ein Jahr nach dessen Tod (1151) verkündete der König auf einer Reichsversammlung die Scheidung, formell wegen zu naher Verwandtschaft, tatsächlich wegen gegenseitiger Entfremdung und auch des Ausbleibens von männlichem Nachwuchs. Die verstoßene Eleonore verließ den Königshof, kehrte nach Aquitanien zurück, wo sie als Herrscherin anerkannt blieb, und brauchte nur zwei Monate, um sich und ihr riesiges Erbe in eine neue Ehe mit Ludwigs ärgstem Feind einzubringen, dem um zehn Jahre jüngeren Heinrich (Plantagenet), Mathildes Sohn und bald schon König von England, den sie an Pfingsten 1152 heiratete.

Heinrich II. (1154–1189) erschien 1153 in England und brauchte um seinen Thronanspruch nicht lange zu kämpfen, denn nach dem plötzlichen Tod des eigenen ältesten Sohnes war König Stephan zum Ausgleich bereit. Er adoptierte den Rivalen, so daß dieser ihm reibungslos nachfolgen konnte, als er bereits am 25. Oktober 1154 in Dover starb. Als englischer König, Herzog der Normandie, Graf von Anjou (mit Maine und Touraine) sowie Herzog von Aquitanien begründete Heinrich ein angevinisches Reich von der schottischen Grenze bis zu den Pyrenäen, dessen Zentrum die Normandie bildete. Seine Herrschaft fußte als Personalunion auf ganz verschiedenen Rechtstiteln, war aber insgesamt der kapetingischen Monarchie in Frankreich, die sie von drei Seiten umklammerte, weit überlegen. Auf der Insel verfolgte der König das Ziel, nach dem langen Thronstreit die Kronrechte aus der Zeit Heinrichs I. wiederherzustellen und weiter zu forcieren, indem er seinen Hof zur zentralen Finanzbehörde (Exchequer) und zur obersten Gerichtsinstanz, jeweils mit dienstbaren Helfern im Lande, fortentwickelte, zahlreiche Adelsburgen niederlegen ließ und die Heerfolgepflicht aller Vasallen in eine regelmäßig fließende Abgabe umwandelte, die ihm die Gewinnung von Söldnern ermöglichte. Den schottischen König Malcolm IV. (1153–1165) zwang er 1157 ebenso zur Huldigung wie die Mehrzahl der walisischen Fürsten, bevor er 1169 die langwierige Unterwerfung Irlands begann. Gleichwohl galt Heinrichs stärkeres Interesse dem Kontinent, wo er sich länger als in England aufgehalten hat, um seine heterogenen Herrschaftsbereiche auf französischem Boden zu festigen und womöglich auszubauen. Sein Gegenspieler Ludwig VII., der in seiner Krondomäne gleichfalls einen auf Dienstleute gestützten Machtapparat aufbaute und sich weiter auf den Kronepiskopat sowie sein gutes Verhältnis zum Papsttum verlassen konnte, hatte es unvermindert mit den selbstbewußten Lehnsfürsten in Flandern, Champagne, Burgund und Toulouse zu tun und vermochte daher dem Vordringen Heinrichs II., seines übermächtigen Vasallen, kaum etwas entgegenzusetzen. Der Plantagenet sicherte sich die vom königlichen Frankreich abgeschnittene Bretagne, indem er erst die Verlobung seines noch unmündigen Sohnes Gottfried mit der Erbtochter des Herzogtums betrieb und dann deren Vater zur Abdankung nötigte. Die Grafschaft Vexin vereinnahmte er als Mitgift einer Tochter König Ludwigs für eine erst geplante Ehe mit seinem Sohn Heinrich, und auch in der Grafschaft Toulouse setzte er durch, als Lehnsherr an die Stelle des Königs zu treten. Ludwig VII. blieb die Genugtuung, daß ihm 1165 nach 28 Herrscherjahren und in dritter Ehe endlich ein Stammhalter geboren wurde, der spätere König Philipp II. (August).

Zum Wendepunkt in der Erfolgsgeschichte Heinrichs II. wurde der Konflikt mit Erzbischof Thomas (Becket) von Canterbury (1162–1170), seinem früheren Kanzler aus dem Londoner Bürgertum, den er selbst an die Spitze der englischen Kirche gestellt hatte. Über den Bestrebungen des Königs, zu den «alten Gewohnheiten» der Zeit Heinrichs I. auch im Verhältnis zum Klerus zurückzukehren und zumal die königliche Gerichtsbarkeit der geistlichen überzuordnen, wie es die Konstitutionen von Clarendon (1164) vorsahen[37], kam es zum offenen Bruch mit dem Erzbischof, der keineswegs den gesamten Episkopat auf seiner Seite hatte und vor einer Anklage wegen Hochverrats zu Papst Alexander III. nach Frankreich flüchtete. Als er nach sechsjährigem Exil und schwierigen Verhandlungen Ende 1170 nach Canterbury zurückgekehrt war, vergingen nur wenige Wochen, bis er in seinem Dom von vier Rittern ermordet wurde, die jedenfalls meinten, damit einem ausdrücklichen Wunsch ihres Königs zu entsprechen. Die Bluttat, die Heinrich II. als den Täter im moralischen Sinne erscheinen ließ, fand in ganz Europa ein schrilles Echo, machte aus Thomas, der zu Lebzeiten durchaus nicht unumstritten gewesen war, einen evidenten Märtyrer, der bereits 1173 heiliggesprochen wurde, und legte dem König nahe, sich für mehr als ein Jahr zu einem Kriegszug in Irland zu absentieren. 1172 räumte er vor zwei päpstlichen Legaten in der Normandie seine indirekte Mitschuld ein und rückte verbal von den Konstitutionen von Clarendon ab, um die Versöhnung mit der Kirche zu erlangen, doch blieb seine Autorität seither angeschlagen.

Zu schaffen machten ihm Rivalitäten unter den Söhnen um ihre Erbteile, geschürt von seiner in Poitiers residierenden Gattin Eleonore, die 1173 erstmals zum Ausbruch kamen. Sie gaben dem König von Frankreich willkommene Gelegenheit zur Einmischung, wodurch sich bald die Brüchigkeit des angevinischen Riesenreiches enthüllte. So trieben die Pläne zur Ausstattung des jüngsten, erst 1167 geborenen Sohnes Johann (Ohneland) den ältesten, bereits 1170 zum König erhobenen Heinrich den Jüngeren samt seinem Bruder Richard (Löwenherz) zur Rebellion, in deren Verlauf er gemeinsam mit König Ludwig VII. die Normandie angriff. Heinrich II. konnte die Krise in schweren Kämpfen beiderseits des Kanals meistern und sich 1174 mit seinen Söhnen arrangieren, wobei die Königin Eleonore für lange Jahre in Haft genommen wurde. Doch nur in England blieb die Lage stabil, während in Frankreich mit König Philipp II. (August, 1180–1223), der dem Vater erstmals ohne förmliche Wahl gefolgt war, ein neuer Gegenspieler erstand, der den Zwist unter den Plantagenets konsequent als Hebel zum eigenen Machtgewinn nutzte. So starb der englische Thronfolger Heinrich 1183 inmitten seines Aufruhrs, der sich mit kapetingischer Hilfe gegen die Ambitionen der anderen Brüder richtete, und Gottfried, der Herzog der Bretagne, kam 1186 als Philipps Gast bei einem Turnier in Paris zu Tode. Aber auch mit den verbleibenden Söhnen Richard und Johann fand der Vater kein Einvernehmen, was am Vorabend des Dritten Kreuzzugs zu einer allgemeinen Abkehr der Barone im französischen Westen führte und Heinrich II. am Ende seiner fünfunddreißigjährigen, lange siegreich verlaufenen Regierung zur Aufgabe zwang. Er unterwarf sich Anfang Juli 1189 allen Forderungen des französischen Lehnsherrn und starb nur

Tage später in Chinon, für kritische Zeitgenossen als ein Exempel dafür, daß Hochmut mit dem Fall bestraft wird[38].

Anjou-Plantagenets und Kapetinger II: Der Sieg Philipp Augusts
In England war der Erbgedanke so stark, daß Richard I. (Löwenherz, 1189–1199) völlig unbestritten nicht bloß die Nachfolge im Festlandsbesitz seiner Vorfahren antreten, sondern auch auf die Insel kommen konnte, um die dortige Krone zu empfangen, obgleich er des Englischen nicht mächtig war und seit Jahren den Vater Heinrich II. im Bunde mit dessen Widersacher Philipp August bekämpft hatte. Die neue Konstellation erlaubte dem französischen und dem englischen König die gleichzeitige Abwesenheit zur Teilnahme am Dritten Kreuzzug, doch brach schon in dessen Verlauf der gewissermaßen natürliche Antagonismus wieder hervor, so daß beide aus Akkon im Unfrieden voneinander schieden. Als Richard auf dem Rückweg zum Gefangenen des Herzogs von Österreich und dann Kaiser Heinrichs VI. wurde, setzte Philipp alles daran, die Haft seines Gegners zu verlängern und ihn möglichst selbst in die Hand zu bekommen. Das gelang nicht, weil der Staufer den Plantagenet zu seinem eigenen Vasallen machte, doch brachte Philipp nun Richards bei der Thronfolge übergangenen Bruder Johann ins Spiel, der ihm huldigte und als genehmer Lehnsmann an dessen Stelle treten sollte. Richard setzte sich, nach England heimgekehrt und zur Befestigung seiner Autorität neu gekrönt, entschlossen zur Wehr und kämpfte in den folgenden Jahren mit beachtlichem Erfolg auf dem Festland, bis Papst Innocenz III. Anfang 1199 einen Waffenstillstand durchsetzte. Bald danach kam er am 6. April 1199 infolge einer Verwundung zu Tode, die er bei der Belagerung eines widerständigen Vasallen im Limousin erlitten hatte.

Da Richard kinderlos geblieben war, wurde der Weg frei für Johann (Ohneland, 1199–1216), der nach England übersetzte und mit dem Königtum auch den Gegensatz zu seinem bisherigen Förderer Philipp August erbte. Der Kapetinger blieb auf die Zerschlagung des angevinischen Reiches bedacht und setzte nun auf Johanns Neffen Arthur, den Sohn Gottfrieds von der Bretagne, der an seinem Hof in Paris lebte. Er wurde mit Anjou, Maine und der Touraine belehnt und fand die Unterstützung der meisten Barone des französischen Westens. Johann ging in die Offensive, nahm Arthur gefangen und erzwang 1200 seine eigene Aufnahme unter die Kronvasallen. Doch damit gab er Philipp die Handhabe, mit den Mitteln der Lehnsgerichtsbarkeit gegen ihn einzuschreiten, sobald sich Kläger aus dem Kreis der übrigen Vasallen fanden. Da sich der englische König dem Verfahren entzog (ähnlich wie sein Schwager Heinrich der Löwe 1179/80), erging 1202 ein Versäumnisurteil, das ihm seine gesamten französischen Lehen aberkannte. Die anschließende militärische Durchsetzung des Urteils führte überraschend schnell zum Zusammenbruch von Johanns Macht. Er mußte sich Ende 1203, von den kontinentalen Baronen im Stich gelassen, nach England zurückziehen und konnte erst zum Gegenschlag ausholen, als sich Philipp bereits die Normandie und Anjou gesichert hatte (1204/05). 1206 griff Johann an der französischen Westküste an und erreichte einen Waffenstillstand, der ihm die Hoheit über Aquitanien beließ, während er auf alles Land nördlich der Loire zu verzichten hatte. Diese Entscheidung überwand nicht den englisch-französischen Gegensatz, der noch das gesamte Spätmittelalter durchzog, verwies die englischen Herrscher aber erstmals seit 1066 auf das Inselreich als ihr primäres Feld der Bewährung.

Der Durchbruch der Reconquista in Spanien

Jenseits der Pyrenäen trat seit der Mitte des 11. Jhs. die südwärts gerichtete Expansion der christlichen Reiche in ihre intensivste Phase und erbrachte bis zum frühen 13. Jh. ein deutliches Übergewicht gegenüber al-Andalus, das nicht ohne Gegenwehr bis auf das südliche Viertel der Iberischen Halbinsel zurückgedrängt wurde. In seiner langfristigen Folgerichtigkeit erscheint dieser tatsächlich höchst komplexe Vorgang als Höhepunkt einer Entwicklung, die schon im 8. Jh. in Asturien eingesetzt hat, auf die Rückeroberung («Reconquista») des 711 an die Araber verlorenen Gotenreiches abzielte und im 11. Jh. unter dem Eindruck der Kreuzzugsbewegung mehr und mehr Züge eines religiösen Konflikts mit den Muslimen (analog zum Orient) annahm. Das siegreiche Vordringen der Christen war verknüpft mit Siedlungsvorgängen erheblichen Umfangs, führte aber nicht zu einer gesamthaften Reichsbildung nach Art von Frankreich und England, sondern kräftigte das militärisch ausschlaggebende Königtum in den drei bis fünf dynastisch verflochtenen Reichen, deren Abgrenzung und relatives Gewicht sich durch Teilungen und Zusammenschlüsse wiederholt veränderte. Einen Vorrang von Kastilien-León begründete zunächst Ferdinand I. (1035/38–1065), seit 1054 auch Lehnsherr über Navarra, dem es gelang, die vier größten unter den zahlreichen nach dem Zerfall des Kalifats von Córdoba (1031) hervorgetretenen Taifenreichen, nämlich Zaragoza, Toledo, Valencia und Badajoz, gegen Tribute seinem Schutz zu unterstellen. Er stieß selbst im Westen über den Duero bis Coimbra vor (1064), während gleichzeitig im Nordosten die (vorübergehende) Einnahme der maurischen Festung Barbastro durch aragonesische Truppen mit tatkräftiger Unterstützung französischer Ritter und ausdrücklicher Billigung Papst Alexanders II. zum frühen Fanal für künftige Entwicklungen wurde. Unter Ferdinands drei Söhnen, die sich sein Reich zu teilen hatten, tat sich Alfons VI. (1065–1109) hervor, der bis 1072 Kastilien-León samt Galicien in seiner Hand wiedervereinigte. Nach 1076 konnte er sich Navarra mit seinem Vetter, König Sancho I. Ramirez von Aragón (1064–1094), teilen, der 1068 als erster spanischer Herrscher in Rom erschienen war und sich päpstlichen Schutz gesichert hatte. Alfons VI. erzielte seinen eindrucksvollsten Erfolg im Maurenkampf 1085 durch die Einnahme von Toledo, der politischen und kirchlichen Kapitale des einstigen Westgotenreiches, die inzwischen stark arabisiert war und eine große Judengemeinde aufwies. Eben deshalb wurde die Stadt im 12./13. Jh. durch rege Übersetzungstätigkeit zur bedeutenden Mittlerin zwischen den religiösen Kulturen.

Schon im folgenden Jahr wendete sich das Blatt infolge einer neuen Bündelung der Kräfte auf muslimischer Seite. Sie ging aus von den Almoraviden, nomadischen Berbern mit dem Zentrum Marrakesch in Marokko, die einen besonders rigorosen Islam verbreiteten. Auf Hilferufe aus al-Andalus kamen sie 1086 übers Meer, brachten bis 1095 die einzelnen Taifenreiche unter ihre zentrale Kontrolle und unterstellten sie nominell dem Kalifat in Bagdad. Nicht betroffen waren allein die Reiche von Valencia, wo sich der mit Alfons VI. spannungsreich verbundene Heerführer und spätere spanische Nationalheld El Cid († 1099) zeitlebens eine Sonderherrschaft sichern konnte, sowie Zaragoza, das den Almoraviden erst 1110 anheimfiel, aber schon 1118 von Aragón eingenommen wurde. Alfons, nach eigenem Anspruch «Kaiser über alle Völker Spaniens»[39], bezog gleich auf Anhieb 1086 eine vernichtende Niederlage bei Zalaca unweit Badajoz und hatte sich fortan auf hinhaltende Defensive zu konzentrieren, vor allem auf die Behauptung der geschichtsträchtigen Stadt Toledo. Dort wurde Bernhard, ehedem Mönch im französischen Cluny, zum Erzbischof eingesetzt und 1088 von Papst Urban II. mit der kirchlichen Reorganisation der gesamten Halbinsel beauftragt, was jedoch infolge regionaler Divergenzen Stückwerk blieb. Alfons VI., dessen einziger Sohn im Kampf gegen die Almoraviden gefallen war, dachte die Nachfolge seiner Tochter Urraca (1109–1126) zu, die er kurz vor seinem Tode mit König Alfons I. von Aragón (1104–1134) verheiratete. Diese Ehe, die ein weiterer Schritt zur Vereinigung des christlichen Spanien hätte sein können, weckte in Kastilien-León lebhafte Sorgen vor einer Dominanz des Aragonesen, der nun als «Kaiser von ganz Spanien» auftrat[40], und blieb kinderlos. So rückte Alfons VII. (1126–1157), Urracas Sohn aus erster Ehe, in den Vordergrund, seit 1111 gekrönter König des leonesischen Teilreichs Galicien, gegen den sein Vetter Alfons I. Heinrich, Sohn einer illegitimen Tochter Alfons' VI., im Bunde mit dem einheimischen Adel für sich die südlich anschließende Grafschaft Portugal zwischen Minho und Mondego mit dem 1070 wiedererrichteten, 1100 zur Metropole erhobenen Bischofssitz Braga reklamierte. Nach einem militärischen Erfolg der «Separatisten» im Jahre 1128 kam es 1137 bei einem Herrschertreffen auf dem Grenzfluß Minho zur Bekräftigung des Status quo, was Alfons I. Heinrich 1139 nach einem Sieg über die Muslime dazu beflügelte, anscheinend ohne einen Formalakt zum

Königstitel überzugehen. Er konnte nicht ahnen, damit für alle Zukunft einer europäischen Nation den Weg geebnet zu haben.

Alfons VII., der 1135 nach dem Tode des kinderlosen aragonesischen Stiefvaters durch eine förmliche Kaiserkrönung in León auftrumpfte, hatte es hinzunehmen, daß sich Navarra unter dem vom Adel erwählten König García IV. Ramirez (1134–1150) wieder verselbständigte und 1137 die Vereinigung von Aragón mit Katalonien erfolgte, wobei Graf Raimund Berengar IV. von Barcelona (1131–1162) die Führung zufiel. Mit ihm traf Alfons VII. Absprachen über die Aufteilung der Gebietsgewinne aus dem weiteren Maurenkampf, der dadurch erschwert wurde, daß sich gegen die zerfallende Herrschaft der Almoraviden die neue islamische Reformbewegung der Almohaden erhob, die von Marrakesch aus seit 1147 zunächst in Córdoba, Sevilla und Granada Fuß faßte und mit der Zeit, den Druck auf Christen und Juden verschärfend, in ganz al-Andalus zur Macht kam. Nur vorübergehend wirksam war der Impuls durch den Zweiten Kreuzzug, den die christlichen Herrscher Spaniens gegen die Muslime in ihrer Reichweite zu führen gedachten; König Alfons Heinrich von Portugal vermochte ein zur See vorbeiziehendes Heer von deutschen, flandrischen und englischen Kreuzfahrern 1147 zur Einnahme von Lissabon zu bewegen, wo ein Engländer der erste Bischof wurde. Während sich also die Bindung von al-Andalus an Nordafrika noch einmal verstärkte, öffnete sich der christliche Teil der Iberischen Halbinsel im 12. Jh. mehr denn je dem lateinischen Europa jenseits der Pyrenäen. Das kam zum Ausdruck in der Rezeption der römischen Kirchenreform, vorwiegend vermittelt durch französische Geistliche, sowie in der Ausbreitung der Cluniacenser, Zisterzienser, Prämonstratenser und weiterer geistlichen Gemeinschaften einschließlich der Ritterorden, die im Zuge der Reconquista zu einem gewichtigen politisch-militärischen Faktor wurden. Besonders anschaulich zeigen die Ehebündnisse der iberischen Herrscherfamilien, die nicht nur nach Frankreich, England und Deutschland, sondern bis Polen, Sizilien und in den lateinischen Orient reichten, daß Spanien zum festen Bestandteil der christlichen Staatenwelt geworden war.

Da Alfons VII. sein Erbe teilte, erlosch bei seinem Tod (1157) die Fusion von Kastilien und León und mit ihr das Leitbild eines spanischen Kaisertums. Es entstanden (bis 1230) die beiden Reiche Kastilien-Toledo und León-Galicien, die bald in offenen Streit um die Suprematie gerieten. Auch wenn König Ferdinand II. von León (1157–1188) als Vormund des unmündigen Neffen Alfons VIII. von Kastilien (1158–1214) und überdies Schutzherr des ebenfalls noch jungen Alfons II. von Aragón-Barcelona (1162–1196) zeitweilig eine dominante Position erlangte, beharrte doch der jeweilige Adel auf der Eigenständigkeit der Reiche, sobald die Herrscher erwachsen waren. Die konstante Rivalität von Kastilien und León, die wechselnde Bündnisse mit Portugal, Navarra und Aragón eingingen, aber wegen des kirchlichen Verbots von Verwandtenehen kaum noch zu tragfähigen dynastischen Verbindungen gelangten, hemmte nicht bloß ein weiteres Vordringen gegen die Almohaden, sondern verhalf diesen umgekehrt zu neuem offensiven Spielraum und sogar zu Allianzen mit christlichen Mächten, die sich gegen Kastilien (und Aragón) richteten. Erst nach der schweren Niederlage, die Alfons VIII. 1195 bei Alarcos von den Muslimen zugefügt wurde, kam auf päpstliches Drängen und im Geist des wiederbelebten Kreuzzugsgedankens ein mühsam ausgehandeltes breites Bündnis auf christlicher Seite zustande, dem sich am Ende nur Alfons IX. von León (1188–1230) versagte. Mit vereinten Kräften gelang 1212 weit im Süden bei Las Navas de Tolosa ein bis nach Köln beachteter Sieg über die Almohaden[41], der das Tor zu weiterem Eindringen in Andalusien aufstieß. Al-Andalus geriet endgültig ins Hintertreffen, auch wenn die Reconquista erst 1492 vollends ihr Ziel erreichte.

5. Die Europäisierung des Nordens und Ostens

Von Irland bis Rußland spannte sich im 11./12. Jh. in der Nordhälfte Europas ein weiter Bogen von Völkern und Reichen, die sich alle bis gegen 1000 zumindest an der Spitze dem Christentum geöffnet und auch die unterscheidende Option für die lateinische oder die griechische Kirche getroffen hatten. Darüber hinaus aber zeigten sie sowohl untereinander wie auch im Vergleich zum Westen und zur Mitte des Kontinents große Unterschiede im Grad der politischen Organisation, in der Rezeption von Schriftkultur und geistlichen Lebensformen wie auch in den Beziehungen zu den älteren christlichen Mächten bis hinauf zum römischen Papsttum. Ihre hochmittelalterliche Geschichte ist bestimmt von fortschreitender Überwindung der Abstände und schließlich von der Einbindung in den größeren Zusammenhang einer wachsenden Christenheit, was um 1200 noch keineswegs abgeschlossen war und in den einzelnen Großregionen durchaus unterschiedlich vonstatten gegangen ist. Während die (längst schon getauften) keltischen Völker im Nordwesten unter dem Druck der Anglonormannen nur zu begrenzter politischer Entfaltung gelangten und sich die Herrscher im östlichen Vorfeld des Imperiums vor allem im Verhältnis zu den Saliern und Staufern profilierten, nahmen die nordischen Reiche in enger wechselseitiger Verflechtung eine von außen nicht bedrohte autonome Entwicklung. Rußland dagegen erlebte eine fortschreitende Regionalisierung der Macht und entschwand zunehmend den Blicken der Europäer, noch bevor es im 13. Jh. größtenteils den Mongolen/Tataren anheimfiel.

Die keltischen Völker im Bannkreis der Anglonormannen

Der Umbruch von 1066, der England von Skandinavien löste und mit der festländischen Normandie verband, war von richtungsweisender Bedeutung auch für die einst von den Angelsachsen an die Peripherie verdrängten Völker keltischer Sprache, deren Weg nach Europa in aller Regel über England führte. Den gesteigerten Machtanspruch Wilhelms des Eroberers und seiner Söhne bekam unmittelbar das zerklüftete Gebirgsland Wales zu spüren, wo bereits 1063 Harald Godwinson, Wilhelms später in Hastings unterlegener Gegner, den seit Jahrhunderten einzig ernsthaften Versuch eines walisischen Gesamtkönigtums unter Gruffudd ap Llywelyn (1039–1063) zunichte gemacht hatte. Nach der Rückkehr zum normalen Nebeneinander mehrerer rivalisierender Kleinkönige begann Wilhelm, der 1081 bis nach St. David's, dem wichtigsten geistlichen Zentrum der Walliser, vorstieß, mit der Etablierung offensiv ausgerichteter Grenzmarken, die seinen normannischen Gefolgsleuten zur allmählichen Durchdringung des Landes von Osten und Süden her dienen sollten. Entsprechend eingeengt wurde der Spielraum für einheimische Fürsten (nicht mehr Könige) im «reinen Wales»[42], die sich mit den neuen Herren meist dynastisch verbanden und Heinrich I. sowie nach der so genannten Anarchie auch wieder Heinrich II. von England Treueide leisteten. Eine vollständige Unterwerfung ist erst im späten 13. Jh. erfolgt, nachdem fast hundert Jahre lang die nordwestliche Landschaft Gwynedd unter Fürst Llywelyn ab Iorwerth (1195–1240) und dessen Nachfolgern die walisische Identität verkörpert hatte. Den bestimmenden englischen Einfluß macht vor allem der Wandel der kirchlichen Verhältnisse sichtbar, die in Wales bis zum frühen 12. Jh. von keltisch-monastischen Mustern wie in Irland geprägt waren. Seit 1107 wirkten die Erzbischöfe von Canterbury auf eine Einteilung des Landes in vier territoriale Diözesen hin, die in ihren Metropolitanbereich einbezogen wurden. Mehrfache Bemühungen um die Erhebung von St. David's zu einem eigenständigen Erzbistum scheiterten an Canterbury und Rom, so daß sich die kirchliche Integration von Wales in das angevinische Reich zügiger vollzog als die politische. Auf derselben Linie lag es, daß Benediktiner und später Zisterzienser von meist französischen Mutterklöstern aus im Lande Fuß faßten.

In Irland, das bei einer Unzahl von Kleinkönigen immer wieder kurzlebige Versuche zur Hierarchisierung der Macht durch Ober- oder Hochkönige erlebt hatte und seit der Niederlassung norwegischer Wikinger im 9. Jh. auch städtische Handelsplätze an der Ost- und Südküste aufwies, verband sich die Aufnahme kirchlicher Reformpostulate vom Kontinent ebenfalls früh mit steigendem Einfluß von der größeren Nachbarinsel. Seit 1074 empfingen viermal nacheinander die Bischöfe von Dublin, die als erste über einen festen Sprengel verfügten, ihre Weihe vom Erzbischof von Canterbury. Eher als Gegenbewegung ist es aufzufassen, daß spätestens seit 1111 auf irischen Synoden im Kontakt mit Rom über die Errichtung von eigenen Erzbischofssitzen mit Kirchenprovinzen verhandelt wurde. Führend beteiligt an der Überwindung der traditionell die irische Kirche dominierenden Adelsclans mit ihren Hausklöstern war Bischof Malachias von Armagh († 1148), der von einer Romreise 1139 mit einem umfassenden Reformauftrag heimkehrte, die römische Liturgie durchsetzte und eine rasche Ausbreitung der Zisterzienser in Gang brachte. 1152 kam die autonome Entwicklung zum Abschluß, indem erstmals unter dem Vorsitz eines päpstlichen Legaten beschlossen wurde, die Insel in immerhin 36 Diözesen und vier Erzbistümer aufzuteilen. Nur wenige Jahre später (1155?) erlangte der neue englische König Heinrich II. von dem (aus England gebürtigen) Papst Hadrian IV. die Vollmacht zur Unterwerfung Irlands mit dem Ziel, «die Wahrheit des Glaubens unwissenden und unzivilisierten Völkern zu bringen und das Unkraut der Sünden im Acker des Herrn auszurotten»[43]. So jedenfalls ist es in englischen Geschichtswerken zu lesen, die damit das militärische Eingreifen seit 1167/71 rechtfertigten. Die Initiative lag zunächst nicht bei Heinrich II., sondern bei dem im inneren Machtkampf unterlegenen irischen Teilkönig Dermot Mac Murrough († 1171), dem der Plantagenet gestattete, anglonormannische und walisische Söldner für seine Revanche anzuwerben. Manche von ihnen blieben nach dem Erfolg des Unternehmens im Lande und unterstellten sich weiter dem englischen König, der 1171, im Jahr nach dem Becket-Mord, persönlich in Irland erschien und die Huldigung auch einheimischer Könige, allerdings nicht des aktuellen Hochkönigs im Nordwesten, entgegennahm. Sein Vorgehen wurde 1172 von Papst Alexander III. ausdrücklich gebilligt. Von einer planmäßigen Besetzung der ganzen Insel kann keine Rede sein, doch fanden sich seither vor allem der Osten und der Süden mit dem Machtanspruch der militärisch überlegenen Fremden im Namen des englischen Königs ab. Zu einer eigenständigen irischen Reichsbildung war der Weg endgültig abgeschnitten.

Von vornherein günstiger waren die Voraussetzungen dafür in Schottland, das im 9. Jh. aus bodenständigen Pikten und von Westen eingedrungenen Iren (*Scotti*) zusammengewachsen war. Damals schon hatte sich ein Gesamtkönigtum herausgebildet, das bis 1034 regelmäßig vererbt und danach auch in weiblicher Linie fortgeführt wurde. Abwehrerfolge gegen norwegische Wikinger, die zumal die westlich vorgelagerten Inseln dauerhaft okkupierten, wie auch gegen angelsächsische Vorstöße aus dem Süden stabilisierten die Monarchie, die ihren Schwerpunkt in den südöstlichen Lowlands hatte, die Highlands dagegen nur bedingt erfaßte. Beständig umstritten war die Grenze gegen England, deren Schwankungen den Wandel der Machtverhältnisse anzeigen. Während König Malcolm III. (1058–1093) bereits von Wilhelm dem Eroberer zum Vasallen gemacht wurde und auch seine Söhne Edgar (1097–1107) und Alexander I. (1107–1124) eine anglonormannische Oberhoheit anzuerkennen hatten, konnte David I. (1124–1153), der sogar am Hof Heinrichs I. aufgewachsen war, nach 1135 selbstbewußter auftreten und zur Zeit der so genannten Anarchie in England verlorenes Terrain zurückgewinnen. Er fundierte seine Herrschaft nach anglonormannischem Vorbild durch Burgenbau, eine Umgestaltung von Hof, Verwaltung und Gerichtsbarkeit sowie eine Vereinheitlichung der Abgaben dank eigener Münzprägung. Auf kirchlichem Gebiet setzte er die Abgrenzung von zehn Bistümern durch, scheiterte aber mit dem Wunsch, St. Andrews zur Metropole zu erheben, am Einspruch des nordenglischen Erzbischofs von York. Auch wenn sich unter Heinrich II. der Druck wieder verschärfte und König Wilhelm I. (der Löwe, 1165–1214), beteiligt an der großen Rebellion gegen den Plantagenet, 1174 als dessen Gefangener sich der englischen Suprematie erneut zu beugen hatte, konnte doch ein Aufgehen der schottischen Kirche in der englischen vermieden werden. Nachdem sich Wilhelm 1189 beim neuen König Richard Löwenherz mit einer hohen Summe gewissermaßen freigekauft hatte, bestand die Lösung darin, daß Papst Coelestin III. 1192 die schottische Kirche als «spezielle Tochter» der römischen jeder Metropolitangewalt entzog und direkt dem Apostolischen Stuhl unterstellte[44] (was bis zur Errichtung der Erzbistümer Glasgow und St. Andrews Ende des 15. Jhs. Bestand gehabt hat).

Die nordischen Reiche

Dänemark, Norwegen und Schweden, die schon im 9./10. Jh., noch längst nicht in ihren modernen Dimensionen, als Kristallisationskerne der politischen Ordnung des europäischen Nordens in Erscheinung getreten waren, gingen nach dem Zerfall des Nordseeimperiums Knuts des Großen († 1035) grundsätzlich wieder je eigene Wege, bildeten zugleich aber eine von vielfachen dynastischen Querverbindungen gefestigte Einheit, die sich vom Rest des Kontinents abhob. Auch wenn der kirchlich-kulturelle Einfluß aus England und Frankreich sowie aus Deutschland noch lange vorherrschend blieb, wurde doch die politische Unabhängigkeit der drei Reiche von keiner Seite in Frage gestellt. Die Könige, die durchweg aus dem Kreis der erbberechtigten Mitglieder des regierenden Hauses durch eine Wahl der Großen bestimmt wurden, strebten danach, ihre Macht von frühen Kernlandschaften aus räumlich zu erweitern, und gaben auch nach dem Ende der Wikingerzüge den Drang nach äußerer Expansion nicht auf. Nachdem alle dänisch-norwegischen Versuche fehlgeschlagen waren, sich nach 1066 noch einmal in England zur Geltung zu bringen, konzentrierten sich im 12. Jh. die dänischen Ambitionen auf die südliche Ostseeküste (Rügen, Pommern) bis nach Estland, während Norwegen die Inseln rund um Schottland (von den Färöern bis zur Isle of Man) an sich band und Schweden um 1150 nach dem noch zu missionierenden Finnland zu greifen begann.

Ganz im Sinne der Könige war der organisatorische Ausbau der Kirche, sowohl als Pfarrnetz auf dem Lande wie auch als Diözesanverfassung, denn davon konnte die Monarchie ein loyales Fundament und eine Quelle verbindlicher Normen erwarten, ja sogar einen sakralen Nimbus durch die Heiligenverehrung von gewaltsam zu Tode gekommenen Herrschern wie Olaf dem Heiligen von Norwegen († 1030), Knut dem Heiligen von Dänemark († 1086) und Erich dem Heiligen von Schweden († 1160). Acht Diözesen wurden um 1060 in Dänemark, also in Jütland, auf den Inseln und im heute südschwedischen Schonen, umschrieben, wohingegen sich in Norwegen erst zur Mitte des 12. Jhs. elf Bistümer, fünf auf dem Festland und sechs auf den fernen Inseln (einschließlich Grönlands und Islands) abgegrenzt finden und sich in Schweden die kirchliche Einteilung in sechs Sprengel (mit später einem siebten für Finnland) bis gegen 1170 hinzog. Bemerkenswert ist die Einfügung der neuen Bischofssitze in die lateinische Gesamtkirche, weil sich darin die wachsende Eigenständigkeit der nordischen Reiche widerspiegelt. Hatte zunächst Erzbischof Adalbert von Bremen(-Hamburg) (1043–1072) mit Hinblick auf die missionarische Tradition seiner Kirche seit den Tagen Ansgars († 865) eine patriarchale Vorrangstellung über alle Kirchen des Nordens reklamiert, so verstand es der Dänenkönig Erich I. (Ejegod, 1095–1103), auf einer Pilgerfahrt nach Jerusalem in Rom das Einverständnis Paschalis' II. für ein eigenes Erzbistum zu erwirken. Nach dem erstmaligen Besuch eines päpstlichen Legaten in Dänemark wurde Lund (in Schonen) 1104 zur Metropole für ganz Skandinavien bestimmt. Ohne Wirkung blieb die Bremer Gegenwehr, die 1133 griff, als Innocenz II. im Schisma seinen Einzug in Rom der Hilfe Kaiser Lothars III. zu verdanken hatte; der Papst wurde veranlaßt, die Unterstellung «der Bistümer Dänemarks, Schwedens, Norwegens, der Färöer, Grönlands, Hälsinglands, Islands, der Lappen und der Slawen»[45], also des gesamten geographisch bekannten Nordens, unter die Oberhoheit der Bremer Kirche erneut zu verbriefen. Tatsächlich verlief die Entwicklung in die entgegengesetzte Richtung, denn mit der Zeit verlangten auch Norwegen und Schweden ihr Recht. 1152 richtete wiederum ein Legat aus Rom (der spätere Papst Hadrian IV.) den norwegischen Erzstuhl in Trondheim (Nidaros) ein, und 1164 folgte die Erhebung von Uppsala zur kirchlichen Metropole Schwedens, was allen drei Landeskirchen zu einem hierarchischen Spitzenamt auch von politischem Gewicht verhalf. Erzbischof Eskil von Lund (1137–1177) etwa, der 1181/82 als Mönch in Clairvaux starb, war nicht nur der Wegbereiter für die Zisterzienser im Norden, sondern auch der Gegenspieler seines Königs, als es um die dänische Haltung im alexandrinischen Papstschisma ging.

Fast gleichzeitig brachen um 1130 in den nordischen Reichen langwierige Thronstreitigkeiten aus, die dadurch bedingt waren, daß die Zahl der Anwärter königlichen Geblüts, unter denen die Wähler entscheiden konnten, mit jeder Generation weiter zunahm und zu konkurrierenden Parteiungen geradezu einlud. So in Dänemark, wo nach dem Tod König Sven Estridsens (1074/76) fünf seiner ehelichen und nichtehelichen Söhne bis 1134 nacheinander regierten, dann aber die Enkel und Urenkel sich in heftige Machtkämpfe verstrickten, in die zeitweise auch die Kaiser hineingezogen worden sind. So hat Lothar III. 1134 in Halberstadt Magnus, dem Sohn des (noch lebenden) Königs Niels, gegen einen Lehnseid und das Versprechen, daß auch seine Nachfolger «nicht ohne die Erlaubnis des Kaisers das Königtum annehmen würden», eine Krönung zuteil werden lassen[46] und Friedrich Barbarossa 1152 in Merseburg den Thronstreit zwischen den vor ihm erschienenen Rivalen Sven und Knut zugunsten des ersteren entschieden. Doch hat keinem der Genannten das kaiserliche Machtwort geholfen, denn nach blutigen Auseinandersetzungen obsiegte Waldemar I. (1157–1182), ein anderer Urenkel von Sven Estridsen, der sich gegen alle weiteren Aufstände behauptete. Norwegen, wo die Abkömmlinge König Harald Sigurdssons († 1066) herrschten, erlebte seit 1130 ähnliche Wirren, in deren Verlauf der minderjährige Magnus Erlingsson (1161–1184) durch die erste bezeugte Königssalbung, 1163/64 in Bergen vorgenommen durch den Erzbischof von Trondheim, zusätzliche Autorität gewinnen sollte (was Waldemar I. von Dänemark sogleich 1170 für seinen ältesten Sohn übernahm). Ein damals verkündetes Gesetz, das die Thronfolge nur noch des ältesten legitimen Königssohns vorsah, blieb wirkungslos, so daß nach Magnus' Tod (1184) neue Kämpfe um sich griffen und erst im 13. Jh. eine klare Erbmonarchie in Norwegen durchgesetzt werden konnte. In Schweden, wo die Quellenlage viel ungünstiger ist, trat um 1120 das Herrscherhaus des Olaf Schoßkönig († 1021/22) in den Hintergrund. Nach einem Interregnum, in dem der dänische Königssohn Magnus den Thron beanspruchte, kam Sverker I. (um 1130 – um 1156) zum Zuge, der offenbar ohne königliche Vorfahren war und eine neue Dynastie begründete. Sie lag bis weit ins 13. Jh. im Widerstreit mit König Erich IX. (dem Heiligen, um 1150–1160) und dessen Nachfahren, was zugleich den regionalen Antagonismus von Svealand und Götaland wiederbelebte.

Die östlichen Nachbarn des Imperiums im 11. Jh.

Böhmen, Polen und Ungarn, die in dieser Reihenfolge im Lauf des 10. Jhs. in die lateinisch-christliche Welt eingetreten waren, blieben weiter schon durch ihre räumliche Nachbarschaft verbunden, nahmen aber eine unterschiedliche staatliche Entwicklung, die auch von der Nähe zum salischen Imperium bestimmt wurde. Nur im am weitesten entfernten Ungarn, das stets auch Beziehungen zu Byzanz unterhielt, entfaltete sich seit Stephan dem Heiligen († 1038) kontinuierlich eine Monarchie der Arpáden, während bei den Piasten in Polen das von Boleslaw Chrobry († 1025) begründete Königtum schon bald wieder erlosch und Böhmen unter den Přemysliden als ein Herzogtum eigenen Rechts in den deutschen Reichsverband hineinwuchs. Eine Konstante war im 11. Jh. der Gegensatz zwischen Polen und Böhmen, der sich auf Schlesien, anfangs auch Mähren bezog, wobei Ungarn durchweg mehr der polnischen Seite zuneigte. Die Salier waren auf ein gewisses Gleichgewicht bedacht und brachten ihren Hegemonieanspruch vornehmlich durch das Eingreifen in Thronstreitigkeiten zur Geltung.

Demgemäß konnte der Böhmenherzog Břetislaw I. (1034–1055), dem Kaiser Konrad II. zum Aufstieg gegen seinen Vater verholfen hatte, nach der Wiedergewinnung Mährens zunächst mit Rückendeckung des Reiches in Polen einfallen und die dortigen teilweise gegen das Christentum gerichteten Unruhen ausnutzen, die nach dem Tode König Mieszkos II. dessen Sohn Kasimir I. (1034–1058) samt seiner ottonischen Mutter zur Flucht nach Deutschland veranlaßt hatten. Heinrich III. ermöglichte Kasimir die Rückkehr, indem er seit 1040 der böhmischen Expansion entgegentrat, die inzwischen über Schlesien hinaus bis Gnesen und Krakau vorgedrungen war und in der Verbringung der Reliquien des heiligen Adalbert (eines gebürtigen Tschechen) nach Prag gipfelte. Offenbar sollte der (Mainz unterstellte) Bischofssitz auf dem Hradschin zu einer mit Gnesen und dem ungarischen Gran ranggleichen Metropole aufgewertet werden, was in Rom jedoch keine Billigung fand. Ohnehin mußte sich Břetislaw 1041 nach einem deutschen Vorstoß bis vor Prag unterwerfen und ab 1042 an den Feldzügen teilnehmen, die Heinrich gegen Ungarn richtete. Dort ging es um Hilfe für König Peter Orseolo (1038–1041, 1044–1046), Stephans Neffen und Nachfolger, der von dessen Schwager Aba/Samuel (1041–1044) gestürzt worden war. Nach Heinrichs Sieg bei Menfö an der Raab (1044) wurde er in Stuhlweißenburg feierlich wieder inthronisiert und leistete dem Salier den Lehnseid. Da auch Kasimir, der in Polen ohne Königstitel auftrat und das zurückgewonnene Krakau zu seiner Hauptresidenz machte, gemeinsam mit Břetislaw von Böhmen 1046 in Merseburg seine Aufwartung machte, erschien Heinrich III. für kurze Zeit gegenüber allen drei Nachbarn in der beherrschenden Position.

Doch schon daß sich Kasimir 1050 ungestraft in den Besitz Schlesiens setzte, das Heinrich Böhmen zugesprochen hatte, und ihm erst Jahre später zum Ausgleich ein jährlicher Tribut an Břetislaw auferlegt werden konnte, zeigte die Grenzen der kaiserlichen Autorität. Noch mehr gilt das von Ungarn, wo schon bald nach dem Abzug der Deutschen König Peter 1046 bei einem neuen Aufstand, der auch hier antichristliche Züge trug, geblendet und durch den aus dem Exil in Kiev heimgekehrten Arpáden Andreas I. (1046–1060) verdrängt wurde. Ihn zu bezwingen gelang dem Kaiser auf zwei Feldzügen (1051/52) nicht mehr, so daß er in einen von Papst Leo IX. vermittelten Frieden einwilligte. Erst als Andreas Rückhalt gegen seinen Bruder Bela suchte, um die Thronfolge des eigenen Sohnes Salomon zu sichern, schloß er 1058 mit dem Hof Heinrichs IV. ein Abkommen, das im Zeichen der Gleichrangigkeit eine künftige Heirat Salomons mit Heinrichs Schwester Judith/Sophia vorsah. Bevor es soweit kam, brachte Bela I. (1060–1063) mit polnischer Unterstützung Andreas 1060 um Krone und Leben, fand dann aber selber bei einem deutschen Feldzug zugunsten Salomons (1063–1074, † um 1087) den Tod. Seine Ansprüche gingen auf den Sohn Géza I. (1074–1077) über, der in den byzantinischen Militäradel einheiratete und Salomon 1074 nach Deutschland verjagte. Aus Konstantinopel empfing er eine Insignie, die später zum Kernstück der so genannten Stephanskrone Ungarns wurde, und Anerkennung fand er auch bei Papst Gregor VII., der dem Rivalen Salomon die Abhängigkeit von Heinrich IV. zum Vorwurf machte. Für seinen Bruder Ladislaus I. (1077–1095), der Géza folgte, beschränkten sich die Beziehungen zum salischen Imperium darauf, mit einer Tochter des deutschen Gegenkönigs Rudolf verheiratet zu sein. Auch in Polen wirkte sich die Herrschaftskrise Heinrichs IV. insofern aus, als Boleslaw II. (1058–1079/80) den Mut faßte, sich an Weihnachten 1076 von seinen Bischöfen zum König krönen zu lassen, «zur Schande des deutschen Reiches und gegen Recht und Gesetz der Vorfahren», wie man in Hersfeld befand[47]. Umso enger schloß sich Wratislaw II. von Böhmen (1061–1092) dem gebannten Salier an, den er sowohl gegen die deutsche Fürstenopposition wie auch in Italien militärisch unterstützte. 1085 wurde er von Heinrich IV. mit einer persönlichen Königswürde belohnt, die ihn über alle Magnaten des Reiches hinaushob und nach Auskunft mehrerer Quellen neben Böhmen auch Polen betreffen sollte[48].

Das ganze 11. Jh. hindurch bestand zwischen Elbe, Ostsee und Oder eine Zone slawischen Heidentums, die 983 vom Aufstand der Lutizen erkämpft und 1003 von Heinrich II. durch sein gegen Polen gerichtetes Bündnis faktisch respektiert worden war. Ihre fortwährende Existenz dürfte nicht ohne Rückwirkung auf die in Polen (ab 1034) und in Ungarn (1046, 1061) zu beobachtenden antichristlichen Aufwallungen geblieben sein, die von den dortigen Herrschern unterdrückt worden sind. Da die Lutizen schriftlos lebten, sind wir auf den getrübten Blick fremder Gewährsleute angewiesen, denen zufolge in dem ursprünglichen Kultverband mit der Zeit das Sonderbewußtsein der beteiligten Stämme wieder auflebte. So konnte der in Dänemark aufgewachsene getaufte Abodritenfürst Gottschalk um 1056 durch sein Eingreifen in einen internen Konflikt die Oberhoheit über einen Teil der Kleinstämme gewinnen, wurde aber selbst 1066 bei einem neuen Slawenaufstand getötet, der sich bis nach Hamburg und Schleswig auswirkte. Der dagegen gerichtete Vorstoß, den Heinrich IV. im Winter 1068/69 mit böhmischer Waffenhilfe unternahm, blieb für lange Zeit das letzte offensive Auftrumpfen der Reichsgewalt an der Slawengrenze, da der Niedergang der salischen Autorität in Sachsen ab 1073 das weitere Verhältnis zu dem heidnischen Reliktgebiet von Rügen bis nach Brandenburg zur Sache der regionalen Anrainer machte.

Die östlichen Nachbarn des Imperiums im 12. Jh.

Nicht der Kaiser, sondern der Erzbischof von Magdeburg, der Graf von Holstein und andere Landesherren waren es, die bald nach 1100 damit begannen, Bauern, Handwerker und Kaufleute aus viel dichter bevölkerten Gegenden im Westen des Reiches (Westfalen, Flandern, Friesland) zur Niederlassung im Slawenland aufzufordern, und damit die so genannte deutsche Ostbewegung des 12.–14. Jhs. in Gang brachten. Dabei handelte es sich zum geringeren Teil um eine politische Expansion des Imperiums, das wieder wie unter Otto dem Großen an die Oder vordrang, viel mehr jedoch um einen weit darüber hinausreichenden Transformationsprozeß, der im Kontext des hochmittelalterlichen Landesausbaus allenthalben in Europa zu sehen ist, durchaus auch von einheimischen Kräften gefördert wurde und mit der Ausbreitung von Siedlungen nach deutschem Recht und, wo nötig, auch kirchlicher Strukturen das Erscheinungsbild des östlichen Mitteleuropa tiefgreifend verändert hat. Gerade in seiner Anfangsphase zeigen sich Analogien zur Politik des polnischen Herzogs Boleslaw III. (Schiefmund 1102–1138), der zunächst 1109 einen Angriff König Heinrichs V. und des Přemysliden Swatopluk auf Schlesien zu überstehen hatte, dann aber selbst machtvoll nach Westen expandierte und nacheinander die Landschaft Pommerellen jenseits der unteren Weichsel, das den Lutizen zugehörige Lebuser Land zwischen Oder und Spree und bis 1121 auch das Kerngebiet der Pomoranen beiderseits der unteren Oder seiner Herrschaft unterwarf. Mit der Christianisierung wurde Bischof Otto von Bamberg (1102–1139) beauftragt, der 1124 im Lande erschien und 1129 die pommersche Führungsschicht in Usedom taufte, nachdem ihr der Fürst Wartislaw bei Weigerung mit dem Unwillen Lothars III. gedroht hatte[49]. Das von vornherein geplante Bistum kam infolge von sächsisch-polnischen Spannungen erst 1140 in Wollin zustande, wurde 1175 nach Kammin verlegt und schließlich weder Magdeburg noch Gnesen, sondern direkt dem Papst untergeordnet. Pommerns Sonderstellung wird auch daran erkennbar, daß der polnische Herzog 1135 in Merseburg für diesen Teil seines Machtbereichs Kaiser Lothar III. einen Lehnseid zu leisten hatte. Nach dem Zwischenspiel des Wendenkreuzzugs sächsischer und dänischer Fürsten von 1147, der sich vor Stettin festlief, da sich die Stadt als bereits christlich herausstellte, kam es um die Mitte des 12. Jhs. in Brandenburg zum friedlichen Herrschaftsübergang vom getauften und kinderlosen Hevellerfürsten Pribislaw-Heinrich († 1150) auf Albrecht den Bären, den Markgrafen der sächsischen Nordmark, wie auch zur Wiederherstellung der 983 zerstörten Bischofssitze Havelberg und Brandenburg. Weiter westlich waren Mecklenburg und Holstein dem Sachsenherzog Heinrich dem Löwen überlassen, der 1159 die Hafenstadt Lübeck am Platz einer älteren slawischen Siedlung neu gründete, die Bistümer Oldenburg/Lübeck, Ratzeburg und Mecklenburg/Schwerin seiner Verfügungsgewalt unterstellte und ostwärts bis zur Peene die Oberhoheit über das fortbestehende Fürstengeschlecht der Abodriten erkämpfte.

In Polen markierte der Tod Herzog Boleslaws III. (1138) einen Wendepunkt, da er eine Thronfolgeregelung hinterließ, die neben seinem ältesten Sohn Wladyslaw II. (1138–1146, † 1159) auch dessen jüngere Brüder mit regionalen Herzogswürden bedachte, und sich bei den Auseinandersetzungen der Folgezeit, in die auch Konrad III. (1146) und Friedrich Barbarossa (1157, 1172) militärisch eingriffen, kein Alleinherrscher mehr durchsetzen konnte. Dadurch wandelte sich Polen für mehr als zwei Jahrhunderte zu einem Verbund von Herzogtümern, die innerhalb des Piastenhauses vererbt (und weiter geteilt) wurden und allenfalls einen Ehrenvorrang des Herrschers in Krakau anerkannten. Umso wichtiger war, daß der geistliche Gesamtrahmen der Kirchenprovinz Gnesen stets erhalten blieb. Eine zunehmend eigenständige Entwicklung nahm das Herzogtum Schlesien, das sich unter Boleslaw I. (1163–1201), der Barbarossa zweimal nach Italien begleitet hatte, deutschen Siedlern zu öffnen begann. Schon einige Jahrzehnte früher setzte diese Zuwanderung, getragen auch von Kloster- und Stiftsgründungen deutscher Zisterzienser und Prämonstratenser, in Böhmen und Mähren ein, wo es unter den herrschenden Přemysliden gleichfalls Machtkämpfe gab, aber die Landeseinheit gewahrt blieb. Herzog Wladyslaw I. (1109–1117, 1120–1125) stand in der Gunst Kaiser Heinrichs V. und nahm 1114 an dessen Hof das Ehrenamt des Mundschenken ein[50], das später zur Grundlage der böhmischen Kurfürstenwürde wurde, während sich sein Bruder Soběslaw I. (1125–1140) erst durch einen Sieg über Lothar III. (1126) die Nachfolge sichern konnte. Wladyslaw II. (1140–1172, † 1174) stand ganz auf der Seite Konrads III. und auch Friedrich Barbarossas, der seine militärische Dienstbarkeit 1158 in Regensburg mit einer Königskrönung honorierte. Sie begründete unmittelbar noch keine Tradition, denn Wladyslaws Thronverzicht zugunsten seines Sohnes Friedrich (1172–1173, 1178–1189) löste neue Wirren aus, in deren zähem Verlauf der Kaiser mit dem böhmischen Adel und die Prager Přemysliden mit ihrer mährischen Seitenlinie in Widerstreit gerieten. Erst unter den Sonderbedingungen des staufisch-welfischen Thronstreits in Deutschland gelang es Ottokar I. Přemysl (1192–1193, 1198–1230), einem Sohn Wladyslaws II., sich zwischen 1198 und 1212 von allen Kontrahenten die erbliche Königswürde im Rahmen des Imperiums zusichern zu lassen.

Ungarn, das zwischen 1096 und 1189 dreimal den Durchzug von Kreuzfahrerheeren erlebte und dabei den Fremden als ein geradezu despotisch regierter Königsstaat auffiel[51], hatte schon im 11. Jh. vielerlei Zuwanderer aus Deutschland und anderen westlichen Ländern aufgenommen, entzog sich aber im 12. Jh. jeder Bevormundung durch das westliche Imperium. Unter Ladislaus I., der als Gesetzgeber und Förderer des weiteren kirchlichen Aufbaus hervortrat, setzte eine energische Expansion in die slawisch geprägte südliche Nachbarschaft ein, angebahnt durch eine Verschwägerung mit dem vor dem Aussterben stehenden kroatischen Königshaus, dem noch 1076 Gregor VII. eigens eine Krone hatte zukommen lassen. Nachdem Ladislaus bereits Slawonien besetzt und dort um 1094 das Bistum Zagreb als Teil der ungarischen Kirche begründet hatte, beendete sein Neffe und Nachfolger Koloman (1095–1116) die eigenständige Entwicklung Kroatiens, indem er 1102 seine Krönung auch zum dortigen König erreichte und überdies 1105 zumindest Teile der städtereichen dalmatinischen Küste an sich brachte. Auf dem Weg zu einer europäischen Großmacht ließ er sich, verheiratet mit einer Tochter Graf Rogers I. von Sizilien und Schwager des byzantinischen Thronfolgers Johannes Komnenos, nicht durch den Salier Heinrich V. aufhalten, der 1108 vergebens zugunsten von Kolomans bei der Thronfolge leer ausgegangenem jüngeren Bruder aufmarschierte. Nach einer Zeit innerer Turbulenzen gelang König Bela II. (dem Blinden, 1131–1141) auch noch die Eroberung Bosniens. Sein Sohn Géza II. (1141–1162) wußte sich 1146 durch einen Sieg am Grenzfluß Leitha seines aus Deutschland unterstützten (angeblichen) Onkels Boris zu erwehren, half 1158 Kaiser Friedrich I. mit einem stattlichen Kontingent für dessen Zug gegen Mailand, versagte sich ihm aber bald schon im Schisma und ergriff Partei für Alexander III. sowie den französischen König Ludwig VII. Nach Gézas Tod suchte Barbarossa im Streit der Söhne Stephan III. (1162–1172) und Bela III. (1172–1196) Einfluß über den Herzog von Österreich zu nehmen, doch gewann Konstantinopel, wo Bela Jahre des Exils als Bräutigam der Kaisertochter und zeitweiliger Thronanwärter zugebracht hatte, eindeutig das Übergewicht, bis sich der ungarische König nach Kaiser Manuels Tod (1180) gegen Byzanz kehrte und seine Eigenständigkeit unterstrich, indem er durch eine Heirat mit der Schwester König Philipp Augusts das Bündnis mit Frankreich suchte.

Rußland

Nach dem frühen, in ganz Europa durch Heiratsverbindungen gewürdigten Höhepunkt des Reiches von Kiev, das sich unter den getauften Herrschern Vladimir dem Heiligen († 1015) und seinem

Sohn Jaroslav dem Weisen († 1054) mit dem nördlichen Schwerpunkt Novgorod über einen riesigen Raum zu erstrecken schien, der alle anderen christlichen Reiche weit übertraf, setzte 1054 eine lange Phase der Desintegration ein, die durch dynastische Divergenzen unter den regierenden Rjurikiden und eine ausgeprägte institutionelle Schwäche der Herrschaftsorganisation bedingt war. Jaroslavs Vermächtnis, wonach dem jeweils Ältesten unter seinen Abkömmlingen zusammen mit dem Thron von Kiev die Oberhoheit über alle anderen, anteilig ebenfalls erbberechtigten Söhne und Enkel zustehen sollte[52], führte schon bald zu beständigen Konflikten, weil auch sonstige Verwandte ihr Recht forderten und die jüngeren Brüder und Neffen sich nicht unterordnen mochten. Dazu kam die destruktive Rolle äußerer Feinde wie zumal der reiternomadischen Kumanen aus dem Osten, die infolge des inneren Zwists immer schwerer fernzuhalten waren und sogar direkt in die Machtkämpfe hineingezogen wurden. Bereits der erste Senior im beschriebenen Sinne, Fürst Izjaslav von Kiev (1054–1078), verheiratet mit einer polnischen Königstochter, mußte nach einer Niederlage gegen die Kumanen zweimal (1068, 1073) außer Landes fliehen und kehrte nur mit Hilfe Boleslaws II. von Polen nach Kiev zurück. Daß er seinen Sohn Jaropolk 1075 bis nach Rom schickte, wo ihm Papst Gregor VII. sein Herrschaftsrecht gern bestätigte, half wenig, denn Vater und Sohn kamen alsbald im Kampf mit ihren eigenen Verwandten ums Leben. Zwei nachfolgende Kiever Fürsten hielten es für geraten, sich in jeweils zweiter Ehe mit Frauen aus der Führungsgruppe der Kumanen zu verbinden, doch blieb die Bedrohung virulent und veranlaßte 1097 ein Fürstentreffen, auf dem beschlossen wurde, daß «ein jeder in seinem Vatererbe herrschen solle»[53]. Das gab den Söhnen den Vorrang vor Brüdern, bewirkte aber zugleich die Verfestigung einer wachsenden Anzahl von Regionalherrschaften. Die Zeit des Fürsten Vladimir II. (Monomach, 1113–1125), der eine Tochter des byzantinischen Kaisers Konstantin IX. zur Mutter hatte und, obgleich nicht Senior, auf Drängen des Volks von Kiev an die Macht gelangt sein soll, bildete einen letzten Höhepunkt in der frühen Geschichte der Metropole am

Dnjepr, denn im Zuge weiterer Fehden unter den Rjurikiden wurde Kiev 1169 von Andrej Bogoljubskij (1157–1174), dem Fürsten von Vladimir, niedergebrannt. Da er es vorzog, seine Vorherrschaft weiter von dorther auszuüben, hörte Kiev auf, der politische Vorort der Rus zu sein, blieb aber das geistliche Zentrum.

Die folgenden Jahrzehnte bis zum Auftreten der Mongolen/Tataren, die 1223 ihren ersten Sieg über Russen und Kumanen errangen, waren bestimmt vom labilen Nebeneinander unterschiedlich starker Fürstentümer, rein dynastischen Gebilden ohne übergreifenden politischen Zusammenhang. Die mächtigsten entwickelten sich an der Peripherie: im Nordosten zwischen Oka und oberer Wolga Vladimir-Suzdal, wo seit 1186 der Titel «Großfürst» in Gebrauch kam, neue Residenzorte mit baulicher Ausstattung nach byzantinischen wie westlichen Mustern entstanden und 1146 erstmals die Grenzfestung Moskau erwähnt wird, im Nordwesten Novgorod mit Zugang zur Ostsee, wo ein ökonomisch überlegener Stadtadel den Fürsten bestimmte und seit 1156 sogar den Bischof wählte, ferner im Südwesten, an Polen und Ungarn grenzend, mit stärker aristokratischer Prägung Halitsch (Galizien) und Volhynien, die 1199 vereinigt wurden. Im zentralen Süden und in der Mitte waren Tschernigov, Smolensk und Polozk weitere Machtzentren, die sich gegenüber Kiev verselbständigten. Schon bevor im 13. Jh. alles unter der Tatarenherrschaft versank, hatte sich die Welt der russischen Fürsten politisch ein gutes Stück weit vom übrigen Europa isoliert.

6. Normannen, Byzanz und Venedig

Die Etablierung normannischer Herrschaft in Unteritalien und Sizilien, die seit der Mitte des 11. Jhs. gegen den Willen des westlichen wie des östlichen Imperiums in Gang kam und vom Papsttum anfangs aktiv bekämpft, dann aber durch Belehnung der Anführer legitimiert worden war, ließ bis 1130/39 ein machtvolles weiteres Königreich entstehen, das im Zentrum des Mittelmeers zu einem gewichtigen Faktor der europäischen Politik im Zeitalter der Kreuzzüge wurde. Für Byzanz, dessen Kaiser sich seit dem Vordringen der Seldschuken nach Kleinasien mehr denn je auf ihre Herrschaft über den Balkan besannen und auch wieder nach Italien strebten, war die ostwärts gerichtete Aggressivität der Normannen eine wachsende Bedrohung, die noch verschärft wurde durch Spannungen im Innern infolge des ökonomischen Übergewichts von Venedig und anderen italischen Seestädten. 1204 kam es soweit, daß ein finanziell von den Venezianern abhängiges Kreuzfahrerheer die Metropole des geschwächten oströmischen Reiches erstürmte und das griechische Kaisertum durch ein lateinisches ersetzte.

Der Weg zur normannischen Gesamtmonarchie

Mit der Einnahme der letzten byzantinischen Bastion Bari (1071) wie auch von Palermo, der größten und reichsten Stadt des islamischen Sizilien (1072), und schließlich des am längsten verbliebenen langobardischen Fürstentums Salerno (1076/77) hatten die aus Nordfrankreich gekommenen normannischen Krieger und Siedler ein halbes Jahrhundert nach dem ersten Auftauchen ihre Macht überall im Mezzogiorno ausgebreitet, auch wenn sich die völlige Eroberung der Insel Sizilien durch Graf Roger I. noch bis 1091 hinzog. Sein älterer Bruder, der apulische Herzog Robert Guiscard, der 1084 Gregor VII. aus höchster Not vor Kaiser Heinrich IV. in Sicherheit brachte, nachdem er früher von diesem Papst wegen seiner Gewaltsamkeit gebannt worden war, begann bereits 1081 mit einem Angriff auf Dyrrhachion (Durrës, heute Albanien) die Offensive gegen die Byzantiner auch jenseits der Adria, kam aber 1085 auf der griechischen Insel Kephallenia ums Leben. Sein Sohn Bohemund († 1111), Fürst von Tarent, wurde einer der Protagonisten des Ersten Kreuzzuges und sicherte sich das von Byzanz beanspruchte Antiochia in Syrien, was wesentlich zur Aversion in Konstantinopel gegen das ganze Unternehmen beitrug. Daheim war Bohemund der Rivale seines jüngeren Halbbruders Roger (Borsa, † 1111), der gemäß dem väterlichen Willen das Herzogtum Apulien geerbt hatte und damit 1089 in Melfi von Papst Urban II. auch belehnt wurde. Als Rückhalt im Ringen mit dem Gegenpapst des salischen Kaisers war er ebenso unentbehrlich wie sein Onkel Roger I., der bereits in seinem Kampf gegen die Muslime in Sizilien Zuspruch aus Rom erfahren hatte und 1098 von Urban II. ein Privileg erlangen konnte, das die Entsendung päpstlicher Legaten von seiner Zustimmung abhängig machte und ihm selbst samt seinen Nachfolgern die Befugnisse von Legaten zusprach[54], also die «Freiheit der Kirche» dem Machtwort eines weltlichen Herrschers unterwarf, der noch nicht einmal König war.

Diese Rangerhöhung wurde das Ziel seines Sohnes Roger II. (1101–1154), der bis 1112 unter der Regentschaft seiner Mutter aufwuchs. Um sich als oberster Gebieter aller Normannen durchzusetzen, mußte er die auf Robert Guiscard zurückgehende, in Apulien herrschende Linie der Hauteville ebenso wie das von ihr gesonderte Fürstentum Capua und manche auf Eigenständigkeit bedachten Barone auf dem Festland in die Knie zwingen, während die päpstlichen Lehnsherren eine solche Machtballung im Süden zu unterbinden suchten. Tatsächlich waren weder Herzog Wilhelm von Apulien (1111–1127), der Sohn des Roger Borsa, noch Bohemunds gleichnamiger Sohn († 1130), der 1126 die Herrschaft in Antiochia übernahm, der Beharrlichkeit und Verschlagenheit Rogers gewachsen. Nachdem er sie bei Lebzeiten von Kalabrien aus in die Enge getrieben hatte, behauptete er nach Wilhelms frühem Tod, zu dessen Erben eingesetzt zu sein, um einer Verfügung des Papstes über Apulien zuvorzukommen. Honorius II. (1124–1130) antwortete mit der Exkommunikation Rogers und einem Bündnis mit Graf Robert II. von Capua (1127–1135, † nach 1156) sowie den unzufriedenen Großen Apuliens, die er als unmittelbare Vasallen annahm, doch zeigte sich 1128 bei der Konfrontation der Heere die Überlegenheit Rogers, den der Papst notgedrungen als Herzog von Apulien, Kalabrien und Sizilien akzeptierte. Ausgenommen blieben allein Capua und das päpstliche Benevent, doch als sich 1130 auch Robert von Capua unterwarf, hatte Roger mit dem Gewinn Kampaniens auf ganzer Linie gesiegt. Sehr gelegen kam ihm die zwiespältige Papstwahl desselben Jahres, die einen der Kontrahenten, Anaklet II., veranlaßte, seinen Wünschen weit entgegenzukommen. Roger trat durch einen Lehnseid auf seine Seite und erhielt im Gegenzug die Erlaubnis zur Krönung als König von Sizilien, wobei die Fiktion bemüht wurde, es habe schon in grauer Vorzeit ein Königreich Sizilien gegeben[55]. Die Zeremonie, die an Weihnachten 1130 wohl durch den Erzbischof von Palermo vollzogen wurde, brachte Roger in schroffen Gegensatz zu Innocenz II., dem anderen Papst, und den hinter ihm stehenden Mächten Imperium, Frankreich und England. Kaiser Lothar III. ging ihm bei seinem Romzug 1133 noch aus dem Weg, brachte ihn aber 1137 in einige Bedrängnis, als er mit seinem Heer bis Bari vorstieß und Rogers (ehemaligen) Schwager Rainulf von Alife († 1139) als apulischen (Gegen-)Herzog ins Spiel brachte, bevor er dann aber doch umkehrte. Den Rückschlag, den der Tod Anaklets II. (1138) bedeutete, überwand Roger wiederum dank seiner militärischen Stärke, denn Innocenz II., der ihm nicht nur mit dem Kirchenbann, sondern auch mit Truppen zusetzte, geriet bei San Germano in seine Gefangenschaft und kam am 25. Juli 1139 in Mignano nicht länger umhin, sein Königtum anzuerkennen und zugleich für dynastische Kontinuität zu sorgen, indem er zwei von Rogers Söhnen mit Apulien und Capua belehnte.

Die so entstandene Monarchie der Hauteville, die von beiden Imperien als usurpatorisch angesehen wurde, war gleich anderen in Europa das Werk eingewanderter Eroberer, aber darin einzig, daß sie sich nicht als die Herrschaft eines Volkes präsentierte, sondern einen antiken Landesnamen hervorkehrte, eben Sizilien, das erst relativ spät okkupiert worden war. Dort lag fortan der Schwerpunkt der Königsmacht, die Roger II. anknüpfend an administrative Traditionen aus byzantinischer und arabischer Zeit unter Einbeziehung Einheimischer als zentralistisches Regiment ausgestaltete und nach Kräften auch auf dem Festland zu praktizieren suchte, wo seine Autorität jedoch immer wieder durch Aufstände der selbstbewußten normannischen Großen herausgefordert wurde. Überall standen die französischsprachigen Herren, die im ganzen 12. Jh. weiteren Zuzug aus Westeuropa erfuhren, einer heterogenen

Bevölkerung aus lateinischen wie griechischen Christen und dazu Muslimen gegenüber, deren Anteil in Sizilien nach mehr als 200 Jahren islamischer Dominanz besonders hoch war und den Hauteville eine Politik der religiösen und kulturellen Duldung nahelegte. Roger II. stellte demgemäß seine Urkunden überwiegend in griechischer, daneben in lateinischer und wahrscheinlich auch arabischer Sprache aus. Für alle Untertanen verfügte er um 1140 eine im damaligen Europa singuläre systematische Gesetzessammlung, die unpräzise als «Assisen von Ariano» bezeichnet wird und sich aus römisch-byzantinischen, langobardischen und normannischen Vorlagen sowie dem kanonischen Recht speiste.

Byzanz unter Alexios I. und Johannes II.

Das östliche Imperium brauchte Jahre, um die schwere Niederlage von Mantzikert (1071) zu verkraften, die zum Verlust fast ganz Kleinasiens an die türkischen Seldschuken und zur Errichtung ihres Sultanats Rum («Rom») mit der nur wenige Tagereisen von der Kaiserstadt entfernten Hauptresidenz Nikaia geführt hatte, zumal gleichzeitig auch Bari, der letzte Vorposten in Italien, den Normannen anheimgefallen war. Das Reich wurde erst dadurch eine vornehmlich europäische Macht, konzentriert auf den (zuvor eher zweitrangigen) Balkan, wo seit langem die größte Gefahr von den Petschenegen am Nordrand des Schwarzen Meeres ausging, Unruhe sich aber auch unter den slawischen Völkern regte und Ungarn zu steigendem Einfluß kam. Nach zwei glücklosen Kaisern vollbrachte den Neubeginn Alexios I. (Komnenos, 1081–1118), der durch einen Umsturz auf den Thron gelangte und, gestützt auf breiten Rückhalt in der Aristokratie, ein Jahrhundert dynastischer Kontinuität einleitete. Gegen die Offensive Robert Guiscards auf dem südwestlichen Balkan, die erst durch dessen Tod zusammenbrach, schloß der Kaiser 1082 ein Bündnis mit der (längst dem oströmischen Reichsverband entwachsenen) Seerepublik Venedig, die sich ihre Flottenhilfe mit weitreichenden Handelsvorteilen und der Überlassung ganzer Stadtquartiere in Konstantinopel und Dyrrhachion vergelten ließ[56]. Die Petschenegen, die im Bunde mit dem Emir von Smyrna sogar die Reichshauptstadt bedrohten, konnten 1091 nur dank des Eingreifens der (in Rußland gefürchteten) Kumanen in die Flucht geschlagen werden. Doch blieb die Lage des Imperiums prekär, weshalb sich Alexios wiederholt mit der Bitte um kampfstarke Söldner an den lateinischen Westen wandte.

Aus einem Papst Urban II. zugegangenen Hilferuf erwuchs 1095/96 in einem produktiven Mißverständnis der Erste Kreuzzug, dessen Dynamik den Basileus vor unverhoffte Probleme stellte. Zwar konnte er mit Hilfe der ihm durch Treueid verpflichteten Kreuzritter das nahe Nikaia zurückgewinnen und auch sonst im Westen Kleinasiens allerhand Boden gutmachen, aber nach der Durchquerung des seldschukischen Sultanats in Anatolien kam es 1098 vor Antiochia mit den «Franken» zum Eklat, weil sie entgegen ihren Versprechungen die ohne Mitwirkung des Kaisers eingenommene Stadt, die noch bis 1084 den Byzantinern gehört hatte, nicht übergaben und mit der eigenen Herrschaftsbildung im Orient begannen. Zum hauptsächlichen Ärgernis wurde Bohemund von Tarent († 1111), der früher schon auf dem Balkan am Kampf seines Vaters Robert Guiscard gegen Byzanz beteiligt gewesen war, sich nun zum Fürsten von Antiochia aufschwang und von dort aus, letztlich ohne Erfolg, die Außenposten des Kaisers in Kilikien attackierte. Er verzog sich 1104/05 wieder nach Italien, jedoch nur um 1107 erneut Dyrrhachion anzugreifen, wo er allerdings 1108 in einem Friedensvertrag gezwungen wurde, die Hoheit des Kaisers über Antiochia (wenigstens auf dem Pergament) anzuerkennen. Den Erfolg hatte Alexios abermals den Venezianern zu verdanken, die sich in den Folgejahren durch Eroberungen an der dalmatinischen Küste schadlos hielten, während der Basileus damit beschäftigt war, dem Vorwärtsdrang Ungarns auf dem Balkan entgegenzuwirken. Zu spürbarem Einfluß in Antiochia oder den anderen Kreuzfahrerstaaten ist Alexios I. nicht mehr gelangt.

Sein Sohn Johannes II. (Komnenos, 1118–1143) ging zunächst auf Distanz zu Venedig und erneuerte die Privilegien seines Vaters nicht, nachdem schon dieser sich 1111 eine alternative Option durch ein Handelsprivileg für das konkurrierende Pisa verschafft hatte. Trotz eines entscheidenden Sieges über die Petschenegen (1122) und weiteren Erfolgen gegen die Serben auf dem Balkan war jedoch Byzanz zur See weiter auf Venedig angewiesen, das durch Überfälle auf griechische Küstenstädte und Inseln seine Schlagkraft demonstrierte und 1126 die Rückkehr zur günstigen früheren Rechtslage erzwang. Die Feindschaft zu den Normannen (in Unteritalien wie in Antiochia) brachte Johannes dazu, sich im lateinischen Westen zumindest mit Subsidien an dem breiten Bündnis gegen den Aufstieg Rogers II. von Sizilien zu beteiligen, das von Papst Innocenz II., Kaiser Lothar III. sowie Pisa, Venedig und Genua getragen war, schließlich aber seinen Zweck verfehlte. Selbst militärisch aktiv wurde der Basileus 1137 gegen das durch muslimische Siege geschwächte «fränkische» Fürstentum Antiochia, dessen neuer Machthaber, Raimund von Poitiers (1136–1149), kein Normanne, sich zu einem förmlichen Lehnseid verstehen mußte, aber die Übergabe der Stadt zu verhindern verstand. Vor einem neuen Anlauf sicherte sich Johannes im Westen ab, indem er erstmals seit Jahrhunderten vom Osten her eine Heiratsverbindung der beiden Imperien anregte, wozu Bertha von Sulzbach, Schwägerin des staufischen Königs Konrad III., 1142 als Braut des jüngsten Kaisersohns Manuel nach Konstantinopel reiste. Anscheinend sollte dieser nach der erhofften Einnahme von Antiochia ein neues Fürstentum mit Einschluß Zyperns erhalten, das Byzanz zur Kontrolle über die Levante verholfen hätte. Doch gleich zu Beginn des Feldzugs, der über Antiochia hinaus wohl bis nach Jerusalem geführt hätte, traf den Kaiser ein tödlicher Pfeil auf der Jagd. Das Unternehmen wurde abgebrochen, weil der beim Heer befindliche Manuel schleunigst nach Konstantinopel strebte, um sich den Thron zu sichern.

Komnenen, Staufer und Hauteville zur Zeit Manuels I.

Als Kaiser griff Manuel I. (Komnenos, 1143–1180) die neuartige Westpolitik des Vaters wieder auf, gab aber deutlicher als dieser das Ziel einer Rückgewinnung des normannischen Unteritalien, also den Anspruch des universalen Kaisertums auf Untertanen auch in der lateinischen Hemisphäre, zu erkennen. Für den Vollzug seiner verabredeten Ehe mit Bertha, die nun sogar Kaiserin werden sollte und dafür von Konrad III. durch Adoption zur Königstochter gemacht wurde, ließ er sich als Mitgift von dem Staufer zusichern, er werde ihn auf dem geplanten Italienzug aktiv bei der Eroberung Apuliens unterstützen. 1146 fand die Hochzeit mit der in Byzanz Eirene genannten Braut aus dem Westen statt, doch der gemeinsame Angriff auf das Normannenreich blieb aus, weil der Zweite Kreuzzug alle Koalitionen in Europa überlagerte. Während der deutsche wie auch der französische König ohne Fortune in den Orient zogen, nutzte König Roger II. die Lage, um nicht nur wichtige Hafenplätze an der Küste Nordafrikas zu besetzen, sondern 1147 auf dem Wege über Korfu auch tief nach Griechenland einzudringen und Städte wie Korinth, Athen und Theben, Zentren der byzantinischen Seidenproduktion, auszuplündern. Auch wenn der Basileus 1148, erneut mit venezianischer Hilfe (und nach Bestätigung der Privilegien), einen wirksamen Gegenschlag führen konnte, bestand doch aller Anlaß, mit Konrad III. in Thessaloniki vor dessen Heimkehr vom Kreuzzug das gegen die Normannen gerichtete Bündnis zu bekräftigen, zumal sich der schon länger bestehenden antibyzantinischen Allianz Rogers II. mit Konrads innerem Gegner Welf VI. und König Géza II. von Ungarn inzwischen auch Ludwig VII. von Frankreich anzunähern schien, der Sizilien auf dem Rückweg aus Palästina besuchte. Zum versprochenen Eingreifen in Italien ist der Staufer allerdings bis zu seinem Tod Anfang 1152 nicht mehr gekommen, wofür nicht allein eine längere Krankheit und die unsichere Lage nördlich der Alpen den Ausschlag gaben, sondern wohl auch wachsende Bedenken vor einer Rückkehr der Byzantiner nach Italien. Bemühungen um eine Heirat des Thronfolgers Heinrich (VI.) oder gar des verwitweten Königs selbst mit einer Prinzessin vom Bosporus werden so gedeutet, daß damit das Anrecht auf eine neue Mitgift verbunden sein sollte, welche die frühere aufgewogen hätte.

Friedrich I. Barbarossa, der Konrad nachfolgte, war anscheinend von vornherein nicht gesonnen, dem östlichen Imperium italischen

Boden zu überlassen, und verpflichtete sich 1153 lieber dem Papst gegenüber, die Normannen im eigenen Namen zu bekämpfen. Manuel gab jedoch nicht auf und schickte Abgesandte über die Adria, die Friedrich auf dem Rückweg von seiner römischen Kaiserkrönung im August 1155 in Ancona trafen und mit viel Geld dazu bewegen wollten, mit ihnen gemeinsame Sache gegen das Königreich Sizilien zu machen. Obwohl die Gelegenheit günstig schien, da nach dem Tod Rogers II. (1154) dessen Thronerbe Wilhelm I. (1154–1166) zunächst in inneren Schwierigkeiten steckte, waren die maßgeblichen Großen in Barbarossas Umgebung nicht für einen Feldzug in den Süden zu haben, so daß der Westkaiser «nicht ohne Bitterkeit im Herzen» den Heimweg fortsetzte[57]. Ein byzantinischer Vorstoß auf eigene Faust, der zur vorübergehenden Einnahme von Brindisi und weiteren Plätzen in Apulien führte (1155/56), zeigte schnell, daß die eigenen Kräfte zu schwach waren, zumal König Wilhelm vorerst wieder die Oberhand gewann und auch Venedig auf seine Seite zog. Die Folge war, daß sich nicht bloß Papst Hadrian IV. 1156 in Benevent mit den Normannen arrangierte, sondern durch dessen Vermittlung auch Manuel die alte Feindschaft überwand und 1158 mit Sizilien einen auf drei Jahrzehnte angelegten Friedensvertrag abschloß.

Immerhin rund 25 Jahre hat sich das Normannenreich daraufhin vom östlichen Imperium ferngehalten,was gewiß auch daran lag, daß es im Innern weiter stürmische Zeiten durchlief. König Wilhelms Herrschaft stieß bald nicht mehr nur bei Baronen und Städten des Festlands auf zähen Widerstand, sondern stürzte 1160/61 in ihre ernsteste Krise, als bei Unruhen auch in Sizilien erst der Kanzler ermordet wurde, dann die Königsfamilie in die Gewalt von Aufrührern geriet, die den Palast in Palermo stürmten, und schließlich der jugendliche Thronfolger im Tumult umkam. Kaiser Manuel verfolgte indessen seine Ambitionen in Italien nicht länger mit, sondern offen gegen Barbarossa und stärkte finanziell allen den Rücken, die sich vom Machtanspruch des Staufers bedroht sahen: Papst Alexander III., der im Normannenreich jahrelang Zuflucht fand, ebenso wie den mit beiden verbündeten lombardischen Städten und auch Venedig. Von den Konsuln des vom westlichen Kaiser zerstörten Mailand nahm der östliche einen Treueid entgegen, und von Alexander verlangte er mit «der Krone des Römischen Reiches»[58] wohl nicht eine Krönung zum Kaiser anstelle des gebannten Friedrich, sondern eher die Bestätigung seines alleinigen Kaisertums mit Hoheit über Rom, wofür Manuel anscheinend eine Union von griechischer und lateinischer Kirche in Aussicht stellte.

Als sich die Situation im Sommer 1167 durch Barbarossas Scheitern in Rom unversehens entspannte, war in Palermo bereits der minderjährige Wilhelm II. (1166–1189) Nachfolger des Vaters, dessen Tod man aus Sorge vor neuem Aufruhr bis unmittelbar vor der Krönung des Sohnes geheimgehalten hatte. Der Regentschaft der Königswitwe Margarete, die sich mit meist aus Frankreich stammenden Beratern umgab, unterbreitete Manuel 1167 das Angebot einer Heirat seiner Tochter Maria mit dem jungen König, was jedoch im Kronrat (aus Abneigung gegen die Griechen?) abgelehnt wurde. Fünf Jahre später war der herangewachsene Wilhelm II. bereit, die erneut offerierte Braut zu ehelichen, doch diesmal machte der Basileus einen jähen Rückzieher, weil er inzwischen eine Ehe Marias mit Barbarossas Sohn Heinrich VI. (die auch nicht zustandekam) erstrebenswerter fand. Mit dem staufischen Kaiser stand er nämlich seit 1170 wieder in Verhandlungen, denn er hoffte auf ein neues Zusammengehen in Italien vor dem Hintergrund eines rasch eskalierten Konfliktes mit Venedig. Begonnen hatte der Streit mit der Weigerung der Lagunenstadt, Byzanz weiter Flottenhilfe an der dalmatinischen Küste zu leisten, und 1171 gipfelte er in dem kaiserlichen Befehl, alle Venezianer im Imperium, zumeist ob ihrer Privilegien verhaßte Handelsleute, festzunehmen und zu enteignen. Nach der Brüskierung beider früherer Partner, Siziliens und Venedigs, landeten Manuels Beauftragte in Ancona, mußten aber erleben, daß niemand ihnen zur Seite trat, auch Barbarossa nicht, der 1173 den Brückenkopf monatelang belagern ließ. Seine sprunghafte Politik hatte Manuel in völlige Isolation geführt. Venedig erneuerte 1175 die Allianz mit den Normannen und gab 1177 die Bühne ab für den großen Friedensschluß von Kaiser und Papst, wobei endlich auch das Königreich Sizilien vom westlichen Imperium durch einen langfristigen Waffenstillstand anerkannt wurde. Gegen die Seldschuken mußte Manuel 1176 eine schwere Niederlage bei Myriokephalon einstecken, die sein Ansehen auch im Westen weiter verminderte. Sein letzter Schachzug war 1178 die Verheiratung des Thronerben Alexios mit einer französischen Königstochter, was jedoch nichts mehr daran änderte, daß die Bilanz seiner aufwendigen Westpolitik völlig negativ ausfiel.

Byzanz und der Balkan unter den Angeloi

Der Tod Manuels I. am 24. September 1180 wurde für Byzanz zur historischen Zäsur, weil auf drei Komnenenkaiser, die insgesamt 99 Jahre regiert hatten, binnen 24 Jahren der rasche Wechsel von sechs Herrschern folgte, die sämtlich gestürzt wurden und (bis auf einen) keines natürlichen Todes gestorben sind. Die Instabilität an der Reichsspitze brachte fortgesetzt Aufruhr und Repression mit sich, führte zur faktischen Verselbständigung regionaler Machthaber und ermutigte die äußeren Feinde in Ost und West, was alles zusammen das Imperium in den Ruin getrieben hat. Einer der destruktiven Faktoren, die Byzanz um seine europäische Bedeutung bringen sollten, war der zumal in Konstantinopel verbreitete Volkszorn auf die reich und mächtig gewordenen Lateiner, der sich schon 1171 in Ausschreitungen gegen die Venezianer entladen hatte. Er stand auch Manuels Witwe Maria im Wege, die sich als Regentin für ihren erst elfjährigen Sohn Alexios II. (Komnenos, 1180–1183) versuchte, aber als «Fremde» verschrieen war, weil sie dem «fränkischen» Fürstenhaus von Antiochia entstammte. 1182 kam es in der Hauptstadt zu einer Eruption der Gewalt gegen alle Lateiner, vornehmlich Genuesen und Pisaner, die zu Tausenden massakriert oder in die Flucht gejagt wurden. Dabei trat Manuels Vetter Andronikos I. (1183–1185) als neuer Machthaber hervor, der zunächst die Regentschaft für Alexios II. an sich brachte, bald aber dessen Mutter und auch ihn selbst umbringen ließ und als Kaiser zu herrschen begann. Sehr schnell zeigten sich die abträglichen Folgen des Fremdenhasses, der die italischen Seestädte zu bewaffneten Gegenschlägen provozierte, die eigene Flotte wegen des hohen Anteils an westlichen Söldnern lähmte und damit den sizilischen Normannen freie Bahn zu neuer Aggression gab. Als sie unter dem Kommando Graf Tankreds von Lecce (des späteren Königs) 1185 bis Thessaloniki vordrangen und die (seit dem Verlust des Orients) zweitwichtigste Stadt des Reiches ausplünderten, danach gar auf die Kaiserstadt selbst lossteuerten, war eine Notlage entstanden, die durch einen abermaligen Umsturz Isaak II. (1185–1195, 1203/04) aus der im Dienst der Komnenen aufgestiegenen Familie der Angeloi ans Ruder brachte. Er schaffte es, die Normannen vom griechischen Festland zu vertreiben, konnte aber weiter nördlich auf dem Balkan den Machtverfall des Imperiums nicht länger aufhalten.

Während sich die ungarischen Arpáden nach Jahrzehnten enger Bindung an die Komnenen seit Manuels Tod von Byzanz abwandten und unter König Bela III. den Blick wieder nach Westen richteten, kam die seit langem angebahnte Emanzipation der orthodoxen Serben vom Kaiserstaat entscheidend durch Stephan Nemanja (1166–1196, † 1199) voran. Als byzantinischer Klientelfürst in Raszien dehnte er nach 1180 seine Macht von der adriatischen Küste (Dubrovnik) bis vor Sofia aus und traf 1189 mit Friedrich Barbarossa auf dessen Kreuzzug in Nisch zusammen. Vergebens versuchte er den Kaiser für seinen Kampf gegen den «König von Griechenland» zu gewinnen[59]. Trotz einer Niederlage, die ihm eben dieser «König» Isaak 1190 an der Morava beibrachte, konnte sich der Serbe langfristig behaupten und die Dynastie der Nemanjiden begründen, die bis zur osmanischen Eroberung im Lande geherrscht hat (seit 1217 als Könige). Gleichzeitig erhoben sich weiter östlich die ebenfalls orthodoxen Bulgaren zwischen Balkangebirge und unterer Donau, deren früheres Reich 971/1018 von Byzanz vereinnahmt worden war. Mit Unterstützung von Kumanen nördlich der Donau traten zwei adlige Brüder, Theodor-Petros († 1197) und Asen I. († 1196), an die Spitze, die ihren Hauptsitz in Trnovo hatten und seit 1186 den Zarentitel der Herrscher des 10. Jhs. wieder aufgriffen. Auch sie suchten 1189 Kontakt zum staufischen Westkaiser. Beide wurden später ermordet, doch gelang es ihrem jüngeren Bruder Kalojan (1197–1207), die zweite bulgarische Reichsbildung durch weiteren Landgewinn in Thrakien und Makedonien sowie die Einnahme des Schwarzmeerhafens Varna zu konsolidieren und die Eroberungen 1201 durch einen Friedensvertrag mit Byzanz abzusichern. Nach Unionsverhandlungen mit Papst Innocenz III. empfing Kalojan 1204 von einem Legaten aus Rom eine Königskrone und trotzte auch noch dem Lateinischen Kaiserreich von Konstantinopel, dessen erster Herrscher Balduin 1205 besiegt wurde und in bulgarischer Gefangenschaft umkam.

Wichtiger wohl als der Dritte Kreuzzug, der Byzanz hinderte, seine Kontrolle über die Balkanvölker aufrechtzuerhalten, war für Kaiser Isaak II. die Entwicklung im Königreich Sizilien, wo nach dem unzeitigen Tod Wilhelms II. (1189) gegen den Erbanspruch von Barbarossas Schwiegertochter Konstanze (und damit ihres Gatten Heinrich VI.) Graf Tankred von Lecce zum König erhoben wurde. Verglichen mit der Aussicht auf ein staufisches Doppelreich erschien in Konstantinopel dieser Tankred (1190–1194) als das geringere Übel, obwohl er nur wenige Jahre zuvor den normannischen Beute- und Eroberungszug gegen Byzanz angeführt hatte. Mit seinem älteren Sohn Roger (III.) wurde Isaaks Tochter Eirene 1192 vermählt, doch stand über dem Bündnis ein Unstern, da Roger um die Jahreswende 1193/94 und nur ein paar Wochen später Tankred selbst verstarben. Übrig blieb neben dem jüngeren Sohn Wilhelm III. († 1198), dem letzten der Hauteville, gegen den Heinrich VI. leichtes Spiel hatte, die verwitwete byzantinische Kaisertochter, die mit Philipp, Heinrichs jüngstem Bruder, verlobt und 1197, als er Herzog von Schwaben geworden war, verheiratet wurde. Um diese Zeit hatte ihr Vater Isaak II. bereits aufgehört, Basileus zu sein, denn auf dem Weg zum Balkan war er 1195 von seinem eigenen Bruder Alexios III. (Angelos, 1195–1203) überwältigt und geblendet worden. Der neue Kaiser mußte das weitere Erstarken der Bulgaren hinnehmen und fand ebenso wenig ein Mittel gegen die innere Erosion seiner Autorität, die auf das nähere Umfeld der Hauptstadt zusammenzuschrumpfen drohte. Von Heinrich VI. wurde er im Vorfeld von dessen Kreuzzug mit der Drohung einer erneuten sizilischen Invasion in Griechenland zu hohen Tributzahlungen erpreßt, wofür zeitweilig eine Sondersteuer mit der Bezeichnung «Alamanikon» erhoben werden mußte.

Der Vierte Kreuzzug

Als 1201 Alexios, der Sohn des geblendeten (Ex-)Kaisers Isaak II., seiner Haft in Konstantinopel entkam und im Westen auftauchte, um gegen seinen regierenden Onkel Alexios III. zu agitieren und insbesondere von seinem Schwager Philipp, seit 1198 König der staufischen Partei in Deutschland, tätige Rache an dem Usurpator zu verlangen, traf er mitten hinein in die Vorbereitung eines neuen Kreuzzugs, zu dem Papst Innocenz III. ohne Beteiligung weltlicher Herrscher aufgerufen hatte. Er sollte die Gefahren des Landweges vermeiden und zur See nach Ägypten führen, um von dort aus die Rückgewinnung des 1187 verlorenen Jerusalem in Gang zu bringen. Dazu war man auf die Schiffe der Venezianer angewiesen, deren Oberhaupt, der greise Doge Enrico Dandolo (1192–1205), entschlossen war, aus dem Vorhaben finanziellen, aber auch politischen Nutzen zu ziehen. Als sich herausstellte, daß die 1202 in Venedig versammelten Kreuzfahrer vorwiegend aus Frankreich, ferner aus Deutschland und Italien zu gering an Zahl waren, um den zuvor vereinbarten stolzen Preis für den Schiffstransport aufzubringen, aber auch nicht unbegrenzt mit dem Aufbruch warten konnten, bot sich als Ausweg an, die fehlende Geldsumme durch militärische Hilfsleistungen für Venedig zu ersetzen und die am Wege liegende dalmatinische Hafenstadt Zara/Zadar einzunehmen, die die Serenissima 1181 an den König von Ungarn verloren hatte. Sehr zum Ärger des Papstes, der die Beteiligten sogleich mit dem Bann belegte, überfielen und plünderten die Kreuzfahrer im November 1202 eine christliche Bischofsstadt, deren Herrscher selbst das Kreuz genommen hatte. Als in der folgenden Winterpause Abgesandte König Philipps und der genannte Alexios in Zara erschienen, um die Kreuzfahrer für einen Zug gegen den Thronräuber Alexios III. in Konstantinopel zu gewinnen, wodurch ihr Schuldenproblem mit einem Schlag behoben wäre und dem weiteren

Kreuzzug ungeahnte Ressourcen erschlossen würden, stimmte eine Mehrheit zu, während eine enttäuschte Minderheit die Heimreise vorzog. Bis heute bleibt ungewiß, ob diese mit den Interessen Venedigs bestens harmonierende Wendung der Dinge, die der Papst wiederum lebhaft, aber verspätet mißbilligte, bereits vor dem Aufbruch diskret ventiliert worden war. Jedenfalls setzte sich die Flotte gemäß einem im Mai 1203 mit Alexios getroffenen Abkommen von Korfu aus in Bewegung und erreichte am 24. Juni Konstantinopel, wo nach kurzen Kämpfen erreicht wurde, daß sich Alexios III. am 17. Juli geschlagen gab und (mit der Staatskasse) davonflüchtete.

Das Regiment, das nun der blinde Isaak II. und als Mitkaiser sein Sohn Alexios IV. führten, erboste die den Lateinern feindliche Stadtbevölkerung als eine Fremdherrschaft und verärgerte zugleich die vor den Mauern lagernden Kreuzfahrer, weil die in Aussicht gestellten Reichtümer ausblieben. Im Januar 1204 fielen beide Kaiser einem Putsch zum Opfer, der Alexios V., einen Schwiegersohn Alexios' III., auf den schwankenden Thron brachte. Er widerrief alle dem Heer der Lateiner und den Venezianern gemachten Zusagen und muß gewußt haben, daß den Kreuzfahrern in ihrer Zwangslage kaum etwas übrig blieb, als sich mit Gewalt zu holen, was ihnen vorenthalten wurde. Am 13. April 1204 erstürmten sie die größte und reichste Stadt der damaligen Christenheit, die bis dahin von keiner feindlichen Streitmacht betreten worden war, plünderten sie tagelang «mit solcher Beute, wie sie, seit die Welt geschaffen, noch in keiner Stadt gewonnen worden war»[60], und ersetzten den zunächst entwichenen, dann getöteten Alexios V. durch einen lateinischen Kaiser aus den eigenen Reihen, den Grafen Balduin IX. von Flandern, der am 16. Mai in der Hagia Sophia gekrönt wurde. Die Machtverhältnisse spiegelten sich in einer vorab getroffenen Vereinbarung wider, der zufolge die Stadt und das verfügbare byzantinische Reichsgebiet zu drei Achteln den Venezianern und zu einem Viertel dem neuen Kaiser gehören sollten, während die restlichen drei Achtel den Anführern des Kreuzfahrerheeres zu eigener Herrschaftsbildung anheimgegeben wurden. Angesichts des gewaltigen Umbruchs, der einen Grundpfeiler der politischen und kirchlichen Ordnung des mittelalterlichen Europa zum Einsturz gebracht hatte, machte Papst Innocenz III. nach anfänglicher Verurteilung der Gewalttaten seinen Frieden mit den Kreuzfahrern und erkannte deren Tun in der Hoffnung auf die Gewinnung der Griechen für die römische Kirche als Erfüllung des Kreuzzugsgelübdes an. Zum Patriarchen von Konstantinopel wurde ein Venezianer gemacht, der sich dem Papst unterordnete, doch erwies es sich als pure Illusion, mit politischem Druck aus der Welt schaffen zu können, was in Jahrhunderten an kultureller und mentaler Distanz zwischen Ost und West erwachsen war.

V) Europa um 1200

Europa blieb auch um 1200 vorwiegend ein abstrakter Gegenstand geographischen Wissens, auf vielen mittelalterlichen Weltkarten abgebildet als ein Viertel der Erde, war aber in seiner Gesamtheit kaum eine konkret erfahrene Wirklichkeit, die bei den Bewohnern ein Wir-Gefühl geweckt hätte. Wenn im 12./13. Jh. außerhalb kosmographischer oder mythologischer Kontexte der Begriff Europa zur Sprache kam (was selten genug geschah), handelte es sich durchweg um eigentlich ungenaue Gleichsetzungen mit der lateinischen Christenheit, die weit häufiger *Christianitas* oder *ecclesia* genannt und im Kontrast zum «Heidentum» anderer Erdteile einschließlich des Islam gesehen wurde. Die politische Vorstellung von einem Miteinander der christlichen Herrscher Europas findet sich so wenig wie gesonderte kartographische Darstellungen des Kontinents.

Gleichwohl ist unverkennbar, daß sich bis zur Mitte des Mittelalters eine Anzahl von verbindenden Merkmalen zwar nicht buchstäblich ganz Europas, aber doch eines überwiegenden und weiter wachsenden Teils davon ergeben hatte, die ohne Entsprechung in den anderen Kontinenten waren. Ausgehend vom karolingischen Frankenreich, dessen Schrittmacherrolle zu betonen ist, breiteten sich soziale, politische, religiöse und geistige Entwicklungen aus, die das Potential hatten, kennzeichnend zu werden für die historische Rolle Europas in der Welt. Davon soll resümierend in diesem Abschnitt die Rede sein.

Europa um 1200
Christiania
KGR. NORWEGE
Inverness
KGR. SCHOTTLAND
Edinburg
Nordsee
Vibo
KGR.
DÄNEMAR
Armagh
IRLAND
Durham
Leinster
Dublin
Limerick
York
Schleswig
Cork
KGR.
ENGLAND
Hamburg
Bremen
London
Brügge
Münster
Magdeb
Aachen
Köln
Lüttich
Rhein
Atlantischer
Ozean
Amiens
Frankfurt
Rouen
Reims
(englischer
Besitz 1200)
Paris
Corbeil
Worms
Würzbu
Metz
Speyer
Orléans
Angers
Loire
Troyes
Straßburg
Regensb
Chinon
Tours
Augsbu
Poitiers
KGR
FRANKREICH
Basel
Konstanz
Lausanne
Santiago
de Compostela
KGR.
LEÓN
Bordeaux
Clermont
Lyon
Tri
Mailand
Rhône
Po
Vene
Cahors
Turin
Toulouse
León
Pamplona
Avignon
Genua
Ravenna
Porto
Burgos
Ebro
Narbonne
Arles
Pisa
Floren
Marseille
Salamanca
KGR.
KASTILIEN
KGR.
ARAGON
Gerona
Spolet
Santarém
Tajo
Madrid
Barcelona
Korsika
Lissabon
Alcántara
Tarragona
Rom
Toledo
KIRCHE
STAAT
Badajoz
Valencia
Sardinien
Córdoba
Sevilla
Balearen
Granada
Cagliari
Cádiz
Cartagena
Málaga
Mittelmeer
Tanger
Ceuta
Bona
Melilla
Algier
Tunis
Fez
REICH DER ALMOHADEN
Al-Mahdi
Gabes
Tripol
Grenze des Römischen Reiches
0
300
600 km

Sigtuna
Nowgorod
Jaroslawl
Pleskau
Wolga
Moskau
Livland
Oka
Dünaburg
Wolga
Ostsee
Smolensk
Kowno
Litauen
Dnjepr
Danzig
Minsk
RUSSISCHE FÜRSTENTÜMER
Thorn
Bug
Gnesen
Pinsk
Posen
KGR. POLEN
Kiew
Donez
Don
Breslau
Dnjepr
Oder
Krakau
Lemberg
Prag
Halitsch
Brünn
Dnjestr
Wien
Preßburg
Theiß
Ofen
Pest
Belgorod
Drau
KGR. UNGARN
Kronstadt
Cherson
Agram
Petschenegen
Save
Schwarzes Meer
Belgrad
Bosnien
Donau
Sinope
Trapezunt
Spalato
Warna
SERBIEN
Nissa
BULGARIEN
Amastris
Philippopel
SULTANAT ICONIUM
Ragusa
Skopje
Adria
Adrianopel
Konstantinopel
Durazzo
Ankyra
Kaisareia
Melitene
Bari
BYZANTINISCHES REICH
Amorion
Edessa
KGR. SIZILIEN
Ägäis
Larissa
Pergamon
Anazarbos
Ikonion
KGR. ARMENIEN
Smyrna
Aleppo
Ephesos
Athen
Milet
Korinth
Reggio
Laodikeia
Ionisches Meer
Rhodos
Tortosa
Syrakus
KGR. ZYPERN
Tripolis
Damaskus
Sidon
Kreta
Akkon
Mittelmeer
Jerusalem
Gaza
Barka
Alexandria
Kairo
REICH DER AYYUBIDEN
Nil

Verdichtung und Urbanisierung

Allenthalben in Europa stieg seit der Jahrtausendwende die Zahl der Menschen kräftig an. Das Bevölkerungswachstum, begünstigt durch gute klimatische Bedingungen und das Ausbleiben größerer Epidemien, Naturkatastrophen oder Feindseligkeiten, ist nur punktuell an verläßlichen quantitativen Befunden meßbar, als umfassendes Phänomen aber deutlich abzulesen an den Konsequenzen, die damit auf den verschiedenen Lebensgebieten verbunden waren. So erforderte der steigende Bedarf an Nahrungsmitteln und natürlichen Rohstoffen eine beständige Forcierung der agrarischen Produktion, was durch verbesserte Anbaumethoden, vor allem aber die Ausweitung des nutzbaren Bodens im Zuge eines (häufig gelenkten) Landesausbaus erreicht wurde. Die massive Rodung von Wäldern, die Urbarmachung von Sumpfgebieten und die Kultivierung von Gebirgshängen schufen die Grundlage für zahlreiche neue Siedlungen und Verkehrswege, die das Erscheinungsbild weiter Landstriche veränderten. Darüber hinaus kam es zum großräumigen Ausgleich durch Abwanderung aus dichter bevölkerten Gegenden in zuvor spärlich besiedelte Regionen, was in Spanien und Frankreich von Norden nach Süden, in Mitteleuropa vornehmlich von Westen nach Osten und Südosten verlief. Den Landesherren, die dafür die Rahmenbedingungen schufen, brachte der Zuzug eine Festigung ihrer Herrschaft ein, aber auch die beteiligten Bauern profitierten vom gesteigerten Wert ihrer Arbeitskraft durch vermehrte Rechte und geminderte Lasten.

Die wichtigste Auswirkung des demographischen Wandels im Hochmittelalter war das Aufblühen der Städte, die als Zentren nichtagrarischen Wirtschaftens, also von Handel und Gewerbe, eine starke Anziehungskraft auf die Landbevölkerung hatten, sich daher rapide vergrößerten und vermehrten und seit dem 12. Jh. auch eigens gegründet wurden. Diese Urbanisierung änderte nichts daran, daß auch weiterhin der ganz überwiegende Teil der Menschen der Landwirtschaft verhaftet blieb, aber sie gewann doch für Lateineuropa eine Zivilisationsform zurück, die im östlichen Imperium (mit Konstantinopel) und in der islamischen Welt (Córdoba,

Palermo, Kairo, Damaskus) seit der Antike nie untergegangen war. Im frühen 11. Jh. nahm die Entwicklung ihren Ausgang von Oberitalien, griff bald schon über die Alpen hinweg auf Deutschland, Frankreich und England aus und begann sich noch im 12. Jh. auch in Gebieten ohne alle römische Tradition zu verbreiten. Kennzeichnend für die Städte wurde ihre Abgrenzung vom agrarisch und herrschaftlich geprägten Umland nicht bloß durch eine sichtbare Stadtmauer, sondern vor allem durch einen spezifischen, von Ort zu Ort unterschiedlich weit entwickelten Rechtsstatus. Er verhieß den Bürgern (jedenfalls der ökonomischen Führungsschicht) persönliche Freiheit und die Teilhabe an einem genossenschaftlichen Gemeinwesen mit Organen der kollektiven Willensbildung, was sich in den meisten Fällen evolutionär ergeben hat und langfristig wirksame Impulse für das politische Denken in Europa mit sich brachte. Die Umsetzung von gemeinsamem wirtschaftlichen Erfolg in äußere Macht wird am frühesten im Aufstieg von Venedig sichtbar, das bereits um 1000 eine autonom bestimmte Rolle im Mittelmeerraum spielte und zum Vorbild für weitere italische Seestädte wurde, später im Lombardenbund, der Barbarossas Machtstreben in Reichsitalien Einhalt gebot. Aber auch die Geschichte des Imperiums nördlich der Alpen seit der späten Salierzeit sowie Englands und Frankreichs im 12. Jh. weist Situationen auf, in denen bürgerliche Kommunen ihr neuartiges Gewicht in der jeweiligen Reichspolitik geltend machten.

Handel und Kommunikation

Die Verdichtung des Zusammenlebens in Stadt und Land belebte den Warenverkehr, dem die Überschüsse des gesteigerten Getreideanbaus ebenso zugutekamen wie die Produktivität von Handwerk und Gewerbe. Zügig vermehrten sich periodische Märkte für den regionalen Bedarf, die gegen Zollabgaben der Aufsicht und dem Schutz der jeweiligen Obrigkeit unterstanden und häufig die Entstehung einer Stadt angebahnt haben. Auch der seit jeher praktizierte Seehandel mit höherwertigen Gütern nahm im Mittelmeer infolge der Kreuzzüge einen kräftigen Aufschwung und verstärkte sich ebenso zwischen den Küsten von Nord- und Ostsee dank den Fahrtgemeinschaften weitgereister Kaufleute mit ihren Niederlassungen von London bis Novgorod, woraus im 13. Jh. die Hanse hervorging. Kreuzungspunkte des europäischen Fernhandels wurden fest terminierte Jahrmärkte von überregionaler Bedeutung, die im 12./13. Jh. an günstig gelegenen Plätzen Anbieter und Abnehmer von weither zusammenführten wie etwa die Messen an verschiedenen Orten der Champagne, die vor allem dem Verkauf von Textilien aus Flandern und den Niederlanden an Großhändler aus Italien dienten und mit der Zeit zu florierenden Geldmärkten wurden.

Eine wesentliche Voraussetzung kommerzieller Erfolge war nämlich die allgemeine Ausweitung des Geldverkehrs, der im 12. Jh. die Naturalwirtschaft bis in die ländliche Sphäre hinein verdrängte und auch in der hohen Politik in Gestalt von Subsidien und exakt bezifferten Abgaben eine zunehmende Rolle spielte. Dem Bedarf nach größeren Münzen als dem längst entwerteten karolingischen Silberpfennig trug man zuerst in lombardischen und toskanischen Handelsstädten Rechnung, wo um 1170/80 die Prägung eines acht- bis zwölfmal schwereren Grossus (Groschen) begann. Im Verlauf des 13. Jhs. fand das auch jenseits der Alpen mancherlei Nachahmung, wurde aber noch überboten durch die ersten Goldmünzen nach arabischem und byzantinischem Muster, die Kaiser Friedrich II. 1231 sowie mehrere italische Städte seit 1252 in Umlauf brachten. Daneben entwickelten sich um 1200 offenbar von Genua aus frühe Formen des bargeldlosen Zahlungsverkehrs mittels Wechselbriefen, was Italien zur Wiege des europäischen Bankwesens werden ließ.

Nicht bloß Kaufleute mit ihren Gütern überwanden im Hochmittelalter große Entfernungen und alle Grenzen der europäischen Reiche, auch ganz andere Gründe brachten Menschen dazu, den Mühsalen und Gefahren weiter Wege zu trotzen, auf denen man sich ohne alle technischen Hilfsmittel kaum 25 Kilometer am Tag fortbewegte, um nach Wochen oder Monaten ferne Ziele zu erreichen. Zu nennen ist die wachsende Zahl von Pilgern, die seit alters über die Alpen hinweg zu den Apostelgräbern in Rom strebten, seit dem 10./11. Jh. zunehmend auch zum Jakobusgrab in Santiago de Compostela, seit der Öffnung Ungarns gar auf dem Landweg über Konstantinopel bis nach Jerusalem. Pilgerhospize entlang den meistbegangenen Routen wurden zur Vorstufe kommerzieller Gastlichkeit. Sie wurden auch genutzt von der mobilen Schar geistig tätiger Spezialisten wie Künstler und Bauhandwerker, Ärzte und Spielleute, die ihr Auskommen nicht dauerhaft an einem festen Ort fanden und sich bald hier, bald dort niederließen. Dazu kamen in steigendem Maße Scholaren, die auch schon vor der Entstehung förmlicher Universitäten gefragte Lehrer und Schulen, zumal in Frankreich und Italien, aufsuchten. Grenzüberschreitend unterwegs waren zudem die Oberen der rasch expandierenden neuen Orden (Cluniazenser, Zisterzienser, Prämonstratenser), die nur durch gegenseitige Aufsicht und persönliche Begegnungen die Identität ihres Verbandes wahren konnten und sich im 12. Jh. jährlich aus halb Europa zu Generalkapiteln versammelten. Erst recht sorgte der Drang des Reformpapsttums nach wirksamer Leitung der gesamten lateinischen Kirche für regen Reiseverkehr, weniger der Päpste selbst als ihrer Legaten und sonstigen Briefboten, in umgekehrter Richtung all derjenigen, die an die Kurie einbestellt waren (wie die Erzbischöfe zur Entgegennahme des Palliums, ihres Amtsabzeichens) oder von sich aus dort erschienen, um Privilegien, Dispense oder Rechtsauskünfte zu erhalten. Höhepunkte des gesamtkirchlichen Austauschs wurden die päpstlichen Synoden im römischen Lateran, die Hunderte von Bischöfen und Äbten aus allen Ländern der lateinischen Christenheit vereinten. Die gegenseitige Verständigung fiel leicht angesichts der gleichen lateinischen Bildung der Geistlichkeit, die ja auch viele «internationale» Karrieren höherer Kleriker erlaubte. Kaufleute und Pilger, die kein Latein verstanden, taten gut daran, über eine der großen Verkehrssprachen zu verfügen: Volgare im Mittelmeerraum, Französisch im Westen, Deutsch in der Mitte Europas und weiter ostwärts.

Adel, Königtum und Kirche

Alle Gesellschaften des hochmittelalterlichen Europa kannten einen erblichen, auf Sozialprestige und Reichtum gegründeten Herrenstand, der zu seinen Vorrechten den exklusiven Gebrauch von Waffen rechnete und nach dem Prinzip von Schutz und Herrschaft Macht über die Wehrlosen besaß. Dieser Adel war das Fundament jeder höheren politischen Ordnung und zugleich deren wirksamste Gefährdung, weil ihm die Bereitschaft zur bewaffneten Selbsthilfe gleichsam im Blut lag und sich nicht selten rebellierend gegen die Könige kehrte. Dementsprechend großen Wert hatten diese auf den grundsätzlichen Konsens wenn nicht mit allen, so doch mit möglichst vielen Großen zu legen, die durchweg im Wettstreit untereinander nach Ausbau und Festigung ihrer Hoheitsbereiche, nach weiterem dynastischen Aufstieg wie auch nach einflußreichen Kirchenämtern strebten. Förderlich war ihnen dabei die Gunst der Herrscher, die sich ihrerseits sowohl militärisch als auch administrativ auf die Unterstützung durch «ihren» Adel angewiesen sahen. Im Ergebnis führte dies zum fortschreitenden Machtgewinn einer Spitzengruppe von Fürsten auf Kosten einer Mehrheit kleinerer Magnaten, die in deren Schatten traten. In verschiedenen Reichen begannen die Könige im 12. Jh. ihre Abhängigkeit vom Wohlwollen der Großen zu vermindern, indem sie durch bezahlte Söldner und sozial aufsteigende Dienstleute ein Gegengewicht zur Adelsmacht schufen.

Das Königtum wurde im Unterschied zum universalen römischen Kaisertum des Westens und des Ostens gemeinhin auf ein bestimmtes Volk bezogen, das indes weit mehr das Ergebnis als die Voraussetzung einer gelungenen Reichsbildung gewesen sein dürfte. Nach dem Muster der Karolinger, die zur Mitte des 8. Jhs. aus dem Adel des Merowingerreiches zum Königtum der Franken aufgerückt waren und dabei den Segen der Bischöfe und die Salbung des Papstes empfangen hatten, breitete sich in Europa ein Typus von Monarchie aus, der in engem Zusammenhang mit Christentum und Kirche stand. Bei den Nordgermanen in Skandinavien ebenso wie den West- und Südslawen (einschließlich der Ungarn) und auch noch bei der ostslawischen Rus bestand die Reichsbildung im 10./11. Jh. regelmäßig darin, daß sich einer der rivalisierenden Großen gegen seinesgleichen durchsetzte und seiner Vorherrschaft mit der Annahme der Taufe eine neue Qualität gab. Denn dieser Schritt führte zur Anerkennung durch den Kaiser bzw. Basileus wie auch den Papst bzw. Patriarchen und eröffnete den Zugang zu «international» akzeptierten Formen der sakralen Legitimation wie Krönung und Salbung aus geistlicher Hand. Besonders früh sind solche Rituale, die den Vorrang gegenüber allen noch so mächtigen, aber ungeweihten Aristokraten verdeutlichten, für Ungarn (1000) und Polen (1025, ohne Kontinuität, erneut 1076) bezeugt, deutlich später im Verlauf der Christianisierung in Kroatien (1076) und Böhmen (1086, ohne Kontinuität, erneut 1158), in Norwegen (1163/64), Dänemark (1170), Schweden (1210) und Serbien (1217), wozu noch der Sonderfall des 1130 mit Krone und Salböl bedachten normannischen Königreichs Sizilien kommt. Auf der Iberischen Halbinsel, die schon in der späten Westgotenzeit die Salbung von Königen erlebt hatte, kam dergleichen im Hochmittelalter nur gelegentlich vor (1038, 1072, 1111, 1135, 1204), während angelsächsische Könige sich das Zeremoniell schon im späten 8. Jh. zueigen gemacht haben. Nicht zustandegekommen ist diese Art von Monarchie in Irland und Wales, wo die interne Machtkonzentration solange ausgeblieben ist, bis sich die englischen Könige von außen der Herrschaft bemächtigten.

Verliehen wurde das Königtum, so glaubte man, durch Gottes Willen, der sich sowohl in einer möglichst einhelligen Wahl der Großen als auch in der Abkunft von früheren Inhabern dieser Würde äußerte. Die beiden nur theoretisch widerstreitenden Prinzipien flossen in der Praxis vielfach ineinander, wobei im Laufe des Mittelalters der Erbgedanke in Europa immer mehr an Boden gewann. Dem fränkischen Muster der Königswahl dauerhaft verpflichtet blieb allein das Reich der Deutschen, wo Kaiser Heinrich VI. 1195/96 vergebens auf eine Angleichung an die erbliche Thronfolge in Sizilien hinwirkte, während in Frankreich die traditionelle Königswahl angesichts der steten Abfolge kapetingischer

Söhne zur Akklamation verkümmerte und nach 1200 vollends obsolet wurde. Von großen Wahlversammlungen, die zwischen Anwärtern königlichen Geblüts zu entscheiden hatten, wird aus den nordischen Reichen berichtet, wohingegen bei den normannischen Eroberern in England und Sizilien ein striktes Erbrecht die Beteiligung der Großen nur ausnahmsweise zuließ. Vorherrschend war die Weitergabe der Krone innerhalb der Königsfamilie, gegebenenfalls also auch an minderjährige oder weibliche Erben, ebenso in den iberischen Reichen und in Ostmitteleuropa, wobei der Grundsatz der Primogenitur unter dem Eindruck schwerer Thronkämpfe meist erst im 13. Jh. durchdrang. Insgesamt ist deutlich, daß die herrschenden Dynastien durch die Entwicklung begünstigt wurden. Sie gaben ihren Reichen teilweise über Jahrhunderte ein Profil, und das selbst dann noch, wenn im 12. Jh. das Gesamtkönigtum scheiterte und sich in Teilfürstentümer auflöste, denn auch diese blieben ausschließlich in Händen der polnischen Piasten und der russischen Rjurikiden.

Die christliche Fundierung der Monarchie zeigte sich nicht bloß beim Herrscherwechsel, sondern auch im Regierungsalltag. Da die Kirche der Hort der Schriftkultur war, wurde nach der Christianisierung erst mit Hilfe ihrer Geistlichkeit ein auf geschriebenen Verfügungen basierender Herrschaftsstil möglich. Die von den frühen Karolingern entwickelte Organisation der in ihrem Umfeld tätigen Kleriker als Hofkapelle mit Zuständigkeit für den Gottesdienst, laufende Beratung und eben auch den Schriftverkehr wurde von den getauften Königen des «jüngeren» Europa durchweg übernommen. Anders als in Byzanz, wo am Kaiserhof gebildete Laien dominierten, lag daher im lateinischen Westen das Brief- und Urkundenwesen der Könige überall in geistlicher Hand, wovon im 12. Jh. allein Roger II. von Sizilien abzurücken begann. Darüber hinaus schuf die Kirche, begütert durch Schenkungen von Königtum und Adel, ein großflächiges Netz von Bistümern und Pfarreien, in denen die christliche Lehre vermittelt und für das Heil des Königs gebetet wurde. Domkirchen und Klöster unterhielten Schulen, die den Zugang zur lateinischen Geisteswelt ebneten. Die

Bischöfe, durchweg den höchsten Kreisen entstammend, traten fallweise den Herrschern als Mahner entgegen, wobei sie sich auf die Natur des Königtums als eines von Gott (und mittelbar der Kirche) verliehenen Amtes beriefen, standen aber zumeist ihren Monarchen als loyale Helfer zur Seite. Diese waren auch nach dem allenthalben im 12. Jh. üblich gewordenen Verzicht auf die förmliche Investitur weiter erfolgreich in dem Bemühen, ihren bestimmenden Einfluß auf die Auswahl der geistlichen Würdenträger zu wahren. Von großer Bedeutung war für die neu entstehenden christlichen Reiche die päpstliche Bewilligung eines eigenen Erzbischofs, was sie von den älteren Kirchen der Nachbarländer unabhängig machte. Die Synoden, zu denen ein solcher Erzbischof den übrigen Episkopat versammelte, wurden zu repräsentativen Foren des ganzen Reiches.

Christen, Muslime, Juden

Unter den drei monotheistischen Religionen fand das Christentum in römisch-katholischer wie in griechisch-orthodoxer Gestalt bis 1200 in Europa die weiteste Verbreitung, die nur noch Teile des Ostseeraumes (Finnland, Estland, Livland, Litauen) aussparte. Dieser Erfolg war nicht allein dadurch bedingt, daß die christlichen Reiche des Frühmittelalters in breiter Front vom Nordwesten bis zum Südosten des Kontinents unmittelbar an die heidnische Welt der polytheistischen Stammeskulte angrenzten, also einen viel leichteren Zugang dorthin hatten als etwa die rund um das Mittelmeer ansässigen Muslime. Mehr noch ins Gewicht fiel das grundsätzliche Selbstverständnis des Christentums als eines Heilsangebots an die Menschen aller Völker im Unterschied zu dem auf politisch-militärische Expansion ausgerichteten Islam und dem auf ein «auserwähltes Volk» beschränkten Judentum. Gewiß ist auch die missionarische Ausbreitung des Glaubens an Jesus Christus im Früh- und Hochmittelalter streckenweise in Verbindung mit gewaltsamer Eroberung erfolgt (Sachsen, Elbslawen, später Deutschordensstaat), doch hat sie insgesamt zu einem (relativ) friedlichen Nebeneinander christianisierter Völker und nicht zu einem theokratischen Großreich geführt. Da sich allein die östlichen Kaiser (mit schwindender Resonanz), aber nicht die Nachfolger Karls des Großen und Ludwigs des Frommen im Westen als Herrscher aller Gläubigen begriffen, konnte sich im Okzident ein prinzipiell vom Kaisertum losgelöster hierarchischer Aufbau der Gesamtkirche ausformen, dessen Spitze im römischen Papsttum seit der Mitte des 11. Jhs. monarchische Züge annahm und an europäischer Reichweite alle weltlichen Gebieter übertraf. Innerlich weiter gefestigt wurde das Gefüge der lateinischen Papstkirche durch Reformbewegungen im Mönchtum des 11./12. Jhs., die viele Konvente über weite Entfernungen miteinander verbanden und zu «internationalen» Orden in enger Rückbindung an die Kurie führten. Doch zeigten sich auch erste Risse, seitdem im Laufe des 12. Jhs. dualistische Lehren der konsequenten Weltabkehr und Leibfeindlichkeit vom Balkan her in die westliche Welt eindrangen und deren Anhänger vor allem in Italien und Südfrankreich als Katharer («die Reinen») separate Gemeinden bildeten, was alsbald von radikalen Kritikern des Reichtums in Kirche und Welt, den nach ihrem Begründer Petrus Waldes († um 1206) so bezeichneten Waldensern, nachgeahmt wurde. Als solchen Gegenentwürfen zur bestehenden Großkirche von Papst Lucius III. und Kaiser Friedrich I. 1184 gemeinsam der Kampf angesagt wurde, leitete dies eine Zeit langwieriger und grausamer Verfolgungen ein.

Der europäische Islam war am Beginn des 13. Jhs. zu einer Randerscheinung geworden. Von al-Andalus, den Eroberungen auf der Iberischen Halbinsel im frühen 8. Jh., die im Laufe von Generationen den mehrheitlichen Glaubenswechsel der christlichen Bevölkerung bewirkt hatten, war durch die Fortschritte der «Reconquista» bis 1212 nur noch ein Bruchteil im Süden übrig, den Sultane aus der Dynastie der Nasriden von Granada aus behaupteten. Die im 9. Jh. okkupierte und deutlich schneller islamisierte Insel Sizilien sowie allerhand Stützpunkte auf dem süditalischen Festland gingen bis zum Ende des 11. Jhs. vollends an die Normannen verloren. Daraus ergab sich die durchaus neuartige Situation, daß im 12. Jh. Muslime in erheblicher Zahl unter christlicher Herrschaft lebten. Manche verließen gemäß den Normen ihrer Religion das «Land der Ungläubigen» und wanderten nach Nordafrika aus, doch viele suchten zu bleiben und erfuhren im christlichen Spanien neben allenfalls zeitweiliger Duldung zunehmende Repression. Im normannischen Königreich Sizilien, zumal in Palermo, blieb der Islam noch lange ein sichtbarer Bestandteil des öffentlichen Lebens, doch kam es nach der Zeit Rogers II. auch mehrfach zu blutigen Übergriffen. Schließlich war es Kaiser Friedrich II., der die Muslime 1246 endgültig von der Insel vertrieb, nachdem er ihnen schon seit 1223/24 im apulischen Lucera ein geschütztes Reservat eingerichtet hatte, wo sie zur Heerfolge verpflichtet waren. Erst die Offensive der osmanischen Türken auf dem Balkan zur Mitte des 14. Jhs. sollte den Islam als politischen Faktor nach Europa zurückbringen.

Ein Dasein abseits der politischen Geschichte führte die religiöse Minderheit der Juden, die sich durch einen festen Platz im theologischen Weltbild der Christen wie der Muslime von der Heidenwelt abhoben. Nach dem Untergang ihres biblischen Staatswesens im «gelobten Land» Palästina (1./2. Jh. n. Chr.) hatten sie sich in der Zerstreuung («Diaspora») über weite Teile des Römerreiches ausgebreitet, blieben in der östlichen Hälfte des Imperiums stets präsent und hatten im lateinischen Westen frühmittelalterliche Siedlungsschwerpunkte in Spanien (auch unter maurischer Herrschaft) sowie in Italien und Südgallien, von wo aus sie im 9./10. Jh. bis an den Rhein und darüber hinaus vordrangen, seit 1066 auch nach England, kaum dagegen nach Skandinavien. Während sie in Südeuropa in Stadt und Land anzutreffen waren, dominierten nördlich der Alpen städtische Gemeinden, die von Handwerk und Handel, seit dem 11. Jh. zunehmend auch von (den Christen verbotenen) Zinsgeschäften lebten. Gesicherte Gesamtzahlen sind kaum zu gewinnen, doch dürfte der jüdische Bevölkerungsanteil im Hochmittelalter nur an wenigen lokalen Schwerpunkten deutlich mehr als ein bis zwei Prozent betragen haben. Einen umfassenden institutionellen Rahmen gab es nicht, weshalb sich die prinzipiell autonomen Gemeinden zur Wahrung der gemeinsamen religiösen Tradition der Auskünfte von überörtlich anerkannten Rechtsgelehrten bedienten. Die von der christlichen Umwelt sichtbar abweichende Lebensweise, die das Beieinander in gesonderten Stadtvierteln nahelegte (aber den friedlichen Austausch keineswegs ausschloß), ferner Neid auf den relativen Wohlstand vieler Juden und mehr noch deren im Neuen Testament überlieferte Rolle beim Tod Christi bewirkten mindestens latente Spannungen, die sich trotz ausdrücklicher Verbote von weltlicher und kirchlicher Seite schon im Frühmittelalter in Gewaltakten von Christen entladen hatten. Im gewandelten religiösen Klima seit der Mitte des 11. Jhs. steigerte sich dies zu rabiaten Verfolgungen, als Scharfmacher unter den Christen wie den Muslimen die Nachbarschaft von Juden nicht länger hinzunehmen bereit waren und auch vor deren Ermordung nicht zurückschreckten, wenn sie sich der «Bekehrung» verweigerten. Nach einem ersten schweren Pogrom im islamischen Granada mit Tausenden von Todesopfern (1066) waren es 1096 aufgehetzte Christen, die zu Beginn des Ersten Kreuzzugs in den rheinischen Städten auf ähnliche Weise wüteten. Am Vorabend des Zweiten Kreuzzugs (1146) wiederholten sich derartige Exzesse vornehmlich in Frankreich, vor dem Dritten Kreuzzug (1189/90) in England. Für zusätzlichen Zündstoff und lokale Gewaltausbrüche sorgten die seit dem 12. Jh. in Umlauf gebrachten Behauptungen über jüdische Ritualmorde. Die überlebenden Juden reagierten teilweise mit der Abwanderung nach Osten, teilweise mit der Ansiedlung in kleineren Orten, so daß sich etwa in Deutschland die Zahl ihrer Gemeinden vermehrte, deren Größe aber verringerte. Die Zahlungen für den Judenschutz, der oft genug versagt hatte, machten die christlichen Herrscher zu einer sprudelnden Einnahmequelle.

Aufschwung der Wissenschaften

Zu den europäischen Phänomenen des 12. Jhs. gehört nicht zuletzt die Intensivierung und Professionalisierung des wissenschaftlichen Denkens, was so wenig wie zur Karolingerzeit einen als «Renaissance» zu bezeichnenden Selbstzweck hatte, sondern im Dienst eines vertieften Verständnisses von christlichem Glauben und sichtbarer Natur stand. Dabei stützte sich die lateinische Geisteswelt weithin auf Voraussetzungen, die außerhalb von ihr geschaffen worden waren: Übersetzungen aus dem Griechischen und dem Arabischen, die, auch unter Beteiligung sprachkundiger Juden, in Spanien, Sizilien, Byzanz und den Kreuzfahrerstaaten entstanden waren und bis dahin kaum geahnte Zugänge zu Philosophie, Medizin und Naturkunde der Antike eröffneten, wozu noch die von Bologna ausgegangene Wiederbelebung der Kenntnis des römischen Rechts kam. Die Beschäftigung mit diesem Wissensstoff von großenteils vorchristlicher Provenienz setzte sich nur zögernd und gegen mancherlei theologisch begründeten Widerstand durch, hat dann aber wesentlich zur Ausformung der einzelnen wissenschaftlichen Disziplinen, zur begrifflichen Präzisierung und konsequenten Systematisierung ihrer Inhalte beigetragen und ganz neue Formen der gelehrten Auseinandersetzung entstehen lassen. Die Benennung tradierter Widersprüche, die Gegenüberstellung konträrer Argumente und das abwägende Bemühen um eine rationale Klärung wurden kennzeichnend für den Denkstil der Scholastik, nicht nur in der Theologie.

Bald nach 1100 zeigte sich, daß die neue Art von Wissenschaft den Rahmen der herkömmlichen Kloster- und Domschulen sprengte, die gemäß dem spätantiken Fächerkanon der «Sieben freien Künste» (*Septem liberales artes*) elementare Kenntnisse vermittelten. Höhere Ansprüche versprachen nun spezialisierte Magister zu erfüllen, die ihre Lehre öffentlich anboten und zahlende Scholaren von nah und fern anzogen, sich aber auch selbst überall dort niederließen, wo sie ihr Auskommen fanden. Bevorzugtes Zielgebiet dieser akademischen Mobilität wurden das nördliche Frankreich und das normannische England, wo an bekannten geistlichen Schulorten (Laon, Reims, Orléans, Chartres, Paris, Oxford) auch gehobener «privater» Unterricht in einzelnen *Artes* sowie Theologie und Philosophie geboten wurde; daneben hatten für die wissenschaftliche Vermittlung von (nicht zuletzt arabischer) Medizin schon früh Salerno, dann auch Chartres, Toledo und Montpellier den höchsten Ruhm gewonnen, während Bologna die Hochburg der Juristen war. In Frankreich wurde Chartres bis zur Mitte des 12. Jhs. von der prosperierenden Hauptstadt Paris überflügelt, wo Petrus Abaelardus († 1142) als gefeierter und streitbarer Lehrer der Dialektik (Logik) viele Scholaren in seinen Bann schlug und erst am Ende eines bewegten Lebens durch ein von seinen Gegnern erwirktes Lehrverbot des Papstes zum Schweigen gebracht wurde. Das Vorrecht des Kanzlers der Pariser Domkirche Notre-Dame, in der ganzen Stadt über die Befugnis zur Lehre zu befinden, um deren Einheitlichkeit und Qualität zu sichern, wurde zunehmend Stein des Anstoßes für die Magister, deren Elitebewußtsein in dem Maße wuchs, wie sich ihr Wissensvorrat durch weitere Übersetzungen (zumal des Aristoteles) vermehrte, auch Kirchenrecht und Medizin in die Lehre einbezogen wurden und der Zustrom der Hörer aus der ganzen lateinischen Christenheit anschwoll. Gerade um das Jahr 1200 taten Magister und Scholaren den entscheidenden Schritt, sich über die Fachgrenzen hinweg genossenschaftlich zusammenzuschließen, um als Ortsfremde einander gegen die lokale kirchliche Autorität ebenso wie das Volk von Paris beizustehen und autonom über den Zugang zum Katheder, die Organisation von Studium und Prüfungen oder interne Streitfälle entscheiden zu können. Die dafür gewählte Bezeichnung *universitas (magistrorum et scolarium)*, erstmals 1208/09 belegt in der Bestätigungsurkunde Papst Innocenz' III., war damals genauso gebräuchlich für freie Vereinigungen von Kaufleuten, Handwerkern, Juden oder Bürgern und betonte deren egalitären Zuschnitt. Ein analoger Vorgang spielte sich wohl schon ein paar Jahre früher in Bologna ab, wo die Magister das städtische Bürgerrecht besaßen und die weitgereisten Scholaren zunächst unterschiedliche «Nationen» bildeten und diese sich zu zwei *universitates (scolarium)* der Nordalpinen und der Südalpinen mit je eigenem Rektor formierten. Auch das englische Oxford samt Cambridge, dessen Universität 1209 durch Abwanderung aus Oxford entstand, sowie Montpellier, seit 1204 unter aragonesischer Herrschaft, gehören zu den ältesten Schauplätzen des neuartigen akademischen Zusammenlebens, das zum Erbe des europäischen Hochmittelalters an die ganze Welt geworden ist.

Anhang

Anmerkungen

II. Das karolingische Europa 700 bis 900

1 Fredegar-Chronik, Continuatio c. 13 (MGH Scriptores rerum Merovingicarum 2, 1888, S. 175).
2 Ebenda c. 14 (S. 175).
3 Isidor, Continuatio Hispana a. DCCLIV zu 731 (MGH Auctores antiquissimi 11, 1894, S. 362).
4 Fredegar-Chronik, Continuatio c. 30 (S. 181).
5 Ebenda c. 33 (S. 182).
6 Annales regni Francorum zu 749 (MGH Scriptores rerum Germanicarum [6], 1895, S. 8).
7 Einhard, Vita Karoli Magni c. 7 (MGH Scriptores rerum Germanicarum [25], 1911, S. 9).
8 Annales qui dicuntur Einhardi zu 775 (MGH Scriptores rerum Germanicarum [6], 1895, S. 41).
9 Einhard, Vita c. 7 (S. 10).
10 Annales regni Francorum zu 788 (S. 80).
11 Einhard, Vita c. 13 (S. 16).
12 Bonifatius, Brief 22 (MGH Epistolae selectae 1, 1916, S. 36 ff.).
13 Vita Bonifatii auctore Willibaldo c. 6 (MGH Scriptores rerum Germanicarum [57], 1905, S. 31).
14 Bonifatius, Brief 86 (S. 193).
15 Bonifatius, Brief 50 (S. 82).
16 So die Akklamation bei der Kaiserkrönung (unten Anm. 50).
17 Capitulatio de partibus Saxoniae (MGH Fontes iuris Germanici antiqui 4, 1918, S. 37–44).
18 Alkuin, Brief 111 (MGH Epistolae 4, 1895, S. 160, 161).
19 Vita Anskarii auctore Rimberto c. 7 (MGH Scriptores rerum Germanicarum [55], 1884, S. 26).
20 Vita Anskarii c. 9 (S. 30).
21 Vita Anskarii c. 24 (S. 52).
22 Vita Constantini c. 14, übers. v. Josef Bujnoch (Slawische Geschichtsschreiber 1, [2]1972, S. 93).
23 Johannes VIII., Brief 255 (MGH Epistolae 7, 1928, S. 222).

24 Nikolaus I., Brief 99 (MGH Epistolae 6, 1925, S. 568–600).
25 Einhard, Vita c. 29 (S. 33).
26 Agobard, Adversus legem Gundobadi c. 4, 3, 7 (Corpus Christianorum, Continuatio Mediaevalis 52, 1981, S. 21, 20, 23).
27 Synode von Tours 813 c. 17 (MGH Concilia 2/1, 1906, S. 288).
28 Nithard, Histoire des fils de Louis le Pieux III c. 5, ed. Ph. Lauer (1926) S. 100 ff.
29 Einhard, Vita c. 29 (S. 33).
30 Hinkmar, De ordine palatii (MGH Fontes iuris Germanici antiqui 3, [2]1980).
31 Die Admonitio generalis Karls des Großen (MGH Fontes iuris Germanici antiqui 16, 2012).
32 Admonitio ad omnes regni ordines (MGH Capitularia regum Francorum 1, 1883, S. 303–307).
33 Die Kapitulariensammlung des Ansegis (MGH Capitularia regum Francorum N. S. 1, 1996).
34 Capitulare de villis. Hg. u. eingel. v. C. Brühl (1971).
35 Capitulare missorum in Theodonis villa datum secundum (MGH Capitularia 1 S. 122–126).
36 Formulae imperiales n. 37 (MGH Formulae, 1886, S. 314 f.).
37 Karoli Epistola de litteris colendis (MGH Capitularia 1 S. 78 f.).
38 Einhard, Vita c. 25 (S. 30).
39 Synode von Paris 829, Relatio episcoporum c. 12 (MGH Concilia 2/2, 1908, S. 675).
40 Liber Pontificalis, Vita Gregorii III c. 3, ed. L. Duchesne (Le Liber Pontificalis 1, 1886, S. 416).
41 Theophanes, Chronographia zu 6224, ed. C. de Boor (1883) S. 410.
42 Codex Carolinus n. 60 (MGH Epistolae 3, 1892, S. 587).
43 Opus Caroli regis contra synodum (Libri Carolini) (MGH Concilia 2, Supplementum 1, 1998, S. 97).
44 Synode von Frankfurt 794, Epistola Karoli (MGH Concilia 2/1 S. 158).
45 Ebenda, Capitulare (S. 165).
46 Annales regni Francorum zu 799 (S. 104).
47 Die Kölner Chronikanhänge von 798 (MGH Quellen zur Geistesgeschichte 21/2, 2006, S. 793).
48 Alkuin, Brief 174 (S. 288).
49 Annales Laureshamenses zu 801 (MGH Scriptores 1, 1826, S. 38).
50 Liber Pontificalis, Via Leonis III c. 23, ed. L. Duchesne (Le Liber Pontificalis 2, 1892, S. 7); Annales regni Francorum zu 801 (S. 112).
51 Einhard, Vita c. 28 (S. 32).

52 Erstmals in Karls Diplom Nr. 197 (MGH Diplomata Karolinorum 1, 1906, S. 265).
53 Theophanes, Chronographia zu 6294 (S. 475).
54 Annales regni Francorum zu 812 (S. 136).
55 Divisio regnorum (MGH Capitularia 1 S. 126–130).
56 Ordinatio imperii (ebenda S. 270–273).
57 Agobard, De privilegio apostolicae sedis c. 5 (Corpus Christianorum, Continuatio Mediaevalis 52 S. 305).
58 Liber Pontificalis, Vita Sergii II c. 13, ed. Duchesne 2 S. 89.
59 Annales Bertiniani zu 856, publ. par F. Grat u. a., 1964, S. 73 u. ö.; Annales Fuldenses zu 859 (MGH Scriptores rerum Germanicarum [7], 1891, S. 53) u. ö.
60 Annales Fuldenses zu 893 (S. 122).
61 Synode von Paris 825, Epistola imperatorum (MGH Concilia 2/2 S. 475).
62 Ludovici II imperatoris epistola ad Basilium (MGH Epistolae 7 S. 385–394).
63 J. Prelog, Die Chronik Alfons' III. Untersuchung und kritische Edition der vier Redaktionen (1980) S. 23.
64 Annales regni Francorum zu 821 (S. 154).
65 Bede's Ecclesiastical History of the English People I c. 15, ed. by B. Colgrave/R. A. B. Mynors (1969) S. 50.
66 The Anglo-Saxon Chronicle zu 827 (829), transl. and ed. by M. J. Swanton (1996) S. 60.
67 Bede's Ecclesiastical History II c. 5 (S. 148 f.).
68 Alkuin, Brief 100 (S. 144 ff.).
69 Annales Bertiniani zu 851 (S. 63 f.).
70 Vita Anskarii c. 9 (S. 30).
71 Dudo, De moribus et actis primorum Normanniae ducum c. 28, ed. par J. Lair (1865) S. 168 f.
72 Stephan V., Brief 1 (MGH Epistolae 7, 1912/28, S. 355).
73 Constantinus Porphyrogenitus, De administrando imperio c. 32, ed. G. Moravcsik ([2]1967) S. 160.
74 Annales Bertiniani zu 839 (S. 30 f.).
75 The Russian Primary Chronicle. Laurentian Text, transl. and ed. by S. H. Cross – O. P. Sherbowitz-Wetzor (1953) S. 58 ff.
76 Photios, Brief 2, ed. B. Laourdas – L. G. Westerink, Bd. 1 (1983) S. 50.
77 Ordinatio imperii (MGH Capitularia 1 S. 271).
78 Episcoporum Relatio Compendiensis (MGH Capitularia 2, 1897, S. 52).
79 Regino von Prüm, Chronicon zu 841 (MGH Scriptores rerum Germanicarum [50], 1890, S. 75).

80 Hlotharii, Hludowici et Karoli conventus apud Marsnam primus (MGH Capitularia 2 S. 69, 70).
81 Synode von Quierzy 858 (MGH Concilia 3, 1984, S. 408–427).
82 Annales Fuldenses zu 887 (S. 115).
83 Synode von Paris 829 c. 3 (MGH Concilia 2/2 S. 610).
84 Annales Fuldenses zu 888 (S. 116).
85 Regino, Chronicon zu 888 (S. 129).
86 Annales Fuldenses zu 900 (S. 134).

III. Das ältere und das jüngere Europa 900 bis 1050

1 Pactum cum Karolo rege Franciae occidentalis (MGH Constitutiones 1, 1893, S. 1 f.).
2 Widukind von Corvey, Sachsengeschichte I c. 40 (MGH Scriptores rerum Germanicarum [60], 1935, S. 60).
3 Widukind, Sachsengeschichte II c. 1–2 (S. 63 ff.).
4 Synode von Ingelheim 948 (MGH Concilia 6, 1987–2007, S. 159 f.).
5 Flodoard, Annales zu 952, ed. Ph. Lauer (1905) S. 133.
6 Regino, Chronicon, Continuatio zu 953 (S. 166).
7 Widukind, Sachsengeschichte III c. 46, 49 (S. 127 f.).
8 Papsturkunden 896–1046, bearb. von H. Zimmermann, Bd. 1, [2]1988, S. 281 ff. Nr. 154; Ottos Diplom Nr. 235 (MGH Diplomata regum et imperatorum Germaniae 1, 1879–1884, S. 322 ff.).
9 Annales Sangallenses maiores zu 978, ed. C. Henking (1884) S. 296.
10 Annales Hildesheimenses zu 973 (MGH Scriptores rerum Germanicarum [8], 1878, S. 23).
11 Annales Altahenses maiores zu 973 (MGH Scriptores rerum Germanicarum [4], 1891, S. 11).
12 Widukind, Sachsengeschichte III c. 75 (S. 152).
13 Widukind, Sachsengeschichte III c. 69 (S. 144).
14 Annales Quedlinburgenses zu 1009 (MGH Scriptores rerum Germanicarum 72, 2004, S. 527).
15 Thietmar von Merseburg, Chronik I c. 26 (MGH Scriptores rerum Germanicarum N. S. 9, 1935, S. 34).
16 Erstmals erhalten an Ottos Diplom Nr. 285 (MGH Diplomata regum et imperatorum Germaniae 2/2, 1893, S. 710).
17 Gallus Anonymus, Chronicon et gesta ducum sive principum Polonorum I c. 6, ed. K. Maleczyński (Monumenta Poloniae Historica, S. N. 2, 1952, S. 19 f.).
18 Thietmar, Chronik IV c. 59 (S. 198).
19 Ottos Diplom Nr. 389 (S. 818 ff.).

20 Erstmals erhalten an Heinrichs Diplom Nr. 37 (MGH Diplomata regum et imperatorum Germaniae 3, 1900–03, S. 42 f.).
21 Heinrichs Diplom Nr. 143 (S. 170).
22 Erstmals in Heinrichs Diplom Nr. 70 (S. 87), zuletzt in Nr. 95 (S. 119).
23 Erstmals erhalten an Konrads Diplom Nr. 195 (MGH Diplomata regum et imperatorum Germaniae 4, 1909, S. 259 f.).
24 Richer von Reims, Historiae IV c. 12 (MGH Scriptores 38, 2000, S. 239).
25 Charters of the New Minster, Winchester, ed. by S. Miller (2001) S. 49 ff. Nr. 9.
26 Charters of Abingdon Abbey, Part 1, ed. by S. E. Kelly (2000) S. 107 ff. Nr. 25, Charters of Malmesbury Abbey, ed. by S. E. Kelly (2005) S. 211 ff. Nr. 25, und öfter.
27 Widukind, Sachsengeschichte III c. 65 (S. 140 f.).
28 Danmarks runeindskrifter, ed. L. Jacobsen/E. Moltke (1941/42) Nr. 42.
29 Adam von Bremen, Hamburgische Kirchengeschichte IV c. 39 (MGH Scriptores rerum Germanicarum [2], [3]1917, S. 275).
30 William of Malmesbury, Gesta regum Anglorum II c. 183, ed. and transl. by R. A. B. Mynors, Bd. 1 (1998) S. 324.
31 Encomium Emmae reginae III c. 13, ed. A. Campbell (1949, [2]1998) S. 52.
32 The Anglo-Saxon Chronicle D 1052 (1051), transl. and ed. by M. J. Swanton (1996) S. 176.
33 William of Poitiers, The Gesta Guillelmi II c. 25, ed. and transl. by R. H. C. Davis/M. Chibnall (1998) S. 138.
34 Widukind, Sachsengeschichte I c. 35 (S. 50).
35 Widukind, Sachsengeschichte III c. 8, 69 (S. 108, 144).
36 Cosmas von Prag, Chronik der Böhmen I c. 29 (MGH Scriptores rerum Germanicarum. Nova Series 2, 1923, S. 53).
37 Widukind, Sachsengeschichte III c. 66 (S. 141).
38 Wie Anm. 37.
39 Die Kanonessammlung des Kardinals Deusdedit III c. 199, hg. von V. Wolf von Glanvell (1905) S. 359.
40 Thietmar, Chronik V c. 10 (S. 232).
41 Widukind, Sachsengeschichte III c. 53 (S. 132).
42 Thietmar, Chronik VI c. 25 (S. 304).
43 Thietmar, Chronik VIII c. 4 (S. 496 f.).
44 Wie Anm. 18.
45 Constantinus Porphyrogenitus, De administrando imperio c. 22, 49, 51 (S. 98, 230, 246).
46 Ephraemius Chronographus, Caesares (Migne, Patrologia Graeca 143, 1865, Sp. 117A, 120A).

47 Constantinus Porphyrogenitus, De cerimoniis aulae Byzantinae II c. 15, ed. J. J. Reiske, Bd. 1 (1829) S. 594–598.
48 Regino, Chronicon, Continuatio zu 959 (S. 170).
49 Russian Primary Chronicle (S. 116 f.), wo die Taufe Vladimirs selbst nach Cherson verlegt wird.
50 Gerbert, De rationali et ratione uti, in: Oeuvres de Gerbert, par A. Olleris (1867) S. 298.
51 Johannes Scylitzes, Synopsis historiarum, ed. I. Thurn (1973) S. 409.
52 Michael Attaleiates, Historia, ed. I. Bekker (1853) S. 154 f.
53 Johannes von St. Arnulf, Vita Johannis abbatis Gorziensis c. 115 (MGH Scriptores 4, 1841, S. 369).
54 Hrotsvit, Pelagius v. 12, in: Hrotsvithae Opera (MGH Scriptores rerum Germanicarum [34], 1902, S. 52).
55 Ibn Khaldun, nach E. Lévi-Provençal, Histoire de l'Espagne musulmane, Bd. 2 ([2]1950) S. 250.
56 Erstbelege von 916/17: E. Saez, Colección documental del Archivo de la Catedral de León (775–1230), Bd. 1 (1987) Nr. 38, 41 (mit Bezug auf Alfons III.).
57 Brief des Bischofs Oliba von Ausona-Vic (1023/32), hg. von R. Beer, Die Handschriften des Klosters Santa Maria de Ripoll, Bd. 1 (1907) S. 79 f.
58 Widukind, Sachsengeschichte III c. 70 (S. 147).
59 Amato di Montecassino, Storia de' Normanni, volgarizzata in antico francese, I c. 17, hg. v. V. de Bartholomaeis (1935) S. 21 f.
60 Kanonessammlung des Deusdedit III c. 284, 285, 288 (S. 393 ff.).

IV. Das päpstliche Europa 1050 bis 1200

1 Papstwahldekret (MGH Concilia 8, 2010, S. 383 ff.).
2 Gregor VII., Register 2, 55 a, II (MGH Epistolae selectae 2, 1920/23, S. 202).
3 Gregor, Register 2, 13; 2, 52 a; 2, 63; 2, 70 (S. 145, 196, 218, 230), jedoch nie in direkter Anrede.
4 Bonizo von Sutri, Liber ad amicum VIII (MGH Libelli de lite 1, 1891, S. 609).
5 Erstmals am 7. 3. 1100: J. v. Pflugk-Harttung, Acta pontificum Romanorum inedita, Bd. 1 (1881) S. 69 f. Nr. 76.
6 Gerhoch von Reichersberg, Libellus de ordine donorum sancti spiritus (MGH Libelli de lite 3, 1897, S. 280).
7 Bernhard von Clairvaux, Brief 124, in: San Bernardo, Lettere, Bd. 1 (1986) S. 572.
8 Friedrichs Diplom Nr. 690 (MGH Diplomata regum et imperatorum Germaniae 10/3, 1985, S. 208 f.).

9 Erstmals am 8. 7. 1089: J. v. Pflugk-Harttung, Acta pontificum Romanorum inedita, Bd. 2 (1884) S. 145 f. Nr. 178.
10 Heinrich von Segusio (Hostiensis), In quintum decretalium librum commentaria (1581, ND 1965) fol. 60va (zu X 5, 20, 4).
11 The Summa Parisiensis on the Decretum Gratiani, ed. T. P. McLaughlin (1952) S. 108 (zu C.2 q.6 c. 3).
12 Robertus Monachus, Historia Iherosolimitana I c. 2 (Recueil des historiens des croisades. Historiens occidentaux 3, 1866, S. 729); Chronica monasterii Casinensis IV c. 11 (MGH Scriptores 34, 1980, S. 475).
13 Ekkehard von Aura, Chronik zu 1099 (MGH Scriptores 6, 1844, S. 217).
14 Robertus Monachus, Historia I c. 2 (S. 729).
15 Bernhard, Brief 457, in: San Bernardo, Lettere, Bd. 2 (1987) S. 624.
16 Annales Herbipolenses zu 1147 (MGH Scriptores 16, 1859, S. 3).
17 Bernhard von Clairvaux, De consideratione ad Eugenium papam II c. 1–4, in: San Bernardo, Trattati (1984) S. 788–796.
18 Überliefert in Historia de expeditione Friderici imperatoris des sog. Ansbert (MGH Scriptores rerum Germanicarum N. S. 5, 1928, S. 6–10).
19 Epistola de morte Friderici imperatoris (MGH Scriptores rerum Germanicarum N. S. 5, 1928, S. 178).
20 Wie Anm. 3.
21 Gregor, Register 3, 10 a (S. 270).
22 Gregor, Register 7, 14 a (S. 486 f.).
23 Bernold von Konstanz, Chronik zu 1093 (MGH Scriptores rerum Germanicarum N. S. 14, 2003, S. 503).
24 Hermann von Tournai, Liber de restauratione s. Martini Tornacensis c. 85 (MGH Scriptores 14, 1883, S. 315).
25 Suger von Saint-Denis, Vita Ludovici Grossi c. 28, ed. H. Waquet (^{2}1964) S. 230.
26 Otto von Freising, Chronica VII c. 20 (MGH Scriptores rerum Germanicarum [45], 1912, S. 339).
27 Otto und Rahewin von Freising, Gesta Friderici I. imperatoris II c. 2 (MGH Scriptores rerum Germanicarum [46], 1912, S. 103).
28 Johannes von Salisbury, Letters, Bd. 1: The Early Letters (1153–1161), ed. by W. J. Millor – H. E. Butler (1955) S. 206 Nr. 124.
29 Chronica regia Coloniensis zu 1184 (MGH Scriptores rerum Germanicarum [18], 1880, S. 133).
30 Annales Marbacenses zu 1196 (MGH Scriptores rerum Germanicarum [9], 1907, S. 68).
31 Erstmals in einer Urkunde vom April 1067: Regesta regum Anglo-Normannorum 1066–1154, Vol. 1, by H. W. C. Davis – R. J. Whitwell (1913) S. 2 Nr. 6 a.

32 The Anglo-Saxon Chronicle zu 1085 (S. 216).
33 W. Stubbs, Select Charters and Other Illustrations of English Constitutional History ([9]1913) S. 116–119.
34 Suger, Vita Ludovici Grossi c. 10 (S. 60).
35 Wilhelm von Malmesbury, Historia Novella c. 47, ed. by E. King – K. R. Potter (1998) S. 92.
36 So bereits in einer Urkunde von 1137: A. Luchaire, Etudes sur les actes de Louis VII (1885) S. 349 ff. Nr. 3.
37 Councils & Synods with other documents relating to the English Church, Vol. 1/2, ed. by D. Whitelock – M. Brett – C. N. L. Brooke (1981) S. 877–883.
38 Giraldus Cambrensis, De principis instructione III c. 26, ed. G. F. Warner (1891) S. 297.
39 So in einer Urkunde vom Juli 1087: A. Gambra, Alfonso VI. Cancillería, curia e imperio, Bd. 2 (1998) S. 236 f. Nr. 89.
40 So in einer Urkunde von 1116: J. A. Lema Pueyo, Colección diplomática de Alfonso I de Aragón y Pamplona (1104–1134) (1990) S. 41 f. Nr. 33.
41 Chronica regia Coloniensis zu 1212 (S. 233).
42 The Acts of Welsh Rulers 1120–1283, ed. by H. Pryce (2005) S. 620 ff. Nr. 429.
43 M. P. Sheehy, Pontificia Hibernica, Vol. 1 (1962) S. 15 f. Nr. 4.
44 Überliefert in Roger Howden, Chronica, ed. W. Stubbs, Vol. 2 (1869) S. 360 f.
45 Diplomatarium Danicum 1/2, ed. L. Weibull-N. Skyum-Nielsen (1963) S. 109 Nr. 57.
46 Annalista Saxo, Reichschronik zu 1134 (MGH Scriptores 37, 2006, S. 597).
47 Lampert von Hersfeld, Annalen zu 1077 (MGH Scriptores rerum Germanicarum [38], 1894, S. 285).
48 Cosmas, Chronik II c. 37 (S. 134 f.).
49 Ebo, Vita Ottonis episcopi Bambergensis III c. 6, ed. J. Wikarjak-K. Liman (1969) S. 105.
50 Anonyme Kaiserchronik zu 1114, hg. von F.-J. Schmale-I. Schmale-Ott (1972) S. 262.
51 Otto und Rahewin, Gesta Friderici I c. 32 (S. 50 f.).
52 Russian Primary Chronicle (S. 142).
53 Ebenda (S. 187 f.).
54 E. Caspar, Die Legatengewalt der normannisch-sicilischen Herrscher im 12. Jahrhundert, in: Quellen und Forschungen aus italienischen Archiven und Bibliotheken 7 (1904) S. 218 f. (Edition).

55 Alexander von Telese, De rebus gestis Rogerii Siciliae regis II c. 2, ed. V. Lo Curto (2003) S. 62.

56 S. Borsari, Il crisobullo di Alessio I per Venezia, in: Annali dell'Istituto Italiano per gli Studi Storici 2 (1969/70) S. 124–131 (Edition).

57 Otto und Rahewin, Gesta Friderici II c. 37 (S. 145).

58 Boso, Vita Alexandri III, ed. L. Duchesne (Le Liber Pontificalis 2, 1892, S. 415).

59 Historia de expeditione des sog. Ansbert (S. 30 f.).

60 Villehardouin, La conquête de Constantinople, ed. E. Faral, Bd. 2 (1939) S. 52.

Bildnachweis

Abb. 1 (S. 47):	akg-images, Berlin
Abb. 2 (S. 61):	akg-images, Berlin/Bildarchiv Monheim
Abb. 3 (S. 132):	akg-images, Berlin
Abb. 4 (S. 141):	akg-images, Berlin
Abb. 5 (S. 144):	akg-images, Berlin
Abb. 6 (S. 168):	akg-images, Berlin/Erich Lessing
Abb. 7 (S. 197):	akg-images, Berlin/Werner Forman
Abb. 8 (S. 217):	akg-images, Berlin
Abb. 9 (S. 232):	akg-images, Berlin/British Library
Abb. 10 (S. 255):	akg-images, Berlin

Zeitleiste

687	Beginn der karolingischen Vorherrschaft im Frankenreich
690	Beginn der angelsächsischen Mission auf dem Kontinent
711	Beginn der arabischen Herrschaft auf der Iberischen Halbinsel
717/18	Arabische Belagerung von Konstantinopel
732	Sieg Karl Martells über die «Sarazenen» zwischen Tours und Poitiers
751	Königserhebung Pippins des Jüngeren, Verdrängung der Merowinger; langobardische Eroberung von Ravenna
754/56	Sieg König Pippins über die Langobarden, Anfänge des Kirchenstaats
756	Begründung des omaijadischen Emirats von Córdoba
768/71–814	Herrschaft Karls des Großen
772–804	Sachsenkriege Karls des Großen
774	Eroberung des Langobardenreichs durch Karl den Großen
778	Feldzug Karls des Großen nach Spanien
787	Konzil von Nikaia: Ende des Bilderstreits
793	Beginn der normannischen Überfälle auf England
796	Eroberung des Awarenreichs durch die Franken
800	Kaiserkrönung Karls des Großen in Rom
812	Ausgleich Karls des Großen mit Byzanz
814–840	Herrschaft Ludwigs des Frommen
815–843	Erneuter Bilderstreit in Byzanz
823	Beginn der fränkischen Mission in Skandinavien
827–902	Arabische Eroberung von Sizilien
839	Erste Erwähnung der Rus
842	Straßburger Eide

843	Teilungsvertrag von Verdun
846–870	Großmährisches Fürstentum Rastislaws
846	Überfall der «Sarazenen» auf Rom
858–867	Papst Nikolaus I.
863–869	Konstantinos/Kyrillos und Methodios als Missionare in Mähren
864/65	Taufe des Bulgarenkhans Boris
869/70	IV. Konzil von Konstantinopel
870	Teilung des karolingischen Mittelreichs zwischen West- und Ostfranken
871–899	Herrschaft Alfreds des Großen von Wessex
875	Kaiserkrönung Karls des Kahlen in Rom
885/86	Belagerung von Paris durch die Normannen
887	Sturz Kaiser Karls III., Auflösung des fränkischen Großreichs
895/96	Eindringen der Ungarn in das Karpatenbecken
899	Tod Kaiser Arnolfs, Ende der karolingischen Italienpolitik
911	Tod Ludwigs des Kindes, Ende der ostfränkischen Karolinger
um 911	Etablierung der Normannen in der Normandie
919–936	Sächsisch-ostfränkische Herrschaft Heinrichs I.
924/28	Erlöschen des westlichen Kaisertums durch den Tod Berengars I. und Ludwigs des Blinden
929	Begründung des Kalifats von Córdoba
936–973	Herrschaft Ottos des Großen
951/52	Erster Italienzug Ottos des Großen
955	Sieg Ottos des Großen über die Ungarn bei Augsburg
962	Kaiserkrönung Ottos des Großen
um 962	Taufe des Dänenkönigs Harald Blauzahn
966	Taufe Mieszkos von Polen
972	Heirat Ottos II. mit Theophanu
976/89–1025	Herrschaft Kaiser Basileios' II. in Byzanz
982	Niederlage Ottos II. gegen die Araber beim Kap Colonne
983	Aufstand der Lutizen

987	Tod Ludwigs V., Ende der westfränkischen Karolinger
988	Taufe Vladimirs des Heiligen in Kiev
996–1002	Kaiserherrschaft Ottos III.
997–1038	Herrschaft Stephans des Heiligen von Ungarn
999/1000	Taufbeschluß in Island
1000	Begegnung Ottos III. mit Boleslaw Chrobry in Gnesen
1015/16	Beginn des normannischen Eindringens in Unteritalien
1016–1035	Herrschaft Knuts des Großen von Dänemark-England
1018	Unterwerfung Bulgariens durch Basileios II.
1024	Tod Kaiser Heinrichs II., Ende der Liudolfinger
1025	Königskrönung Boleslaws Chrobrys von Polen
1031	Ende des Kalifats von Córdoba
1033/38	Gewinn des Königreichs Burgund für das Imperium
1046	Synode von Sutri und Kaiserkrönung Heinrichs III., Beginn desReformpapsttums
1049–1054	Papst Leo IX.
1059	Belehnung der Normannenfürsten in Unteritalien durch Papst Nikolaus II.
1066	Eroberung Englands durch Herzog Wilhelm der Normandie
1071	Niederlage Kaiser Romanos' IV. gegen die Seldschuken bei Mantzikert
1073–1085	Papst Gregor VII.
1076/77	Erste Phase des Konflikts zwischen Gregor VII. und Heinrich IV.
1080	Absetzung Heinrichs IV. durch Gregor VII.
1084	Kaiserkrönung Heinrichs IV. durch den Gegenpapst
1085	Eroberung von Toledo durch Alfons VI. von Kastilien-León
1095	Kreuzzugsaufruf Papst Urbans II.
1096–1099	Erster Kreuzzug
1100–1135	Herrschaft Heinrichs I. von England
1105	Sturz Kaiser Heinrichs IV. durch Heinrich V.
1107	Bündnis der Kapetinger mit dem Papsttum

1111	Einigungsversuch Heinrichs V. mit Papst Paschalis II., erzwungene Kaiserkrönung
1122	Wormser Konkordat
1125	Tod Heinrichs V., Ende der Salierzeit
1130–1138	Schisma zwischen Innocenz II. und Anaklet II.
1130	Königskrönung Rogers II. von Sizilien
1138	Königswahl Konrads III., Beginn der Stauferzeit
1143–1180	Herrschaft Kaiser Manuels I. von Byzanz
1147–1149	Zweiter Kreuzzug
1152–1190	Herrschaft Friedrich Barbarossas
1154–1189	Herrschaft König Heinrichs II. von England
1159–1177	Schisma Alexanders III.
1167	Niederlage Friedrich Barbarossas vor Rom
1169	Beginn der englischen Unterwerfung Irlands
1177	Friede von Venedig
1179	Drittes Laterankonzil
1179/80	Prozeß gegen Herzog Heinrich den Löwen
1180–1223	Herrschaft König Philipps II. August von Frankreich
1187	Eroberung von Jerusalem durch Sultan Saladin
1189–1192	Dritter Kreuzzug
1194	Eroberung des sizilischen Normannenreichs durch Kaiser Heinrich VI.
1202–1204	Vierter Kreuzzug, Eroberung von Konstantinopel
1204	Rückgewinnung der Normandie durch Philipp August
1212	Sieg Alfons' VIII. von Kastilien über die Mauren bei Las Navas de Tolosa

Literaturhinweise

Bibliographisch fundierte Information zu so gut wie allen in diesem Buch angesprochenen Sachverhalten bietet: Lexikon des Mittelalters, 9 Bände, München/Zürich 1980–1998. Aktueller, aber weniger übersichtlich: Enzyklopädie des Mittelalters, hg. von Gert Melville/Martial Staub, 2 Bände, Darmstadt 2008. Unter den fremdsprachigen Werken dieses Genres ist am ehesten zu empfehlen: Encyclopedia of the Middle Ages, ed. by André Vauchez/Barrie Dobson/Michael Lapidge, Cambridge 2000. Für das Frühmittelalter (einschließlich der Karolingerzeit) sehr ergiebig ist: Reallexikon der Germanischen Altertumskunde, 35 Bände, Berlin 1973–2008.

Zum Europabild des Mittelalters erschien soeben: Klaus Oschema, Bilder von Europa im Mittelalter, Ostfildern 2013.

Darstellungen der europäischen Geschichte des Früh- und Hochmittelalters (von unterschiedlichem zeitlichen und sachlichen Zuschnitt) sind durchweg innerhalb von Reihenwerken erschienen.

Eine solide Faktengrundlage vermittelt nach wie vor: Handbuch der europäischen Geschichte, hg. von Theodor Schieder, Bd. 1: Europa im Wandel von der Spätantike zum Mittelalter, hg. von Theodor Schieffer, Stuttgart 1976 (bis 1050 reichend), Bd.2: Europa im Hoch- und Spätmittelalter, hg. von Ferdinand Seibt, Stuttgart 1987 (für die Zeit 1050–1450). Zur Kirchengeschichte im gesamteuropäischen Maßstab liefert die beste Übersicht: Die Geschichte des Christentums, Bd. 4: Bischöfe, Mönche und Kaiser (642–1054), hg. von Gilbert Dagron/Pierre Riché/André Vauchez, dt. Ausgabe von Egon Boshof, Freiburg 1994, Bd. 5: Machtfülle des Papsttums, hg. von André Vauchez, dt. Ausgabe von Odilo Engels, Freiburg 1994. Dazu als jüngste Synthese zum Thema: Klaus Herbers, Geschichte des Papsttums im Mittelalter, Darmstadt 2012.

Als Sammlung einander ergänzender Essays präsentiert sich The New Cambridge Medieval History, Bd. 2: c.700–c.900, ed. by Rosamond McKitterick, Cambridge 1995, Bd. 3: c.900–c.1024, ed. by Timothy Reuter, Cambridge 1999, Bd. 4: c.1024–c.1198, 2 Teile, hg. von David Luscombe/Jonathan Riley-Smith, Cambridge 2004.

Als Studienbücher mit Trennung von Darstellung und Forschungsbericht angelegt ist der Oldenbourg Grundriß der Geschichte, Bd. 5: Reinhard

Schneider, Das Frankenreich, 4. Aufl. München 2001, Bd. 6: Johannes Fried, Die Formierung Europas 840–1046, 3. Aufl. München 2008, Bd. 7: Hermann Jakobs, Kirchenreform und Hochmittelalter 1046–1215, 4. Aufl. München 1999, Bd. 22: Peter Schreiner, Byzanz, 4. Aufl. München 2011.

Eine regionale Aufgliederung bestimmt die Reihe «Die Deutschen und das europäische Mittelalter» im Siedler Verlag: Joachim Ehlers, Das westliche Europa, Berlin 2004, Birgit und Peter Sawyer, Die Welt der Wikinger, Berlin 2002, Christian Lübke, Das östliche Europa, Berlin 2004, Ralph-Johannes Lilie, Byzanz. Das zweite Rom, Berlin 2003.

Demgegenüber vertritt eine konsequent gesamteuropäische Perspektive das Handbuch der Geschichte Europas, hg. von Peter Blickle, Bd. 2: Hans-Werner Goetz, Europa im frühen Mittelalter 500–1050, Stuttgart 2003, Bd. 3: Michael Borgolte, Europa entdeckt seine Vielfalt 1050–1250, Stuttgart 2002.

Bahnbrechend für eine interkulturelle bzw. interreligiöse Betrachtungsweise wurde im Rahmen der «Siedler Geschichte Europas»: Michael Borgolte, Christen, Juden, Muselmanen. Die Erben der Antike und der Aufstieg des Abendlandes 300 bis 1400 n. Chr., Berlin 2006.

Neuerdings findet sich die europäische Geschichte auch eingebettet in universalhistorische Zusammenhänge: WBG Weltgeschichte. Eine globale Geschichte von den Anfängen bis ins 21. Jahrhundert, Bd. 3: Weltdeutungen und Weltreligionen 600 bis 1500, hg. von Johannes Fried/Ernst-Dieter Hehl, Darmstadt 2010.

Schließlich sei auf eine wachsende Anzahl von Taschenbüchern verwiesen, die wichtige Teilbereiche unseres Themas bequem zusammenfassen: Gerd Althoff, Die Ottonen. Königsherrschaft ohne Staat, 2. Aufl. Stuttgart 2005; Matthias Becher, Karl der Große, 5. Aufl. München 2007; Dieter Berg, Die Anjou-Plantagenets. Die englischen Könige im Europa des Mittelalters, Stuttgart 2003; Egon Boshof, Die Salier, 5. Aufl. Stuttgart 2008; Georg Bossong, Das Maurische Spanien. Geschichte und Kultur, 2. Aufl. München 2010; Joachim Ehlers, Die Kapetinger, Stuttgart 2000; Odilo Engels, Die Staufer, 9. Aufl. Stuttgart 2010; Andreas Fischer, Karl Martell. Der Beginn karolingischer Herrschaft, Stuttgart 2012; Knut Görich, Die Staufer. Herrscher und Reich, 3. Aufl. München 2011; Werner Goez, Kirchenreform und Investiturstreit 910–1122, Stuttgart 2000; Wilfried Hartmann, Karl der Große, Stuttgart 2010; Hubert Houben, Die Normannen, München 2012; Martin Kaufhold, Europas Norden im Mittelalter. Die Integration Skandinaviens in das christliche Europa, Darmstadt 2001; Hagen Keller, Die Ottonen, 3. Aufl. München 2006; Harald Kleinschmidt, Die Angelsachsen, München 2011; Johannes Laudage, Die Salier. Das erste deutsche Königshaus, München 2006; Ralph-Johannes Lilie, Byzanz und die Kreuzzüge, Stuttgart 2004; Hans Eberhard Mayer, Geschichte der Kreuzzüge, 10. Aufl. Stuttgart 2005; Eduard Mühle, Die Piasten. Polen im Mittelalter, München 2011; Lutz E. von Padberg, Bonifatius. Missionar und Reformer, München 2003; Alheydis Plassmann, Die Normannen. Erobern – Herrschen – Integrieren, Stuttgart 2008; Rudolf Schieffer, Die Karolinger, 5. Aufl. Stuttgart 2013; Rudolf Schieffer, Gregor VII. Kirchenreform und Investiturstreit, München 2010; Bernd Schneidmüller, Die Welfen. Herrschaft und Erinnerung (819–1252), Stuttgart 2000; Bernd Schneidmüller, Die Kaiser des Mittelalters. Von Karl dem Großen bis Maximilian I., München 2006; Rudolf Simek, Die Wikinger, München 1998; Matthias Springer, Die Sachsen, Stuttgart 2004; Peter Thorau, Die Kreuzzüge, München 2004; Hanna Vollrath, Thomas Becket. Höfling und Heiliger, Göttingen 2004; Ursula Vones-Liebenstein, Eleonore von Aquitanien. Herrscherin zwischen zwei Reichen, Göttingen 2000.

Eine ausführliche Bibliographie wird im Internet auf der Homepage des Verlags C.H.Beck geboten: www.chbeck.de/go/Christianisierung-und-Reichsbildungen sowie für die ganze Reihe unter www.chbeck.de/go/geschichte-europas.

Register der Personen- und Ortsnamen

Abkürzungen: Bf. = Bischof; Eb. = Erzbischof; Fs(n). = Fürst(in); Gem. = Gemahlin; Gf(n). = Graf, Gräfin; Hz(n). = Herzog(in); Kard. = Kardinal; Kg(n). = König(in); Ks(n). = Kaiser(in); Mgf(n). – Markgraf, Markgräfin; Patr. = Patriarch; S. = Sohn; Schw. = Schwester; T. = Tochter; angels. = angelsächsisch; arab. = arabisch; böhm. = böhmisch; breton. = bretonisch; bulg. = bulgarisch; burg. = burgundisch; byz. = byzantinisch; dän. = dänisch; dt. = deutsch; engl. = englisch; frk. = fränkisch; frz. = französisch; got. = gotisch; ir. = irisch; islam. = islamisch; ital. = italisch; kroat. = kroatisch; langob. = langobardisch; lat. = lateinisch; mähr. = mährisch; norw. = norwegisch; poln. = polnisch; röm. = römisch; russ. = russisch; schles. = schlesisch; schott. = schottisch; schwed. = schwedisch; serb. = serbisch; siz. = sizilisch; slaw. = slawisch; ungar. = ungarisch; walis. = walisisch